금융을 알면 미래가 두렵지 않다

불확실성 극복을 위한

금융투자

───── 금융을 알면 미래가 두렵지 않다

불확실성 극복을 위한
금융투자

신세철 지음

두려움을 사고 탐욕을 팔라
Financial **I**nvestment to **O**vercome **U**ncertainty

⬤ 연암사

추천사

한국경제는 구조적으로 저성장 · 저물가 · 저금리 시대로 이미 접어들었다. 이러한 변화에 대응하여 가계운용이나 기업경영, 정부의 거시경제 정책 패러다임도 바뀌어야 한다. 이 책이 그 방향 설정을 위한 나침반 역할을 해주고 있다.

금리, 주가, 환율을 거시경제변수와 연계하여 심층 분석하고 있는 이 책은 실물부문과 금융부문이 서로 맞물리며 팽창하고 수축하는 공동변화 현상을 명쾌하게 밝혀주고 있다. 또한 금융시장에서 형성되는 각종 자산 가격의 균형과 불균형을 설명하고 있기 때문에 투자자에게 금융투자 지침서 역할을 충분히 할 수 있을 것이다. 금융 변수에는 실물 경제의 현재뿐만 아니라 미래가 반영되어 있는데, 이 책을 통해 우리는 한국경제의 미래를 내다볼 수 있다.

나는 각 경제 주체가 이 책을 읽고나면, 깊어져 가는 저성장 · 저금리 시대를 현명하게 대처할 수 있을 것이라 믿어 의심치 않는다. 다양한 경제교육 과정에서 교재로 사용하고 싶은 책이다.

김영익

서강대학교 경제학부 교수

추천사

인구 5천만 넘는 나라 가운데 국민소득 3만 달러를 달성한 '30-50클럽'에 7번째로 한국은 가입하게 됐다. 하지만 이처럼 눈부시게 큰 대한민국의 금융산업은 볼품이 없다. 여러 원인이 있겠지만, 경제발전 속도에 턱없이 못 미치는 금융교육을 꼽는 이가 많다. 대입 수능에서 금융은커녕 경제 과목을 선택하는 수험생이 수천 명 밖에 되지 않는 실정이다.

이런 터에 훌륭한 금융투자 지침서가 나왔다는 소식은 반갑다. 책장을 넘기다 보면 '금융은 어렵고 따분하다'는 선입견을 떨치기에 족하다. 다양한 실제 상황을 상정해 어떻게 풀지 필자의 해박한 이론과 풍부한 경험을 통해 통찰을 제시한다. '금리가 보이면 경제도 보인다'는 문구처럼 금리는 환율과 주가는 물론 성장률 · 물가 같은 거시경제 변수들과 영향을 주고받으면서 경제를 추동하는 중심축임을 절감하게 된다. 금융상품에 대한 관심은 이제 고령화 시대 선택이 아닌 생존의 문제라는 점을 이 책은 강력히 시사한다.

홍승일
중앙일보디자인 대표(전, 중앙일보 수석논설위원)

추천사

 평균수명이 길어지는 미래사회에서 금융상품 관리는 더욱 중요
해졌다. 재무관리나 투자론은 이론에 치우쳐 시장에 응용하기 어려
운 점이 있다. 투자전문가들이 경험으로 쓴 책들도 많지만 경제상
황이 변하는 까닭으로 활용하기가 쉽지 않다. 그런 환경에서 이 책
은 이론과 실제를 결합하여 시장흐름을 이해하기 편하게 기술한 장
점이 크다.

 저자는 감독기관 리서치 책임자로서 복잡한 금융이론을 쉽게 펼
쳤었다. 자산운용사 리스크, 운용담당 책임자로 취임하여 동사가
보유하고 있던 대우채 등을 미리부터 꾸준히 정리하였다. 당시 대
우채 사태로 3대 투신이 어려움을 겪는 상황에서도 소속 자산운용
사는 철저한 리스크 관리로 건전성을 유지하였다.

 이 책은 저자의 다양한 금융시장 이론과 경험을 접목하여 거시경
제 상황과 금융시장 가격지표의 상관관계를 쉽게 풀이하였다. 38년
간 자산운용업무를 수행해 온 책임자로서 자산운용 담당자는 물론
투자자들에게 필독을 권하고 싶다.

이윤규

DGB 자산운용대표

추천사

경제가 어떻게 돌아가는지 종잡을 수 없다는 사람이 너무 많다. 어디를 봐도 살맛난다는 소리는 없고, 힘들어 못살겠다는 아우성 뿐이다. 단순한 경기 사이클의 문제가 아니다. 한국뿐 아니라 글로벌 경제의 패러다임 대전환의 소용돌이에 휩싸인 결과다. 세계 각국은 과잉 생산, 잉여 노동력, 과잉 유동성으로 몸살을 앓고 있다. 인공지능과 로봇의 확산으로 이런 고통은 갈수록 심해질 공산이 크다.

그래도 우리는 살아남아야 한다. 정신을 똑바로 차리고 좌표를 찾으면 그 길을 찾을 수 있다. 이 책은 경제의 망망대해를 건너 신대륙 항구에 무사히 도착하도록 안내하는 나침반이다. 금리와 주가, 환율 등 금융시장의 가격 변수들에 천착한 글을 따라가다 보면 어느새 난관을 헤쳐 나갈 지혜를 터득하게 된다. 금융감독정책을 펴고 시장에서 일한 경험을 가진 전문가답게 어렵고 딱딱한 경제 현안들을 알기 쉽고 재미있게 풀어나간 게 이 책의 또 다른 강점이다.

김광기
중앙일보 경제연구소장

추천사

　이 책은 거시경제와 공동변화하는 금융시장 흐름이라는 복잡한 주제를 알기 쉽고 간명하게 기술하면서 정확하게 진단해 내고 있다. 이러한 저자의 힘은 다양한 경험과 꾸준한 연구의 산물이리라. 특히 금리 · 주가 · 환율을 결정짓는 요인을 단순히 거시경제 현상만이 아니라 위험과 불확실성까지 확장하여 심층적으로 분석하였다.

　저자는, 현재 우리 금융시장이 과도한 위험회피로 인해 자금조달 기능이 사실상 마비되고 있다고 진단하면서, 거품 현상뿐만 아니라 역거품 현상에 대해서도 주의를 환기시키고 있다. 또한 확증편향(confirmation bias)이 금융시장의 거품과 변동성을 확대하는 주요인이 될 수도 있음을 지적하고 있다. 인플레이션은 화폐가치 타락으로, 거품 현상은 비이성적 과열의 결과로 확연히 분별함으로써 적확한 금융투자판단의 틀을 제시하고 있다.

　나의 모든 지인들에게 꼭 읽기를 권하고 싶다. 세월에 순응하지 않고 끊임없이 진화하는 저자에 대해 많은 독자들이 벌써부터 다음 성과를 기대하도록 만드는 책이다.

김건섭

전, 금융감독원 부원장

머리말

채권시장, 주식시장, 외환시장에서는 누구나 '싸게 사서 비싸게 팔고' 싶어 하지만, 가치와 가격의 변화를 제대로 비교분석할 수 있어야 가능하다. 투자의 기본 원칙은 앞으로 가치가 높아질 것으로 예상되거나 가치에 비하여 가격이 낮은 상품을 선택한 다음, 가격이 가치와 같아지거나 높아질 때를 기다려야 남다른 수익을 실현할 수 있다. 성급하지도 때를 놓치지도 말아야 한다.

투자실행에 앞서 거시경제 흐름과 그 변화방향을 가늠해 봐야 한다. 금융시장은 따로 움직이지 않고 실물경제와 불가분의 상관관계를 가지면서 공동변화(co-movement)하는 까닭에 성장 · 물가 · 고용 · 국제수지를 기초로 금융상품의 내재가치를 측정할 수 있다.

거시경제상황을 반영한 내재가치(intrinsic value)와 비교하면 시장에서 형성된 금리 · 주가 · 환율의 높고 낮음을 판단할 수 있다. 금융시장 가격지표들과 거시경제 총량지표들을 비교 · 관찰하는 습관을 가지면 금융상품의 가격변화를 가늠할 수 있는 시각이 길러지고 매수 · 매도시점을 올바르게 선택할 수 있다.

경제적 인간은 합리적 선택을 하려 노력하지만, 현실에서는 시장심리에 민감하게 반응하며 갑자기 탐욕이 넘치다가도 어느새 두려움에 휩싸여 비이성적으로 행동하기 쉽다. 투자자들이 자제력을 잃고 부화뇌동하는 과정에서 거품이 팽창하다가 붕괴하고 역거품까지도 발생한다.

금융시장은 거시경제와의 균형을 이탈하다가도 자동조절기능이 작동하면서 다시 균형을 찾아간다. 그 과정에서 누군가는 초과손실 위기에 몰리지만, 다른 누군가는 초과수익 기회를 얻게 된다. 내재 가치와 시장가격을 비교분석하는 시각이 있으면 위기가 아닌 기회를 선택할 수 있다. 금융시장 흐름을 알면 장수 시대 미래의 불확실성을 극복할 수 있다고 말하고 싶다.

이제는 전문가뿐만 아니라 누구나 금리 · 주가 · 환율 흐름을 읽는 시각과 감각을 갖춰야 하는 시대로 변하고 있다. 미래사회에서는 대략 30~50년 일한 다음, 40~50년 동안 스스로를 부양해야 한다. 소득이 많고 적음을 떠나, 꾸준한 저축과 효율적 금융자산 관리가 경제적 불확실성을 극복하는 길이다.

이 책에서는 불가분의 관계를 가지며 연결된 금융시장 6가지 주제에 대하여 여러모로 생각하고 실천적으로 논의한다. 실물경제와 금융시장 공동변화 현상을 피부로 느끼며 최선의 선택을 위한 금융투자 시각과 감각을 함양하려 한다.

Ⅰ. 금융투자 시금석
자산의 가격은 시장에서 수요와 공급에 따라 결정되지만, 그 바탕은 가치에 있다. 불가분의 관계를 가지는 가치와 가격은 균형을 이루다가 이탈하고 다시 환원되는 과정을 되풀이한다. 본질가치와 시장가격의 변화와 그 틈새를 읽어내는 시각과 선택은 금융투자의 기본원칙이다.

II. 경제가 보이면 금리가 보인다
금리가 보이면 경제도 보인다

저축과 투자, 생산과 소비 같은 경제적 선택의 기회비용이자 바로미터가 되는 금리를 결정하는 주요 변수는 경제성장률과 물가상승률이다. 위험과 불확실성도 금리 수준에 큰 영향을 미친다. 가계 자산운용, 기업 재무관리 전략은 거시경제 현상을 반영하는 금리 변화방향 관찰로부터 시작된다.

III. 두려움을 사고 탐욕을 팔라 – 주가

주식의 내재가치는 당해 기업의 예상순이익과 금리로 측정할 수 있다. 시장가격과 내재가치를 비교하면 주가의 고저를 판단할 수 있다. 주가가 순간순간 등락을 거듭하면서 거품이 팽창하고 소멸하는 까닭은 무엇인가? 시장에서 탐욕과 두려움을 극복하는 방안은 무엇인가?

IV. 경쟁력의 결승점이자 출발점 – 환율

상대국 통화와의 교환가치를 의미하는 환율은 경쟁력의 출발점이면서 결승점이기도 하다. 복잡하게 변하는 "환율은 귀신도 모른다."는데, 균형 환율수준은 어떻게 판단할 수 있을까? 대규모 경상수지 흑자누적에도 불구하고 대외지급능력이 넉넉하지 못한 까닭은 무엇일까, 생각하면서 환율의 균형점을 생각해 보자.

V. 위험과 불확실성 증후군과 대응

글로벌 환경에서 위험과 불확실성이 삽시간에 전 방위로 퍼지기 쉽다. 곳곳에 도사리고 있는 위험과 불확실성에 슬기롭게 대처하면, 초과수익 기회를 얻지만, 대책 없이 덤비다가는 위기가 기다린다. 금융투자의 중장기 성패는 결국 수익과 위험을 조화시키는 데 달려 있다.

VI. 바뀌어 가는 경제 패러다임

지구에서 깨끗한 물과 맑은 공기 외에 변하지 않는 물질적 가치는 아마 없을 것이다. 사람들이 살아가는 모습과 가치관 변화에 따라 인간 생활을 풍요롭게 하는 부가가치 원천은 모두 변해 가고 있다. 변화의 방향을 바라보고 변화를 따라가야 실물경제 활동이나 금융시장에서 적응할 수 있다.

이 책에서는 복잡하게 움직이는 거시경제와 금융시장 상관변화를 이론과 실제상황을 연결하여 이야기하듯 쉽게 풀이하려 하였다. ① 포커스 ② 본문 ③ 주석 3단계로 나누어 실물부문과 금융시장이 공동변화하는 과정과 그 의미를 여러 시각에서 들여다보며 이해를 높이려 하였다.

설명에는 모자람도 있고 넘침도 있어서 이해에는 언제나 한계가 있기 마련이다. 생각하면서 이 책을 읽다 보면 금리·주가·환율의 결정과 변동 과정이 어느새 눈에 들어올 것이라고 말하고 싶다. 위의 6가지 주제를 차례대로 읽으면 더 효과적이겠지만, 관심 있는 주제를 중심으로 따로따로 읽어도 무방하도록 구성하였다.

제목 중에 언뜻 보기에 관련 없는 것처럼 느껴지더라도, 거시경제와 금융시장 공동변화와 관련하여 직·간접적으로 연결된다는 점을 강조하고 싶다. 거시경제와 금융시장 변수들의 공동변화 현상을 설명하려 지나간 금융 사태와 경제지표 변화 예를 거듭 들었다. 일부 비판적 해석은 비난이 아니라 반면교사로 이해를 돕기 위한 것이다. 졸저『불확실성 시대 금융투자』에서 서술한 내용과 중복되는 부분이 있음도 밝혀 둔다.

이 책이 나오기까지 자료를 검색해 주고 최신 그래프를 그려 준, 사실상 공동저자인 김광희 본부장, 저술을 독려해 준 문충희 이사, 편집에 정성을 다해 준 연암사에 깊은 감사의 말씀 드린다.

언제나 미소 짓게 해주는 성재에게 고마운 마음 전한다.

차 례

PART 1 금융투자 시금석

PART 2 경제가 보이면 금리가 보인다

PART 3 금리가 보이면 경제도 보인다

PART 4 두려움을 사고 탐욕을 팔라 – 주가

PART 5 경쟁력의 결승점과 출발점 – 환율

PART 6 위험과 불확실성 증후군

PART 7 위험과 불확실성 대응

PART 8 경제 패러다임 전환

PART 1
금융투자 시금석

1
내재가치와 시장가격
─투자의 시금석

F O C U S

자본주의사회에서 부를 축적하는 방법은 크게 두 가지가 있다. 첫째, 생산이나 유통 활동에 참가하여 직접 부가가치를 창출하는 방법이다. 둘째, 저평가되거나 미래에 보다 큰 부가가치를 창출할 자산에 투자하여 자본이익을 거두는 방법이다.

어떤 자산의 미래가치가 높아지거나, 내재가치에 비교하여 현재 시장가격이 낮은 상품을 찾아내는 시각과 선택이 매매차익을 실현할 수 있는 투자의 시금석이다. 거시경제 환경 변화에 따라 가치도 변하고, 시장심리에 따라 가격도 끊임없이 변하기 때문에 내재가치와 시장가격 흐름과 그 틈새를 꾸준히 관찰해야 한다. 금융을 제대로 알면 미래가 두렵지 않다.

시장에서 수요와 공급의 균형점에서 결정되는 가격의 바탕은 당해 상품에 내재되어 있는 가치다.

실물상품의 가치는 사용가치와 희소가치로 나뉜다. 일상생활에 필요한 상품은 사용가치를 바탕으로 가격이 결정되지만, 인간의 소유 욕구, 지적 욕구를 충족시키는 재화와 서비스의 가격은 희소가치가 더 큰 영향을 끼친다.[1]

금리 · 주가 · 환율 같은 금융시장 가격지표는 실물경제활동의 결과이자 기댓값이기 때문에 거시경제지표와 비교 · 관찰하면 내재가치(intrinsic value)를 계산할 수 있다. 금융시장에서 가격과 가치가 균형을 이루었다가도 균형을 이탈하고 다시 균형으로 회귀하는 경우는 수시로 발생한다. 금융시장에서 큰 성과를 거둔 전설적 투자자들의 한결같은 투자원칙은 무엇보다 가치와 가격의 틈새를 들여다본 것이다. 그들은 가치가 가격보다 높으면 사고, 가격이 가치보다 높아지면 팔았다.

채권시장에서 균형금리는 경제성장률과 물가상승률이 반영되어 결정되기 때문에 성장률이나 물가가 오르내리면 금리도 변동한다.

1. 사용가치와 희소가치

환경에 따라서 희소가치와 사용가치가 엇갈리는 경우가 흔히 있다. 예컨대, 절해고도에 조난당해 굶주린 로빈슨 크루소에게 감자 한 알의 가치는 그만한 크기의 금덩어리보다 훨씬 더 클 수 있다. 누군가 그 로빈슨에게 감자를 공급하고, 대신 금덩어리를 사들일 기회를 가진다면, 단박에 큰 수익을 낼 수 있다.

예컨대, 경기 하강으로 성장률이 낮아지고 물가도 떨어진다면 금리가 내릴 것으로 쉽게 예상할 수 있다. 채권은 지불불능위험의 대가로 리스크 프리미엄을 지급하여야 하기 때문에 신용등급이 낮을수록 당해 채권의 금리는 높아진다. 같은 등급이라도 시장에 비관심리가 퍼져 위험과다회피 현상이 벌어지면 리스크 프리미엄이 높아져 금리가 상승하고, 낙관심리가 퍼지면 위험선호 현상이 나타나리스크 프리미엄이 낮아진다(제2장 '경제가 보이면 금리가 보인다'에서 쉽게 논의한다).

주식시장에서 주식의 내재가치는 주당 (예상)순이익을 금리로 할인(discount)한 값이므로 순이익이나 금리가 변동하면 주가도 변동할수밖에 없다. 순이익이 커지고 할인율인 금리가 내릴 것으로 예상하면 주식의 내재가치가 높아져 주가 상승을 기대할 수 있다. 순이익이 작아지더라도, 금리가 더 큰 폭으로 내리면 주가는 상승하게된다. 반대로 순이익이 높아지더라도 금리가 더 큰 폭으로 높아질것으로 예상된다면 당해 주식의 내재가치는 낮아지게 된다(제4장 3 '주식의 내재가치'에서 쉽게 논의한다).[2]

외환시장에서는 국제수지가 중장기 균형을 이루는 상황에서 시장환율을 적정수준으로 가늠할 수 있다. 폐쇄경제에서는 경상수지가 균형을 이룰 때의 환율이 균형환율이다. 그러나 개방경제체제에서는 경상수지 누적에 더하여 외국인의 대내투자, 내국인의 대외투자 결과를 포함하는 국제투자포지션(순대외금융자산)이 균형수준일 때의 환율이 적정수준이다. 균형은 대내외 채권, 채무를 모두 가감하면 남지도 모자라지도 않는 상태를 말한다. 예컨대, 2018년 12월 현재 우리나라 순 대외금융자산은 4,130억 달러로 원화가치 평가절상(환율하락) 여지가 크다고 할 수 있다(제5장 '환율'에서 자세히 논의한다).

금리·주가·환율 같은 금융상품 가격은 실물자산과 달리, 거시경제 현상과 견주어 내재가치를 측정할 수 있다. 금융상품 가치의 바탕이 되는 성장, 물가, 고용, 국제수지 같은 거시경제 현상이 끊임없이 변화함에 따라 금리·주가·환율도 매 순간 변동한다.

내재가치와 시장가격이 서로 균형을 이룰 때, 시장 평균수익을 기대할 수 있다. 현실에서는 쉴 새 없는 시장심리 변화로 가격과 가치가 균형을 이탈하는 경우가 수시로 발생하여, 초과수익 기회와 초과손실 위기가 동시에 존재한다.

2. 주식 내재가치 변화

어떤 기업의 주당 (기대)순이익이 500원이고, 시장금리가 5%라고 가정하면, 당해 주식의 내재가치 즉, 적정 주가는 10,000(=500/0.05)원이다. 만약 주당 순이익이 450원으로 줄어들어도 금리가 4%로 하락한다면, 그 주식의 내재가치는 11,250(=450/0.04)원으로 오히려 상승할 것으로 예상할 수 있다. 반대로 주당 순이익이 550원으로 늘어나도 금리가 6%로 상승한다면, 주식의 내재가치는 9,167(=550/0.06)원으로 하락한다.

2
가격과 가치의
균형과 불균형

FOCUS

불가분의 관계를 맺는 가치와 가격은 균형을 이루었다가
도 이탈하고, 다시 균형을 회복하는 현상이 수시로 반복된
다. 내재가치와 시장가격의 불균형이 크게 발생할수록 투자
자의 시각과 선택에 따라 초과손실 위기와 초과수익 기회가
극명하게 엇갈린다.

가치와 가격이 균형을 이탈했다가 환원되는 과정에서 먼
시각을 가지고 합리적 선택을 하는 투자자는 초과수익 기회
를 잡을 수 있다. 반대로 가치와 가격의 균형과 불균형 현상
을 스스로 읽지 못하고 이리저리 부화뇌동하는 투자자에게
는 초과손실 위기가 슬그머니 다가오기 마련이다.

가격과 가치의 불균형 현상은 실물시장에서도 종종 나타나지만 금융시장에서는 특히 자주 벌어진다. 가치의 바탕을 이루는 거시경제 현상이 변화하면서, 미래의 기대가치도 변화함에 따라 시장심리도 쉴 새 없이 변하기 때문이다.

　대부분 재산을 공익기관, 자선단체에 기부하였다는 워런 버핏과 조지 소로스는 가격과 가치의 균형과 이탈 현상을 남보다 깊고 멀리 읽어내는 시각으로 금융시장에서 커다란 부를 일궈냈다. 버핏은 미래가치가 높아질 가능성이 크거나, 가치보다 가격이 낮은 상품에 투자한 다음 가격이 가치보다 높아지기를 기다리고 기다렸다. 소로스는 시장에서 가치와 가격의 틈새가 커질 때를 기다렸다. 시장과 시장 간에, 또는 현물과 선물 차익거래에 베팅하였다.

　현실 세계에서는 이들과 반대로 행동하는 개미투자자들이 뜻밖에도 많다. 시장이 과열될 때는 부화뇌동하여 무조건 남을 따라 매수하여 시장을 비정상적으로 달아오르게 한다. 시장이 냉각될 때는 가치와 가격을 따지지 않고 덩달아 매도하여 시장을 더욱 얼어붙게 만든다. 사야 할 때와 팔아야 할 때가 뒤바뀌는 투자에서 손실을 보는 것은 이상한 일이 아니다.

　IMF 구제금융 사태 이후 수많은 개미투자자를 멍들게 한 코스닥 시장의 가격과 가치의 균형과 이탈 현상을 뒤돌아보자. 당시 경기부양을 위한 유동성 완화와 함께 정부의 벤처산업 육성 의지 표명이 반복되면서 코스닥 시장 붐이 이어졌다. 주가는 기업의 내재가치와 동떨어져 그저 풍문에 따라 춤추기 시작하였다. 예컨대, 1999

년 상장한 S기술은 PER가 무려 2,000배까지 치솟았다. 주가(P)를 예상 순이익(E)으로 나눈 주가수익배수(P/E)가 2,000배라는 사실은 당해 기업의 예상 순이익을 2,000년 동안 차곡차곡 쌓아야만 비로소 주가와 같아진다는 신화 같은 이야기다. 연금술사들이나 마술사들이 아니면 연출하기 어려운 허상을 좇아 투자자들이 막무가내 몰려든 때문이었다.[3]

가격과 가치의 괴리 현상은 시장이 있는 곳이면 어느 시대, 어느 곳에서나 반복된다. 기업이나 산업 정보가 독점·왜곡·남용되는 불투명한 환경에서는 가치와 가격의 불균형 현상이 더 자주 더 크게 나타나기 쉽다. 시장의 흐름을 읽는 시각과 선택에 따라 경제적 승자의 길과 패자의 길은 순간에 엇갈려 지나간다. 다시 말하면 내

3. 비이성적 과열(irrational exuberance)의 결과

그 당시 유행하던 기업구조조정이라는 이름 아래 황당하게 퇴직당한 사람들 상당수가 퇴직위로금을 받아, 코스닥 러시에 몰려들어 벤처주식을 사들였다. 심신이 지치고 불안했던 황퇴자(荒退者)들은 사막의 신기루처럼 피어나는 코스닥 시장 거품을 향해 거침없이 달려들었다. 마치 아메리카 대륙에서 1849년, 과장된 골드러시 보도를 믿고, 노다지를 꿈꾸며 동부에서 머나먼 서부로 몰려갔다가 심신이 망가진 금 채굴꾼들 즉, 「샌프란시스코 49ers」의 모습을 연상케 하였다.

비이성적 과열(irrational exuberance)의 결과는 쓰라리게 마련이다. 천장을 모르고 끝없이 오를 것 같던 코스닥 주식들 상당수가 어느 순간에 자유낙하 하다가 급기야 휴지조각으로 변하였다. 멋모르고 뒤늦게 뛰어든 투자자들은 깊고 붉은 상처를 입었다. 주가가 오를수록 더 욕심을 내고 집중투자한 상당수 중산층이 빈곤층으로 전락하였다.

재가치와 관계없이 가격이 급등락하는 머니게임에서는 누군가의 주머니가 두둑해지는 대신에 다른 누군가는 빈털터리가 되기 마련이다. 금융시장에서 가치와 가격의 불균형을 가늠하는 시각이 있으면 노후가 두렵지 않아진다.⁴

4. 가상화폐의 희소가치

화폐는 발행자가 있어 역내에서 통용을 강제하고 그 가치는 발행주체의 경제적 신인도에 따라 오르내린다. 가상화폐는 채굴자 스스로 발행자가 되기에 가치의 근거가 희박하고 통용도 공공적으로 보장받지 못한다. 가상화폐를 캐내려면 복잡한 계산능력과 인내력이 필요하기 때문에, 희소성이 가격에 큰 영향을 미치는 것으로 보인다. 그러나 계산능력 발달에 따라 여러 종류의 가상화폐가 등장하고 있다. 그리고 인공지능의 가속적 발달로 가상화폐를 캐내기 위한 알고리즘은 머지않아 쉽게 풀릴 가능성도 있다. 사용가치를 찾기 어려운 가상화폐의 희소가치는 어쩌면 어느 순간 아주 낮아질 수도 있다.

3
실물경제의 거울
－금융시장

F O C U S

　금융시장은 실물경제의 과거 · 현재 · 미래 모습을 비추는 거울과 같다. 금리 · 주가 · 환율에는 경제성장, 물가, 고용, 국제수지 같은 거시경제 활동의 실적치인 현재의 모습은 물론 미래의 기대치가 반영되어 결정된다.

　실물경제 움직임을 관찰하면 금융시장 변화방향을 예측할 수 있고, 역으로 금융시장을 들여다보면 실물경제 동향을 가늠할 수 있다. 효율적 자산관리, 능동적 재무관리를 위해서 거시경제 총량지표와 금리 · 주가 · 환율 같은 금융시장 가격지표를 견주어 살피고 그 변화를 관찰하는 시각과 선택이 절대 필요하다.

거시경제 현상을 반영하며 움직이는 금융가격지표들을 인체에 비유하면 금리는 경제의 혈압, 주가는 경제의 체중, 환율은 경제의 체력을 표상한다. 금리·주가·환율은 경제성장률, 물가상승률, 국제수지 같은 거시경제 활동의 과거, 현재, 미래의 실적과 기댓값이 반영되어 결정된다. 금융시장은 따로 움직이지 않고 실물경제 동향과 동시에 또는 시차를 두고 상승과 하락을 반복한다. 거시경제 현상을 제대로 읽고 해석하는 시각이 있으면 금리·주가·환율의 변화방향을 가늠할 수 있다. 역으로 금융시장 가격지표 움직임을 바르게 읽으면 현재와 미래의 실물경제 동향을 가늠해 볼 수 있다.

혈압, 체중이 정상적이고 체력도 알맞아야 활기찬 건강을 유지할 수 있다. 마찬가지로 금리·주가·환율이 실물경제 현상을 있는 그대로 충실하게 비쳐야 경제 순환이 순조롭게 진행된다. 실물경제를 비추는 거울인 금융시장이 효율적 시장이 되어야 가계와 기업은 합리적 기대(rational expectation)에 의한 경제적 선택을 할 수 있고 효율적 자원배분이 이뤄진다.

금융부문이 실물경제와 균형을 이루며 변화할 때 소비와 저축, 투자와 생산 활동이 순조롭다. 아무것도 만들어 내지 못하는 금융부문이 비뚤어지거나 뒤틀리면, 무엇인가를 만들어 내는 실물부문 순환을 어긋나게 한다. 금융시장이 왜곡된 신호를 보내면 가계나 기업이 경제상황을 있는 그대로 판단하지 못하게 되어 합리적 경제활동이 어렵게 된다. 쉽게 말해, 금융시장이 실물경제와 동떨어져 움직이면 경제적 위험과 불확실성이 커지고 있다는 징후가 되므로

계와 기업은 신중하여야 한다. 거울의 면이 고르지 못하면 본래의
모습이 아니라 일그러진 모습이 비쳐져 합리적 판단을 그르치는 것
과 마찬가지다.[5]

금리 · 주가 · 환율이 실물경제와 균형을 이탈하는 정도가 커지면
커지는 만큼 경제순환을 왜곡시켜 위험과 불확실성이 잉태된다. 생
각건대, 우리나라에서 중산층이 엷어지고 가계부채가 누적된 까닭
도 실물부문과 금융부문 괴리가 큰 원인이었다. 지속적 경기부양을
위한 (상대적)저금리, 주식시장 급등락, 수출증대를 위한 고환율 같은
금융시장 왜곡이 오랫동안 이어졌다. 그리하여 저축보다 투기적 투
자를 선호하는 분위기가 조성되고, 결과적으로 가계저축률을 떨어
트려 가계부실 원인이 되었다.[6]

시장 쏠림 현상이든 정책 오류든 그 원인이 어디에 있든 간에, 실
물경제 거울인 금융시장 왜곡으로 말미암아 초래되는 폐해는 최종
적으로 가계와 기업이 짊어지게 된다. 예컨대, 금리가 높으면 기업

5. 실물경제와 금융시장 괴리

원인이 어디에 있든, 실물경제와 금융시장이 동떨어져 움직이면 경제적, 사회
적 혼란이 초래된다. 2008년의 세계금융위기(실물경제와 금리의 괴리)도 1997
년의 아시아 외환 · 금융위기(실물경제와 환율의 괴리)도 실물과 금융의 불균
형으로 말미암아 야기된 비극이었다. 거슬러 올라가면 1929년 세계 대공황(실
물경제와 주가의 괴리)도 실물부문과 금융부문의 극심한 괴리로 말미암은 재
앙이었다.

은 시장에서 자금조달이 어려워지고, 환율이 높으면 가계는 높은 물가를 지불해야 하는 경우가 있다. 특히 정보 수집과 분석 능력에서 뒤지는 개미투자자들은 낭패를 보기 십상이다. 시장이 잘못된 신호를 보내는지 모르고 덤벼드는 투자자들에게는 더 큰 위험이 닥친다.

실물시장과 금융시장의 조화와 균형은 경제성장과 발전을 위한 필요조건이다. 투자자들은 금융시장과 실물경제 흐름을 동시에 관찰하고 해석하는 시각을 가져야 금리·주가·환율의 변동방향을 바르게 예측할 수 있다. 효율적 저축 또는 성공적 투자의 지름길이다. 멀리 보는 시각과 올바른 선택 없이 부화뇌동하는 투자자들이 실패하는 것은 어쩌면 당연한 일이다. 시장가격이 왜곡되었는지 모르고 그저 남들을 따라다니다 예기치 못한 피해를 보는 사태는 곳곳에서 변함없이 반복될 것이다.

6. 금융부문 팽창과 위축

금융이 실물부문보다 과도하게 선행(lead)하거나 팽창하면 그에 따른 위험과 불확실성이 실물부문으로 전파된다. 2000년 코스닥 러시가 일어나자 장외시장에서 엉터리 벤처(?)기업들의 주가까지 폭등하다가 폭락하여 수많은 투자자를 울렸다. 그 여파로 벤처기업에 대한 위험과다회피 현상이 이어지며 오랫동안 신기술산업의 자금조달이 원활하지 못하였다.

반대로 금융부문이 실물부문보다 후행하거나 위축되면 기업자금조달에 애로가 발생하여 생산활동이 순조롭지 못하게 된다. 예컨대, 1998년 외환금융 위기가 표면화되자, 높은 금리에도 불구하고 5대 그룹을 제외하고는 우량기업들조차 시장에서 자금조달이 불가능해지면서 상당수 기업들이 흑자도산하는 사태가 벌어졌다.

4
거시경제와
금융시장 공동변화

F O C U S

실물부문과 금융부문의 모든 경제변수는 인과관계와 상관관계를 가지며 서로 맞물리고 팽창하며 수축하는 공동변화 현상을 나타낸다. 세계경제 상호의존 관계가 깊어짐에 따라 지구촌 각국의 실물시장과 금융시장 동질성은 점점 높아지고 있다.

가계 저축 활동, 기업 재무관리가 성공하려면 실물과 금융시장 공동변화(co-movement) 현상을 주시하여야 한다. 투자자들은 대내외 경제지표들이 불가분의 상관관계를 가지며 변화하는 과정을 살펴야 손실을 피하고 나아가 초과수익을 기대할 수 있다. 금융시장 공동변화를 외면하다가는 미래를 다짐하기 어렵다.

실물경제의 성과 내지 미래의 기대치를 반영하며 결정되는 금리·주가·환율 같은 금융시장 가격변수들은 서로 유기적 상관관계를 나타내며 공동변화한다. 이 지표들은 경제활동의 총체적 결과로 나타나는 성장·물가·고용·국제수지 같은 거시경제 총량지표들과 불가분의 상관관계를 가지며 변동한다. 금융시장은 동떨어져 별도로 움직이는 것이 아니라 기초경제여건 바탕 위에서 움직이기 때문이다. 글로벌경제체제에서는 국가 간의 경제지표들도 따로 움직이는 것이 아니라 서로 직간접 영향을 미치며 변화한다.[7]

2015년 3~4월의 우리나라 금융시장 상황을 예로 들어보자. 미국 금리 인상 논의가 고개를 들자, 핫머니 유출을 우려하여 원/달러 환율이 1,000원대 초반에서 1,130원으로 순식간에 올랐다. 당시 우리나라는 제로 인플레이션(zero inflation) 내지 디플레이션 조짐이 있는 상황에서 시장금리가 하락해야 함에도 주춤주춤 반등하면서 주식시장도 약세를 보였다. 그러나 미국의 고용지표가 기대치보다 저조하여 경기회복이 쉽지 않아 금리 인상이 어렵다고 하자, 원화 환율이 1,130원에서 1,080원대로 금방 떨어졌다.

채권시장에서는 금리 인하를 기대하여 국고채(3년)금리가 당시 기

---

7. 공동변화(co-movement)

공동변화는 경기순환과정에서 거시경제지표와 금융 가격지표 같은 경제변수들이 밀접한 인과관계와 상호관계를 가지고 서로 맞물려 팽창하고 수축하는 현상이다. 경제변수들의 공동변화는 동시에 발생하기도 하지만 시차를 두고 선행(lead) 또는 후행(lag)한다. 종합주가지수, 장단기 금리스프레드, 리스크 스프레드는 경기순환에 선행하지만, 재고지수는 후행한다.

준금리(1.75%)보다도 낮은 1.70%까지 하락하며 장단기금리 역전 현상을 보였다. 기업이윤이 줄어들어 성장률이 저하될 것으로 전망되어도 주식시장이 강세를 보였던 까닭은, 금리(할인율)가 하락할 것으로 예상하였기 때문이다. 물론 해외의 작은 변수에도 금융시장이 민감하게 반응하는 모습은 그만큼 거시경제, 금융시장 환경이 불안정하여 외부 충격을 흡수하지 못하고 있다는 의미도 내포되어 있다.

공동변화 현상은 외환시장에서도 두드러지게 나타난다. 경쟁력 향상으로 대외지급능력이 확충되면 환율하락(평가절상) 압력을 받지만, 상대국 금리가 더 높아지면 환율이 상승(평가절하)하게 된다. 반대로 대외지급능력이 약화되어도, 자국 금리를 더 높이면 외국인투자자들을 유인하여 환율이 하락한다. 환율과 금리의 변동 폭 중에서 수익률이 더 높은 곳으로 핫머니가 이동하기 때문이다.

거시경제지표와 금융가격지표가 서로 맞물리며 변화하는 모습을 읽지 못하는 투자판단은 마치 코끼리의 꼬리만을 만져보고 코끼리가 밧줄 같다고 하는 것과 같다. 그러다 보면 시시각각 춤추는 풍문이나 거짓 정보에 솔깃하여 엉뚱한 판단을 내리기 쉽다. 어쩌다 '소뒷걸음치다 쥐 잡는' 경우는 있을지 몰라도 합리적 투자판단에 따른 수익을 내지 못하고 뜻하지 않은 손실을 보기 쉽다.[8]

투자자들은 거시경제 총량지표들과 금융시장 가격지표들이 서로 맞물려 변화한다는 사실을 깊이 인식하고, 부분과 전체의 인과관계, 상관관계를 넓게 관찰하는 시각을 가져야 초과수익을 누릴 수 있다. 경제 전반을 조망하지 않고, 특정 부문만을 들여다보다가는 실물부문과 금융부문이 서로 얽혀가며 공동변화하는 시장의 흐름을 읽을 수 없다. 금융시장에서 성공하려면 금융부문과 실물부분의 공동변화 현상을 꾸준히 관찰하는 시각을 배양하여야 안정성과 수익성 있는 금융상품을 골라내고 선택할 수 있다.

'공짜 점심은 없다.'는 말은 모든 경제 현상은 홀로 변화하지 않고 다른 변수들과 더불어 공동변화한다는 이야기다. 공동변화 현상을 무시하는 특정 부분을 위한 정책이 지나치다 보면 경제전반에 무시 못할 해악을 끼치게 된다.'

8. 전문투자가들의 한계

한때 남다르게 높은 수익률을 자랑하던 전문투자가들이 오래 가지 못하고 어느 순간에 사라지는 까닭은 금융시장과 거시경제지표의 공동변화 현상을 해석하려는 노력이 부족했던 탓이라고 판단된다. 기술혁신 가속으로 기업이윤의 바탕인 부가가치 원천의 이동 속도가 급격하게 빨라지는 환경에서 특정산업, 특정기업 정보에 치우치는 투자행태는 한계가 있기 마련이다.

9. 공동변화와 공짜 점심

경제에 '공짜 점심은 없다.'는 격언은 모든 경제변수는 공동변화한다는 이야기와 같다. 금융시장 가격지표와 거시경제 총량지표 간의 공동변화 현상을 무시하면 반드시 어디에선가 부작용을 초래하기 쉽다. 특정정책목표 달성을 위해 특정지표를 끌어당기거나 억누르면 다른 쪽에서 풍선효과가 나타나 오히려 더 큰 대가를 치르기 마련이다. 예컨대, 달러 베이스 국민소득을 높이겠다며 부족한 보유외환을 풀어 환율상승을 억제하다 보면 중장기에 있어 대외신인도까지 하락하여 거시경제 전반에 커다란 부작용이 나타나기 쉽다. 지나치면 외환부족 사태를 넘어 국가부도 사태에 직면할 수도 있다. 우리나라가 겪은 아시아 외환위기가 커다란 교훈이다.

5
시장 자동조절기능
─위기와 기회

F O C U S

금리·주가·환율 같은 금융가격지표들은 현재와 미래의 실물경제 흐름을 반영한다. 우리 인체에 자연치유능력이 있듯이 금리·주가·환율 같은 금융가격지표들이 대내외 충격으로 거시경제 현상과 괴리되어 균형을 이탈하더라도 자동조절기능을 통하여 다시 균형을 회복한다.

금융시장에서는 내재가치와 시장가격이 균형을 이탈하였다가 다시 회복하는 과정이 끊임없이 반복되면서 낮은 가격으로 매수할 기회와 높은 가격으로 매도할 기회가 부단히 오고 간다. 투자자의 시각과 선택에 따라 초과손실 위기와 초과이익 기회는 항상 엇갈린다.

금융가격지표들은 경제흐름을 진단하고 예측하게 하는 신호기능(signalling)을 한다. 인체의 혈압과 같은 금리가 기초경제여건에 비교하여 높거나 낮으면 가계와 기업으로 하여금 합리적 경제활동을 방해하여 저축과 소비, 투자와 생산 활동을 교란한다. 인체의 체중과 같은 주가가 내재가치에 비하여 높거나 낮으면 기업의 시장가치를 왜곡시켜 산업구조 고도화를 지연시키거나 신기술산업의 시장진입을 방해한다. 인체의 체력과 같은 환율이 거시경제여건에 비하여 높거나 낮으면 경제순환이 순조롭지 못하다. 환율이 비정상적으로 낮으면 수출산업의 가격경쟁력이 약화하지만, 반대로 높으면 가계는 고물가에 시달려야 한다.

인체에는 자연치유력이 있어 웬만한 병은 시간이 지나면서 자신도 모르는 사이에 회복되기도 한다. 마찬가지로 금융시장에서도 자동조절기능이 작동하여 금융가격 변수들이 실물경제와의 균형을 이탈하여도 시차를 두고 새로운 균형점으로 회귀하게 된다. 시장에 거품이 생성되거나 반대로 역거품이 발생하더라도 투자자들이 "싼 가격에 사서 비싼 가격에 팔고 싶어 하는" 시장청산(market clearing) 기능이 작동하여 시장은 다시 제자리를 찾아가려고 한다.

금융시장이 균형을 지나치게 크게 이탈하고 회복하는 과정에서 실물경제에 충격을 준다. 다음 그림에서 보는 바와 같이, 2008년 세계금융위기 충격으로 코스피 지수는 2007년 10월 평균 2,004p에서 2008년 9월에는 절반 수준인 1,073p로 추락하였다. 경기회복 기미가 보이며 주식시장은 다시 꿈틀거리기 시작하여 2009년 9월

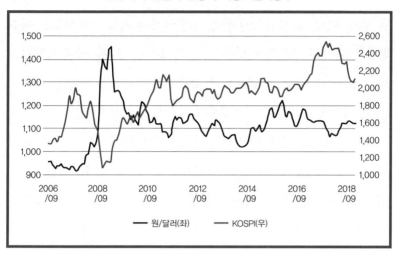

〈 주가와 환율의 변동과 자동조절기능 〉

자료 : 한국은행 경제통계시스템

에는 1,659p로 그리고 2011년 5월에는 2,121p로 회복하였다. 이 과정에서 분기별 경제성장률은 2008년 4분기 마이너스 3.3%로 추락하였다가 2009년 이후부터 회복되어 2010년에는 평년수준을 회복하였다.[10]

금융시장이 기초경제여건을 그대로 반영하지 못하고 균형을 이

10. 시장자동조절기능과 환율

대미 원화환율(₩/$)도 2007년 10월 월평균 915원에서 2009년 3월에는 1,461원으로 60% 정도 상승하였으나 외환시장은 시간이 지나면서 충격에서 벗어나기 시작하여 2010년 4월에는 1,117원으로 회복되었다. IMF 사태 당시에는 금리 또한 순식간에 20% 수준으로 상승하였다가 불과 1년 후에는 7~8% 수준까지 하락하였다.

탈하였다가도 시장 자동조절기능으로 다시 균형을 회복하는 과정을 투자자들은 주시하여야 한다. 시장에서는 저평가된 상품은 매수하고 고평가된 상품은 매도하는 '보이지 않는 손'에 의한 시장청산 과정이 반복되면서, 금융부문과 실물부문의 새로운 균형점이 회복된다. 시장의 투명성이 높을수록 회복속도가 빠르기 마련이다.

금융시장이 혼란에 빠질 때는 초과손실의 위기가 닥치지만 그 뒤안길에는 어김없이 초과수익의 기회가 있다. 시장 자동조절기능을 신뢰한다면, 시장이 균형을 이탈했을 때 투자자들은 어떤 자세를 취해야 하는지 분명해진다. 시장에 두려움이 팽배하여 가격이 떨어졌을 때 헐값에 사들였다가 두려움이 사라져 가격이 정상으로 돌아오거나 탐욕으로 다시 올라갈 때까지 기다리는 것이다.

금융투자를 통해 거부가 된 이들에게는 시장을 꿰뚫는 시각에 더하여 남다른 인내심이 있었다. 무엇보다 부화뇌동하는 투자자들과는 반대로 행동한다는 점이다. 냉철한 투자자들이 자산의 '시장가격이 내재가치보다 낮아졌을 때 사서, 높아지면 차익을 실현하고 되파는 시장청산'을 통하여 균형을 이탈한 시장을 다시 균형 상태로 되돌리는 경제적 순기능도 한다.

어느 분야보다도 금융시장에서 '위기는 기회'라는 표현은 적합하다. 투자자들은 기초경제여건 변화와 금리·주가·환율이 보내는 신호를 입체적 시각으로 관찰할 경우, 시장충격으로부터 손실을 피하고 나아가 초과수익을 선택할 수 있다. 어쩌면 부자의 길과 빈자의 길은 순식간에 엇갈려 지나가는지 모른다.

6
현재가치와
미래가치 변화

FOCUS

현재금액의 미래가치는 미래에 받을 원금과 수익의 합계액으로 금리가 높을수록 높아진다. 금리가 낮을수록 이자수익이 작아지므로 미래가치는 낮아진다. 금리가 높아도 물가상승률이 더 높아지면 화폐가치가 그만큼 떨어져 실질 미래가치는 줄어든다. 금리가 하락하더라도 물가상승률이 더 하락하면 화폐가치는 그만큼 보전된다.

미래금액의 현재가치는 미래시점의 일정액을 현재 금리로 할인한 것으로 할인율 즉, 금리가 높을수록 낮아진다. 반대로 금리가 낮을수록 미래금액의 현재가치는 높아진다. 현재가치와 미래가치의 변화를 멀리 따져 보는 습관은 미래 여유 있는 삶과 쪼들리는 삶의 갈림길이 될 수 있다.

성공적 저축이나 투자는 대상자산의 현재가치(present value)와 미래가치(future value)의 변화를 제대로 읽는 데서 시작된다. 금융자산이든 실물자산이든 시간가치(time value)를 잘 따져야 가치를 보전할 수 있고 나아가 재산증식도 가능하다.[11]

춘추전국 시대 고사 조삼모사(朝三暮四)는 도토리를 아침에 받으나 저녁에 받으나 결과는 마찬가지임을 모르는 어리석은(?) 원숭이를 비웃는 우화로 알려져 있다. 그러나 오늘날처럼 아침저녁을 내다볼 수 없는 불확실성 시대에는 원숭이의 선택이 현명하다.

재화의 시간가치를 생각하면 도토리를 아침에 3개, 저녁에 4개를 받는 것보다 아침에 4개, 저녁에 3개 받는 것이 가치도 크고 받지 못할 위험도 줄어든다. 그 기간이 아침, 저녁이 아니고 3~40년이라면 도토리의 현재가치와 미래가치의 차이는 크게 벌어진다.

금리는 높은데 물가상승률이 낮다면 시간이 지나면서 이자가 늘

---

11. 금리와 할인율(discount rate)

복리계산은 현재의 원금에 대한 미래가치를 계산한다. 반대로 할인계산은 미래시점에 일정한 금액이 되려면 현재 얼마가 있어야 하는가를 계산하는 방법이다. 할인은 미래의 현금흐름을 현재가치로 환산하여 평가한다. 복리계산에서 적용되는 금리는 할인계산에서는 할인율(discount rate)과 같다.

할인율과 현재가치는 반비례하기 때문에 할인율이 높을수록 미래금액의 현재가치는 낮아지며, 할인율이 낮을수록 현재가치는 커진다. 채권은 미래의 현금흐름을 매매시점의 현재가치로 할인되어 가격이 결정되기 때문에 할인율이 하락하면 채권가격은 상승하고, 할인율이 상승하면 채권가격은 하락한다.

어나는 데 비하여 화폐가치 하락이 미미하므로, 장기채일수록 미래 가치는 더욱 크게 불어나게 된다. 반대로 물가상승률이 높은 상황에서 저금리 장기채는 시간이 지날수록 화폐가치가 줄어들어 손실을 피하기 어렵다. 쉬운 예로 1990년대 금리자유화 이전에는 성장률보다 상대적으로 낮은 금리와 높은 물가상승률 상황에서 저축하면 손해를 보고, 대출을 받으면 자동으로 빚의 가치가 줄어들어 수지맞았다.

미래가치와 현재가치를 신중하게 따지지 못하다가는 기업 재무관리는 물론 가계자산관리도 성공하기 어렵다. 자산의 현재가치와 미래가치의 차이를 신중하게 추정하지 않으면 합리적 저축이나 투자가 어렵다.[12]

표에서 보듯 금리가 9%라고 가정할 때, 50년 후 1억 원의 현재가치는 100만 원에 불과하지만, 현재 1억 원의 50년 후 미래가치는 74억 원이 넘는다. 미래를 살아야 할 청년들은 그 의미를 곰곰 생각해 봐야 한다. 특히 장수 시대에는 그 의미가 한층 커진다는 사실이다.

12. 금값과 채권가격 변동

쉽게 생각해 보자. 시장금리가 5%라고 가정할 때, 1억 원으로 채권을 매입하면 10년 후에 (세전)1억 6천 3백만 원이 된다. 그런데 금값이 10년 후에는 30%까지 크게 오를 것으로 판단하고 금괴를 사두면, 1억 3천만 원이 되어 금괴 매입 수익이 채권 수익보다 3천 3백만 원 손해다. 금괴 매입이 겉으로는 남는 장사로 보이지만 기회비용 즉, 금리를 생각하면 사실상 밑지는 장사가 된다.

〈 현재가치와 미래가치 〉

(단위 : 백만원)

할인율 (금리)	미래 1억 원의 현재가치				현재 1억 원의 미래가치			
	10년	20년	30년	50년	10년	20년	30년	50년
1%	91	82	74	61	110	122	135	164
3%	74	55	41	23	134	181	243	438
5%	61	38	23	9	163	265	432	1,147
7%	51	26	13	3	197	387	761	2,946
9%	42	18	8	1	237	560	1,327	7,436

수명 100세 이상 시대에 직장을 처음 가지면서 새로 저축을 시작할 경우에는 무려 6~70년 동안 장기저축을 하여야 한다. 1~2%의 금리 차이가 원리금을 수령할 때에는 몇 배 이상 차이가 날 수 있다. 여러 가지 저축과 투자의 현재가치와 미래가치를 비교분석하여 안전성과 미래가치가 높은 상품을 골라내는 시각과 선택은 불확실성 시대에 열심히 일하는 것 못지않게 중요한 경제적 선택이다. 특히 화폐가치의 변화가 작은 저성장, 저물가, 저금리 시대에는 여유로운 삶과 쪼들리는 삶의 이정표가 될 수도 있다.

7
저성장 저금리 시대
화폐가치 보전

FOCUS

한국경제는 고성장 단계를 지나 저성장 구조로 진입한 지 이미 오래되었다. 세계적 공급과잉 상황에 더하여 빈부격차에 따른 총수요(유효수요) 부족으로 저물가 바탕에서 벗어나기가 상당 기간 쉽지 않을 것이다. 일시적 등락이 있기는 하겠지만 저금리 기조가 정착되어 가는 모습이 뚜렷하다.

저성장 · 저물가 · 저금리 구조에서는 가계운용이나 기업경영 패러다임도 바뀌어야 한다. 금리가 낮더라도 저물가로 화폐가치가 보전되니, 가계는 노후에 이자생활보다는 저축한 돈을 나누어 쓴다는 자세가 필요하다. 기업은 현금흐름이 어느 정도 보이지 않는다면, 레버리지 경영을 자제하여야 한다.

금리가 높아도 물가상승률이 더 높으면 이자까지 재투자하여도 돈의 가치를 보전하지 못한다. 반대로, 금리가 낮아도 물가상승률이 더 낮아지면 돈의 가치는 오히려 높아진다. 물가상승률이 높아 화폐가치가 큰 폭으로 하락하는 상황에서 금리가 높다고 좋아하는 것은 제 살 깎아 먹으면서 '공짜 점심'으로 착각하는 것처럼 화폐환상(money illusion)에 빠지는 일이다.[13]

반대로 금리가 낮아져도 물가상승률이 더 낮아지면, 실질금리(명목금리−물가상승률)는 높아지므로, 금리생활자 입장에서도 저금리를 걱정할 필요는 없다. 다음 그림처럼 성장률이 저하되며 명목금리가 낮아지고 있지만, 물가상승률은 더 낮아지고 있어 실질금리는 과거보다 오히려 높은 편이다.

물가상승으로 돈의 가치가 하락하는 시기와 달리 그 가치가 보전되는 시기의 경제적 선택은 근본적으로 달라져야 한다. 저성장, 저물가, 저금리 시대에는 가계의 자산운용 패턴, 기업의 사업계획, 정부의 경제정책도 고성장, 고물가, 고금리 시대와는 근본적으로 달라져야 한다. 보통 소득의 일부분을 저축해야 하는 가계는 노후에

13. 화폐환상(money illusion)과 비합리성

물가와 명목임금이 같은 비율로 오른다면 실질임금 상승효과는 전혀 없다. 그런데도 근로자들은 임금이 오른 것으로 착각하여 소비를 늘린다. 명목임금이 내리는 경우는 현실세계에서는 사실상 없다. 화폐환상은 사람들이 의외로 비합리적으로 행동한다는 사실을 의미한다. 미래에 받을 이자, 연금도 물가상승률을 감안하여 가치를 계산하여야 한다.

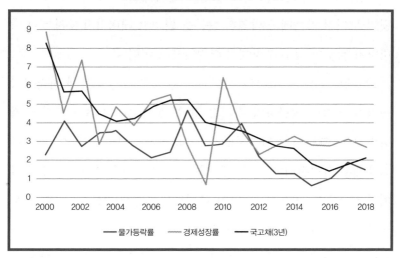

< 성장률 · 물가상승률 · 금리 추이 >

자료 : 한국은행 경제통계시스템

이자를 받아 생활한다고 생각하기보다는, '평생 저축한 돈을 쪼개어 쓴다'는 발상의 전환이 요구된다. 금융시장에서 자금을 조달하여 투자하는 기업도 타인자본 사용을 되도록 억제하고 가능한 자기자본으로 안정적 수익이 예상되는 사업에 투자하는 것이 바람직하다. 정부도 성장 목표를 무리하게 높게 책정할 경우, 작용보다는 부작용이 커지고 결과적으로 가계와 기업을 피로증후군에 빠지게 할 우려가 있음을 경계하여야 한다.

저성장, 저물가 시대에 금리가 낮다고 해서, 투기적 투자를 선호하다가는 위험과 불확실성의 대가를 고금리 시대보다 더 크게 치러야 한다. 고도성장 시대에는 여기저기, 이것저것 먹을거리가 있지만, 경제가 성숙기를 지나면 눈먼 돈도 없어지고 단번에 큰돈을 벌

수 있는 경로가 줄어든다. 저성장 저물가 상황에서 현금흐름이 뚜
렷이 보이지 않는데도 막연히 큰돈을 벌려고 레버리지 투자를 확대
하다가 잘못될 경우 수렁에서 빠져나오기 어렵다.

고성장, 고물가, 고금리 시대에는 돈의 가치가 빠르게 하락하니
공격적 투자로 성공하면 수지가 맞고, 설사 실패하여도 시간이 지
나면서 빚 부담이 흐지부지될 수도 있었다. 그러나 저성장, 저물가
시대에는 사회전체의 수익성은 낮아지며, 시간이 지나도 부채의 가
치가 줄어들지 않는다. 수익이 줄어드니 상환능력은 더 악화할 우
려도 있다. 가계나 기업이나 위험부담능력(risk tolerance)을 넘어선
과다부채 그리고 과잉투자를 하다가는 돌이키기 어려운 경제적 패
자로 전락할 확률이 높아진다.

저금리 시대에는 개인들이 (현재)소비를 해야 경제가 활발해진다
는 절약의 역설(paradox of thrift)이 아니라 미래소비를 위해 티끌 모
아 태산을 이루겠다는 자세가 필요하다.[14]

저성장, 저물가, 저금리 시대에 소비 수요를 억지로 부추기는 단

14. 저성장 시대 가계부채 증가

생각건대, 한국경제의 뇌관이 되어가고 있는 가계부채 누적은 각 경제주체들
이 우리나라가 저성장 기조에 들어서고 있다는 상황을 인식하지 못한 결과라
고도 할 수 있다. 정부는 고도성장 타성에 젖어 툭하면 경기를 부양하겠다고
억지 소비를 유도하여 국민경제를 피로하게 만들었다. 가계도 명목 저금리(저
물가를 감안하면 사실상 고금리 상황)를 틈타 큰돈을 벌어보려고 투기적 행태
를 벌였던 까닭도 하나의 원인이었음을 부인하기 어렵다.

기대책은 국민들의 노후 시대를 빈곤 절벽으로 이끄는 길이다. 저성장, 저물가, 저금리 시대에 큰돈을 벌겠다고 두리번거리기보다 적은 수입이라도 쪼개어 미래소비를 위해 꾸준히 저축하는 사람에게 여유 있는 삶이 기다린다. 금리가 낮아도 돈의 가치 보전이라는 장점 때문이다.

(초)고령 시대에 국리민복을 위한 길은 당장 소비보다는 미래의 소비를 위한 저축, 특히 장기저축을 유도하는 길이다. 누구나 어김없이 노인이 될 젊은이들은 출근길에 손에 비싼 커피가 아닌 도시락을 들고 다녀야 옳을지 모르겠다.

8
상대가격 변동과
재분배

FOCUS

유동성의 팽창과 수축은 여러 가지 자산 간의 상대가격을 변동시켜 경제적 이해관계를 엇갈리게 만든다. 실물자산이나 금융자산 교환과 매매 같은 경제적 거래 없이도 누군가는 이익을, 다른 누군가는 손실을 보게 만드는 불합리한 결과를 초래한다.

인플레이션이나 디플레이션은 거래 없이도 부의 이동 내지 재분배를 초래한다. 물가상승은 현물자산, 디플레이션은 현금자산을 선호하게 한다. 물가에 영향을 미치는 통화량, 환율 변동방향을 관찰하는 시각은 가계 자산운용은 물론 기업 재무관리 기본이다.

먼저, 유동성이 경제 규모 확대보다 더 크게 팽창하면 일반물가가 상승하여 돈의 가치 즉, 현금성 자산의 가치가 하락한다. 경제규모가 그대로인 상태에서 유동성 팽창은 막걸리에 물을 더 부을수록 싱거워지는 이치와 같다. 물을 더 부으면 막걸리의 양이 늘어나지만, 소비자는 같은 값으로 싱거운 막걸리를 마셔야 하니 막걸리 값이 그만큼 오른 셈이다. 인위적 고환율이 일부 수출기업을 살찌게 하는 대신에 고물가를 부담하여야 하는 가계는 야위어지는 것과 마찬가지다.

인플레이션이 진행되더라도 모든 자산이 동시에, 동률로 오르는 것이 아니다. 어떤 자산은 많이 오르고 어떤 자산은 적게 올라 자산 간에 상대가격(relative price)을 변동시킨다. 예컨대, 스마트 폰 가격은 크게 오르고 쌀값은 조금 상승하면 소수의 스마트 폰 생산자는 수지맞지만 쌀을 팔아 스마트 폰을 사야 하는 쌀 생산자는 상대적 손실을 보게 된다. 상대가격 변동은 거래가 없어도 누군가는 불로소득을 얻는 대신에 다른 누군가는 부지불식간에 피해를 보는 불합리한 결과를 초래한다. 물론 통화량 변동 없이도 사람들의 기호변화, 새로운 상품 등장에 따라 상대가격은 변동할 수 있다.[15]

다음, 유동성이 수축하면 물가가 하락하여 실물자산보다 현금성 자산 즉, 돈의 가치가 상승한다. 경제 규모 확대보다 유동성 확대 속도가 상대적으로 느리면 유동성 수축과 같은 효과를 초래한다. 물가가 하락하면 부채의 가치가 커지기 때문에 채무자의 부담은 더욱 커진다. 디플레이션으로 시장금리가 떨어지면 자본비용이 낮아지는 것 같지만, 시간이 지나며 돈의 가치 하락이 미미하거나 오히려 상승하여 실질적 자본비용은 오히려 커질 수 있다. 디플레이션 상황에서는 어쩔 수 없이 투자심리가 저하되고 경기가 침체되는 까닭이다.

통화량 변동에 따른 화폐가치 하락이나 상승은 채권자와 채무자의 이해를 엇갈리게 한다. 채무자는 꿔 쓴 돈의 가치가 떨어지기를, 채권자는 꿔 준 돈의 가치가 높아지지는 않더라도 최소한 보존되기를 바란다. 예컨대, 가계부채의 부담이 커진 상황에서 가계는 금리 하락을 고대하고 있다. 금리가 하락하면 당장 이자 부담도 줄어들지만 유동성 팽창에 따른 인플레이션효과로 부채의 가치가 줄어들 가능성이 있기 때문이다. 반대로 현금성자산이 계속 늘어가는 대기업은 금리하락을 걱정한다. 금리가 높아야 이자 수입이 늘어나고, 유동성이 수축하여야 빌려준 돈의 가치가 보존되거나 높아지기 때문이다. 문제는 유동성 수축으로 돈의 가치가 높아지면 돈이 제대

15. 시장개입에 따른 재분배효과

거시경제여건의 변화 없이 금융시장 가격지표의 변동으로 말미암아 초래되는 재분배는 누군가의 손실을 대가로 얻는 불로소득으로 사회 전체의 형평성을 해친다. 시장개입은 누군가에게는 불로소득을 얻게 해주는 대신에 다른 누군가는 엉뚱한 피해를 입게 만드는 효과가 있다. 특히 금융시장개입 인위적 부의 재분배효과를 초래하기 때문에 신중해야 한다. 시장가격기능을 파괴하는 시장개입은 사실상 범죄행위가 될 수 있다. 가계와 기업은 금융시장 변화를 냉철하게 관철하고 있어야 적어도 가만히 앉아 있다 엉뚱하게 보는 손실을 피할 수 있다.

로 돌지 않게 된다. 자본비용이 비싸져 투자심리가 위축되는 데다 소비수요 부진으로 투자와 생산 활동이 위축될 수밖에 없어 결과적으로는 가계도 기업도 다 같이 어려워질 수 있다.

산업구조 변화에 따라 여러 가지 상품 간에 상대가격은 어쩔 수 없이 변할 수밖에 없고 경제성장과 발전을 위해서 오히려 바람직스러운 경우가 많다. 예컨대, 농경사회에서는 땅값이, 산업사회에서는 석유 값이, 정보화 사회에서는 최신형 나노D램 값의 비중이 커지는 것은 불가항력이다.

통화량이나 금리가 경제상황을 제대로 반영하지 못하여 아무런 경제적 부가가치를 창출하지 못하면서 상대가격 변동을 유발시켜 사람들 사이에 이해득실을 엇갈리게 하는 것은 개인이 아니라 그

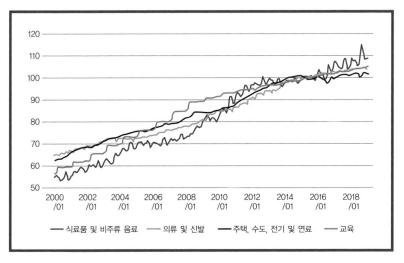

〈 상품구성별 가격지수 추이 〉

사회의 책임이다. 오늘날 지구상에는 20세기 초 대공황의 원인으로 작용한 극심한 빈부격차가 가장 심각한 문제로 다시 대두되고 있다. 여기에는 각국 중앙은행이 돈의 가치를 적정하게 유지하지 못했다는 의미도 내포되어 있다.

인체의 혈액과 같은 돈은 넘쳐나도 문제, 모자라도 문제다. 돈의 가치가 떨어져도 골치 아프고, 올라도 피곤하다. 그래서 유동성이 경제 상황 변화에 대응하여 적기에 적당하게 공급되지 못하거나 반대로 지나치게 많이 공급되면 경제사회의 위험과 불확실성은 커진다. 여러 가지 자산의 상대가격을 왜곡시키는 그 혼돈의 와중에서 부자들은 더 부자가 되고, 가난한 사람들은 더 가난해지기 쉽다.

9
기회비용
– 최선의 선택

F O C U S

인간은 끊임없이 변화하는 환경에서 여러 가지 크고 작은 경제적 선택을 쉴 새 없이 해야 한다. 기회비용은 어떤 선택을 위하여 포기해야 하는 '차선의 선택' 가치를 의미한다. 기회비용은 재화 공급이 제한된 상황에서 경제적 인간에게 최선의 선택을 유도하는 바로미터로 작용한다.

기회비용 크기는 그 사회의 가치관이나 경제 환경이 변함에 따라 달라질 수 있다. 가치척도가 되는 기회비용을 무시할 경우 최선이 아닌 선택을 하게 되어 비효율과 낭비가 뒤따른다. 실물부문과 금융부문을 연결하는 금리·주가·환율은 사회의 평균적 기회비용이다.

기회비용은 어떤 선택을 하는 대신에 포기할 수밖에 없는 다른 선택의 가치다. 주어진 환경에서 최선의 선택을 유도하게 하는 기준이 기회비용이다. 예컨대, 3만 원을 가진 주부가 그 돈으로 사과를 살까 삼겹살을 살까 고민하다가 사과를 샀다면, 포기한 삼겹살의 가치가 사과의 기회비용(opportunity cost)이다. 더 알기 쉽게 표현하면 사과 대신 삼겹살을 먹는다고 가정할 때, 가족들이 느끼게 될 (미실현) 효용가치가 사과에 대한 기회비용이다. 사과를 산 까닭은 삼겹살보다 사과가 가족에게 더 큰 만족감을 줄 것으로 판단했기 때문이다.

우리 옛말에 '같은 값이면 다홍치마'라는 속담은 같은 비용을 가지고 최고의 선택을 하게 하는 기회비용의 개념을 내포하고 있다. 누구나 주어진 조건에서 기회비용보다 효용이 더 큰 선택을 하려고 한다. 투자에서도 그 사회의 평균적 기회비용인 금리보다는 더 높은 수익을 내는 기업을 경영하거나, 그런 기업에 투자하고 싶어 하는 것이 경제적 인간(homo economicus)의 모습이다.

환경이 풍요로울수록 기회비용의 크기는 점점 줄어들기 마련이다. 아무런 부족함이 없는 유토피아에서는 모든 수요를 다 충족시킬 수 있어, 포기하거나 희생되어야 할 선택이나 대안이 줄어드는 까닭이다. 사과도 삼겹살도 얼마든지 살 수 있다면, 사과나 삼겹살에서 얻는 (한계) 효용은 급격히 줄어든다. 그러나 현실 세계에서는 자원이 한정되어 있기 때문에 사람들의 다양한 수요를 모두 다 충족시킬 수 없다. 쉽게 말하면, 먼저 해야 할 일과 나중에 해야 할 일,

그리고 중요한 일과 덜 중요한 일을 구분하는 척도가 바로 기회비용이다.

기회비용의 상대적 크기는 그 사회 구성원들의 가치관에 따라 사뭇 달라진다. 배가 덜 부르니 쌀 증산을 위하여 저수지를 먼저 파야 한다는 주장도 있고, 아이들의 미래를 생각해서 교실을 먼저 지어야 한다는 미래지향 주장도 있을 것이다. 효자 마을에서는 노인복지를 최우선으로 선택할 것이다. 기회비용이 크다는 것은 해야 할 일은 많은데 능력이 부족하다는 뜻도 된다. 어떤 선택의 대가를 크게 치러야 하기 때문에 선택하기가 쉽지 않다는 의미다. 식구도 많고, 학교도 보내야 하고, 노부모도 모셔야 하는데, 비록 능력은 없지만 그 아무것도 함부로 포기할 수 없기 때문에 선택이 어려워진다.

기회비용을 왜곡하거나 도외시하는 선택은 비효율과 낭비를 초래하고 사회적 갈등을 불러오기 쉽다. 시장실패 또는 정부실패로 말미암아 시장이 균형을 이탈하면 할수록 기회비용의 크기가 잘못 정해진다. 시대 상황에 따라 기회비용은 엿가락처럼 늘어졌다 줄어들었다 한다. 미래의 성장잠재력을 높이기 위해 도서관을 지어야 한다고 주장하다가도, 돌연 관광수입 증대를 위해 호텔을 지어야 한다고 우긴다. 우리는 서울 한복판에 있던 국립도서관을 헐어내고 그 자리에 백화점과 호텔을 지은 자랑스럽지 못한 역사를 가지고 있다. 당장 눈에 나타나는 관광수입과 미래를 위한 독서효과 중에 어느 것을 택해야 할까?[16]

시장이 발달할수록 가격기능 즉, 수요와 공급 법칙에 의하여 경제적 기회비용이 자연스럽게 형성된다. 그 사회의 대표적 기회비용이 되는 금리·주가·환율 같은 금융가격지표는 실물부문과 금융부문의 연결고리가 된다. 따라서 경제적 가치판단이나 경제활동의 바로미터가 되는 금융가격지표들이 실물경제 상황을 있는 그대로 반영하여야 가계와 기업의 최선의 경제적 선택을 유도할 수 있다.

16. 기회비용과 권위주의

기회비용에 관한 의사결정이 다양한 가치관에 따라 조화를 이루는 사회가 건강한 공동체다. 기회비용의 최대공약수를 찾기 위한 조정과 합의가 합리적으로 진행될수록 비용이 줄어들고 갈등과 마찰도 줄어든다. 반대로 기회비용을 몇몇 사람이 마음 내키는 대로 결정하면 권위주의 사회가 되어 갈등과 대립이 움튼다.

미래의 에너지원인 태양광개발을 포기하는 대신 저수지를 파도록 강요당하는 사회는 결과적으로 막대한 사회적비용(social cost)을 부담하여야 한다. 기회비용을 극대화하기 위하여 국가에서 하는 일정 규모 이상의 사업은 예비타당성조사 제도를 만들어 불필요한 예산낭비를 방지하려 하고 있다. 만약 권위주의 아래 예비타당성 제도가 무시된다면 기회비용 개념이 없어지게 되어 비효율과 낭비가 초래됨은 말할 필요도 없다.

10
투자와 투기와 도박

F O C U S

내재가치 변동에 따른 자본이익을 기대하는 투자와 시장 심리 변화에 따른 시세차익을 노리는 투기를 구분해야 초과 수익을 기대할 수 있거나 적어도 초과손실은 피해 갈 수 있다. 변동성이 큰 불안정한 시장일수록 대상자산의 내재가치 변화를 중시하는 시각으로 멀리 봐야 투자와 투기를 구분할 수 있어 허둥거리지 않는다.

실물시장에서도 마찬가지지만 금융시장에서는 종종 투자와 투기의 경계가 모호해질 경우가 많다. 조심스러운 투자를 하다가도 투자자 자신도 모르게 투기로 변할 우려가 항상 존재한다. 투기와 도박의 경계도 명확하게 구분하기 어렵다. 군집본능에 따라 이리저리 휘둘리는 뇌동매매는 투자도, 투기도 아닌 도박에 가깝다.

투자는 경기 변동이나 경영혁신으로 대상자산의 내재가치 상승에 따른 차익을 예상하고 사거나 파는 일이다. 투기(speculation)는 가치보다는 시장심리 변화에 따른 가격 변동을 노리고 차익을 기대하는 매매 행위다. 도박(gamble)은 우연이 아니면 때로는 속임수를 써서 상대의 과욕이나 실수를 유도한다.

투자는 플러스섬(plus sum) 게임이며, 투기는 제로섬(zero sum) 게임, 도박은 마이너스섬(minus sum) 게임에 가깝다. 그래서인지 파스칼은 "도박을 즐기는 사람들은 불확실한 것을 얻기 위해 확실한 것을 걸고 내기를 한다."고 했다. 그저 분위기에 휩쓸리는 뇌동매매는 투자도 아니고 투기도 아닌 우연을 바라는 도박과 같은 행위다. 도박장(house)에서는 도박장 개설자가 일정 비율을 비용으로 떼기 때문에 누군가는 그만큼 손해를 보아야 한다. 카지노 룰렛게임의 배당확률은 35/37으로 베팅 금액의 2/37은 '하우스 사용료'로 지급하는 셈이다. 한때 이름을 날리던 유명 도박사들이 인생 후반에는 거의 빈털터리가 되기도 하는 까닭이다. 만약 악덕업자가 승부 확률을 조작하면 파친코에서 돈을 잃을 확률은 더 높아질 것이 뻔하다.[17]

문제는 투자와 투기의 경계가 분명하지 않은 까닭에 많은 사람이 처음에는 신중한 투자를 하다가도 어느 사이에 투기적 행동을 벌이는 경우가 많다. 현실 세계에서 투자와 투기 행위는 동시에 벌어지거나 연속하여 나타나기 쉽다. 예컨대, 경기 저점에서 유동성을 완화하면 풍부한 유동성이 산업자금으로 유입되기 전에 먼저 주식시장으로 유입되어 소위 유동성장세가 벌어진다. 그리하여 주가가 오르기 시작하면 매매차익을 노리는 부동자금이 몰려들어 투기적 거품이 발생하기도 한다. 시중에 풀린 자금은 시차를 두고 실물시장으로 유입되어 투자를 활성화하고, 주가 상승에 따른 부의 효과(wealth effect)가 소비 수요를 부추긴다. 결과적으로 기업의 본질가치도 높아질 수 있다. 이 장면에서 투자와 투기의 경계를 구분하기가 사실상 어렵다.

투기와 도박의 차이를 확실하게 구분하기 어려운 것도 사실이다. 주식시장에서 손해를 보는 가장 큰 원인은 사람들이 처음에는 내재가치를 중시하는 투자를 하다가도 어느 사이에 투기적 행위를 선호하기 때문이다. 그러다가도 이리저리 부화뇌동하며 휩쓸리는 도박과 같은 행태를 보이기가 쉽다.

주식시장 동향과 관련하여 생각해 보자. 효율적 주식시장에서 실물경제를 반영하여 주가가 형성된다고 가정하면, 경제는 시간이 지남에 따라 성장하기에 개별 주가는 몰라도 종합주가지수는 장기적으로 우상향(↗) 추세를 보여야 한다. 그러나 실제 모습을 보면 경제

---

17. 자본이익과 투기거래 차익

주식시장에서 기업가치 향상을 기대하고 투자하여 수익을 내는 일은 성장 과실을 공유하는 일이다. 기업은 자금조달을 통하여 생산을 늘리고 투자자는 자본이익을 거두는 상호수혜 관계다. 투기거래에서 얻은 수익은 생산 활동과 관련되어 얻은 과실이 아니어서 누군가 차익을 거두면 다른 누군가의 손실로 연결된다.

연기금, 뮤추얼 펀드(mutual fund) 관리자들은 자금을 신흥시장에 집중 투자한 다음 일시에 회수함으로써 시장을 교란시키기도 한다. 정보를 조작하여 부당한 차익을 거두는 일은 투기가 아니고 범죄행위다. 개발정보를 몰래 빼돌려 부동산을 사들여 돈을 버는 것은 힘없는 누군가의 눈물과 한숨의 대가다.

여건과 상관없이 등락을 반복하여 종합주가지수는 기형적 W자 형태를 자주 보여 왔다. 주가가 내재가치 증대에 따라 상승하기보다 거품 형성과 소멸에 따른 널뛰기 현상도 반복되고 있음을 시사하고 있다. 합리적 판단에 의한 투자가 이루어지고 있는지, 아니면 투기가 판치는 시장인지 의문이 갈 때도 종종 있다.[18]

급등락이 빈번한 시장에서는 정보의 수집·분석 능력에서 뒤지는 개인 투자자들이 무리한 투기거래에 휩쓸리다가 손실을 보기 십상이다. 어김없는 사실은 누군가의 초과이익은 다른 누군가의 초과손실로 연결된다는 점이다. 어쩌면 급등락이 심한 시장에서야말로 초과수익을 올리기 또한 쉬운 일인지 모른다. 균형을 이탈하여 높게 올라가거나 지나치게 낮게 내려가는 비정상적 현상이 고정되는 것이 아니고 시차를 두고 반드시 제자리로 돌아가기 때문이다.

내재가치를 중시하더라도 욕심이 지나치면 더 낮은 가격에 사려다가 매수기회를 놓치고, 더 높은 가격에 팔려다 매도기회를 놓치기 쉽다. 금융투자에는 냉정한 시각과 동시에 과단성 있는 선택이 절대 필요하다는 이야기다. 물론 어렵고 어려운 이야기다.

18. 내재가치 변동과 무관한 투기장세

별다른 경제적 충격이 없는 상황에서 2001년 9월 종합주가지수는 468p에서 출발하여 불과 7개월 만인 2002년 4월에는 937p까지 100% 이상 급상승하였다가, 11개월 후인 2003년 3월에는 515p로 45%가량 폭락하였다. 그 당시 주식시장은 내재가치 변동과 관계없는 투기장세를 보여 투자자들을 큰 혼란에 빠트렸다. 어떤 작전세력이 개입되었는지는 밝혀지지 않고 있다.

11
변해 가는
돈의 영향력

FOCUS

산업구조가 아날로그에서 디지털 중심으로 변하며 자본이 부가가치 창출에서 차지하는 비중이 낮아지고 있다. 생산성 향상으로 유동성을 팽창시켜도 물가가 오르지 않는 현상이 짙어지고 있다. 핫머니 유출입이 빈번해지며 금융시장이 기초경제여건을 제대로 반영하지 못하는 상황이 벌어지고 있다. 실물과 금융이 괴리되면서 부가가치 창출과 관계없는 비정상적 부의 재분배가 진행될 우려도 크다.

금융이 실물부문에 미치는 경로와 효과가 다양하게 얽히고설키며 돈이 경제활동에 미치는 영향력이 점점 변해 가고 있다. 안타깝게도 미래의 불확실성이 커지면서 사람들은 돈에 더 집착하고 있다.

과거 산업사회와 달리 통화정책의 파급경로와 효과가 달라지며, 단기적으로는 실물부문과 금융부문이 따로따로 움직이는 현상이 자주 나타나기도 한다.

첫째, 부가가치를 창출하는 생산요소 가운데 기술과 정보의 비중이 늘어나면서 자본의 비중은 점차 줄어들고 있다. 과거 산업사회에서는 대규모 시설과 장비를 동원하는 규모의 경제를 통한 대량생산 과정에서 부가가치를 창출하였다. 그러나 아이디어나 기술만 있으면 조그만 창고에서 작은 자본을 가지고도 천문학적 부가가치를 창출할 가능성이 커지고 있다. 다시 말해, 새로운 부가가치를 만드는 과정에서 자본(資本)보다는 기술과 정보가 더 큰 몫을 차지하는 시대가 되었다. 기업경영에서 자본의 영향력이 과거와는 사뭇 달라지고 있다. 돈의 영향력이 달라짐에 따라 금리나 유동성을 변동시켜 경기를 조절하는 일이 쉽지 않아졌다.

둘째, 유동성을 확대해도 물가가 오르지 않는 현상이 이미 오랫동안 계속되고 있다. 돈을 많이 풀어도 물가가 오르지 않는 까닭은 무엇인가? 기술혁신으로 생산원가가 점점 낮아지는 데다 생산자와 소비자의 직거래로 유통단계가 줄어들어 중간 차익이 줄어들고 있다. 개방화가 진행되면서 역내·외 생산물 이동이 빨라져 일시적 공급 불균형 현상에 따른 가격 불균형이 줄어들었다. 독과점업자의 고가정책 횡포도 한계에 이르고 있다. 물가가 오르기 힘든 가장 큰 원인은 빈부격차 심화로 돈이 돌지 않아 소비수요기반이 취약해졌기 때문이기도 하다.[19]

셋째, 실물경제 상황과 관계없이 외국인 포트폴리오 투자(FPI) 자금이 빈번하게 유·출입되면서 금리·주가·환율이 거시경제 상황을 제대로 반영하지 못하는 경우가 종종 초래된다. 단기적으로는 기초경제여건 변화보다도 외국인들 움직임에 따라 채권시장, 주식시장, 외환시장이 흔들리고 있다.

외부충격에 대비한다고 시장을 억지로 끌어올리거나 억누르면, 실물과 금융의 불균형으로 말미암은 차익거래 기회를 제공하게 된다. 금융약탈자들(financial predators)은 실물과 금융의 괴리를 찾아 24시간 내내 지구촌 곳곳을 헤집고 다닌다.

금융과 실물이 따로 움직이는 경우가 많아지면서 1980년대 초반과 같이 물가상승 억제만을 목표로 삼는 통화관리는 경제순환에 장애를 일으켜 국민경제를 피로증후군에 빠지게 할 가능성이 상존한다. 거의 무제한으로 돈을 풀고도 또다시 고민하는 선진경제권 중앙은행들의 모습을 보자. 경제 대통령이라 불리는 중앙은행 최고책임자들은 로뎅의 지옥문을 지키는 '생각하는 사람' 보다도 더 깊이

---

19. 깁슨의 역설(Gibson's paradox)

과거에는 금리를 내려 유동성을 팽창시키면 풀린 돈이 물가를 자극하여 다시 금리가 종전 수준보다도 오히려 더 상승하는 경우가 있었다. 이와 같은 물가가 실물경제 활동보다는 화폐적 요인에 더 영향을 받는 현상을 설명하는 통화주의(Monetarism) 논리, 소위 깁슨의 역설(Gibson's paradox)이 1990년대 이후에는 뚜렷하지 않아졌다. 기술혁신에 따른 생산성 향상과 함께 전 세계적 빈부격차 심화로 소비수요기반이 약화되어 공급이 수요보다 넘치기 때문이다.

고뇌하는 모습을 보이고 있다. 화폐가치와 성장, 물가, 고용, 국제 수지와의 관계가 불분명해지고 있어서 통화관리 방향의 갈피를 잡기 어렵기 때문이 아닌가?

어느 시대를 막론하고 중앙은행이 우왕좌왕하거나, 뒷짐을 지고 있으면 국민경제는 피로하다. 때로는 두려워하기도 해야 하지만 때로는 결단력 있는 자세도 필요하다. 말할 것도 없이 그 결단은 어느 특정 집단을 위한 것이 아니어야 한다. 자주 경험하는 바와 같이 국내외를 막론하고 경제 대통령이 헛기침만 해도 시장이 동요한다. 그런 데다 헛발질까지 하면 위험과 불확실성은 커지고 가계와 기업은 우왕좌왕하게 된다. 나라 경제는 먹구름이 끼고 방향을 잃게 된다.

화폐가치 변동은 가계나 기업이 처한 상황에 따라 이해를 엇갈리게 한다. 경제가 복잡해질수록 통화관리는 점점 더 어려워질 수밖에 없다. 분명한 사실은 거부가 일류호텔에서 제비집 요리를 먹을 때나, 아르바이트생이 라면으로 끼니를 때울 때나 똑같이 중앙은행이 발행하는 돈을 내야 한다. 자본이 생산 활동에서 차지하는 비중은 하루가 다르게 변해 가고 있지만, 일상생활에서 특히 서민들에게 화폐가치 안정은 더할 수 없이 중요하다.

돈이 경제순환에서 차지하는 비중은 점점 낮아지고 있는 상황에서 미래사회의 불확실성은 점점 커지고 있다. 이런 상황에서 사람들이 돈에 대한 집착이랄까 애착은 점점 커지고 있다. 안타까운 일이다.

12
자산 가격
급등락 원인

F O C U S

　자산 가격이 등락하는 까닭은 크게 3가지로 나누어 가늠
할 수 있다. 첫째, 대상 자산의 가치 또는 선호도 변화, 둘째,
통화량 변동에 따른 물가 변동, 셋째, 특정자산 가격이 상승
하거나 하락할 것으로 확신하는 투자자들이 몰려들어 가치
와 가격이 괴리되는 거품 현상이다.

　이 세 가지 현상은 따로 나타나기도 하지만 경우에 따라서
는 동시에 복합적으로 작용하며 시장가격을 과열시키거나
냉각시키는 경우가 종종 벌어진다. 자산 가격이 크게 흔들릴
경우에 덩달아 휘둘리지 말고 등락의 요인을 냉정하게 살펴
보는 시각이 있어야 올바른 선택을 할 수 있다.

부동산 시장을 예로 들어 생각해 보자.

2018년 현재, 한국 부동산시장 양극화 현상은 집 없는 가계를 절망에 이르게 하는 병이 되면서 집을 가진 가계 또한 무엇인가 불안하게 만들고 있다. 일부 지역 부동산 폭등 현상은 3가지 요인들이 복합적으로 작용하는 것으로 보인다.

첫째, 대상자산의 가치나 선호도가 높아지면서 가격이 상승하는 것은 당연한 현상이다. 모든 사람들이 너도나도 갖고 싶어 하면 가치를 떠나 가격이 오를 수밖에 없다. 둘째, 경제규모 변동이 없는 정상상태(steady state)에서 통화량이 크게 늘어나면 화폐가치가 희석된다. 극심한 불황이 지나가면 경기회복을 위한 대규모 금융완화를 예상하여 인플레이션 기대심리가 커진다. 셋째, 바람이 불어 자산시장에 사람들이 맹목적으로 몰려들면 비이성적으로 가격이 올라 가치와 괴리되는 거품이 팽창된다.[20]

먼저, 사람들이 일자리를 찾아서 그리고 좋은 학교를 찾아 몰려

20. 비버리힐즈와 강남

부와 명성과 권력을 삼위일체로 거머쥐고서 강남에 거주한다는 관료가 "비버리힐즈에는 돈 많은 할리우드 스타들이 모여 살기 때문에 집값이 비싸다."며 "사람들이 모두 (자신이 사는) 강남에 살려고 할 필요가 없다."는 말을 방송에 나와 하였다고 한다. 그 황당한 말이 맞는다고 가정하면, 강남의 집값은 더 올라야 할지도 모른다. 사람들이 직접 살지는 못해도 '그저 바라만 봐야 하는' 집의 희소가치는 더 커질 수밖에 없다. 게다가 집값을 잡겠다며 다른 지역을 강남과 버금가게 개발시키면 아니 된다고 했으니 강남의 집값은 어떻게 될까? 하여간 이 땅에서 계속 살아갈 후손들이 걱정되는 장면이었다.

드는 지역의 가치가 높아지는 것은 당연한 일이다. 누구라도 학군 프리미엄이 높은 지역에 살면서 아이들을 좋은 학교에 보내어 좋은 친구들과 어울리게 하고 싶어 하는 것은 인지상정이다. 평등을 가장한 불평등 학군제의 부작용으로 이들 지역의 가치나 선호도가 더 높아지는 것은 어쩔 수 없는 일이다. 보통사람들보다 좀 더 도덕성이 요구되는 지도층 인사들 대부분이 위장전입 행적이 있다는 사실은 무엇을 뜻할까?

다음, 경제규모 확대보다 통화량이 더 크게 확대되면 화폐가치가 희석되기 마련이다. 과거에는 통화량 증가가 물가 불안을 야기하여 다시 금리를 자극하였으나 기술혁신이 가속화되면서 생산성이 더 높아지는 까닭으로 일반물가 상승효과가 미미해졌다.[21]

그러나 통화완화가 계속될 경우 (자산)인플레이션 악령은 어쩔 수 없이 자산시장 주변에 어른거린다. 그리고 시중 대기성자금이 주식시장으로 한꺼번에 몰리면 주가거품이, 부동산시장으로 몰리면 부동산거품이 일어난다. 2018년 현재는 미래 경기가 불투명하여 대기

---

21. 생산성향상과 통화량팽창

과거에는 통화량 팽창에 따라 일반물가가 오르는 인플레이션 기대심리가 작용했었다. 그러나 생산성 향상 속도가 통화량 증가속도보다 더 빠르면 통화량을 팽창시켜도 일반물가는 안정되거나 오히려 내릴 수도 있다. 이른바 '헬리콥터로 돈을 풀어도 물가가 오르지 않는다.' 며 고민하던 미국과 일본의 중앙은행의 모습이 그렇다. 오죽하면 제로금리를 넘어 마이너스금리 정책을 펼쳐도 물가가 오르지 않아 각국 중앙은행을 당황하게 만들었다.

성자금이 주식시장으로 이동하기 어려운 국면이다. 경기침체 그림자가 짙어지는 가운데서 소득주도성장 정책에 대한 불안감이 불확실성을 크게 하고 있음을 부인하기 어렵다.

마지막으로, 자산 가격이 오르기 시작하면 사람들은 더 오를까 조바심을 내서 더 높은 가격에 사려하고, 다시 가격이 상승하는 과정이 반복되는 재귀성(reflexvity)으로 자산시장의 거품이 점차 팽창되어 간다. 사람들이 몰려들 때는 가격이 더 오를 것 같아서 섣불리 팔지 못하는 현상 즉, 매도보다 매수가 많은 매도자 우위 상황이 일시적으로 벌어진다.

그런데다 부동산 거래비용이 지나치게 커서 부동산 팔고 사기가 겁이 나는 형편이다. 집을 사고 팔 때는 취득세에다 왕복 중개수수료를 부담하면 무려 2년간의 경제성장률에 가까운 4~5% 수준이다. 더하여 양도세를 부담하면서 집을 팔고 다른 집으로 이사 가려면 현재 집값의 2/3 가격 수준으로 줄여야 할 경우가 많다. 고성장시대에 생긴 높은 거래비용 때문에 가격이 올라도, 내려도 집을 팔고 사기가 어렵게 되었다. 거래가 없다 보니 상승기에는 상승폭을 더 확대시키고 하락기에는 거래를 실종시키는 원인으로 작용하고 있다.

2005~6년 부동산대책이 나올 때마다 시장을 오히려 가열시킨 까닭은 문제의 본질을 해결하기보다는 요리조리 임시방편을 남발하다가 시장의 내성이 커졌기 때문이다. 헐크의 몸을 자극하며 새끼줄로 묶으려다 몸이 더 크게 불어나 화를 초래하였다. 평생을 살

아야 할 집을 껌이나 사탕처럼 사고 싶을 때 사고, 팔고 싶을 때 팔 수 있다고 오판하고 대책을 세우면 부작용만 커지기 마련이다.

　누구든 집을 살 때는 덮어놓고 사는 것이 아니라 자기의 책임으로 산다. 그래서 집값이 한없이 올라갈 것 같다가도 어느 순간에 꺾일 때가 오기 마련이다. 2000년대 초반 미국에서 국제금융위기로 연결된 서브프라임 모기지 사태를 되돌아보자. 부동산가격이 폐자재 값보다도 싸게 폭락하고 빈집이 여기저기 수두룩했다. 조바심을 내고 단기대책에 급급하다 보면 부동산가격은 더욱 극성을 부리다가 거래 없이 큰 폭으로 하락할 가능성이 크다. 그럴 경우, "한국인 자산의 60% 이상을 차지한다."는 부동산 거래실종 사태가 벌어지게 되면 부채디플레이션 현상이 벌어져 한국경제를 막바지 곤경에 빠지게 할 우려가 있다. 인구구조변화 같은 여러 상황을 감안할 때, 서울도 지방처럼 빈집으로 문제가 발생하기 시작하였다는 사실을 가계, 기업, 정부 모두 염두에 두어야 한다.

　우리나라에서 부동산 양극화 현상은 학군제가 폐지되지 않고는 해소되기 불가능하다는 것이 개인적 판단이다. 가격 상승을 막겠다고 지역 개발을 막는다는 것은 정말이지 '언 발에 오줌 누기' 같은 근시안 정책이다. 자자손손이 숨 쉴 녹색지대를 훼손하여 집을 짓겠다는 무모한 발상은 무섭기까지 하다. 당장의 각박한 현실을 모르는 소리인지는 모르지만, '우리의 후손들은 이 땅에서 계속 살아가야 한다.' 는 사실을 외면해서는 정말 아니 된다.

13
현물 · 선물 베이시스와
미래가격 발견

F O C U S

　미래에 자산을 취득하는 방법은 두 가지다. 현물을 매수하여 목표 시점까지 보유하거나, 목표 시점에 자산을 매입할 권리가 있는 선물매입포지션을 취하는 방법이다. 선물매도자는 불확실한 미래에 확정가격을 받으려 하고, 선물매수자는 확정가격을 지급하려 선물을 거래한다.

　현물과 선물의 가격 차이가 매 순간 변하는 가격조정과정을 거치면서 위험중립화가 달성되고 미래가격 발견기능이 이행된다. 선물시장에는 가격 변동 위험에 따른 손실을 회피하려기보다 투기거래가 대부분으로 미래가격 변동에 따른 차익을 서로 추구하려 든다.

현물자산을 매입하여 목표 시점까지 보유하는 비용은 현물가격과 이에 따른 기회비용 즉, 금리를 더한 값이다. 현물가격과 선물가격의 차이, 즉 베이시스(basis)는 무위험 금리와 같아지는 논리가 현·선 평형(the spot futures parity)이론이다. 다시 말해 미래에 지급할 선물가격을 금리로 할인한 현재가치가 현물가격이 된다. 만기가 가까워질수록 금융비용인 베이시스가 줄어들다가 만기 시점에는 현물가격과 선물가격은 같은 값으로 수렴한다.[22]

기회비용 즉, 금융비용 때문에 선물가격이 현물가격보다 높게 형성되는 콘탱고(contango)가 정상시장이지만 현물가격과 선물가격이 역전되는 백워데이션(backwardation) 현상도 간혹 발생한다.[23]

선물거래 포지션을 목표 시점까지 보유할 경우, 이익이나 손실은 만기 시의 변동된 현물가격과 미리 확정한 선물가격과 차이다. 투기적 선물거래의 성공과 실패는 만기 시점에서의 기초자산 즉, 현물자산의 가격 변동 예측능력에 달려 있다.

22. 현·선물 수렴과 차익거래

현물과 선물 거래가 각각 다른 시장에서 이뤄지더라도, (금리 같은 기회비용을 포함하여) 같은 상품은 같은 시점에 같은 가격을 지불하게 된다. 그렇지 않을 경우, 동일한 상품을 값싼 시장에서 매수한 다음, 비싼 시장에서 매도하는 차익거래(arbitrage activity)가 발생한다. 현물가격과 선물가격의 베이시스가 현물매입에 따른 기회비용(무위험금리)과 차이가 벌어지면 차익거래가 발생한다. 만기에는 선물가격과 현물가격이 같아지는 수렴성향을 이용하여 무위험수익을 얻을 수 있다. 이러한 가격조정과정을 거쳐 현물과 선물의 평형이 다시 회복된다.

투기거래자(speculator)가 주문가격은 물론 매수포지션(long position)과 매도포지션(short position)을 빈번하게 바꾸는 것은 크게 두 가지 요인에서 비롯된다. 첫째는 경제상황과 시장심리 변동에 따라 만기 시점의 현물가격 예측이 사람마다 시시각각 달라지기 때문이다. 둘째는 금리가 상승하거나 하락할 것으로 예상되면 현물자산 보유에 따른 기회비용도 달라져 선물가격도 변동하기 때문이다.

현물자산의 미래가격과 금리가 변동하기도 하지만 시장심리가 매 순간 변하기 때문에 선물시장 거래자들은 순간순간 가격을 변경하여 주문을 낸다. 초당 수천 건의 거래가 가능한 프로그램 매매가 극성을 부리는 까닭이다.

현물시장에서는 대상 자산의 가치가 높아지면서 투자자들 사이에 윈-윈 게임이 가능하지만, 선물시장에서 투기적 거래는 매도자와 매수자의 손실과 이익이 같아지는 제로섬 게임이다. 단순한 위

23. 백워데이션(backwardation)

백워데이션 같은 비정상 상황이 나타나는 까닭은 미래 경기전망을 불투명하게 보는 위험회피자(hedger)들이 갑자기 많아질 경우, 기대의 작용이 보다 신속한 선물시장에서 선물가격이 실물시장 현물가격보다 먼저 내려가기 때문이다. 가끔 현물시장에서 공급과 수요가 교란되어 일시적 공급부족으로 현물가격이 선물가격보다 높게 상승하는 경우도 있다.

백워데이션 현상은 미래 가격전망이 크게 어둡다는 신호를 시장에서 보내는 것이다. 한국시장에서는 IMF 구제금융 사태 이후 그리고 2000년 초 '코스닥 러시'와 '바이 코리아 회오리' 사태가 지나가면서 역조시장(inverted market)이 나타났었다.

험회피가 아니고 제로섬 게임에서 승자가 되려면 남보다 더 먼 시각, 더 정확한 선택과 더 빠른 행동이 뒷받침되어야 한다. 이 제로섬 게임에서 정보수집과 분석 능력이 앞서는 기관과 개인이 대결하는 것은 마치 미사일부대와 소총부대의 싸움이라고 해도 틀린 말이 아닐 것이다. 물론 소총이 더 정확하게 목표물을 명중시킬 때가 있기는 하다.

선물시장에서는 소액 증거금 거래가 행해진다. 미래가격 예측에 자신이 있다면 선물시장에서는 지렛대효과를 통하여 현물시장보다 몇 배의 수익을 낼 수 있다. 그러나 예상이 빗나간다면 몇 배 손실을 감수해야 한다. 거래비용을 고려하면 선물거래는 투기적 성향의 '개미투자자'들에게는 제로섬 게임이 아니라 결국에는 '마이너스섬 머니게임'이 되기 쉽다.

14
금은
안전자산인가?

F O C U S

금 가격은 인플레이션이나 디플레이션의 예고지표가 되기도 하고, 역으로 인플레이션이나 디플레이션이 전개됨에 따라 금 가격이 상승과 하락을 반복하였다. 금본위제가 폐지된 후 금 가격 변동추이를 살펴보면 금은 안전자산이기보다는 투기자산 성격이 강하게 나타나고 있다.

연간 2,500톤가량이 지하에서 지상으로 올라오는 금은 거의 사라지지 않아 지구촌 금 보유량은 해마다 늘어난다. 금은 시간이 지나도 이자나 배당금이 없는 무수익자산이라 적정가격 즉, 내재가치를 산정하기 어렵지만 위험과 불확실성에 대비한 부분적 보험기능을 한다.

대공황 이후 온스당 35달러로 묶여 있었던 금값은 1971년 닉슨 대통령의 '금태환 정지' 선언 이후 거침없이 올랐다. 소위 '닉슨 충격'(Nixon shock)은 2차 대전 후 미국 중심의 세계경제질서가 흔들렸음을 시사하고 있다. 경상수지 적자와 베트남 전비조달로 재정적자가 겹치면서 달러가 미국 밖으로 많이 유출되어 아시아, 유럽에서 '달러 범람'(dollar glut) 현상이 벌어졌다.

게다가 선진공업국들의 스태그플레이션 현상이 고조되면서 1980년 1월에는 금값이 온스당 830달러 선으로 솟구쳤다. 금값이 오른 것인지 달러 가치가 떨어진 것인지는 분명하게 말할 수 없지만, 달러 기준으로 약 10년 사이에 20배가 넘게 올랐다. 미국의 쌍둥이 적자 심화에 따른 글로벌 불균형 상황에서 달러 가치가 하락을 거듭하였기 때문이다. 더하여 금이 가치를 보전하는 피난처로 인식되면서 투기세력이 투기를 부추겼던 때문이기도 하다.

그 후 각국이 물가안정 노력을 기울이자 인플레이션이 진화되면서 금값은 하락세로 반전하여 그칠 줄 모르고 하락하여 20년이 지난 1999년 8월에는 종전 최고가의 1/3도 안 되는 250달러 수준까지 추락하여 뒤늦게 금시장에 뛰어든 사람들은 막대한 손실을 보았다. 금값은 다시 오르기 시작하여 2013년에는 최고 1,900달러에 이르렀다. 금값 급등은 미국발 국제금융위기가 도래하면서 세계경제의 불확실성이 커졌기 때문이다. 미국을 비롯한 선진국 중앙은행들이 이른바 '헬리콥터로 마구 뿌린' 불환지폐(fiat money)에 대한 신뢰가 떨어졌기 때문이었다.

그러나 돈을 뿌려대도 돈이 돌지 않고 인플레이션보다는 오히려 디플레이션 조짐이 퍼지면서 금값은 맥을 못 추고 다시 하락 추세로 접어들었다. 2015년에는 종전 최고가 대비 약 40% 이상 하락하기도 하였다. 대폭적 유동성 완화에 따라 큰 폭의 인플레이션을 기대하고 금을 사들였던 투자자들은 다시 큰 손해를 보게 되었다. 한국은행도 금값이 절정에 이르렀을 때 상당량의 금을 사들였다. 아마도 세계적 유동성 완화로 인플레이션이 팽배하리라 판단하였는지 모른다. 그 당시 우리나라에서는 디플레이션 조짐이 있었는데도 웬일인지 금통위가 물가안정 목표를 상향 조정한 것과 같은 맥락이라고 하겠다. 불확실성이 높아가는 시대에 금이 가치보장의 수단인지 아닌지는 단정하기 어렵다. 금 보유나 투자와 관련하여 다음 몇 가지 사항은 참고할 필요가 있다.[24]

첫째, 변하지 않는 화학적 성질을 가지고 있는 금은 일단 채굴되면 지상에서 사라지지 않는다. 석유나 고무 같은 것은 써서 없어지지만, 금은 주인이 바뀌기는 해도 지구촌 어딘가에 남아 있다. 어쩌다 중앙은행 금고에서 금이 빠져나가더라도 가계나 기업의 금고나 귀중품 보

---

24. 금리와 기회비용

금 수입이 제한되었던 우리나라의 금값과 물가의 관계를 대략 더듬어 보자. 1975년 금 1돈(3.75g)의 시중 가격은 약 10,000원 내외였는데, 당시에는 금 10돈을 팔면 한 학기 대학등록금(대략 10만 원 내외)을 마련할 수 있었다. 만약 이 돈을 채권(복리 회사채)으로 운용하였다면 어림잡아 1,100만 원 내외로 불어나 지금은 거의 두 학기 등록금을 낼 수 있다. 그러나 지금까지 금으로 그냥 가지고 있었다면 2019년 현재, 200만 원 정도가 되어 한 학기 등록금의 1/3 정도를 충당할 수 있다. 금값이 뛰더라도 장기적으로 금이 인플레이션을 따라가지 못하고 또 복리채의 위력을 알 수 있는 장면이다.

관함으로 자리를 옮길 뿐이지 누군가가 가지고 있기 마련이다. 다시 땅으로 돌아가는 소량의 금니도 점점 줄어들고 있다. 세계의 연간 금 생산량은 약 2,500t가량인데, 산업용 수요 250t 정도를 뺀 나머지만큼 지구촌 금 재고량은 늘어난다. 산업용 금도 상당 부분 재생되고 있다.

둘째, 금은 채권이나 주식과 달리 보유 기간이 지나도 이자나 배당 금 같은 수익이 전혀 붙어나지 않는다. 다른 자산은 미래에 예상되는 이자나 배당금 또는 임대료를 할인하여 현재가치를 구할 수 있는데, 무수익자산인 금은 그 적정가격을 산정하기가 불가능하다. 다시 말하면 국제분쟁이나 막연한 심리적 요인에 따라 오르고 내리기가 쉽다. 현물로 가지고 있으면 도리어 보관비용을 지출하여야 한다.

셋째, 국제정세가 안개 속에서 소용돌이칠 때, 금은 경제적 불확실성에 대비하기 위한 하나의 수단이 될 수 있다. 세계경제의 상호의존관계가 갈수록 커지는 환경에서 그치지 않고 벌어질 환율전쟁과 이에 따르는 불확실성이 반복될 것임은 쉽게 짐작할 수 있다. 그리고 경기부양을 위한 통화량 팽창도 다시 전개될 것으로 보여, 언젠가는 하이퍼인플레이션 가능성도 배제할 수 없다. 금은 유용한 가치보장수단이 될 수도 있다.

생각건대, 금은 화폐가치가 급격하게 추락하는 하이퍼인플레이션(hyper inflation) 상황이라면 몰라도 일반적 물가상승을 보전할 목적으로 보유할 가치는 작다. 그러나 위험과 불확실성에 대비하는 기능을 전면 부인하기도 어렵다. 그래서 개인의 금 보유는 일종의 보험 수준의 포트폴리오가 바람직하다고 생각된다. 펄 벅(Pearl

Buck)의 소설 『대지』(The Good Earth)를 보면 전시 혼란기에 금가락지 한 개가 온 가족을 구해냈다. 즉, 예측할 수 없는 위험과 불확실성에 대비하여 보험에 가입하듯 약간의 금을 보유할 필요성도 있다. 인도, 중국 같은 나라 사람들의 금에 대한 집착은 문화적 차이도 있겠지만, 과거 사회혼란기에 국가가 통용을 강제하는 화폐의 가치가 보장되지 않았던 까닭이기도 하다. 경제성장과 함께 사회가 안정되면서 이들 국가의 금 수요 추세는 둔해지고 있다.

지금 집에 조금 있는 금붙이는 어쩌면 수천 년 전 아라비아 왕자나 마법사 공주의 팔찌였었는지 모른다. 1998년 외환위기 때 '금 모으기 운동'에 참여한 돌 반지들은 먼 훗날 아프리카 어떤 미인의 목걸이로 변하지 않는다고 단정하지 못한다. 금은 지상에서 사라지는 일이 없고 그저 주인을 달리하며 여기저기 돌아다니기 때문이다.

변하지 않는 금이 주인인가? 아니면 변하는 사람이 주인인가?

〈 금(온스) 가격 추이 〉

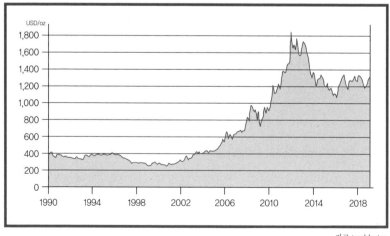

자료 : goldprice

PART 2

경제가 보이면
금리가 보인다

1
경제가 보이면
금리가 보인다

F O C U S

실물과 금융을 연결하는 관건이 되는 금리는 돈을 빌려 쓴 대가로 지급하는 돈의 사용료다. ① 자본은 생산과 유통활동에 투입되어 부가가치를 창출한다. 나라 전체로 보면 경제성장률이다. 경제성장률 고저에 따라 금리도 오르내린다. ② 시간이 지나면 물가등락으로 꿔 준 돈의 가치가 변동하므로 이에 대한 보상이 필요하다. 물가상승률에 따라 금리도 변동한다. ③ 채무자의 신용상태에 따라 돈을 받지 못할 위험의 대가로 리스크 프리미엄을 지불한다. 신용도가 낮을수록 높은 금리를 지불해야 한다.

금리는 경제성장률, 물가상승률, 리스크 프리미엄 크기에 따라 결정되고 변동한다. 경제가 보이면 금리도 보인다. 경제의 흐름을 읽을 수 있으면, 금리의 변동방향도 읽을 수 있다.

금리는 거시경제 현상 변화를 직간접으로 반영하며 변동한다. 그래서 경제가 돌아가는 모습을 관찰하면 여러 가지 금리의 구조와 그 변동방향을 가늠할 수 있다. 역으로 기준금리와 시장금리, 신용등급별 금리 격차, 장단기 금리스프레드 같은 여러 가지 금리구조를 살피면 경제상황과 그 변화방향을 가늠할 수 있다. 금리는 토지, 노동과 함께 (전통적) 생산요소인 자본의 사용가격으로 대체로 경제성장률, 물가상승률, 리스크 프리미엄의 크기에 따라 결정됨을 알 수 있다. 이 세 변수들이 경제 환경변화에 따라 확대 또는 축소되면서 금리도 오르내린다.[25]

자본(capital)은 생산과정, 유통과정에 투입되어 새로운 부가가치를 산출하며 이윤을 창출한다. 그에 대한 대가로 이자가 지급되어야 하고 이것이 (실질)금리의 원천이다. 그래서 경제성장률이 높은 나라일수록 금리도 높아진다. 경제개발 초기 단계에서 대부분 성장률이 높은 까닭은 하급 기술을 쉽게 이전받아 습득할 수 있기 때문

---

25. 피셔효과(fisher effect)

피셔방정식(fisher equation)에서 명목금리는 실질금리와 기대인플레이션의 합계와 같다. 예컨대, 시중의 명목금리가 상승했다면 그것은 실질금리의 상승이 원인일 수도 있고, 기대인플레이션의 상승이 원인일 수도 있다. 피셔효과(fisher effect)가 통화정책에서 나타나는 사례를 보자. 중앙은행이 정책금리를 인상하면 일시적으로 시중 명목금리가 상승하지만, 중장기적으로는 오히려 명목금리가 하락하는 경우도 있다. 이는 중앙은행이 명목금리를 올려 통화긴축을 실시할 경우 물가안정에 대한 기대감이 높아져 기대인플레이션이 낮아지면서 명목금리가 하락할 수 있기 때문인 것으로 풀이되고 있다.

이다. 선진공업국은 자국 상품의 수요를 개발하기 위하여 하급기술을 후진국에 적극 이전하려고 한다. 그러나 경제성장이 진행되면서 고급기술 보호 장벽이 쳐지고 첨단 기술은 스스로 개발해야 하기 때문에 성장률이 점차 하락하고 금리도 차츰 낮아지기 시작한다.

돈을 빌려주는 기간에 물가가 상승하거나 하락하여 화폐의 미래 가치가 변화되기 때문에 이에 대한 보상으로 명목금리도 높거나 낮아진다. (기대)인플레이션이 높은 나라일수록 금리가 높아지는 것은 당연하다. 경제개발 초기 단계에서는 대부분 국가에서 소위 성장통화를 공급하면서 유동성이 완화되고, 돈이 빨리 돌아가니 물가가 큰 폭으로 오르기 마련이다. 그러나 경제구조가 고도화될수록 유동성 과잉이나 부족에 따른 경제적 폐해가 확대되므로, 통화도 안정적 수준에서 공급되고 물가 또한 안정되면서 금리도 안정되는 경향이 있다.

돈을 꾸어주고 받지 못할 확률에 대한 보상으로 가산금리 즉, 위험할증비용(risk premium)이 더해진다. 이 채무불이행위험(default risk) 역시 신용이 정착된 선진사회보다 그렇지 못한 후진 사회가 더 크다는 것은 말할 필요 없다. 쉬운 예로, 국제금융시장에서 결정되는 국가별 '가산금리'를 보면 싱가포르는 제로나 마이너스에 가깝지만 동남아 일부 국가들은 배보다 배꼽이 몇 배나 될 정도로 가산금리가 높게 형성된다. 경제성장률이 들쑥날쑥하거나 물가등락 진폭이 커지면 그 자체도 하나의 불확실성이므로 리스크 프리미엄이 높아진다.

(시장)금리는 임의로 결정되는 것이 아니고 기초경제 여건이 반영되어 결정된다. 바람직한 적정금리 수준은 잠재성장률, 물가안정 목표를 더한 값에 리스크 프리미엄이 제로인 수준임을 알 수 있다. 이와 같은 황금률을 현실 세계에서 기대하기는 어렵다. 세상 어디에나 크고 작은 위험이 도사리고 있어 금융시장에서는 리스크 프리미엄이 형성되기 때문이다. 세계적 공급과잉 현상과 반대로 소비수요 부족으로 성장은 둔화하고 저물가 기조가 정착되고 있다. 이에 따라 금리도 하향 안정되는 경향이 뚜렷하다. 그러나 위험회피 성향은 높아져 리스크 프리미엄이 높아지며 위험채권과 무위험 채권의 금리 차이는 오히려 확대되고 있다.

　고령화가 진행될수록 일하지 않고 소비만 하는 기간이 길어짐에 따라 꾸준한 저축과 효율적 관리가 필수적이다. 거시경제 현상과 그 변화방향을 가늠해 보면 금리의 변화방향도 자연스럽게 보여 금리예측이 가능해진다. 거시경제와 금융시장을 멀리 바라보는 시각을 가지고 위험과 수익을 조화시키는 금융상품 선택은 열심히 일하는 것 못지않게 중요해지고 있다. 금리 변화방향을 제대로 알면 미래가 결코 두렵지 않다.

금융을 알아야 미래가 두렵지 않다

평균수명이 120세로 늘어날 것으로 예상되는 미래사회에서 70세까지 일한다고 가정하면 약 50년간의 생활비는 쌓아놓은 저축이나 연금소득으로 조달해야 한다. 현실은 금융산업 경쟁력 낙후로 안정된 저축수단이 마땅치 않다.

① 국민연금 수익률은 연평균 5% 이상을 보이다가 2018년에는 -0.92%로 반전되었고, 개인연금 평균 수익률은 불과 1.01%로 OECD 국가 중에서 최하위 수준이다. ② 은행예금의 경우 가중 평균 총수신 금리는 2018년 말 현재 1.42%에 불과하다. 경제성장률의 절반 수준인 데다, 소득세, 물가상승률을 감안하면 남는 것이 사실상 없다. ③ 채권시장 금리는 2019년 3월 현재 무위험채권 금리라고 평가되는 회사채(3년) aa-등급은 2.06%에 불과하다. bbb-등급은 9% 내외지만 소액투자자들은 접근이 쉽지 않고 두렵기도 하다.

미래소비를 위한 소중한 저축을 아무 데나 맡겨두다가는 편안한 노후를 기약하기 어렵다. 열악한 저축환경을 감안할 때, 어쩔 수 없이 금융소비자들은 각자도생으로 수익성 안정성 있는 저축수단을 골라내야 한다. 장기저축일수록 조그만 수익률 차이도 미래가치는 몇 배 이상 차이가 날 수 있다는 평범한 사실을 인식하여야 한다. 거시경제여건과 동시에 금융시장 변화 추세를 꾸준히 관찰하는 시각과 감각을 가져야만 가치 있는 저축수단을 선택할 수 있다. 능동적 금융 자산관리는 노후 위험과 불확실성을 극복하는 길로 열심히 일하는 것 못지않게 중요하다. 금융시장 흐름을 제대로 알아야 미래가 두렵지 않다.

2
(잠재)성장률
하락과 저금리

F O C U S

　경제성장과 발전으로 선진국 수준으로 다가갈수록 금리를 결정하는 핵심요소인 (잠재)성장률이 낮아져 저성장 저금리 사회로 진입하는 게 보통이다. 실제성장률이 잠재성장률 수준을 크게 벗어나지 않아야 실물부문과 금융부문이 균형을 이루며 경제안정이 이룩된다.

　후진국 금리가 선진국에 비하여 대체로 높은 까닭은 선진국으로 가면서 새로운 기술을 직접 개발해야 하는 어려움으로 잠재성장률이 점차 하락하기 때문이기도 하다. 현실세계에서 잠재성장률은 정확하게 예측하고 계산하기가 쉽지 않다. 과거 실질성장률 추이를 보고 잠재성장률을 추정하기도 한다.

성장을 거듭할수록 잠재성장률이 점차 하락하는 과정을 들여다보자.

첫째, 경제성장이 진행되면서 기술이전효과 내지 학습효과가 차츰 줄어든다. 기술선진국들이 최첨단기술은 보호 장벽을 높게 쌓지만, 경쟁력이 떨어지는 낙후기술은 후진국으로 적극 이전하려 한다. 이웃 나라가 어느 정도 거리를 두고 추격해 와야 부품수출도 가능하고 완제품 소비시장이 생기기 때문이다. 개발초기 단계에서는 저급기술을 쉽게 이전 받아 성장률을 높일 수 있는 까닭이다.

그러나 선진국으로 다가갈수록 기술이전 장벽이 높아지고 새로운 기술을 직접 개발해야 하는 어려움 때문에 성장률은 차츰 차츰 낮아지기 마련이다. 선진국 기술을 베끼는 분해공학(reverse engineering)에서 벗어나 자체 기술개발이 어렵기 때문이다. 많은 나라가 선진국 문턱에서 중진국함정(middle income trap)에 빠지기 쉬운 까닭이다.

둘째, 경제성장이 진행되면서 초기 성장의 동력이 되었던 유휴노동력이 감소하기 마련이다. 개발초기 단계에는 잠재실업률이 높아 저임금 노동력이 무제한 공급되기 때문에 고성장할 수 있다. 예컨대, 중국이 산업사회로 전환하는 과정에서 서쪽의 무한대에 가까운 산업예비군 투입이 가능하여 연 15% 이상의 성장이 가능하였다. 신분 이동 내지 상승 욕구에 따라 우수한 노동력이 저마다 부지런히 일하려 하기 때문이다.

셋째, 경제성장 과정에서 소득격차, 소유격차가 벌어지면 생산과

소비의 불균형을 초래한다. 이는 곧 경제 활력을 떨어트려 잠재성
장률을 하락시키는 요인으로 작용한다. 과거 공급부족 시대에는 공
급이 스스로 수요를 개척하였으나, 오늘날처럼 기술혁신으로 공급
과잉 상황이 되면 수요가 공급을 이끄는 경우가 대부분이다. 기업
이 아무리 좋은 상품을 만들어도 가계의 소비능력이 없으면 의미가
없어진다. 많은 나라에서 경험하는 경제력 집중으로 말미암은 소비
수요기반 취약이 잠재성장률을 떨어트린다.

넷째, 절대빈곤 상황을 벗어나면 사람들이 힘들고 어려운 일을
피하려 한다. 너 나 할 것 없이 살기 위하여, 더 잘 살기 위하여 열심
히 일하는 것이지 일 자체를 취미로 생각하는 사람들이 얼마나 될
까? 생활의 여유가 생기면 누구라도 개성을 가지고, 삶의 보람 같은
무엇을 찾게 되기 마련이다. 남이 하기 싫어하는 위험한 일, 더러운
일에 대한 노동력 공급이 부족하게 된다. 대체로 선진국일수록 남
이 싫어하는 일에 대하여는 임금상승 속도가 빠르다. 그런데 허드
렛일을 좋아서 취미 삼아 하는 사람들이 따로 있다고 착각한다면
갈등과 불화가 생겨나 잠재성장률은 더 하락할 수밖에 없다.

지금 우리가 겪고 있는 (잠재)성장률 하락은 다른 선진국의 경험으
로 볼 때도 경제발전과정에서 겪었던 현상이다. 다시 말해 저성장
저금리 현상이 일시적이 아니라는 사실을 인식하여야만 한다.[26]

각 경제주체들은 경제개발 초기 단계와 달리 저성장, 저금리에
대응하는 시각과 선택으로 전환하여야 불확실성과 위험을 피해 갈
수 있다. 가계는 본질가치에 비하여 실질금리는 낮아지지 않았는데

도 명목금리가 과거에 비하여 낮다고 착각하여 부채를 짊어지며 레버리지 투자를 확대하다가는 자칫 위험에 처하게 된다. 기업도 마찬가지로 고성장 고물가 시대에 가능하였던 레버리지 경영은 신중해야 할 필요가 있다. 정부도 과거의 타성에 젖어 고성장정책을 고집할 경우, 국민경제를 피로하게 하고, 위험과 불확실성으로 이끌게 된다.

26. 잠재성장률 하락과 저금리 기조

잠재성장률은 물가상승을 유발하지 않으면서 경제권 내에 주어진 노동 자본 기술을 이용하여 달성할 수 있는 최대 공급능력 증대를 의미한다. 잠재성장률 산출은 관련 통계지표의 선정과 비중에서 달라질 수 있다. 수년간의 연평균 성장률을 응용하여, 실제성장률의 장기추세로 잠재성장률을 추정하기도 한다. 한국은행에 따르면 한국경제 잠재성장률은 2000년대 초반 5% 내외에서 하락 추세를 거듭하여 2016년~2018년 사이의 잠재성장률은 2.8%~2.9%로 추정되고 있다(우리 경제의 잠재성장률 추정 결과, 2017.7). 여러 연구결과들을 종합하면 2020년대에는 잠재성장률이 1%대로 하락할 것으로 전망된다. 중장기 금리가 점차 하락할 수밖에 없는 장면이다.

3
물가에 대한
오해와 이해

FOCUS

기준금리 조정에 직간접 영향을 미치는 물가 변동 원인에 대한 시각과 해석이 시장과 금융통화위원회 사이에 엇갈리는 모습이 가끔씩 보인다. 금통위는 물가가 너무 오를 것 같아서 인플레이션을 걱정하고, 시장에서는 물가가 오르지 않는다고 주장하기도 한다. 생각건대, 기준금리 조정에 대한 시장과 금통위의 시각과 의지가 서로 다르기 때문에 빚어지는 현상이라 짐작된다. 이러한 상반된 시각 차이는 여러 가지 원인이 있겠지만 금통위와 시장과의 진정한 대화가 부족한 것도 하나의 원인이라고 할 수 있다.

금통위에서는 2015년 1월 물가가 0.8% 수준으로 낮아지자 만약 원유 하락(물가 기여율 △1.23%)이 없었다면, 물가가 2% 이상 상승하였을 것이라며 간접적으로 인플레이션이 우려된다는 뜻을 비쳤다. 그러나 시장에서는 그다음 달인 2월 물가가 0.52%로 더 낮아지자 담뱃값 인상(물가기여율 0.6%)이 없었다면 물가가 마이너스 수준에 이르렀을 것이라며 경기가 침체할까 두려워하는 모습을 보였다. 당시 물가에 대한 시각의 바탕을 보면 금통위는 물가상승 우려가 있으니 기준금리를 올리거나 최소한 그대로 두어야 한다는 의견이었고, 시장에서는 경기침체 상황이 예사롭지 않으니 뒤늦게라도 금리를 내려 대비하자는 자세였다.

조금만 생각해 보자. 당시 원유값 하락은 세계 경기침체로 말미암아 시장에서 나타나는 자연스러운 현상이고, 담뱃값 인상은 금연을 유도하면서 부수적으로 세수 부족을 메우려는 인위적 현상이다. 물가동향과 그 원인을 직시하려면, 공공요금 같은 정책물가보다는 시장에서 수요와 공급에 의하여 정해지는 시장물가를 관찰하여야 한다. 다시 말하면 담뱃값 인상이 물가상승 신호를 보내는 것이 아니라, 원자재이면서도 소비재인 석유값 하락이 경기침체 징후를 나타내고 있었다. 분명한 사실은 원유가 하락은 셰일가스의 영향도 있지만 결국은 시장의 힘에 의한 것이지 아라비아 왕자 마음대로 되는 것은 아니라는 점이다.

물가와 관련하여 간과해서는 안 되는 것은 물가안정은 인플레이션 억제만 아니라 디플레이션 예방도 목표로 삼아야 한다는 사실이다. 인플레이션 악령보다는 디플레이션 소용돌이(deflation spiral)가 더 무섭다. 물가가 지나치게 상승하면 자산소득자가 아닌 일반 근로소득자들을 지치게 만든다. 그러나 물가하락 추세가 이어지면, 투자와 생산을 위축시키고 소비와 저축 활동을 마비시켜 서민들의 삶을 단박에 질곡에 빠트린다.

스태그플레이션이 기승을 부리던 1970년 후반 이후에는 각국 중앙은행은 금융정책의 목표를 오로지 인플레이션 억제에 두었다. 당시 몇몇 중앙은행들은 물가상승률 목표를 0으로 하는 제로 인플레이션(zero inflation) 정책을 펼치기도 하였다. 그러나 전 세계로 불황의 그림자가 짙어가는 2010년대 이후에는 상당수 중앙은행이 디플레이션에서 벗어나 인플레이션을 유발하려 안간힘을 쓰고 있다. 2015년 당시, 한국은행의 물가안정 목표가 3±0.5%이고 물가상승률은 제로수준에 근접하고 있음을 고려할 때, 당시 한국경제도 사실상 디플레이션 국면에 있었다 하여도 틀린 말이 아니었다.

저물가 또는 디플레이션은 세계적 공급과잉과 함께 빈부격차로 말미암은 수요충격에 따른 복합적 산물이어서 그 그림자에서 벗어나기가 쉽지 않다. 각국이 돈을 풀어 소비와 생산을 부추기려고 하고 있으나 그 효과가 미미하다. 경제력 집중으로 돈이 한곳으로 몰려 있어 돈이 돌지 않기 때문이다. 급기야는 돈을 돌게 하려는 특별대책으로 마이너스 기준금리까지 등장하고 있는 형편이다.

2018년 초에 중앙은행이 금리를 올리고 싶어도 물가가 오르지 않아 못 올린다는 뉘앙스를 보인 일이 있었다. 정말 두려운 일은 물가하락의 원인을 외면하고 뒤늦게 책정한 인플레이션 목표치를 달성한답시고 공공요금을 올리는 일이다. 가계가 소비하고 싶어도 돈이 없어 소비를 못하기 때문에 물가상승률이 점차 낮아지는 디스인플레이션(disinflation) 현상이 벌어지고 있는데, 임의로 물가를 올리려고 도깨비장난을 한다면 가계는 이중삼중의 타격을 받게 될 것이다. 출고가 인상으로 소주 값을 1,000원씩 올리자 일부 저가 식당에서는 서민들의 벗인 소주가 덜 팔린다는 상황을 직시하여야 한다.

금융시장 불균형이 장기화되면 사람들을 고통스럽게 만든다. IMF 구제금융 사태, 카드대란, 부동산투기(?) 사태, 한국경제를 주름지게 하는 극심한 빈부격차는 실물과 금융의 불균형도 하나의 원인이라고 판단된다.

한국경제는 경기가 호전되는 것 같은 모습이 언뜻 보일 때도 있지만 먼 시각으로 볼 때, 경제성장 저하의 근원적 원인은 깊어가고 있다. 머뭇거리다가 디플레이션이 본격화되면 유동성을 웬만큼 퍼부어도 그 소용돌이에서 벗어나기가 어렵다. 뒤늦게 장마철 소나기처럼 끝없이 유동성을 풀다가, 언젠가 많이 풀린 돈이 돌기 시작하면 또 다른 재앙이 닥칠 우려가 있다. 디플레이션이 깊어지면 그 뒤에 닥치기 마련인 하이퍼인플레이션 또한 무섭다는 사실을 인식하고 대비하여야 한다.

4
화폐유통속도와
물가

FOCUS

2008년 세계금융위기 이후 전 세계적으로 통화량이 많이 늘어났어도 인플레이션은커녕 오히려 디플레이션 조짐이 나타난 원인의 하나는 돈이 도는 속도가 느려졌기 때문이다. 유동성 팽창효과가 나타나지 않는다는 것은 시중에 풀린 돈이 실물부문 구석구석 돌지 못하고 뭉쳐져 있다는 의미도 된다.

유동성 팽창과 수축이 금융시장 내지 실물시장에 끼치는 효과는 돈이 도는 속도 즉, 화폐유통속도에 따라 사뭇 달라질 수 있다. 돌아야 할 돈이 제대로 돌지 않는 "화폐유통속도 하락" 현상이 나타나면 그만큼 유동성을 더 늘려야 경제순환이 순조롭다.

1980년대 초반까지는 통화량을 증가시키면 일시적으로 금리가 내리지만, 물가를 자극하여 다시 금리가 상승한다는 깁슨의 역설 (Gipson's paradox)이 통했었다. 당시에는 경기부양을 하려고 유동성을 완화하면 경기는 회복되지 않고 물가만 오르는 스태그플레이션 현상으로 각국 중앙은행은 고민했다.

세계금융위기 이후에는 '헬리콥터'로 돈을 뿌려가며 유동성을 급팽창시켜도 물가가 오르기는커녕 오히려 내리는 이상(?) 현상이 벌어지고 있다. 세계적 공급과잉 현상이 빚어지는 데다 돈이 도는 속도가 크게 떨어졌기 때문이다. 유동성이 늘어나도 돈이 돌지 않고 뭉쳐 있으면, 그만큼 통화량을 수축시키는 것과 마찬가지 효과가 나타나기 때문이다.[27]

27. 화폐유통속도

화폐유통속도는 한 나라에서 생산되는 재화와 서비스를 최종소비자가 사용하기까지 통화가 평균적으로 몇 번이나 사용되었는가를 나타내는 지표다.
피셔(I. Fisher)의 화폐교환방정식에서

$$M(통화량) \times V(통화유통속도) = P(물가) \times Y(총생산)이다.$$

여기서 화폐유통속도(V)는 일정기간에 국내총생산액(GDP=PY)을 통화량(M)으로 나눈 값으로 V=PY/M 이 된다. 총생산액(GDP)은 최종생산물(Y)의 시장가격(P)이다.
공급량이 제한되어 늘어나는 수요를 충족시키지 못했던 초기 산업사회에서 화폐유통속도는 거의 변하지 않는 것으로 여겨졌었다. 총생산량과 통화량이 일정하다고 가정하면, 통화유통속도(V)가 높을수록 물가(P)는 올라간다. 반대로 돈이 돌지 않아 화폐유통속도가 떨어질수록 물가는 하락한다.

총생산량과 통화량이 일정하다고 가정하면, 돈이 빨리 돌수록 즉, 통화유통속도가 높을수록 물가는 올라간다. 상품이 생산자로부터 최종소비자에게 이동하는 과정에서 유통단계를 많이 거칠수록 돈의 회전율이 높아지는데, 중간에서 이윤을 남기기 때문에 물가는 상승하게 된다. 생산량은 그대로인데도 유통단계가 복잡해지면 (명목)소득은 늘어나지만 가계의 복지후생은 나아지지 않고 그대로다.

　　"돈이 돌아가는 속도가 떨어지면 물가가 하락한다."는 의미가 화폐수량설에 내포되어 있다. 다시 말하면 돈의 회전속도가 떨어지는 상황에서는 그 이상의 유동성을 완화하여야 경기침체나 물가하락을 예방할 수 있다.

　　2008년 세계금융위기 이후, 인플레이션 목표를 달성하려고 주요국들이 무차별 유동성을 확대하여도 물가가 오르지 않는 까닭은 화폐유통속도 하락이 가장 큰 원인이라고 할 수 있다. 화폐유통속도가 떨어지는 상황 즉, 돈이 돌지 않을 때 인플레이션보다 무서운 디플레이션 현상을 극복하려면 어쩔 수 없이 금리를 내리고 통화량을 늘려 돈을 돌아가게 만들어야 함을 알 수 있다.[28]

　　2008 세계금융위기를 극복하기 수단으로 유동성을 팽창시키자 상당수 전문가는 유동성 팽창에 뒤따를 인플레이션을 우려했었다. 당시 우리나라에서도 아주 짧은 기간이었지만 인플레이션 기대심리가 싹트기도 하였다. 그래서 그런지는 몰라도 금융통화위원회는 저성장, 저물가 상황에서도 물가안정목표를 하향 조정하기는커녕 오히려 반대로 상향 조정하기도 하였다. 경기침체에 선제적으로 대

응하기보다는 기준금리 인상 신호를 시장에 보냈던 까닭은 무엇인가? 주요 경쟁국의 제로금리 상황까지 가는 저금리 정책을 방관하며 뒤따르지 않았던 까닭은 아마도 화폐유통속도 하락을 간과했기 때문이라고 추측된다. 거기에 더하여 그 당시는 유동성공급이 실물부문으로 전파되는 정도를 나타내는 통화승수도 계속하여 하락하고 있었다.[29]

28. EC방식 적정통화량

통화와 실물경제 간의 일반적 균형조건을 나타내는 피셔의 교환방정식 즉, MV=PY에서 M은 통화공급량, V는 통화유통속도(V=PY/M), P는 물가수준, Y는 총거래량 또는 실질국민총생산을 나타낸다. 이 방정식을 변화율(미분)로 바꾸어 표시하면

$$dM/M = dY/Y + dP/P - dV/V$$

여기서 적정 통화증가율은 경제성장률에 물가상승률을 더하고 통화의 유통속도 변동률을 차감하여 산정한다. 예컨대, 경제성장률이 3%, 물가상승률이 1%, 통화의 유통속도 증가율이 −5%라고 추정된다면 적정 통화증가율은 9%[=3%+1% −(−5%)]가 된다. 화폐유통속도가 떨어지는 환경에서는 순조로운 경제순환을 위하여 유동성을 늘려야 한다는 메시지를 담고 있다.
 EC방식은 1972년 EC에서 회원국에 권고한 적정 통화증가율 산정방식이다.

29. 통화승수(money multiplier)

통화승수는 한국은행이 발행하는 본원통화에 대한, 예금은행이 창조하는 파생통화, 즉 예금통화의 배수다. 본원통화가 크게 늘어났다고 우려하는 전문가도 있지만 시중자금은 비례로 늘어나지 않고 있다. 통화승수가 작아질수록 유동성 완화 또는 수축이 실물경제에 미치는 효과는 미미해진다.

화폐의 유통속도가 떨어진다는 의미는 총공급이 아니라 총수요 기반이 약해지고 있음을 시사하고 있다. 피셔의 화폐방정식 MV = PY에서 좌변(MV)은 통화량(M)에 통화유통속도(V)를 곱한 값으로 한 나라 경제의 총수요 규모를 나타낸다. 우변(PY)은 총생산량(Y)에 가격(P)을 곱한 시장가격(국민총생산)으로 총공급 규모를 나타낸다. 생산성 향상으로 총공급 능력은 향상되고 있는데 총수요가 부족하여 화폐유통속도가 떨어지고 있다는 의미가 내포되어 있다. 총수요 즉, 소비수요 기반 확충은 우리나라뿐만 아니라 거의 모든 나라가 당면하고 있는 과제다. 무릇 소비수요가 뒷받침되어야 기업의 투자 확대는 물론 일자리 창출이 가능해진다.

〈 화폐유통속도와 통화승수 추이 〉

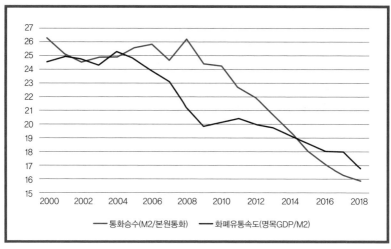

자료 : 한국은행 경제통계시스템

5
적정금리
수준 추정

F O C U S

　시장금리는 화폐의 수요와 공급이 균형을 이루는 선에서 결정된다. 화폐의 수요·공급에 영향을 미치는 요인들은 단기로는 기준금리, 해외충격 같은 여러 가지 변수가 있을 수 있다. 장기에 있어서는 경제성장률과 물가상승률, 위험과 불확실성 같은 거시경제 현상 변화에 따라 영향을 받게 된다.

　실물경제활동을 원활하게 순환시키는 적정금리 수준은 피셔 방정식을 응용하여 추정할 수 있다. 피셔 방정식에서 명목금리는 실질금리에 예상 인플레이션을 합한 값이다. 장기에 있어서 실질금리는 실질경제성장률을 그리고 예상 인플레이션은 소비자물가상승률을 원용할 수 있다.

실물부문과 금융부문을 연결하는 금리가 균형을 유지하여야 가계의 소비와 저축, 기업의 투자와 생산 활동이 순조롭다. 효율적 채권시장에서는 단기로는 금리가 균형과 이탈을 반복하더라도 중장기로는 실물경제 상황을 그대로 반영하는 적정금리가 형성된다.

적정금리는 다음과 같이 추정할 수 있다.

피셔 방정식에서 명목금리는 실질금리에 예상 인플레이션을 합한 값으로 나타난다.

즉, r(명목금리) = r_r(실질금리) + π(예상 인플레이션률)

먼저, 실질금리의 바탕이 되는 '자본의 한계효율'은 기업의 순자본이익률을 가중 평균한 개념으로 기술진보율(g)에 인구증가율(n)과 시간선호율(p)을 반영하여 도출할 수 있다. 현실세계에서 기술진보율, 인구증가율과 시간선호율 정확하게 추정하기는 어려운데, 이 3가지 합은 궁극적으로 잠재성장률을 의미하고 있다.[30]

즉, 자본의 한계효율(r_r)
=인구증가율(n)+기술진보율(g)+시간선호율(p)

자본의 한계효율은 실질금리의 대용변수로 원용되며 잠재성장률을 의미한다. 잠재성장률은 국민경제의 적정성장률을 의미하며 정상상태(steady state)에서 실질성장률의 대용변수로 볼 수 있다. 잠재성장률을 정확하게 추정하기는 사실상 어렵기 때문에 여기서는 실질성장률 통계를 원용한다.[31]

다음, 예상 인플레이션을 예측하기 또한 쉽지 않다. 인플레이션은 대내외의 수요·공급 상황은 물론 해외충격 같은 복잡다기한 영향을 받으므로 미래의 물가상승률을 예측하기 쉽지 않다. 그래서 예상 인플레이션의 대용변수로 실제 소비자물가상승률을 원용한다.

이와 같이 실질금리와 예상 인플레이션의 대용변수로 실질 GDP 성장률과 소비자물가상승률을 각각 적용하는 경우 적정금리 수준

30. 자본의 한계효율(marginal efficiency of capital)

기업이 자본을 1단위 증가하려 할 때 새로운 자본으로 산출 가능한 것으로 예상되는 수익률이 자본의 한계효율이다. 새로운 자본을 투입할 때, 매기에 예상되는 수익의 현재가치의 합계가 투입자본의 가격과 같아지는 할인율이 바로 자본의 한계효율이다. 기업, 산업의 자본의 한계효율을 나라 전체로 가중평균하면 잠재성장률이 된다. 자본의 한계효율 즉, 잠재성장률이 당해 기업이 지불하는 실질금리보다 높거나 적어도 같아야 투자가 이루어진다.

31. 자본의 황금률(golden rule of capital level)

(단기에 있어서) 기술진보가 진행되지 않는다고 가정하는 경제상황에서 1인당 산출과 자본규모가 변화하지 않는 상태를 정상상태라고 한다. 이런 상황에서 효용(소비)을 극대화시키는 저축률에 상응하는 최적 자본규모를 자본규모의 황금률(golden rule of capital level)이라고 부른다.
정상상태에서 황금률 수준 이상으로 자본량이 증가하면 소비는 감소하게 된다. 한 나라 경제가 이미 황금률을 넘어서는 수준의 자본을 보유할 경우 추가적인 저축증가는 단기뿐만 아니라 장기에도 소비를 감소시킨다. 참고로 미국경제에서 자본규모의 황금률에 상응하는 저축률은 50%로 추정되는 것으로 알려져 있다.

은 다음과 같이 추정할 수 있다.

$$적정금리(r)=실질성장률(y)+소비자물가상승률(cpi)$$

적정금리 수준은 실질성장률에 소비자물가상승률을 더한 값이라고 추정할 수 있다. 자기자본이든 타인자본이든 기회비용인 금리보다는 자본의 한계수익률이 높아야 영리를 목적으로 하는 계속기업(going concern)으로서 생존이 가능하다. 금리보다 한계수익률이 높은 산업은 번창하고 반대로 낮은 기업은 사라지는 과정이 반복되면서 금리도 조정되고 그에 따라 산업구조조정도 진행된다.

경제개발 초기단계에서는 이웃나라로부터 기술이전이 용이하여 기술진보율이 높아짐에 따라 실질금리를 결정짓는 잠재성장률이 높아진다. 게다가 소비수요, 투자수요가 높은 데다 성장통화 공급으로 물가상승률이 높다. 따라서 적정금리 수준 또한 높아질 것으로 쉽게 추정할 수 있다.

경제가 성숙단계를 지나면서 새로운 기술개발이 어렵거나 미래 경기전망이 어두울 때 잠재성장률이 낮아지기 때문에 (적정)금리 수준도 낮아진다. 또 소비수요부족으로 기대 인플레이션이 낮아질수록 시장금리는 낮아질 것으로 예상할 수 있다. 일반적으로 선진국은 저금리 현상, 개도국은 고금리 현상을 보였던 까닭이다.

그러나 미래사회에서는 부가가치의 원천이 획기적으로 달라지기 때문에 선진국의 잠재성장률이 반드시 낮다고 판단하기 어려운 상황이다.

6
리스크 프리미엄
– 가산금리

F O C U S

위험과 불확실성이 없는 상황에서 거시경제 현상이 시장 금리에 투명하게 반영되어야 바람직하다. 다시 말해, 경제순환을 순조롭게 하는 최적 시장금리 수준은 경제성장률과 물가상승률을 더한 값에 리스크 프리미엄이 제로(0)인 수준이다.

현실세계에서는 리스크 프리미엄이 내재가치보다 시장금리를 더 크게 변동시키는 경우가 대부분이다. 변화의 속도가 빠른 글로벌경제체제에서 위험과 불확실성은 끊임없이 생성되고 소멸되기 때문이다. 채권발행자의 지급불능위험과 이에 대한 시장의 위험회피성향이 끊임없이 변함에 따라 금리 수준도 계속 변동한다.

리스크 프리미엄 크기는 채권 발행 주체의 채무불이행위험과 그에 대한 시장참여자들의 위험회피성향이 반영되어 결정된다. 채무불이행위험은 신용평가등급에 대한 확률로 나타나지만 시장참여자들 즉, 채권투자자들의 위험회피성향은 시장 분위기에 따라 순간순간 변덕스럽게 변해간다. 시장에서는 낙관론과 비관론이 수시로 뒤바뀌며 리스크 프리미엄이 확대되었다 축소되었다 한다.

채권가격 등락의 주원인이 되는 리스크 프리미엄은 투자자에게 손실의 위기와 동시에 이익 기회를 제공한다. 같은 경제권인 유로지역 내에서도 한때 그리스가 발행한 10년 만기 국채금리는 9.9%로, 독일 발행 국채금리 1.9%의 약 5배나 높기도 하였다. 유로화 표시 채권을 같이 발행하면서 금리 차이가 크게 나는 까닭은 그리스의 국가신용등급(sovereign credit rating)이 낮아 지불불능위험에 대한 우려가 그만큼 크기 때문이다.[32]

금융시장 흔들림은 실물경제에 충격을 주어 경제성장이나 물가

---

32. 리스크 프리미엄 변화

채권발행기업의 위험의 크기에 따른 리스크 프리미엄(위험부담비용)은 채무불이행위험과 시장의 위험회피성향에 따라 달라진다.

채무불이행위험이 클수록 위험부담비용은 커지고 그만큼 금리는 높아진다. 원리금 지불불능위험 확률은 신용평가등급에 따라 각각 달라진다.

채권시장 위험회피성향이 변함에 따라 위험부담비용은 달라진다. 시장에서는 위험을 대수롭지 않게 생각하다가도 어느 순간 덮어놓고 위험을 회피하려 든다. 위험회피성향이 과다하게 커지면 금리가 높아도 돈이 돌지 않아 흑자 도산 사태까지 벌어지는 상황이 신용경색(credit crunch)이다.

에 영향을 미치고 다시 금리·주가·환율 같은 금융가격지표를 변화시키는 순환구조를 보인다. 여러 나라에서 경험한 바와 같이 신용경색 나아가 금융위기는 리스크 프리미엄을 크게 하여 금리를 크게 상승시킨다. 그로 말미암은 위험과 불확실성이 경제성장을 저해하여 중장기에 있어서는 금리하락 요인으로 작용하게 된다.

아시아 외환금융위기 당시 불확실성이 한껏 고조되어 리스크 프리미엄이 매우 높게 형성되었다. 신용등급이 좋은 5대 그룹 회사채 금리까지 8~10% 수준에서 20% 수준까지 급등하다가 약 1년 후에는 6~7%로 하락했다. 경제가 안정되며 지불불능위험이 줄어들기도 했지만, 성장률이 하락하는 데다 미래의 성장기대치가 더욱 낮아진 때문이다. 당시 금리 20%, 만기 30년물 채권 1억 원을 매수한 후, 금리가 6%대로 하락하였을 때 매도하면 약 3억 5천만 원이 되어 원금의 세 배 이상으로 커진다(당시 우리나라에서는 채권시장이 미발달하여 5년 만기 채권이 최장기였다).

만약 동 채권이 부도처리되었다면 그저 휴지조각으로 변한다. 리스크 프리미엄이 커져 금리가 높을수록 지불불능위험이 커지게 됨은 말할 필요도 없다. 다시 말해, 채권시장에서 초과수익을 낼 수 있는 것은 위험을 수용한 대가이지, 그냥 얻은 것이 아니다. 리스크 프리미엄은 채권을 발행한 당사자의 신용이 떨어지는 대가로 부담하는 추가비용이며 시장이 평가하는 지불불능위험에 대한 대가다. 개인의 경우에도 신용도가 떨어지면 그만큼 높은 금리를 지불해야 되기 때문에 평소 엄격한 신용관리가 필요하다.

상호의존성이 높아진 글로벌 경제 환경에서는 한 나라의 불확실성과 위험은 실시간으로 다른 나라로 파급된다. 리스크 프리미엄이 높아지면 곧바로 외환시장, 주식시장, 채권시장을 출렁거리게 만든다. 위험을 무시하다가는 뜻밖의 지불불능 역습을 당하지만, 위험을 무턱대고 회피하면 위험의 대가인 수익 또한 포기하여야 한다.

높은 리스크 프리미엄에 비하여 실제 지불불능위험이 낮은 금융상품을 선택하는 안목을 길러야 초과수익을 거둘 수 있다. 반대로 리스크 프리미엄은 얼마 되지 않는데, 위험이 큰 상품에 투자하다가는 커다란 손실을 볼 우려가 있다. 시장에서 이러한 과정이 반복되며 위험과 수익을 조화시키는 리스크 수용능력이 커지면서 위험이 중립화된다. 여러 가지 금융상품의 리스크 스프레드와 그 변화 추세를 관찰하는 시각은 안정적 저축과 효율적 금융자산 운용을 위한 필요조건이다.

〈 우리나라의 리스크 프리미엄 추이(회사채BBB-, 국고채3년) 〉

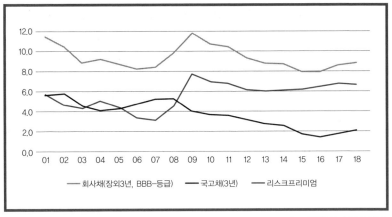

자료 : 한국은행 경제통계시스템

7
경기 변동에 따른
채권가격 변동

FOCUS

채권투자의 기대수익은 채권보유에 따른 시간가치인 이자수익과 매매차익인 자본손익 2가지로 구성된다. 이자수익은 채권 발행시점에 조건으로 미리 정해지지만 자본손익은 경기변동과 금리 변동에 따른 채권가격 등락에 따라 변동한다.

경기호전이 예상되면 시장금리 상승으로 채권가격이 하락하므로 장기채를 매각하고 단기화해야 자본손실을 피할 수 있다. 경기침체가 예상되면, 금리 하락에 따른 채권가격 상승을 예상할 수 있으므로 가능한 한 채권보유 구조를 장기화해야 수익을 높일 수 있다.

그러나, 위험이 높아 수익률도 높은 하이일드 채권 가격은 무위험채권과 달리 주가와 비슷한 사이클을 나타내며 변동함을 유의하여야 한다.

경기 회복 – 금리상승 · 채권가격 하락 – 단기화 전략

경기가 회복되기 시작하면 금리의 구성 요소인 경제성장률과 물가상승률이 높아질 것으로 예상할 수 있어 금리는 미리부터 상승압력을 받는다. 이미 발행된 채권은 금리상승으로 할인율이 높아짐에 따라 가격이 하락한다. 경기과열이 지속되면 중앙은행도 기준금리를 인상시켜 시장금리 상승을 유도한다.

금리가 상승하는 시기에 이익을 실현하거나 손실을 회피하려면 보유채권을 미리 현금화하거나 최소한 만기구조를 짧게 해야 하는 것은 채권투자의 기본정석이다. 경기회복기에는 대체로 미래 경기에 대한 기대감도 높아져 단기금리에 비하여 장기금리가 상대적으로 더 상승하며 장단기 스프레드가 확대되는 현상이 나타난다. 금리가 상승하는 시기에 장기채를 보유하다가는 투자손실을 피할 수 없으니 듀레이션을 짧게 하여야 한다.

호황기에는 시중 자금사정도 좋아져 지불불능위험도 낮아지는데다 시장에 낙관적 분위기가 퍼지면서 위험자산선호 경향이 나타나 리스크 프리미엄이 낮아지며 고위험채권 금리가 하락한다. 따라서 고위험채권은 경기가 호전되기 시작할 때는 무위험 채권과는 반대로 만기구조를 장기화하여야 더 높은 투자수익을 기대할 수 있다. 경기회복기에 기업이윤 증대 예상으로 주가상승이 기대되는 주식시장과 하이일드 채권시장은 비슷한 사이클을 보이며 움직인다.[33]

경기 침체 – 금리하락 · 채권가격 상승 – 장기화 전략

경기가 호황에서 불황으로 전환되면 경제성장률과 함께 물가상승률 하락이 예상됨에 따라 채권금리도 선제적으로 하락하는 것이 보통이다. (스태그플레이션이 닥칠 경우에는 성장률은 하락하지만 물가 상승폭이 확대되면서 채권금리는 오히려 상승할 수도 있다.) 경기침체가 예상되어 금리하락이 내다보이면 채권가격이 상승하므로 보유채권 장기화 전략이 필요하다. 잔존기간이 길수록 그리고 금리하락 폭이 클수록 보유채권 가격은 의외로 크게 상승한다.

경기침체의 골이 깊어지면 투자자들은 미래를 어둡게 내다봄으로 위험회피 현상이 심하게 나타나며 안전자산을 선호하는 경향이 두드러진다. 그러나 경기침체가 막바지에 이르면 어느덧 경기가 호황으로 반전될 시점이 가까워지고 있으므로 채권 만기구조를 단기화하거나 유동성을 확보한 다음, 금리가 다시 상승할 경우에 대비하여야 한다.

경기하락기에는 시장에 비관론이 퍼지며 투자자들이 위험회피성향이 크게 나타남에 따라 신용등급이 낮은 고위험채권 금리는 가파

33. 경기 변동과 위험회피성향

시장에서 투자자들의 위험회피성향은 경제상황에 따라 변동할 수 있다. 금융시장이 장기간 안정된 상태가 계속되면 시장은 점점 위험을 과소평가하는 행태를 보이게 된다. 경기호황이 지속될 때에도 경제추체들의 소득이 증가하면서 위험자산을 확대하는 경향을 보인다. 반대로 금융시장이 불안하거나 경기가 불안해지면 위험을 회피하는 경향이 더 두드러지게 나타난다.

르게 상승한다. 투자부적격 채권인 하이일드(high yield) 채권 금리는 급등하게 되어 채권가격은 그만큼 하락하게 된다. 경기하락 조짐이 나타나면 고위험채권은 미리 매각하는 전략이 필요하다.[34]

경기침체 조짐이 보이면 안전자산을 선호하는 경향이 뚜렷해지며 금융시장에서 위험자산을 회피하는 결과 위험채권금리는 상승한다. 무위험채권의 금리는 정상수준보다 더 아래로 하락한다. 투자자들은 지불불능위험이 있는 채권보다는 수익률은 낮더라도 안정성이 높은 우량 등급 채권을 선호하기 때문이다. 위험채권의 금리는 더 상승하고 반대로 무위험채권의 금리는 더 하락하는 결과 채권시장 리스크 스프레드가 확대된다. 역으로 말하면 채권시장에서 리스크 스프레드가 확대되면 경기침체 시그널을 채권시장에 보내는 셈이다.

34. 하이일드 채권의 가격 변동

경기가 불황에서 회복으로 반전되면 기업이윤이 늘어나고 시중자금 사정도 좋아진다. 이미 약속된 금리를 지불하는 채권시장과 달리 주식시장에서는 경기가 호전되어 기업이윤이 늘어나면서 주가 상승을 기대할 수 있다. 경기회복 조짐이 있을 때, 주식을 매입하여야 수익률을 높일 수 있다. 고위험 채권인 하이일드 채권은 경기회복기에는 리스크 프리미엄이 줄어들어 가격이 상승한다. 다시 말해 하이일드 채권 가격은 주가와 비슷한 사이클을 나타내며 움직인다.

8
기준금리와
시장금리

F O C U S

중앙은행은 기준금리를 조정하여 시장 단기금리와 시중 유동성을 조율한다. 나아가 채권시장 금리, 주식시장 주가, 외환시장 환율 변동을 유도하여 금융부문과 실물부문의 균형을 이루도록 하여 경제순환을 순조롭게 이끌려 한다.

각국 중앙은행들이 정책금리 변동과 관련된 신호를 미리미리 시장에 보내는 조심스러운 선제적 안내(forward guidance)는 금융시장의 예측능력을 높이려는 노력이다. 시장의 기대와 중앙은행의 의지가 엇갈릴수록 예측 불가능한 상황이 전개되어 나라 경제에 피로가 누적되기 때문이다.

기준금리는 금융통화위원회가 정책변수를 고려하여 인위적으로 정하기 때문에 경제 현상을 있는 그래도 반영하는 데 한계가 있을 수밖에 없다. 시장에서는 불특정 다수의 이해 당사자들이 자신의 계산으로 채권을 사고파는 과정에서 시장금리가 결정되기 때문에 실물경제 상황과 함께 금융시장의 수요·공급 사정을 보다 현실성 있게 반영한다. 물론 시장심리 변화에 따라 금리가 들쭉날쭉 변동하는 과정이 반복되면서 균형을 찾아간다.[35]

시장금리는, 단기에 있어서는 기준금리의 직간접 영향을 받지만, 중장기에 있어서는 결국 경제성장률과 물가수준에 따라 영향을 받는 자금 수요와 공급에 따라 정해진다. 시장금리는 쏠림 현상이나 해외충격으로 거시경제와 균형을 이탈하더라도 시장 자동조절기능에 의하여 시차를 가지며 균형을 되찾게 된다. 실물경제 흐름에 비추어 채권가격이 높거나 낮다고 판단되면 매도우위, 매수우위 현상이 교차되며 금리는 제자리를 찾아간다.

---

35. 기준금리

기준금리(base rate)는 예금은행이 대출 재원으로 사용하기 위한 자금조달 기초가 되는 금리로 중앙은행이 금융기관에 자금을 공급하기 위한 유가증권 담보대출(7일물 RP 매입)에 적용하는 정책금리다. 기준금리는 중앙은행이 금융정책 목표를 달성하기 위하여, 국공채를 사고파는 공개시장조작, 예금은행에 대한 대출정책의 기준이 되는 금리다. 콜금리 같은 단기자금시장 금리는 중앙은행이 조정하는 기준금리와 거의 같은 수준에서 움직인다. 단기금리 변동은 예금·대출 시장은 물론 채권시장, 주식시장, 외환시장으로 파급되어 금리·주가·환율을 변동시키며 실물경제 활동에 영향을 미친다.

그래서 가계와 기업은 금리수준을 판단할 때는 정책의지에 따라 정해지는 기준금리보다 자금의 수요와 공급에 따라 결정되는 시장금리 흐름을 보아야 한다. 만약 중앙은행이 시장의 예상과 반대로 금리를 올리거나 내리면 시장에 대한 금통위의 위엄(?)은 높아질지 모르지만, 시장에는 위험과 불확실성이 높아진다. 경제성장률과 물가가 변동될 것으로 예상하여 시장금리가 변동하고 있는데도 기준금리가 조정되지 않는다면, 경제적 불확실성이 잉태될 수밖에 없다.[36]

다음 그림에서 나타나는 바와 같이 2012년 8~9월과 2013년 2~3월에 국고채 3년물 금리가 기준금리 이하로 떨어지기도 하였다. 이는 한국경제의 장래가 밝지 않다고 시장이 보내는 신호였다. 달리 표현한다면 금통위가 경기침체에 선제대응하지 못했다는 의미도 된다. 이 같은 '장단기금리의 역전' 현상을 두고 당시 언론보도를 보면 금통위 고위관계자는 '금리의 수수께끼'라고 발언하여 큰

---

36. 금융시장 쏠림 현상

"금융시장 참가자들은 통화당국의 경제전망 및 평가에 따라 자신의 미래 전망치를 조정하는 경향을 보인다. 따라서 통화당국이 경제전망 및 평가를 제시하면서 그 근거와 전망치의 확률분포를 구체적으로 제공하는 한편 전망과 관련한 여러 불확실성 요인들과 다양한 전개 시나리오도 상세히 제시하는 것이 바람직하다. 이를 통해 정책당국은 경제주체들로 하여금 보다 정확한 판단을 하게 함으로써 사회적으로 바람직하지 못한 쏠림 현상을 완화할 수 있을 것이다."

– 강종구, '금융시장 쏠림 현상에 관한 분석' 한국은행

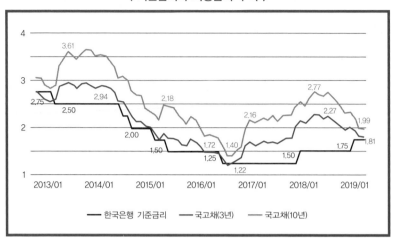

< 기준금리와 시장금리 추이 >

2.75
3.61
2.50
2.94
2.00
2.18
1.50
1.72
1.40
1.25
1.22
2.16
1.50
2.77
2.27
1.75
1.99
1.81

2013/01   2014/01   2015/01   2016/01   2017/01   2018/01   2019/01

— 한국은행 기준금리   — 국고채(3년)   ···· 국고채(10년)

자료 : 한국은행 경제통계시스템

일 났다는 태도를 취하여 시장을 황당하게 만들었다. 심지어 '미친 금리' 라고 표현하여 시장을 당황하게 하는 전문가(?)도 있었다.

당시 우리나라를 비롯한 세계경제는 저성장 추세와 함께 디스인 플레이션을 예상할 수 있었다. 그런데 금통위는 선제대응하기보다 는 물가안정목표(inflation targeting)의 하한선을 2.0%에서 2.5%로 상 향 조정하여 금리를 올리겠다는 암묵적 신호를 보내 시장을 어리둥 절하게 하였다. 아마도 2008년 세계금융위기 이후 전 세계적 유동 성 완화에 뒤따라 벌어질지도 모르는 인플레이션을 우려했는지 모 른다. 그러나 많은 나라에서, 총공급 능력은 늘어나는데 총수요가 부족하여 돈이 돌지 않아서, 유동성을 팽창시켜도 물가가 도무지 오르지 않아 고심하는 상황이었다.

2015년 4월에도 월평균 국고채(3년) 금리(1.74%)가 초단기 금리인 기준금리(1.75%) 이하로 하락하였다. 금융통화위원회는 3개월이 지난 7월에야 뒤늦게 기준금리를 1.50%로 조정하였다. 2016년 초에도 국고채(3년)금리가 기준금리 아래인 장중 1.41%로 하락하는 비정상(?) 상황이 연출되었다. 경기불안으로 기준금리 인하 여지가 크다고 시장이 보내는 신호였다.

금융은 무엇인가를 만들어 내는 실물부문이 원활하게 돌아가도록 지원하는 기능을 한다. 경제 환경변화에 대응하여 기준금리와 시장금리는 가능한 호흡을 맞춰야 한다. 수많은 경제 주체들이 자금을 거래하는 시장의 기대와 정책의지에 따라 기준금리를 조율하는 금통위의 반응이 엇갈리면 국민경제는 피로가 누적된다. '금리의 수수께끼' 혹은 '미친 금리' 사태는 다시는 재발하지 말아야 한다. 여러 가지 불확실성 중에서도 금통위로부터의 불확실성은 파장이 경제사회 전체로 급속하게 번진다.[37]

37. "금리를 올리고 싶어도"

성장통화 공급으로 오랫동안 고물가에 시달리던 한국경제는 국제금융위기 이후 비로소 물가안정 기조에 접어들기 시작했다. 미국 기준금리와 한국 기준금리 역전 현상이 벌어지자 물가가 오르지 않아 "기준금리를 올리고 싶어도 못 올린다."라는 푸념이 2018년 초엽 금통위에게서 나왔다는 유언비어(?)가 있었다. 말할 것도 없이 한국의 (기준)금리는 다른 나라가 아니라 바로 한국경제 전체 상황을 있는 그대로 반영하여야 마땅하다. 그래야 경제적 위험과 불확실성을 극복하고 해외 충격에 휘둘리지 않고 중장기 경제안정을 통하여 대외경쟁력을 높일 수 있다.

9
테일러준칙과
기준금리

FOCUS

테일러준칙은 GDP갭(실제 GDP성장률과 잠재 GDP성장률 차이)과 인플레이션 갭(실제 물가상승률과 물가안정목표 차이)을 고려해서 거시경제 안정을 위한 정책금리의 높고 낮음을 추정하여 기준금리 조정 방향을 제시한다. GDP갭과 인플레이션 갭은 현재와 미래 경기 동향을 측정하고 예측하는 잣대가 된다.

실제 GDP성장률이 잠재 GDP성장률보다 높으면 경기가 호황이나 과열상태이며, 낮으면 경기가 침체되어 있다는 신호다. 실제 물가상승률이 물가안정목표보다 높을 때는 물가가 불안하고, 낮을 때는 물가가 안정되어 경기부양 여력이 있다는 의미다.[38]

각국 중앙은행은 장기 물가안정과 단기 경기안정을 도모하기 위한 금리의 적정수준을 추정하기 위해 '테일러준칙'을 오랫동안 응용하여 왔다. 테일러준칙과 관련하여 실제의 기준금리 변동 예를 들어보자. 2018년 중에 미국 정책금리가 수차례 인상될 것이라는 변죽이 울리자 우리나라 시장분위기는 이리저리 흔들렸다. 무엇보다 미국금리가 우리나라 금리보다 높아지면 외국인투자자들이 빠져 나갈까 두려워하는 까닭이었다. 금융통화위원회에서도 "미국 FRB의 움직임을 예의 주시한다."고 하다가, 2017년 11월 기준금리를 1.25%에서 1.50%로 인상하였다.

　당시 들뜬 시장심리와 달리 거시경제 여건 즉, GDP성장률 추세나 물가상승률을 감안할 때 기준금리 인상을 단행할 시점이 아니었다. 2017년 11월과 2018년 11월 2차례 금리 인상 당시에는 테일러준칙(Taylor's rule)에 따른 GDP성장률 갭과 물가상승률 갭이 플러스가 아니고 모두 마이너스 상황이었다. 물가상승률은 한국은행이 정하는 물가안정목표 2.0%에 미달하는 상황이 오랫동안 이어져 오고

---

38. GDP갭과 물가안정목표

잠재 GDP는 사전에 정확하게 측정하기도 어렵고 또 추정 방법에 따라서 달라질 수 있어서 GDP갭을 정확하게 산출하기는 어렵다. 그리고 중앙은행이 정하는 물가안정목표도 대내외 경제여건 변화에 따라 진폭이 있을 수 있어 적정물가수준을 정확하게 판단하기는 사실상 어렵다. 참고로 한국은행에서는 GDP갭과 물가 갭의 가중치를 각각 0.49와 0.51의 가중치를 두어 정책금리를 조정하였던 것으로 알려졌다.

있었다. 잠재성장률에 못 미치는 실제성장률 또한 반도체 같은 특정 부분에 쏠림 현상이 나타나고 있었다. 대다수 중소기업, 자영업은 불황의 늪에서 벗어날 기미조차 보이지 않는 어려운 상황이었다.

다시 말하면 거시경제여건을 감안할 때, 기준금리 인하는 몰라도 인상은 논의하기 어려운 상황이었다. 그런데도 금통위가 만장일치로 기준금리를 인상한 까닭은 그 뒤에 있을지도 모를 경기회복이나 물가상승을 미리 내다보는 선견지명에 따른 선제적(preemptive) 조치였는지 시장은 알 수 없었다.

그러나 막상 기준금리를 올려도 대표적 시장금리(?)인 국고채금리(3년)는 따라 오르지 않고 오히려 하향안정세를 보이는 현상이 벌어졌다. 더하여 미국과 한국의 정책금리가 역전되었는데도 대미원

〈 기준금리와 시장금리, 원화환율 추이 〉

자료 : 한국은행 경제통계시스템

화환율(₩/$)은 강세를 보이고 있다. 외화유출에 따른 원화가치 하락이 아니라 정반대로 외화가 유입되고 원화가치가 크게 오르면서 환율하락에 따른 수출경쟁력 저하를 오히려 염려해야 하는 지경이 되었다. 원화가치 상승은 경상수지흑자 누적으로 우리나라의 종합적 대외지급능력을 나타내는 국제투자포지션(IIP)이 향상된 까닭이었다. 그리고 기업경기실사지수는 83에서 74로 더욱 하락하여 기업가들이 바라보는 경기전망은 최악으로 치닫게 되었다. 고용사정, 특히 미래를 짊어질 청년 고용사정은 더욱 악화되었다. 2019년 3월 27일에는 국고채(3년) 금리가 기준금리 1.75보다 크게 낮은 1.68까지 하락하였다. 금통위의 기준금리 인상은 한치 앞을 내다보지 못하는 안개 속에서 단행된 셈이었다. 2017년 11월과 2018년 11월의 기준금리 인상은 테일러준칙을 무시한 시행착오였다는 우려가 나오는 장면이었다.[39]

금융시장은 실물경제를 비추는 거울과 같다. 경제의 거울이 일그

39. 대기성자금과 기준금리

(기준)금리 인상은 현금성자산을 많이 쌓아둔 대기업집단의 이자수익을 높여 원가부담을 낮추고 결과적으로 수출상품의 가격경쟁력을 높일 수도 있다. "금리가 너무 낮다"는 재변 인사들의 의견이 상당기간 계속되었던 것으로 미루어보아 터무니없는 짐작은 아닐 것이다. 그렇지만 늘어나는 가계부채 원리금 상환부담은 가계의 소비여력 취약으로 불황의 원인이 되고 있다는 사실을 외면하지 말아야 했다. 소비수요기반이 튼튼해져야 기업이 만드는 상품이 팔려 경기가 돌아가고 결과적으로 대외의존도도 낮아지게 되어 대외충격을 이겨 낼 수 있다.

러지면 금융중개기능이 훼손되고 가계나 기업의 합리적 경제활동을 유도하지 못한다. 금리는 남의 나라가 아닌 자국경제 상황을 충실히 반영하고 그다음 해외시장과 조화를 이루어야 한다. 비상상황에서도 금융시장은 실물경제와 균형을 가능한 벗어나지 않도록 하여야 경제의 선순환을 회복할 수 있다. 어느 특정 분야 정책목표 달성을 위하여 금융수단을 남용할 경우 그 부작용의 대가를 어김없이 가계와 기업이 짊어져야 한다. 특히 거시정책은 어느 한 부분을 보고 전체를 미루어 짐작하다가는 구성의 오류를 범하게 되어 그 후유증이 산지사방으로 퍼져나간다.

중앙은행은 '가진 자'나 '안 가진 자'나 다 같이 사용하는 돈의 가치를 건전하게 보전해야 할 책무가 있다. 중앙은행이 헛발을 디딜 경우, 생산과 소비 같은 가계와 기업의 경제 활동을 뒤틀리게 하고 헝클어트린다. 실물부문과 금융부문이 균형을 잃게 되면, 누군가에게는 이익을 다른 누군가에게는 손실을 끼치기 마련이다. 특히 가치투자에 익숙한 (외국인)투자자들에게 초과수익 기회를 제공하게 된다.

금리 왜곡은 경제사회 전반에 걸쳐 다양한 경로를 통하여 국민경제 전반에 직간접 폐해를 미치게 된다. 경제구조가 복잡해질수록 실물과 금융을 연결하는 관건이 되는 금리 왜곡에 따른 경제 파급경로가 다양하게 전파되기 때문이다. "중앙은행은 통화정책 성과를 높이기 위해 소통을 적극적으로 하여 평판을 높이는 데 힘쓸 필요가 있다."(2018년 5월 BOK 경제연구)고 했는데 이는 시장의 흐름을 중시하여야 한다는 의미다.

10
유동성함정
—금리의 하방경직성

FOCUS

경기 막바지에 금리가 최저점에 이르러, 더는 하락할 수 없다고 판단되면 유동성을 확대해도 풀린 돈이 생산부문으로 흐르지 못하고 금리상승을 기다리는 대기성자금으로 부유한다. 유동성을 팽창시켜도 시장금리는 더 이상 하락하지 못하고 단기대기성 유휴자금만 늘어나는 현상이 유동성함정이다.

유동성함정이 나타나면 시장금리의 하방경직성으로 더 이상 경기부양을 위한 통화정책이 무력해진다. 대기성자금이 늘어나면 유동성함정 논의가 일어나지만, 우리나라 채권시장에서 유동성함정 흔적은 아직까지 없었다.

화폐보유와 관련하여 유동성함정의 의미를 살펴보자. 논의를 간명하게 하기 위해 수익성 자산을 채권으로 제한하자.

경기가 저점에 이르러 금리가 최저점까지 하락하여 채권가격이 최고점에 도달하였다고 판단되면, 투자자들은 가격이 오른 채권을 매각하여 현금성 자산으로 보유하려 한다. 금리가 다시 상승하면 값싸진 채권을 다시 매수하려는 의도다. 시장금리가 최저점에 이르렀다고 판단될 때, 채권보유보다 투기적 동기의 화폐수요, 즉 대기성자금이 무한 탄력적으로 늘어나는 현상이 유동성함정이다.

반대로 금리가 최고점까지 상승하였다고 판단되면, 향후 금리하락에 따른 채권가격 상승을 예상할 수 있다. 투자자들은 보유자금 대부분을 가능한 장기 채권에 투자하고 금리하락에 따른 채권가격 상승을 기다린다. 이럴 경우 투기적 동기의 화폐수요는 거의 없어지기 마련이다.[40]

경기가 더 이상 나빠질 수 없어 시장금리가 최저수준에 도달하는

---

40. 유휴자금과 유동성함정(liquidity trap)

경기침체가 막바지에 이르러 채권금리가 최하로 떨어져 채권가격이 최고로 올랐다고 예상될 경우에는 유동성을 아무리 확대하여도 채권금리가 더 이상 하락하지 못한다. 금리가 다시 상승할 경우 채권에 투자하려고 기다리는 투기적 동기의 대기성 유휴자금만 늘어난다. 더 높은 투자수익 기회를 기다리는 시중의 대기성자금을 투기적 동기(speculative motive)의 화폐수요라고 부른다. 금리가 최저점에 도달하여 투기적 동기의 화폐수요가 무한 탄력적으로 늘어나는 상태를 케인즈는 유동성함정(liquidity trap)이라고 불렀다.

유동성함정이 존재하면 기준금리를 내리고 유동성을 완화시켜도 실물부분으로 돈이 흐르지 못하고, 투기적 동기의 대기성 유휴자금(idle money)만 늘어난다. 투자자들은 투자 대상을 찾지 못하고, 기업은 채권시장을 통한 자금조달이 어려워지는 '금융 불균형' 현상이 벌어진다.

금리가 더 이상 내리지 못하는 유동성함정은 경기후퇴기에 통화정책 한계를 의미한다. 만약 시장이 유동성함정에 빠졌는데도 이를 무시하고 돈을 자꾸 풀 경우, 시중에 대기성자금만 쌓여가다가 경기회복으로 돈이 돌기 시작하면 풀린 유동성이 물가를 자극하여 하이퍼인플레이션 같은 무서운 후폭풍이 일어날 가능성이 커진다.

기준금리를 변경했을 때 시장금리가 어떻게 반응하는지를 살펴보는 일은 향후 채권시장의 변동방향을 예측하는 데 도움이 된다.

예를 들어보자. 금통위가 2015. 3 시장의 기대와는 달리 뒤늦게 기준금리를 내리자, 3년물 국고채 금리는 기준금리 아래로 삽시간에 떨어졌다. 채권시장이 이처럼 신속하게 반응하는 까닭은 당시 일각에서 우려했던 바와 달리 우리나라 채권시장에서 유동성함정이 존재하지 않으며 그 이후로도 금리인하 여지가 많았음을 시사하고 있었다.

시장금리가 기준금리를 따라 곧바로 하락했다는 사실은 금통위와 달리 시장에서 미래의 경제 상황을 더 어둡게 보고 있었다는 뜻이 된다. 시장에서는 유동성함정은커녕 거시경제여건을 감안할 때

금리를 더 내려야 한다는 신호를 보내고 있었다. 어쩌면 불황에 선제적으로 대응할 금리인하 타이밍을 놓쳤다는 시장의 항변이기도 하다. 불황에 대비할 금융정책 수단이 그만큼 있었다는 의미이기도 하다. 이후 금통위는 두 차례에 걸쳐 기준금리를 인하하였다.

당시 유동성함정 논란에 휩싸이지 않고 시장의 흐름을 주시하였던 투자자들은 금리하락에 따라 채권시장에서 상당한 매매차익을 거둘 수 있었다.[41]

41. '풍요 속 빈곤'과 대기성자금

대기성자금이 늘어나기만 하면 일각에서 덮어 놓고 한국경제가 유동성함정에 빠졌다고 주장하는 경우가 종종 있는데, 우리나라 채권시장에서 금리 하방경직성이 있었던 때는 없었다. 유동성함정에 빠지면 대기성자금이 무한 탄력적으로 늘어나지만, 대기성자금이 늘어난다고 해서 유동성함정에 빠지는 것은 아니다. 경제력 집중으로 돈의 "풍요 속 빈곤" 현상이 벌어져 유동성함정이 아니래도 투자할 때도, 소비할 때도 없는 돈이 넘쳐나 대기성자금이 늘어날 수밖에 없는 환경이다. 하여간 '함정'이라는 표현은 사람들을 놀라게 할 수 있으니 아무 때나 사용하지 말아야 한다.

11
국제금리와
우리나라 금리

FOCUS

세계경제 속에 한국경제가 존재하기 때문에 국내금리와 국제금리의 상관성을 무시하지 못한다. 그러나 실물부문과 금융부문을 연결하는 관건이 되는 금리는 무엇보다 먼저 자국경제의 기초여건을 충실히 반영하여야 한다. 그 바탕 위에서 해외시장과 조화를 이루어야 경제순환이 순조롭다.

국내 금융시장이 해외시장 변화에 과잉반응하면 독자적 경제운영이 불가능해져 결국에는 실물경제 기반까지 흔들린다. 금리·주가·환율이 국내 기초경제여건과 동떨어져 표류하면, 틈새를 노리는 외국인투자자들에게 차익거래 기회를 제공하여 실물부문에서 이룩한 성장과실을 빼앗긴다.

미국이 장기간 큰 폭의 금융완화 이후, 기준금리 인상 논의가 시작되자 우리나라도 따라서 금리를 올릴 수밖에 없다는 분위기가 조성되었다. 실물경제 흐름과 관계없이 시장금리는 일시적이나마 혼조세를 보이고, 기준금리는 한국경제 경기흐름과 관계없이 동결되었다가 인상되었다.

당시 한국경제가 직면하고 있는 저성장, 저물가 상황을 무시하고 (기준)금리를 올려야 한다는 논리는 경기 위축보다 달러 강세에 따른 핫머니 유출 사태가 더욱 긴박하다는 판단이었다. 미국이 기준금리를 인상하면, 우리나라도 금리를 올려 핫머니가 빠져나가지 못하게 유인하자는 이야기다. 국내경기 침체를 무릅쓰고 높은 금리를 미끼로 외국인 포트폴리오 투자(FPI) 자금을 잡아두자는 안타까운 논리다(제5장 14. 핫머니 유출과 대응에서 자세히 논의한다).

그러나 다음 그림에 나타나는 바와 같이 미국의 기준금리 인상(또는 예고)에 따라 우리나라 채권시장은 일시적으로 가벼운 충격을 받는 듯하다가 단기간에 원상회복되는 모습을 보여 왔다. 미국 기준금리가 수차례 인상되어 우리나라 기준금리와 차이가 줄어들다가 역전되었지만, 핫머니 유출 사태도 그리고 환율급등 현상도 전혀 벌어지지 않았다.[42]

금융시장은 외부 충격에 따라 수요와 공급에 영향을 받지만, 결국 내재가치에 따라 가격이 형성되는 까닭이다. 시행착오 과정을 거치기는 하지만 결국에는 우리나라 금리는 우리나라 거시경제 상황을 반영하기 마련이다. 한국은 경상수지 흑자가 IMF 구제금융 사태 이후 누적되었으며 미국은 적자가 만성화되었음을 생각해 보자.

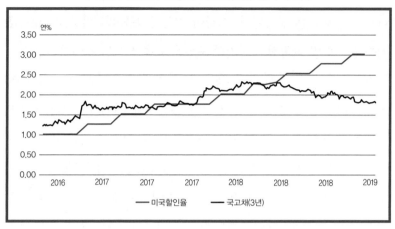

〈 미국 기준금리 변동과 국고채(3년) 금리 추이 〉

국내 상황과 관계없이 해외 요인에 의해 금리가 변동해야 한다면 금융부문과 실물부문이 균형을 잃게 되어 경제순환을 교란시켜 가계나 기업으로 하여금 합리적 경제활동을 저해한다. 2018년 현재 한국 경제 활력은 시나브로 약해지는 반면에 미국경제는 장기간의 유동성

42. 핫머니 과다유입과 금융시장 교란

평소에는 위험의 대가로 고수익을 찾아다니다가 불확실성이 어른거리면 안전 자산을 찾아 이동하는 것이 핫머니의 생리다. 이들 자금을 붙잡겠다고 금리나 환율을 조정하여 유인하는 것은 그만큼 외국인들에게 초과수익을 제공하는 결과를 초래한다. 한국경제를 멍들게 하는 이 같은 일은 비상 상황에서도 선택해서는 절대로 안 되는 일이다. 우리나라에는 2018년 말 현재 무려 1조 1,100억 달러의 외국인 투자자금이 유입되어 있는데 그 중 직접투자 2,300억 달러, 핫머니 성격을 가진 증권투자는 6,680억 달러에 이른다. 핫머니는 기초 경제여건과 관계없이 금융시장 가격지표를 변동시켜 한국경제를 교란할 가능성이 항상 존재한다. 이 같은 상황에서는 핫머니 유인이 아니라, 지나치게 많이 유입되지 않도록 예방하는 조치가 필요하다는 사실을 인식하여야 한다.

완화로 경기회복 조짐이 보인다. 이처럼 두 나라의 기초경제 상황이 다르게 움직이는 상황에서, 미국이 기준금리를 올린다고 따라서 금리를 올린다면 한국경제 무기력 증상은 한층 심화될 것이다.

어느 나라든 금융시장이 해외여건과 관계없이 독자적으로 움직이기는 어렵지만, 어디까지나 자국경제의 기반 위에서 세계경제와의 조화가 필요한 것이다. 금융시장이 국내 사정보다는 국외 요인에 따라 출렁거리다가는 금융시장은 물론 실물부문까지 취약하게 만든다.

금융시장이 혼란에 빠지면 가치투자에 능숙한 외국인들에게 초과수익 기회를 제공할 우려가 크다. 우리나라가 자본시장개방 이후 외국인투자자들에게 막대한 초과수익을 안겨준 까닭은 무엇보다도 실물경제와 금융시장의 불균형 때문이었다. 1998년 이후 2018년 말까지 달성한 8,000억 달러가 넘는 경상수지 누적흑자를 시현하고도 외환보유가 충분하지 못해, 통화스왑협정을 추진하려는 까닭을 생각해 보자. 금융시장 가격지표들이 거시경제 총량지표들을 제대로 반영하지 못하고 해외요인에 따라 등락을 거듭하였기 때문이다. 이 과정에서 실물부문에서 땀 흘려 벌어들인 외화를 상당부분 금융부문에서 외국인투자자들에게 빼앗긴 셈이다.[43]

43. 핫머니의 표적

시간과 장소를 가리지 않고 초과수익을 노리며 움직이는 핫머니는 실물과 금융시장 간에, 내·외 시장 간에 현물과 선물 시장 간에 괴리가 있을 때 차익거래를 통하여 초과수익을 챙기려 한다. 투자대상국의 거시경제 상황과 채권시장, 주식시장, 외환시장이 밀접한 상관관계를 나타내지 못하고 따로따로 움직일 때 시장의 틈새를 파고들며 초과수익을 노린다.

12
통화지표와
금리지표

F O C U S

인체에 비유하면 통화량은 혈액이고 금리는 혈압과 같다. 혈액이 넘치거나 모자라면 건강에 치명적이다. 혈압이 높거나 낮으면 건강의 적신호다. 경기안정을 위한 금융시장 중심 지표를 통화량으로 할 것인지, 금리로 할 것인지는 경제 환경변화와 해석하는 시각에 따라 달라진다.

통화량이나 금리가 경제순환에 미치는 파급효과가 불분명해지면서 금융부문이 과도하게 선행하거나 반대로 실물부문을 따라가지 못하여 위험과 불확실성이 커지고 있다. 2008년 세계금융위기와 같이 금융부문이 실물부문을 지원하기는커녕 혼란을 초래하는 사례는 지구촌 곳곳에서 반복되고 있다.

통화량이나 금리를 경제상황 변화에 대응하여 선제적으로 조율하는 것은 불확실성을 최소화하고 가계와 기업의 안정적 경제활동을 지원하기 위함이다. 2000년대 초반까지 각국 중앙은행은 통화준칙(rules)을 통하여 물가안정을 기하고 경기를 조절하려 하였다. 그러나 금융혁신으로 신상품 출현이 계속되고 금융시장 외형이 확대되면서 통화량과 실물경제의 안정적 관계가 약해졌다. 이에 따라 통화정책 중심지표를 통화량에서 금리로 변경하고 재량적(discretionary) 통화 공급을 통하여 경제상황 변화에 대응하여 금리를 조정하려 하고 있다.

그러나 적정수준의 통화량, 금리수준을 판단하기가 쉽지 않다. 경제구조가 복잡하게 변해 가기 때문에 신용창조 경로가 복잡다기해지며 통화량이나 금리의 정의를 확정하기도 어렵다. 통화량(M2)도 증가율이 하락하다가 일시적이지만 감소하는 모습까지도 보이고 있다. 단기금리의 기준이 되는 적정 기준금리 수준을 판단하기 쉽지 않다."

혹자는 본원통화 증가율이 높아져 문제가 크다고 걱정하지만 통화승수가 점점 낮아져 통화량 증가세는 뚜렷하지도 않고 화폐유통속도 또한 점차 떨어지고 있음을 참고하여야 한다. 생각건대, 카드 사용 한도, 마이너스 대출한도도 언제든지 즉시 유동화가 가능하므로 사실상의 통화량 범주에 들어가야 한다.

우리나라 대표금리라고 여기는 국고채(3년)는 무위험채권이고 유동성이 아주 높다. 만기 3년 정기예금 해약과 달리 손실 없이 언제든지 현금화가 가능하여 국고채(3년)물은 사실상 대기성자금 성격을 가지고 있다. 우리가 그냥 지나쳐서는 안 될 사항은 우리나라 대다수 기업의 신용등급은 BBB - 이하인데 동급 회사채금리는 높은 리스크 프리미엄으로 오랫동안 9% 내외를 기록하고 있어 이를 대표금리라고 생각하기 어렵다.[45]

2008년 세계금융위기 이후 경기가 가라앉자 각국은 인플레이션 목표를 달성하기 위하여 금리를 경쟁적으로 내리고 무차별 양적 완화를 단행하여도 물가가 좀처럼 오르지 않는 기현상(?)이 나타났다.

44. 금리지표와 통화지표

• 통화주의자

시장경제는 기본적으로 효율적이어서 외부충격으로 균형을 이탈하더라도 자동조절기능으로 원상태로 회복된다. 기술혁신 같은 실물부문의 불확실성이 크지만 화폐수요는 안정적이라고 판단하는 통화주의자들은 물가안정이 무엇보다 중요하다고 생각한다. 화폐 현상인 인플레이션을 예방하기 위해서 통화량을 일정하게 공급하는 통화준칙(rules)을 제언한다. 금융부문의 금리·주가·환율의 등락보다 실물부문 물가불안이 경제순환을 더 왜곡할 수 있기 때문에 물가안정을 통해 불확실성을 최소화해야 한다는 시각을 가지고 있다.

• 케인지안

실물부문보다 금융부문의 불확실성이 더 크다고 판단하고 경기 변동에 대응하여, 화폐수요(money demand)에 직접 영향을 미치는 금리를 조율하여야 한다. 인플레이션보다 더 큰 해악인 실업을 줄이려면 총수요를 증대시켜야 한다. 투자와 소비를 부추기려면, 재량적(discretionary) 통화 공급으로 금리를 정책목표에 접근시켜야 한다고 제언한다. 금융불안이 실물경제순환을 저해하므로 금리안정이 중요하다는 견해를 가지고 있다.

'인플레이션은 화폐적 현상이다' 라는 통화주의의 강령이 무색해졌다. 생산성 향상으로 공급과잉 현상이 심화되어 가는 데 반하여 빈부격차로 소비수요기반은 점점 악화되는 까닭이다. 게다가 금리를 내리고 유동성을 무차별 완화하여도 돈이 돌지 않고 한구석으로 뭉쳐지고 있다.

금융이 실물부문을 선도하는지, 아니면 실물부문의 뒤를 따라가지 못하는지 판단하기 어려운 장면이 연출되고 있다. 실생활에 필요한 무엇인가를 만들어 내는 실물부문을 지원해야 할 금융부문의 기능과 역할이 불분명해지면서 경제의 위험과 불확실성은 커지고 있다.

45. 통화와 금리 종류

통화만 해도 IMF 기준에 의한 협의통화(narrow money, M1)부터 광의통화(broad money, M2), 금융기관유동성(Lf) 유동성(L)이 있고 그 구성 내역도 복잡다기하여 경제 상황에 상응하는 통화량을 정의하기가 어렵게 되었다. 금리 또한 콜금리, 시중은행금리, 여러 종류의 회사채금리로 어느 것이 경제 현상을 적정하게 반영하는 금리인지 판단하기 어렵다.

PART 3

금리가 보이면
경제도 보인다

1
금리가 보이면
경제도 보인다

F O C U S

　자본의 사용가격인 금리는 실물부문과 금융부문을 연결하는 고리로 현재와 미래의 경제 상황을 가늠하게 하는 바로미터가 된다. 금리는 생산과 소비, 저축과 투자 같은 거시경제 현상의 현재와 미래를 가늠하고 예측하게 한다. 가계와 기업의 경제활동 방향을 제시하는 신호기능, 경기안정화기능, 자원배분기능을 한다.

　채권시장에서 위험의 크기와 만기구조에 따른 금리의 움직임을 보면 실물부문 동향과 변화방향을 추정할 수 있다. 금리를 기준으로 주식시장 과열이나 침체도 판단할 수 있고, 상대국과의 금리 차이에 불가분의 영향을 받으며 환율도 변화한다. 실물시장에서 자산 가격 또한 금리의 직간접 영향을 받으며 변동한다.

금리는 소비와 저축, 생산과 투자활동의 방향을 가늠하게 하는 신호기능(signalling)을 한다. 단기 금리는 현재의 경기상황을, 장기금리는 미래의 경제상황을 반영한다. 따라서 시장에서 형성되는 장단기 금리스프레드는 현재와 미래의 경기 동향을 가늠하게 하는 신호를 보낸다. 장기금리와 단기금리의 차이가 벌어지면 미래의 경기가 좋아질 것이라는 신호가 된다. 반대로 장기금리가 단기금리 수준으로 수렴하거나 오히려 그 아래로 하락하면 미래의 경기상황이 악화될 것이라는 어김없는 신호다.

채권시장에서 무위험채권과 위험채권의 금리 격차는 경제사회의 위험과 불확실성을 반영한다. 신용등급에 따른 금리스프레드가 줄어들면 리스크 프리미엄이 줄어들어 경제적 위험과 불확실성이 낮아지고 있다는 신호가 된다. 반대로 신용등급 차이에 따른 금리 차이가 확대되면 경제사회에 위험과 불확실성이 커지고 있다는 신호가 된다.[46]

금리의 상승과 하락은 현재 소비와 저축, 생산과 투자를 조율하여 경제안정화(stabilization)기능을 한다. 자본비용인 금리가 상승하면 미래의 소비를 위한 저축이 증가하면서 현재소비와 투자가 감소

---

46. 채권시장의 경기침체 시그널

국제금융위기 이후 10여년 동안의 금리 동향을 관찰하면 장기금리와 단기금리의 차이는 점점 줄어들거나 오히려 역전까지 되고, 신용등급에 따른 금리 격차는 확대되는 비정상 상황이 관찰된다. 이는 미래의 한국경제 활력이 무기력해지는 동시에 위험과 불확실성은 오히려 커지고 있다고 시장이 보내는 신호다.

하여 경기를 진정시킨다. 금리가 하락하면 저축이 감소하고 소비와 투자가 증가하여 경기가 부양된다. 문제는 (상대적) 저금리 현상이 장기간 지속된다면 저축 부족으로, 중장기 유효수요 기반이 약화되고 나아가 성장잠재력이 저하되어, 어느 순간 경기가 급강하할 가능성이 커진다. 오늘날 한국경제의 복병인 가계 부실은 경기부양을 위한 장기간의 실질 저금리로 소비를 부추겼기 때문이기도 하다.

적정 금리는 자원배분의 효율성을 높이는 기능을 수행한다. 돈의 사용가격인 금리는 생산성이나 수익률이 최소한 금리비용보다는 높은 산업으로 자금이 흐르도록 하는 배분(allocation) 기능을 한다. 자본의 가격인 금리가 기업이익률보다 더 높으면 당해 산업이나 기업은 손실이 발생하고 자금조달이 불가능해진다. 반대로 기초경제여건보다 상대적으로 낮은 금리는 사양산업, 부실기업으로 자금이 배분되게 함으로써 산업구조 고도화를 방해한다. 유한한 생산요소들이 저기술, 비효율 산업으로 배분되면 산업구조는 정체되고 결과적으로 가계의 후생과 복지는 후퇴하게 된다. 이는 마치 가격경쟁력을 높이려 값싼 외국노동력을 유입시켜 내국인 근로자의 일자리를 없어지게 한 결과, 내수기반을 더욱 약화시킨 것과 같다.

금리가 기초경제여건과 비교하여 적정수준보다 높을 경우, 투자자들은 실물자산보다는 금융상품 특히 장기채권에 투자해야 할 것이다. 반대로 금리가 적정수준보다 낮다면 실물자산에 투자하거나 향후 금리가 상승할 가능성이 크므로 단기채를 보유해야 한다. 초저금리일 때는 대출을 받아서라도 실물상품에 투자해야 수익을 올릴 수 있다. 대내외 경제적 위험과 불확실성으로 리스크 프리미엄이 높게 나타난 시장에서는 금리는 높고, 실제 위험은 낮은 채권을 찾아내야 남다른 초과수익을 누릴 수 있다. 기업은 경제성장률, 물가상승률 같은 거시경제여건과 비교하여 시장금리가 적정수준보다 높을 때는 단기채를 발행하여 자금을 조달하여야 한다. 반대로 금리가 낮을 때는 장기채를 발행해야 중장기 자본비용을 줄일 수 있다.

고령화가 진전될수록 일하는 기간보다 소비만 하는 기간이 길어지게 된다. 돈을 많이 버는 것보다는 작은 돈이라도 꾸준히 저축하고 이를 효율적으로 관리하여야 노후세계를 여유롭게 만들 수 있다. 먼 시각으로 거시경제와 금융시장의 변화를 비교 · 관찰하는 습관이 절대 필요하다. 미래사회, 장수 시대에 여유로운 삶과 쪼들리는 삶의 갈림길이 될 수 있다. 금리가 제대로 보이면 미래가 두렵지 않다.

2
명목저금리와
실질고금리

F O C U S

　금리 수준을 판단할 때는 명목금리에서 물가상승률을 뺀 실질금리를 경제성장률과 비교하여야 한다. 실물경제 상황 변화를 살피지 않고 막연하게 과거와 비교하여 명목금리의 높고 낮음을 판단하면, 실질 금리수준을 오판하여 시행착오의 대가를 치러야 한다.

　금리추이를 보면 과거에는 높은 명목금리에도 불구하고 물가상승률이 높아 실질금리 수준은 아주 낮거나 오히려 마이너스 수준이었다. 2010년 이후에는 명목금리 수준은 낮아졌지만 물가상승률이 더 낮아짐에 따라 실질금리 상대적 수준은 과거보다 높은 수준이다.

겉으로 나타난 명목금리만을 보고 금리의 고저를 판단하다가는 실물경제 상황과 어긋나는 경제적 선택을 하게 되어 손실을 입게 된다. 물가상승률을 참작한 실질금리수준의 과거와 현재를 비교해 보자.

줄기찬 경기부양으로 1970년대 후반에는 인플레이션이 극성을 부렸다. 1975년 이후 10% 수준이었던 소비자물가상승률은 계속 올라 1980년에는 무려 29%까지 치솟았다. 회사채금리도 20% 후반으로 표면적으로 매우 높았지만 소비자물가상승률을 빼면 실질금리는 오히려 커다란 마이너스 상태였다. 이와 반대로 2018년 현재, 회사채금리(BBB−) 9% 정도는 과거에 비하여 크게 낮은 수준으로 생각되기도 하지만, 물가상승률을 고려하면 실질금리 수준은 과거보다 비교할 수 없이 높은 수준이다.

1980년대 이전까지는 명목금리가 높아도 실질금리는 마이너스여서 돈을 많이 빌릴수록 그만큼 커다란 부자가 되었지만, 2010년 이후에는 실질금리가 오히려 높아 돈을 잘못 빌리다가는 무거운 이자 부담으로 빚 상환이 더 어려워졌다. 투자적격등급인 회사채(BBB−)를 기준으로 할 때 고금리, 그것도 아주 높은 고금리 현상을 보인다. (잠재)성장률 2% 내외 시대에 실질금리 부담 (5~6%)의 의미는 1년 이자비용이 순이익의 2~3년치가 된다는 의미가 된다.[47]

한마디로 우리나라 채권시장에서는 명목 저금리와 실질 고금리라는 비정상 상황이 전개되고 있다. 담보물이 없고 신용등급이 낮은 기업이 채권시장에서 자금을 조달하여 기업을 경영하기는 거의 불가능한 사실상 신용경색(credit crunch) 상황에 있다는 이야기와 같다.

우리는 고성장, 고물가 시대에 있었던 (명목)고금리의 타성에서 벗어나지 못하는 모습이 종종 보인다. 그러다 보니 실질금리가 아닌 그저 명목금리만 보고 금리수준을 판단하는 경향이 있다. 한국경제가 당면한 저성장 저물가 현상을 생각하지 않고, 사상 최저(?) 금리의 부작용(?)을 확대 해석하고 있다. 예컨대, 무위험채권인 국고채금리가 2% 이하로 하락하자 사상 최저금리라며 무엇인가 잘못되어 가고 있다며 우려를 크게 표명하는 전문가들이 상당수 있었다.

그러나 과거보다 명목금리가 낮아졌다고 해서 (실질)금리도 낮다고 판단하면 엉뚱한 경제적 선택을 하게 된다. 금리는 경제활동의 방향을 가리키는 신호이면서 기회비용이기 때문에 잘못 판단하면 시행착오의 대가를 오래도록 크게 치러야 한다. 거시경제와 금융시장을 비교하여 실질 금리 수준을 가늠하는 시각이 누구에게나 필요하다.

한국경제가 저성장 기조에 들어선 2000년 이후 지금까지 상황을 살펴보면 실질금리 수준은 낮아지기는커녕 오히려 높아지는 모습까지 관찰되고 있다. 더구나 낮은 성장률에 대한 실질금리의 상대

47. 국고채는 대기성자금(idle money)

우리나라에서는 2% 내외에서 움직이는 국고채(3년) 금리를 시장금리로 여기고 있다. 국고채 금리는 정부가 지급을 보장하는 무위험금리로 기업자금조달과는 사실상 관계가 없다. 국고채(3년)는 유동성위험이 전혀 없어 단기 대기성자금의 성격이 짙다고 할 수 있다. 국고채(3년) 금리가 기준금리보다도 더 낮게 하락하는 비정상 현상이 종종 나타나고 있다.

적 비중은 더욱 커졌다. 예컨대, 실질금리가 같은 2%라 하더라도 경제성장률 7% 때는 상대적 비중이 2/7가 되나, 2% 때는 2/2가 되어 엄청난 차이가 난다. 아래 그림과 같이 성장률이나 물가상승률이 낮아지는 만큼 금리 수준은 낮아지지 않고 있어 상대적 실질금리는 오히려 상승하고 있는 셈이다.

(잠재)경제성장률 2%대 시대에 8~9%(회사채 BBB-)대의 높은 금리로 자금을 조달하여 이익을 남길 기업이 과연 얼마나 되겠는가? 자금융통이 이처럼 어려운 상황에서 기업 투자의욕이 위축되는 것은 이상한 일이 아니다. 이윤을 추구하는 기업의 투자는 자본비용을 부담하고도 이익을 낼 가능성이 보여야 한다. 이런 상황에서 금융중개기능이 제대로 작동하고 있다고 말하기 어렵다.

〈 실질금리 추이 〉

자료 : 한국은행 경제통계시스템

3
장단기 금리스프레드
– 경기예측

FOCUS

금리는 채권 상환 만기 시점의 예상 경제성장률, 물가상승률과 함께 지불불능위험이 반영되어 결정된다. 대체로 단기금리는 현재 내지 가까운 미래의 경기 동향을 반영한다. 장기금리는 만기 시점의 예상되는 거시경제 상황을 반영한다.

장단기 금리스프레드를 보면 현재와 미래의 경기흐름과 변동방향을 추정할 수 있다. 장단기 금리스프레드가 커지면 미래 경기전망이 밝아지고 있다는 신호다. 스프레드가 작아지거나 마이너스가 되면 미래 경기전망이 현재보다 어두워지고 있음을 예상할 수 있다.

잔존기간이 길수록 위험과 불확실성이 커지는 기간 프리미엄 (term premium)으로 장기금리가 단기금리보다 높은 것이 보통이다. 장기금리와 단기금리의 격차 즉, 장·단기 금리스프레드 변화는 현재와 미래의 경기상황, 물가 변동방향을 예측하게 하는 신호기능을 한다.

예컨대, 장기금리는 높고 단기금리는 낮은 현상, 즉 금리의 장고단저(長高短低) 현상이 확대되면 미래의 경기상황이 호전되거나 물가상승률이 높아지리라 예측할 수 있다. 반대로 장고단저 현상이 축소되거나 더 나아가 단기금리가 장기금리보다 오히려 높은 단고장저(短高長低) 현상이 벌어지면 미래의 경기상황이 현재보다 나빠질 것이라는 시장의 신호다. 이와 같은 경기 예측력 때문에 장단기 금리스프레드는 주가지수와 함께 경기종합지수 중에서 선행지수에 포함된다. 경제가 성숙되고 시장 효율성이 커질수록 장·단기 금리스프레드의 실물경제 예측력이 높아질 것이다.

2009년 이후 장기금리는 하락하는 추세를 보이는 반면 초단기금리는 일시적으로 상승하거나 큰 변동이 없는 모습을 보인다. 이는 그 이후의 경제성장률이나 물가상승률이 높지 않을 것을 예고하는 것이다. 그러다가 2013년 즈음에는 국고채(3년) 금리가 초단기 금리인 콜금리 수준과 같아지거나 오히려 낮은 비정상 모습을 보이기도 했다. 시장에서 경기전망이 더욱 어두워질 것이라는 신호를 보낸 것이다. 다시 말해, 이 당시 장단기 스프레드 축소 내지 역전은 이후의 경기침체 내지 불황을 채권시장에서 미리부터 예고하였다고 할

수 있다. [48]

　장기금리와 단기금리의 스프레드 변화와 의미를 읽는 시각과 선택은 가계의 자산운용은 물론 기업 재무관리에 큰 영향을 미친다.

　첫째, 가계는 장단기 금리 차이가 없어지며 경기침체 조짐이 있을 때는 장기금리 하락을 내다보고 가능하면 미리 장기채에 투자하여야 자본이익을 극대화할 수 있다. 반대로 경기가 회복되어 금리가 올라갈 것으로 예상하는데도 (저금리) 장기채를 보유하다가는 금리상승에 따른 채권가격 하락으로 손실을 피하기 어렵다.

　둘째, 기업은 경기침체가 예상되면 금리가 내리기를 기다리되, 우선은 단기채를 발행하여 급한 자금을 조달해야 자본비용을 줄일 수 있다. 경기가 하강하기 시작하면 위험회피 현상이 나타나 금리가 크게 동요하며 신용등급이 낮은 채권 금리는 상승할 수 있다. 급하다고 고금리 장기채를 발행하여 자금을 조달하다가는 불황기에

---

48. 기준금리와 국고채금리 수렴

2014년 금통위가 초단기 금리인 기준금리(base rate)를 두 차례 내리자 국고채 3년물 금리도 동시에 같은 수준으로 하락하여 기준금리(2.0%)와 3년물 국고채(2.090%) 금리 차이가 사실상 없어졌다. 장기금리가 단기금리 내지 초단기금리가 같은 수준으로 수렴하는 이상 현상이 전개되었다.

이 같은 현상은 시장에서 미래의 경기상황이 어둡다는 신호를 보내고 있었지만, 통화당국이 능동적으로 대응하지 않았음을 시사한다. 달리 표현하면, 경기하강에 금통위가 선제적으로 대응하여 금리하락을 유도하지 못하고, 시장이 머뭇거리는 금통위를 압박하여 기준금리를 끌어내렸음을 의미한다.

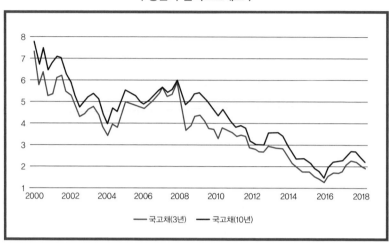

< 장단기 금리스프레드 >

자료 : 한국은행 경제통계시스템

높은 금융비용을 감당하기 어렵게 된다.⁴⁹

셋째, 장단기 금리스프레드 변동을 주의 깊게 관찰하는 것은 채권시장은 물론 주식시장이나 외환시장 투자전략에도 유용하다. 주

---

49. 장단기 금리구조

한때 기업 인수합병으로 외세를 확장해 가던 유수 대기업집단 흑자(?)도산의 큰 원인은 부채의 장단기 구조설계가 잘못되었기 때문이다. 단기사업은 단기채를, 장기 프로젝트는 장기채를 발행하여 자금을 조달해야 하는데, 앞뒤 가리지 않고 욕심을 내다 보니 부채의 장단기구조를 뒤엉키게 만들었다. 자금 조달과 운용이 엇박자를 내다보니 영업이익보다 금융비용이 높아질 수밖에 없었다. K기업은 금리가 싸다고 콜금리를 써가며 몇 백년을 사용할 대형빌딩을 짓다가 신용경색 상황이 벌어져 갑자기 자금조달이 어려워지며 순식간에 흑자도산하였다.

가나 환율은 금리와 불가분의 상관관계를 가지고 변하기 때문이다. 장기금리가 단기금리보다 높은 장고단저 현상이 두드러지게 시작 될 때는 미래 경기가 좋아질 것을 예고하는 것이어서 주식매수 타이밍이 될 수 있다. 장단기 금리 차이가 없어지거나 장기금리가 단기금리보다 더 낮아질 때는 미래 경기가 나빠질 것이 예상되므로 주식매도 시점이 된다.

금리·주가·환율은 거시경제 상황을 반영하며 공동변화하기 때문에 이들 변수들의 변화방향을 입체적으로 관찰하는 시각을 가지면 금융시장에서 초과수익을 내거나 적어도 손실은 예방할 수 있다.

4
리스크 스프레드
– 경기판단 지표

F O C U S

　채권시장은 다른 어떤 경제지표보다 신속한 경기 변동 신호를 보낸다. 주식시장보다도 선행하여 경기판단 신호를 보낸다. 채권시장에서 위험채권과 무위험채권의 금리 차이인 리스크 스프레드가 축소되면 경기호전을 기대할 수 있고, 반대로 리스크 스프레드가 확대되면 경기침체를 예상할 수 있다.

　경기는 호황과 침체를 오가며 순환하기 마련이다. 따라서 리스크 스프레드 극소화는 향후 경기가 정점에서 불황으로 전환되는 변곡점이 될 수 있음을 추론해 봐야 한다. 역으로 리스크 스프레드 극대화는 경기가 저점에서 회복으로 전환되기 직전 모습일 수 있음을 생각해 봐야 한다.

무위험채권과 위험채권의 금리 차이인 리스크 스프레드가 미래의 경기를 관측하는 데 유용한 정보를 제공하는 경로를 살펴보자.

경기호전이 예상되면 경제성장률과 물가상승률이 높아질 것으로 기대됨에 따라 무위험채권 금리 상승이 예상된다. 동시에 시장에서 낙관론이 고개를 들며 위험자산선호 분위기가 퍼지는 동시에 시중 자금사정 호전으로 지불불능위험이 줄어듦에 따라 리스크 프리미엄이 낮아져 고위험채권의 금리가 하락한다. 무위험채권 금리는 상승하는 반면에 위험채권의 금리는 하락하는 결과 채권시장에서 리스크 스프레드(risk spread)가 축소된다.

경기위축이 예상되면 경제성장률과 물가상승률 하락이 예측되어 금리가 하락 압력을 받는 데다 투자자들 사이에 안전자산선호 바람이 불어 무위험채권 금리는 하락한다. 경기회복기와 반대로 투자자들 사이에 비관론이 퍼져 위험회피 현상이 번지는 데다, 기업경영성과 저하로 실제 부도위험도 높아진다. 리스크 프리미엄이 커지고 위험채권의 금리는 상승한다. 무위험채권의 금리는 낮아지고 위험채권의 금리는 상승하는 결과 리스크 스프레드가 확대된다.

채권시장은 경기 변동에 대한 신호를 어느 경제지표보다 신속하게 보내는 기능을 한다. 대체로 주식시장에서는 개별기업의 경영성과와 기대가치가 반영되어 주가가 결정되고 그 가중평균치가 종합주가지수로 나타난다. 채권시장에서는 경제성장률, 물가상승률과 시장위험 같은 거시경제 현상이 반영되어 시장금리가 결정된다. 거시경제 현상을 반영하는 채권시장이 미시경제 활동의 총합을 반영하는 주식시장보다 기대의 작용이 빠를 수밖에 없는 까닭이다. 채권시장이 효율적일수록 그 예측기능은 보다 정확해진다.[50]

효율성이 높은 채권시장에서 나타나는 리스크 스프레드 신호를 관찰하고 실물경기의 변화방향에 대응하여 가계나 기업은 저축과 투자, 소비와 생산에서 합리적 경제활동을 할 수 있다. 그리고 국민경제의 원활한 순환을 목표로 하는 정책금리 수준을 결정함에 있어서도 실물경기 동향을 어느 지표보다 빨리 예측하는 채권시장의 신호기능(signalling)을 중시하여야 함은 더 말할 필요도 없다.[51]

50. 가장 빠른 채권시장 경기시그널

실제로 미국 채권시장의 무위험채권과 고위험채권의 금리 차이 즉, 리스크 프리미엄과 주가의 상관변화를 실증 분석한 결과 리스크 프리미엄의 최고점은 주식시장(S&P) 최저점보다 약 5개월 선행하는 모습을 나타내고 있다. 역으로 리스크 프리미엄 최저점은 주식시장 최고점보다 약 5개월 정도 앞서는 것으로 관찰되고 있다. 우리나라 채권시장도 시차(time lag)는 일정하지 않지만, 채권시장 기대의 작용이 주식시장보다 선행하는 현상이 뚜렷하게 나타나고 있다.

51. 장단기 금리와 경기 변동 시그널

리스크 스프레드뿐만 아니라 장단기 스프레드를 관찰하고도 미래의 경기 변동 방향을 예측할 수 있다. 일반적으로 장기금리에는 유동성 프리미엄이 가산되어 단기금리보다 높게 형성되는 것이 일반적이다. 장기금리와 단기금리의 차이가 커지면 미래 시점의 경기가 호전될 것이라는 신호가 된다. 반대로 차이가 작아지거나 역전되면 미래의 경기가 현재보다 나빠질 것이라는 신호를 보낸다. 장단기 금리스프레드는 리스크 스프레드와 같이 경기선행종합지수 구성요소로 채택되고 있다.

우리나라 금융시장은 환율과 주가와 금리가 공동변화(co-movement)하며 성장률, 물가, 위험과 불확실성 같은 거시경제상황을 충실히 반영하는 효율적 시장으로 변모하고 있음을 인식하여야 한다. 다시 말하면 각 경제주체들의 경제적 판단이 결집된 시장과 꾸준히 대화해야 거시경제의 현재와 미래와 배치되지 않는 경제적 선택을 할 수 있다는 이야기다.[52]

---

52. 리스크 프리미엄과 수익률

우리나라 대다수 기업의 신용등급은 BBB- 이하다. 이들 기업이 발행하는 금리는 대체로 국고채 금리의 4~5배가량이다. 투자자의 입장에서 볼 때, 회사채(BBB-)를 매입하여 부도처리되지 않으면 경제성장률의 4~5배되는 높은 수익을 낼 수 있다. 회사채(BBB-) 등급의 부도확률은 1% 미만이다.

5
채권시장 시그널
– 위험과 무기력 증상

F O C U S

기대의 작용이 신속한 채권시장은 다른 어느 경제지표보다 선행하여 경기 변동방향에 대한 신호를 보낸다. 채권시장에서 무위험채권과 위험채권 간의 금리격차인 리스크 스프레드가 축소되면 경기확장을, 반대로 리스크 스프레드가 확대되면 경기위축을 예고한다.

채권시장 리스크 스프레드 변화는 가계와 기업의 저축과 투자 판단뿐만 아니라 중앙은행의 정책금리 결정 방향에도 중요한 메시지를 보낸다. 우리나라 채권시장에서는 2008 글로벌 금융위기 이후 한국경제의 무기력 증상과 위험, 그에 따른 금리 인하 시그널을 지속적으로 보내고 있다.

우리나라 채권시장의 리스크 스프레드 변화추이와 그 의미를 생각해 보자. 우리나라 대표적 무위험 채권인 국고채(3년) 금리는 2019년 상반기 현재, 2% 미만으로 적정수준(경제성장률+물가상승률)인 4.5%의 1/2 정도보다 훨씬 낮은 수준에서 형성되고 있다. 반면에 다소의 위험이 있기는 하지만 신용평가사들이 투자적격등급으로 평가하는 회사채(3년) BBB- 등급 회사채 금리는 9% 내외로 적정수준보다 2배 정도 높게 형성되고 있다. 다시 말해 무위험채권인 국고채 금리와 위험이 조금 있다고 하지만 투자적격채권인 회사채 BBB- 금리와의 격차는 무려 4배 이상이다. 무위험채권 금리는 정상보다 반으로 낮고 위험채권 금리는 비정상으로 높게 형성되어 있다.

2009년 국제금융위기 당시 채권시장 리스크 스프레드는 가팔라졌다가 일시적으로 둔화되었으나 2012년 이후 점차 확대되고 있다. 더구나 과거 고성장·고물가·고금리 시대에 비하여 저성장·저물가로 금리의 절대수준이 크게 낮아진 점을 감안하면, 리스크 스프레드의 상대적 수준은 과거에 비하여 비정상적으로 높아진 셈이다.[53]

다음 그림에서 보듯 확대되는 리스크 스프레드를 고려할 때, 2018년 현재는 한국경제의 경기상황이 호황으로 반전될 가능성은 커녕 오히려 더 위축될 가능성이 크다는 신호이기도 하며 위험회피 성향이 높다는 것을 설명하고 있다. 여타 경기지표를 관찰할 필요도 없이 채권시장 상황만 보더라도, 기준금리를 올리기보다는 오히려 내려야 할 시점으로 판단된다. 개인적으로는 2018.7 금융통화위원

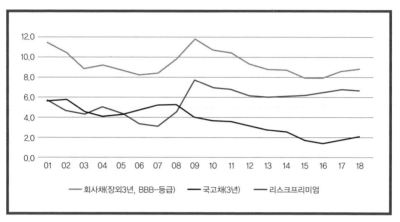

〈 우리나라 채권시장 리스크 스프레드 추이 〉

----회사채(장외3년, BBB-등급)   ----국고채(3년)   ----리스크프리미엄

자료 : 한국은행 경제통계시스템

회에서 금리를 올리자는 의견이 나왔다는 뉴스를 보고 황당했었다.

상당 기간 꾸준히 이어져온 리스크 스프레드 확대 추이를 생각할 때, 2018년 11월의 금리인상도 채권시장이 보내는 경기위축 신호를 도외시한 시책이었다고 판단된다. 시장에서는 당시 한국경제의 경기흐름을 무시하고 단행한 기준금리 인상이 그 이후 한국경제 불

53. 비정상 리스크 스프레드의 의미

무위험채권의 금리는 더 낮아지는 반면에 위험채권의 금리는 더 높아지는 비정상적 상황이 장기간 전개되고 있는 현상은 한국경제의 무기력 증상이 심화되고 있음을 나타내는 동시에 위험과 불확실성 또한 커지고 있음을 시사하고 있다. 인체에 비유하면 한쪽에는 저혈압 증상이 다른 쪽에는 고혈압 증상이 혼재되고 있는 어려운 상황이다. 2019년 현재 채권시장이 그리는 한국경제의 모습은 다리는 힘이 빠지고 머리는 어지러워 휘청거리는 셈이다. 장마 끝에 산사태가 나기 직전의 징후는 '바람이 불지 않아도 나뭇잎이 흔들린다.' 며 경계하라는 기상전문가의 경고가 생각나는 장면이다.

황의 그림자를 더 짙어지게 하고 있는 원인의 하나로 여기고 있다. 당시 기준금리 인상 명분의 하나로 '한국과 미국의 정책금리가 역전되면 외국인 포트폴리오 투자자금 유출 사태'가 벌어질 것이라는 관계자들의 우려와 경고였다. 그러나 막상 미국 정책금리가 우리나라보다 높아져도 외국인 투자자금이 유출되기는커녕 유입되는 현상이 벌어지고 있다. 외국인투자자들에게는 다른 나라에 비하여 우리나라 채권시장에 먹잇감이 있다는 이야기다. 쉽게 말해, 고환율을 감안할 때 우리나라 금리가 낮지 않다는 이야기다.

사실, 우리나라에는 투기적 성향의 핫머니가 지나치게 많이 들어와서 걱정이다. 외국인 투기세력에게 채권시장, 주식시장, 외환시장에서 이리 뺏기고 저리 빼앗기다 보니 IMF 사태 이후 8,000억 달러가 넘는 경상수지 누적흑자에도 불구하고 실질 대외지급능력 즉, 순대외자산(순국제투자포지션)은 2018년 12월말 현재 약 4,130억 달러에 불과하다.

우리나라 금융시장도 이제는 환율과 주가와 금리가 공동변화(co-movement)하며 성장률, 물가, 위험과 불확실성 같은 거시경제상황을 충실히 반영하는 효율적 시장으로 변했음을 인식하여야 한다. 가계, 기업, 정부는 각 경제주체들의 경제적 판단이 결집된 (채권)시장과 변화 방향을 살펴야 거시경제의 현재와 미래와 배치되지 않는 경제적 선택을 할 수 있다. 예나 지금이나 특히 정책이 시장을 이기려 들다가는 반드시 그 대가를 가계와 기업이 치르게 만드는 것은 불변의 법칙이다.

6
경제 고혈압과 저혈압

F O C U S

금리 · 주가 · 환율이 기초경제여건에 비교하여 상대적으로 높거나 낮으면 경제사회 전반에 위험과 불확실성이 잉태될 수밖에 없다. 저혈압, 고혈압이 곧바로 인체에 적신호가 되는 것과 마찬가지로 경제의 혈압과 같은 금리가 높아도 문제, 낮아도 문제다.

거시경제상황에 비하여 높지도 낮지도 않은 적정금리는 원활한 경제순환을 위한 필요조건이다. 혈압이 높지도 낮지도 않아야 피가 잘 돌듯이, 금리가 실물 경제 현상을 그대로 반영하며, 적정수준을 유지하여야 돈이 경제사회 구석구석으로 잘 돌게 할 수 있기 때문이다.

고금리는 미래소비를 위한 저축을 유도하지만 거시경제상황에 비하여 높으면 자본비용이 높아져 투자와 생산 활동이 어려워진다. IMF 구제금융 사태 직후, 인체의 동맥경화와 같은, 신용경색(credit crunch) 상황이 벌어져 금리가 치솟으며 자금이 융통되지 않았다. 실물부문 활동도 곧바로 움츠러들고 큰 폭의 마이너스 성장을 초래하였다. 당시 IMF가 한국경제에 권고한 초고금리 처방은 뛰다가 지쳐 쓰러졌는데 발목에 쇠사슬까지 채우는 것과 마찬가지였다.

　생각해 보자. 마이너스 성장 상황에서 20% 내외의 초고금리를 부담하며 생존할 수 있는 기업이 과연 얼마나 되겠는가? 그 당시는 그나마 오늘날과는 달리 가계가 상대적으로 튼튼하여 그 충격을 부담할 수 있었다. 거시경제상황에 비하여 높은 고금리는 담보능력이 부족한 신기술산업, 유치산업에 대한 자금조달을 더욱 어렵게 하여 산업구조 고도화를 지연시키는 부작용까지 벌어진다.

　저금리는 기회비용을 싸게 하여 현재소비를 촉진하는 데다 자본비용을 줄어들게 하여 기업경영 활동을 지원한다. 그러나 금리가 경제상황에 견주어 지나치게 낮은 저혈압 상태가 되면 생산보다는 투기 활동을 선호하게 만든다. 예컨대, 2000년대 초중반 한국경제를 신음하게 만든 부동산투기의 주요 원인은 말할 것도 없이 지속적 경기부양을 위한 저금리였다.

　저금리로 유동성을 범람시키며 부동산투기를 막겠다고 갖가지 미시대책을 남발하다 보니 좌회전 신호를 깜박이며 우회전하는 꼴이 되어, 경제사회를 갈팡질팡하게 만들었다. 가계와 기업은 정부의 말을 믿고 따라야 할지 아니면 시장의 흐름을 따라야 할지 우왕좌왕하였다. 불확실성이 커지며 성장잠재력은 침식될 수밖에 없었다. 당시 명목금리에서 물가상승률을 제한 실질금리는 아주 낮거나 마이너스 수준이었다. (실질)저금리로 말미암은 과도소비와 함께 부동산 거품 형성과 소멸 과정에서 가계부실이 초래되었다. 중장기에 있어서 소비수요 기반이 잠식되어 결과적으로 기업경영을 어렵게 하는 부메랑으로 작용하였다.

대내외 경제 환경이 변하고 있는데도, 시장금리에 영향을 미치는 기준금리가 변동하지 않는다면 저혈압 환자 내지 고혈압 환자를 방치하는 것과 같다. 시장과 중앙은행이 쉬지 않고 대화해야 하는 까닭이다. 기초경제여건과 괴리된 상대적 저금리나 고금리 현상이 벌어지면 위험과 불확실성이 커지고 경제활동은 위축된다. 그 과정에서 누군가는 혜택을 보는 대신에 다른 누군가는 피해를 입는다.

한국에서도 2018년 12월 현재, 제1금융권 가중평균 수신금리는 1.40%, 대출금리는 3.71%로 그 차이는 무려 2.31%p에 달한다. 배보다 배꼽이 2배 정도 크다. 어떻게 이런 현상이 일어나는지 이해하기 어려운 장면이다. 제2, 제3금융권의 금리는 경제성장률의 열 배가 넘는 가공할 사태가 벌어지고 있다. 신용등급이 낮은 대출자를 지원하겠다며 만든 소위 중금리도 10%가 넘어 경제성장률의 3~4배가 된다.[54]

거시경제여건에 비하여 이해하기 어려운 큰 폭의 예대금리 차이로 부채의 수렁에서 빠져나오기 어려운 환경이 조성되고 있다. 수익창출이 어려운 저성장 구조에서 빚을 지기 시작하면 신용불량자가 될지도 모를 안타까운 상황이 벌어지고 있다. 오랜 고금리 타성에 젖은 까닭인지 고금리의 부작용을 그리 심각하게 여기지 않는 사회분위기 또한 한국경제 불확실성의 하나다.

산업구조 고도화가 진전됨에 따라 금리 변동이 경제활동에 미치는 영향도 커진다. 경제성장 초기 단계에서는 금리가 웬만큼 오르내려도 경제활동에 영향을 크게 미치지 않지만, 경제구조가 고도화되고 복잡해질수록 미세한 금리 차이도 경제활동에 미치는 영향이 기하급수로 커진다.

단기 정책목표를 달성하기 위하여 시장을 무시하고 억지로 금리를 올리고 내리면 금융시장은 물론 실물시장까지 교란한다. 반대로 경기과열이나 불황에 선제대응하지 못하여 금리가 경직되면 실물부문을 지원해야 할 금융이 오히려 실물부문 순환에 장애가 된다. 그 부작용이 확대되고 누적되면 외환·금융위기 같은 재앙이 닥친다.

54. 도덕성과 금리수준

20세기 초 한계효용학파 뵘바베르크(Eugen von Bohm-Bawerk)는 "한 나라의 지성과 도덕적 수준이 높을수록 금리는 낮아진다."고 하였다. 당시는 중상주의 약육강식 환경 아래서 고리대금업이 성행하고 고금리가 불로소득과 다름없는 일종의 지대추구(rent seeking)와 같은 기능을 하며 심각한 사회적 문제가 되었었다.

7
경기침체기
기준금리 인상

F O C U S

　실물부문과 금융부문의 연결고리가 되는 금융가격지표가 거시경제상황을 적정하게 반영하여야 순조로운 경제순환을 기대할 수 있다. 대내외 충격이 닥치더라도 실물경제와 금융시장이 균형을 이루도록 하면 시장자동조절기능을 통하여 경제 왜곡 현상이 차츰 해소된다.

　특정 정책목표 달성을 위하여 경기상황과 어긋나게 금리·주가·환율을 조율하는 금융남용은 부분적 단기효과는 거둘지 모르지만, 경제 전반에 중장기 폐해가 증폭된다. '부동산시장 양극화' 같은 비정상 상황을 변칙금융으로 수습하려 들면 더 큰 불상사가 기다리는 것이 과거의 경험이다.

2018년 현재, 한국경제는 잠재성장률에 못 미치는 저성장과 물가상승목표에 미달하는 인플레이션으로 기준금리 인하 당위성이 상당기간 계속되었다. 게다가 경기가 움츠러드는 신호가 여기저기 뚜렷하게 비치고 있다. 그런데도 거꾸로 기준금리 인상 논란이 거칠었다. "부동산투기로 몰려드는 대기성자금을 흡수해야 한다." "외국인 투자자금 유출이 우려된다."고 한다. 가계가 쪼들려 별수 없이 적금을 헐었는데 "저금리로 정기적금 잔액이 감소되었다."라는 엉뚱한 해석까지 보도되었다.[55]

미국 정책금리가 0%에서 (상단)2.25%까지 상승하는 동안, 우리나라에서는 외국인 투자자금 유출은커녕 오히려 유입되는 모습이 나타나는 까닭은 한국은 향후 상당기간 지불불능위험이 없다고 국제금융시장이 평가하기 때문이다. 실제로 대외지급능력을 나타내는 국제투자포지션(IIP)은 2014년 이후 플러스로 전환된 이래 호전되고 있다.

다방면으로 조여드는 경기침체 시그널을 외면하고 부동산시장

55. 저금리가 부동산 양극화 원인?

지방은 침체되고 '서울 강남'은 과열되는 부동산시장 양극화 원인은 다양하게 얽혀 있다. 소위 저금리와 유동성 완화에 따른 자산 인플레이션 탓인지, 일자리가 서울에 몰려 있기 때문인지, 비이성적 과열에 따른 거품 현상인지, 부자들의 명문지역 명문학군 집단선호가 원인인지, 아니면 여러 복합 현상인지를 분간하지 못하고 있다. 문제의 본질을 꿰뚫지 못한 채 막연하게 금리인상과 세금으로 부동산시장을 진정시키려는 충격요법의 효과는 불분명하지만 그 후유증은 미지수로 확대될 수 있다.

양극화와 핫머니 유출을 막겠다고 정책금리를 올리면 비탈길 내리막에서 가속페달을 밟는 것처럼 아슬아슬한 서커스가 될 가능성이 크다. 경기수축기에 거꾸로 기준금리를 인상하면 불황의 골은 더 깊고, 더 오래 가게 할 것임은 누구나 짐작할 수 있다. 상황이 악화될 대로 악화된 뒤에서야 경기를 살리려고 유동성을 사정없이 급팽창시켜야만 하는 사태가 닥칠지 모른다. 그럴 경우, 화폐가치 타락에 따른 혼란이 초래될 가능성이 있다.

개인적 판단으로는 중장기에 있어, 기준금리 인하보다 인상이 오히려 외국인 투자자금을 빠져나가게 할 우려가 더 크다. 생각해 보자. 경기침체 장기화가 예고되는 상황에서 호황을 맞이한 미국을 따라 기준금리를 올리다 보면 경기자동조절기능이 손상될 우려가 있다. 그럴 경우, 한국경제의 기초체력을 의심하는 외국인들은 한국시장에서 탈출 기회를 노리게 된다. 외국인들은 어디까지나 한국경제의 성장과실을 얻으려 투자하는 것이지 한국이 그냥 좋아서 투자하는 게 아니다. 기초경제여건을 무시하고 정책금리를 등락시키면 미래지향 합리적 경제활동을 방해하고 투기활동을 선호하게 만들어 성장잠재력 바탕이 흔들릴 수밖에 없다.

특정 정책목표 달성을 위한 금융남용은 불확실성을 크게 하고 끝내는 시장의 역습을 받게 되는 것이 역사의 경험이다. 문민정부의 IMF 구제금융 사태는 '국민소득 1만 달러' 달성을 위한 '환율 억누르기'에서 비롯되었다. 국민의 정부 당시 코스닥 붕괴 사태는 인위적 주가 부추기기가 원인이었다. 참여정부의 부동산 회오리 사태는 과도한 경기부양에 집착하여 5회 연속 정책금리를 내리는 유동성발작으로 말미암았다. 멀리는 경복궁 중건을 위해 대원군이 강제 통용시킨 당오전, 당백전이 경제 질서를 한순간에 무너트려 근세조선이 맥없이 무너지게 만드는 계기가 되었다.

경제에는 공짜가 없는데도, 기본흐름을 무시하는 '기발한 착상'이 오히려 경제를 망친다는 교훈을 주는 사건들이다. 정부가 '묘수'를 남발할 경우, 가계와 기업은 정신 바짝 차려야 한다는 이야기다.[56]

경제활동 모든 분야에 직간접 영향을 미치는 금리는 남의 나라가 아닌 자기나라의 거시경제 현상과 그 예상되는 변화에 대응하여 결

---

56. 정치권의 금리인상 논의

2018년 9월 13일 국회 대정부질문에서 이낙연 국무총리가 "금리인상을 좀 더 심각하게 생각할 때가 됐다."고 말하자 예상되는 경기침체로 하락세를 보이던 시장금리가 갑자기 반등하며 흔들렸다. 국고채(3년) 금리는 9월 12일 1.89%에서 9월 20일에는 2.04%로 올라 0.15%p나 상승하며 민감하게 반응하였다. 주택담보대출 금리도 들썩거렸다.

"이낙연 총리의 발언도 이례적이지만 이후 여권 관계자들은 발언의 강도를 더욱 높여 왔다. 이 총리 발언 다음 날 '기준금리 결정은 금통위가 중립적, 자율적으로 결정하고 있다.'고 해명한 윤면식 한은 부총재는 여권으로부터 집중포화를 맞았다. 금융위원 출신인 최운열 의원은 '한은 간부가 독립성 침해를 운운하며 반박하는 것은 잘못됐다.'고 지적했고 국회 기획재정위원장인 장성호 의원은 '과민대응'이라고 일침을 가했다. 박영선 의원은 박근혜 정부 시절 금리 인하를 부동산 급등을 불러온 '정책 범죄'라고 표현하기도 했다."

동아일보 오늘과 내일, 2018년 9월 22일 참조

정되어야 한다. 금리는 모든 가계와 기업의 경제적 이해와 직결되어 있기 때문에 특정 목표를 위해서 금리를 조율하면 부작용과 폐해가 전 방위에 걸쳐 잠재되다가 표출된다. 그래서 정책금리를 변경할 때에는 미시적으로는 옳을 수 있지만 거시적으로는 틀리는 '구성의 오류'를 경계하여야 한다. 어느 부분의 비정상을 바로잡겠다고 금융시장을 인위적으로 조율하려다가는 더욱 심각한 재앙을 초래할 수 있다. 아주 단순한 예로, 인위적 금리 변동은 채권자와 채무자의 이해를 정반대로 엇갈리게 한다.[57]

금리는 경제활동의 기회비용으로 금융부문과 실물부문을 연결하

57. 가계부채와 대기성자금

빈부격차 바로미터의 하나가 되어가는 가계부채 누증과 동시에 대기성자금 확대 같은 비정상 상황을 바로 잡으려면 우선적으로 경제흐름에 순응하는 금융환경을 조성하고 인내심을 가져야 한다. 가계부채는 쓸 데가 많은 가계가 빚을 낸다는 의미가 되고 반대로 대기성자금(idle money)은 부자들의 남아도는 돈이 적당한 투자처를 찾지 못하고 있다는 의미가 된다. 금리고저에 따라 이들의 이해관계는 정면으로 엇갈린다.

가계부채 문제는 시장기능을 무시하는 급진적 조치로는 사태를 더욱 악화시킬 수밖에 없다. 거시경제 현상과 그 변화에 부응하는 금융환경을 조성하고 국민경제가 선순환되기를 기다리는 것이 순리다. 실물부문과 금융부문이 조화를 이루어 경제순환이 순조롭게 회복하면 가계부채도 대기성자금도 차츰 줄어들 수밖에 없다. 대기성자금이 증가하는 원인은 상당기간 지속된 금리인상 논란에 대비하여 사람들이 보유자금을 단기화하고 금리인상을 기다리고 있는 까닭도 무시하지 못할 것이다.

는 고리로 거시경제상황을 충실히 반영하여야 한다. 시장금리에 즉각 영향을 미치는 기준금리를 결정할 때는 특정분야가 아닌 국민경제 전체를 두루 대변하여야 함은 더 강조할 필요가 없다. 나라경제 전반을 두루 살피고 경제의 혈액인 돈이 제대로 돌도록 끊임없이 고뇌하여야 한다.

힘 있는 사람들이 단편적 훈수를 두다가 못마땅하면 꾸짖는 전근 대적 금융환경에서 어떻게 금융부문 글로벌 경쟁력을 구가하겠는 가? 특정 사안을 해결하도록 압력을 가하면 전체를 망가트릴 수 있다. 우리나라 금융부문 경쟁력이 아프리카 우간다에 비견될 정도로 세계 최하수준이라는 세계경제포럼(WEF)의 평가를 겸허한 자세로 받아들여야 한다. 가계와 기업은 금융부문이 외압에 흔들리거나 거시경제 현상과 동떨어지게 움직일 때는 위험과 불확실성을 경계하여야 한다.

8
채권투자
– 수익률·위험·만기구조

FOCUS

만기구조가 길수록 채권의 가격 변동성은 주식보다 더 클 수 있다. 수익률이 높아도 지불불능 사태가 발생하면 당해 채권은 한순간에 휴지조각으로 변한다. 수익률과 위험, 그리고 만기구조를 조화시키는 노력이 채권투자 성공의 지름길이다.

채권 가격은 수익률 위험과 듀레이션에 따라 각각 달라지는데 수익률은 높으면서 지불불능위험이 낮은 채권을 찾아낼 수 있는 시각과 선택이 채권투자 성공을 위한 핵심사항이다. 기본적으로 금리상승기에는 단기 채권을, 하락기에는 장기 채권을 선택하여야 한다.

경기 침체기에는 채권시장에서 비관적 분위기에서 위험회피 현상이 벌어져 리스크 프리미엄이 높아지고 활황기에는 낙관적 분위기로 위험선호 현상이 벌어져 리스크 프리미엄이 낮아진다. 때문에 경기 동향 관찰은 채권투자에 있어서 필수불가결한 사항이다.

2019년 현재, 시장에서 투자적격등급인 회사채 BBB-(3년) 채권 수익률은 약 9%인데, AA등급(3년)은 약 2.3%가량으로 금리 차이가 무려 3배 이상이다. BBB- 등급은 AA등급보다 지불불능위험이 크다고 시장에서 판단하기 때문에 위험에 대한 보상으로 리스크 프리미엄이 가산되어 그만큼 금리가 높다.[58]

채권은 만기구조에 따라 가격 변동 폭이 크게 달라진다. 금리가 하락한 상황에서 장기간 고금리를 지급하는 채권과 단기간 지급하는 채권의 가치는 크게 달라진다. 그래서 듀레이션이 긴 채권은 가격 변동성이 주식보다도 훨씬 더 클 수도 있다. 예컨대 회사채(BBB-)

58. 신용평가등급과 지불불능위험

현실에서는 신용등급이 높다고 해서 지불불능위험이 없는 것도 아니고 신용등급이 낮다고 부도가 나는 것도 아니다. BBB- 등급 회사채의 과거의 통계에 의한 부도 확률은 대략 1% 내외로 AA등급과 비교하여 1% 미만 차이가 나는 것으로 알려져 있다. 신용평가회사로부터 초우량등급인 AAA 등급을 받은 대기업회사채 중에서도 부도가 난 뒤에야 비로소 신용등급이 하향 조정되기도 한다.
신용평가사로부터 높은 신용평가 등급을 받아도 투자자 스스로 지불불능위험을 점검하지 않으면 불안할 수 있다. 투자자 입장에서는 이 같은 상황을 직시하여야 한다. 그래서 주식과 달리 채권투자는 부도위험을 보다 정밀하게 분석할 수 있는 전문투자자에게 의뢰하는 경우가 많다.

3년물 1만 원짜리가 기업의 신용등급이 상향조정되어 금리가 5%로 하락하였다면 채권가격은 1만 원에서 11,107원으로 상승하고, 30년물이라면 16,198원으로 상승한다. 만기구조에 따라 채권의 가격 등락폭이 주식보다 훨씬 더 클 수 있다.[59]

위험과 만기구조에 따른 수익률의 조화를 이루는 것이 채권투자의 성공과 실패를 가름하는 핵심이다. 신용등급이 낮아 수익률은 높으면서도 실제 지불불능위험은 낮은 채권을 선택할 수 있다면 채권투자에서 초과수익을 달성할 수 있다. 경기 침체기에는 기업경영이 악화되어 시중자금사정이 악화되는 데다 시장에서 위험회피 현상이 커지며 신용경색(credit crunch) 상황이 전개될 가능성도 있기 때문에 잠재된 위험이 표면화될 가능성이 커진다. 반면에 경기 활황기에는 기업이윤이 늘어나고 시중 자금사정 또한 풍부해져 잠재위험을 쉽게 극복할 가능성이 커진다.

그러나 경기가 호전되면 채권 유통수익률이 올라가기 때문에 만기구조를 단기화하여야 하고, 경기가 침체되면 수익률이 떨어지는 까닭에 장기채를 보유하여야 수익률을 높일 수 있다.

59. 듀레이션이 긴 채권의 위험

개인적 의견이지만 산업의 라이프 사이클이 점점 짧아진다는 점을 감안할 때 지나치게 듀레이션이 긴 개별기업의 채권투자는 신중하여야 한다. 시간이 경과하다 보면, 산업구조 변화에 따라 신용등급이 하락하면 금리위험 뿐만 아니라 유동성위험도 발생할 수 있기 때문이다.

채권투자자들은 채권발행 기업의 위험도 살펴야 하지만, 경기 변동에 따른 시장 전체의 위험도 감안하여야 한다. 주식도 마찬가지지만 성공적인 채권투자를 위해서는 경기 동향을 세심하게 살펴야 한다. 일반적으로 주식은 경기가 호전되기 시작하는 시점 직전에 매수하되 경기 정점 이전에 매도하여야 높은 수익률을 거둘 수 있다. 이와 반대로 채권은 경기 정점에서 수익률이 높을 때 매수하고, 경기 저점에서 수익률이 낮을 때 매도하는 전략이 필요하다.

잔존기간이 길수록 작은 수익률차이도 가격 변동 폭은 크다는 사실을 누구나 알면서도 간과하기 쉽다. 리스크가 높은 하이일드 채권 가격은 주식과 비슷한 사이클을 나타내며 변동하는 경향을 보인다.[60]

60. 해외채권투자와 환위험

해외채권에 투자할 때는 먼저 환위험을 고려해야 한다. 신흥국은 대체로 성장률이 높아 금리가 높은데다 환차익 기회도 있어 이중으로 초과수익을 누릴 수 있다. 그 대신 여러 가지 위험과 불확실성으로 통화가치 폭락이라는 위험이 도사린다. 투자대상국의 거시경제안정성을 알지 못할 때 금리가 높다고 해서 투자하다가는 예기치 못한 손실을 입을 가능성이 크다.

9
저금리 착시 현상과
금융불균형

F O C U S

경기후퇴 그림자가 어른거리던 2017년에 이어 경기침체 먹구름이 짙어가던 2018년 11월에도 금통위는 경기순환에 역행하며 기준금리를 인상했다. 금통위는 "금융불균형 심화 가능성을 고려하여 기준금리를 인상했다."고 했지만, 시장에서는 '기준금리를 정하는 기준'이 무엇인지 짐작할 수 없게 되었다.

금리 · 주가 · 환율이 경제성장 · 물가 · 고용 · 국제수지 같은 거시경제상황을 제대로 반영해야 순조로운 경제순환을 기대할 수 있다. 금리의 고저 측정은 성장률, 물가상승률 같은 거시경제지표 변화와 견주어야 하는데, 단순하게 과거 금리와 비교하다가는 착시 현상을 일으켜 낭패하기 쉽다.

금리가 과연 낮은 수준인지, 그래서 저금리가 대기성자금과 동시에 가계부채도 늘어나게 하는 금융불균형 원인인지 살펴보자.

경제적 기회비용인 금리의 높고 낮음을 추정하려면 기준금리가 아닌 금융소비자 입장에서 시장금리 수준을 살펴봐야 한다. 한국은행에 따르면 2018년 12월 현재, 예금은행 (잔액기준) 가중평균 여신금리는 연 3.73%다. 잠재성장률 2% 중후반, 물가상승률 0.8% 내외인데다가 성장이 몇몇 대기업업종에 치우치는 상황에서 3.73%의 이자부담은 가계나 기업에게 무척이나 힘겨운 수준이다. 과거 고성장·고물가·고금리 시대 타성에 젖다 보면, 한국경제가 마주친 저성장·저물가 현상을 외면하고, 금리의 절대수준만 과거와 견주어 금리가 낮다고 착각하는 착시 현상에 빠질 수도 있다.

돈을 빌려 쓰는 대가로 지불하는 자본비용인 금리가 생산성보다 높으면 투자를 축소해야 하지만, 가계나 기업은 금리가 높아도 생존을 위하여 어쩔 수 없이 돈을 빌려야 하는 경우가 상당하다. 생산수단 디지털화가 가속화되면서 아날로그 상품수요는 점차 줄어드는 세계경제의 분수령을 맞이하여 그처럼 높은 이자를 내며 부채를 줄여갈 수 있는 가계와 기업이 얼마나 될까? 게다가 경기가 후퇴에서 불황으로 진행되는 국면에서 기준금리 인상은 경제의 활력소인 경제심리를 더욱 얼어붙게 만들었다.

금융불균형은 실물부문과 금융부문이 균형을 이루지 못하고 돌아야 할 돈이 돌지 못하고 뭉쳐져 있는 현상이다. 대기성자금도 늘어나는 동시에 가계부채도 늘어가는 모습을 예로 들 수 있다.

먼저, 대기성자금이 늘어나는 까닭은 크게 두 가지로 추정할 수 있다.

무엇보다도, 경제력 집중으로 말미암은 부의 양극화 현상이 가장 크다. 소득의 양극화가 장기간 누적되다 보니 소유의 양극화 현상은 더욱 심해지고 있다. 한쪽으로만 넘쳐나는 돈이 경기둔화로 마땅한 투자처를 찾지 못하고 위험을 회피하다 보니 대기성자금(idle money)이 늘어나고 있다. 채권시장에서 국고채와 회사채(bbb-)의 수익률 차이가 무려 4배 이상 벌어지는 비정상 모습을 보면 금방 이해할 수 있다.

한국경제는 과거 인플레이션 유발 성장정책으로 고물가·고금리에 익숙해져 있다. 너 나 할 것 없이 이자가 웬만큼 높지 않고는 성에 차지 않는다. 어딘가에 더 높은 수익을 낼 수 있는 투자대상을 찾아 기웃거리는 데다 금통위에서도 "금리를 올려야 한다."는 깜박이를 오랫동안 켜놨다. 한쪽에서만 남아도는 자금이 단기상품에 머물면서 금리가 오르기를 기다리는 것이 이상하지 않다.

다음으로 금리가 낮아 부동산투기가 성행하여 가계부채가 늘어난다는 가설을 생각해 보자. 지방과 서울 일부지역의 부동산 가격, 거래 양극화만 생각해 봐도 저금리가 부동산시장을 부추겼다는 주장은 설명력이 약하다. 사실, '지난여름' 부동산가격 상승이 (자산) 인플레이션 현상인지 거품 현상인지도 구분하지 못하고 있다. 생활필수품과 달리 자산시장에서는 수시로 비이성적 탐욕과 두려움

174

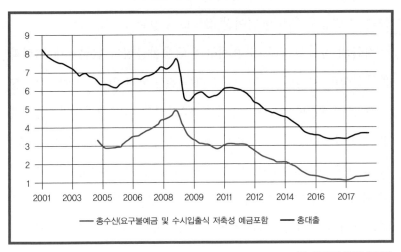

〈 수신금리와 여신금리 격차 〉

── 총수신(요구불예금 및 수시입출식 저축성 예금포함)　── 총대출

자료. 한국은행 경제통계시스템

이 교차되면서 거품이 팽창하다가 순식간에 꺼지고 또 역거품 (reverse bubbles)까지 발생하는 과정을 반복하며 경제는 제자리를 찾아간다.

　생계유지를 위하여 어쩔 수 없이 부동산을 담보로 빚을 낼 수밖에 없는 경우도 상당하다. 그리고 집을 팔려고 해도 거래비용이 너무 높다 보니, 급한 불을 끄려고 할 수 없이 담보대출을 받는 경우도 많다. 취·등록세 양도세 중개수수료를 합하면 부동산 팔고 사기가 여간해서 엄두를 내기 어렵다. 그러다가 '거래실종' 사태가 본격화되면 위축되어 가는 경제심리가 한층 얼어붙을 가능성을 경계해야 한다. 국민대차대조표상 2017년말 현재, 우리나라 전체 가구의 비금융자산 비중은 62.4%에 달하고 있어 부동산시장이 경제순환에 미치는 영향을 무시하다가는 낭패당할 수 있다. 무주택가구를 제외하면 그 비중은 80%가 넘어갈 것으로 추정된다.

　자금의 풍요와 빈곤이 혼재하는 금융불균형이 한국경제 위험과 불확실성의 원인인지 그 결과인지는 분명하지 않다. 돈이 어느 한쪽에 몰려 있다는 점에서는 위험과 불확실성의 결과지만, 돌아야 할 돈이 돌지 않는다는 점에서는 그 원인이다. 가계부채가 늘어나는 동시에 대기성자금이 늘어나는 이면을 들여다볼 때, 금융불균형이 저금리 때문이라고 말할 수 없다. 이 같은 상황에서, 금리 상승은 예금자에게는 더 큰 이자수익을 얻게 하는 반면, 대출자에게는 더 힘든 이자비용을 물게 하여 빈부격차를 가속화시키고 금융불균형을 가중시킬 가능성이 크다.

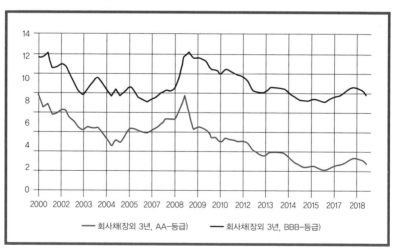

〈 위험과다회피 현상(bbb-와 aa- 금리 격차) 〉

자료 : 한국은행 경제통계시스템

176

가계의 여유자금을 금융중개기능을 통하여 기업에 공급하여야 정상 경제구조다. IMF 사태 이후 경제력 집중 현상이 가속화되면서 가계는 고금리를 힘겨워하고 재벌인사들은 금리가 낮다고 주장하는 거꾸로 된 상황이 벌어지고 있다. 2018년 들어서는 무슨 영문인지 모르지만 정치권 유력인사들까지 중구난방 금리인상 주장을 펼쳤다. 금리는 국민 모두가 먹고 사는 데 직간접 영향을 미치기 때문에 특정 부문, 특정 계층을 위한 묘수(?)로 남용되다가는 국민경제에 광범위한 해악을 끼친다는 사실을 외면하는 처사다. 잘못 낀 단추를 억지로 끌어당겨 꿰맞추려들지 말고 얼른 바꿔 끼어야 옷도 찢어지지 않고 단추도 떨어지지 않는다. 옷의 주인인 국민경제가 덜 피곤하다.

　가계와 기업은 금리의 절대적 수준이 아니라 경제상황 변화와 비교한 상대적 수준을 보고 경제활동 방향을 선택하여야 한다. 고성장·고물가 상황에서는 화폐가치가 쉽사리 하락하여 부채 부담이 금방 덜어진다. 그러나 저성장·저물가 아래서는 화폐가치가 떨어지는 속도가 느려서 시간이 지나도 빚의 무게가 줄지 않는다. 지금과 같은 사실상 고금리를 저금리로 착각하고 공격적 경제활동을 하다가는 자칫 빚의 수렁에서 헤어나지 못하는 수가 있다. 수익성 높은 사업을 찾아내기 어려운 저성장 구조 아래서는 방어적 경제활동이 필요하다.

금융불균형 현상

 '금융불균형'은 통상 금융부문에서 나타나는 신용의 과도한 팽창이나 위험추구성향 증대, 이로 인한 특정 부문으로의 자금 쏠림 현상 등을 의미한다. 금융불균형에 대한 대응방안에 대하여 버냉키(Bernanke, 2011)는 "거시건전성정책은 금융안정 측면의 리스크 증대를 방지한다는 목표가 분명한 수단"이라고 하였다. 옐런(Yellen, 2014)은 "정책금리 조정은 경제 전 부문에 무차별 영향을 미치는 '무딘(blunt)' 정책수단"이라고 한다.

 금융불균형에 대한 정책대응과 관련해서는 거시건전성정책(macro-prudential policy)만으로 대응해야 한다는 견해는 동 정책수단이 과열된 부문에만 선별적으로 영향을 미친다는 점에서 효율적이라고 주장한다. 반면 통화정책은 거시경제 전반에 영향을 미치므로 금융불균형 완화를 위해 활용될 경우 실물경제에 부정적 영향을 미칠 소지가 있으므로 통화정책은 물가안정에, 거시건전성 정책은 금융안정에 중점을 두는 분리대응 원칙(separation principle)을 주장하고 있다.

 통화정책과 거시건전성정책을 동시에 활용하여 금융불균형에 대응하자는 견해(BIS 등)는 신용, 자산 가격 등에 대한 통화정책의 영향력이 확대되고 있으므로 통화정책을 함께 활용하는 것이 금융불균형 완화에 효과적이라고 주장한다. 금융불균형이 누적되면 지속 가능한 성장을 제약함으로써 경기, 물가 등 거시경제의 안정이라는 통화정책의 일차적인 목표를 달성하는 것도 어렵게 만들 소지가 있다는 점을 강조하고 있다.

– 한국은행, 통화신용정책보고서(2018.11.)에서 요약

10
금리불균형과
위험과다회피

F O C U S

　수신금리와 여신금리의 불균형에 따른 과다한 예대마진으로 가계, (중소)기업 부채가 늘어가는 반면, 시중은행은 호황을 누리고 있다. 무엇인가 만들어 내는 실물부문 성장과실이 아무것도 만들어 내지 못하는 금융부문으로 이전되는 셈이다.

　채권시장에서도 과다한 위험회피로 무위험채권과 위험채권의 금리차가 비정상적으로 크게 벌어지며 기업자금 조달 기능이 크게 훼손되고 있다. 금융중개기능 정상화와 금융산업 공공성 없이는 나라경제의 지속적 성장과 발전을 기약하기 어렵다.

2018년 12월 현재 시중은행 가중평균 총수신금리는 1.42%인데, 여신금리는 3.73%로 수신금리의 거의 3배에 가깝다. 쉽게 말해, 원가 1.42%에 예금상품을 사서 1년 동안에 무려 1.7배가량 이익을 남기고 3.73%에 대출상품을 파는 장사다. 배보다 배꼽이 훨씬 더 크다. 시중은행 대출은 담보가 있거나 상환능력이 우수하기 때문에 위험이 미미한 상황이어서 땅 짚고 헤엄치는 셈이다. 은행산업이 방만한 경영으로 위기를 맞았을 때, 천문학적 공공자금을 투입하여 지원한 까닭은 금융산업의 공공성 때문이 아니겠는가?

대출금리 산정 기준이 되는 코픽스 금리를 산출하면서 예금비중은 높지만 사실상 이자를 지불하지 않는 요구불예금, 수시입출식 저축예금을 제외한다. 2018년 12월 현재 코픽스 금리는 1.96%로 한국은행이 산출하는 가중평균 총수신금리 1.42%보다 무려 0.55%나 높은 까닭이다. 은행은 대출원가가 높은 것처럼 착시효과를 내는 코픽스 금리에 가산금리를 더 얹어 대출금리를 산정하기 때문에 결과적으로 가산금리를 이중으로 받는 셈이다.

채권시장에서 신용평가 bbb-등급 기업의 회사채수익률은 8.5% 내외로 aa-등급 금리 약 2.4%의 무려 3.5배가량이다. 생각해 보자. 경제성장률 2% 중반 물가상승률 1% 미만인 상황에서 8.5%의 자본비용을 지불하면서 수익을 낼 수 있는 기업이 얼마나 될까? 채권금리는 경제성장률, 물가변동률, 리스크 프리미엄으로 구성됨을 감안할 때, 무위험 채권금리는 적정수준보다도 크게 낮은 반면에 투자

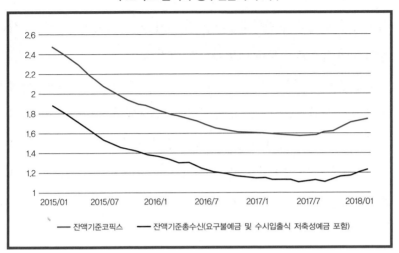

〈 코픽스 금리와 총수신금리 추이 〉

─── 잔액기준코픽스   ─── 잔액기준총수신(요구불예금 및 수시입출식 저축성예금 포함)

자료: 한국은행, 은행연합회

적격등급이면서도 위험채권으로 분류되는 bbb-등급 채권은 위험 부담비용이 과도하게 반영된다. 위험과다회피 현상이 벌어져 시중 자금이 무위험채권으로 쏠리기 때문이다.

우리나라 채권시장에서 위험과다회피 현상은 한국경제 (미래) 불 확실성에 대한 우려가 가장 큰 원인이지만 신용평가기능에 대한 불 신 때문이기도 하다. 예컨대, aaa 등급을 받은 대기업이 부도 사태 가 난 뒤에야 신용등급을 하향 조정하는 사례가 가끔 있었는데, bbb- 등급을 받은 기업에 대한 투자자의 신뢰가 형성되기 어렵다. 우리나라 대부분 기업 신용등급은 bbb- 등급 이하라는 사실을 직 시하여야 한다.

실물부문과 금융부문이 균형을 이루지 못하면 일국경제의 지속

적 성장과 발전을 기대하기 어렵다. 은행 수신과 여신, 그리고 채권
시장 위험채권과 무위험채권의 금리 격차를 볼 때 우리나라 금융시
장이 효율적으로 작동하고 있다고 말하기 힘들다.

금융부문이 거시경제 여건 변화에 따른 위험과 수익을 적정하게
반영하도록 금융중개기능 확충 방안이 강구되어야 한다. 우선하여
코픽스 금리 산출방법 개선, 금융독과점에 따른 폐해도 치유되어야
한다. 신용평가 기능과 투명성 제고로 과도하게 형성되는 리스크
프리미엄을 정상화시켜야 한다.

11
채권운용과
채권발행

F O C U S

채권은 잔존기간이 길수록 금리 변동에 따른 가격 변동 폭이 기하급수로 확대된다. 가계는 장단기 금리수준과 보유채권 만기구조를 조화시켜야 수익을 최대화할 수 있다. 기업도 발행채권의 금리수준에 따라 만기구조를 최적화하여야 자금 조달비용을 최소화할 수 있다.

효용극대화를 추구하는 가계는 현재소비보다 미래소비를 위해 금리가 상승하기를 바라지만, 이윤극대화가 목표인 기업은 생산비 절감을 위해 금리가 하락하기를 바란다. 이처럼 상반된 기대를 조화시키려면 거시경제현상을 금융부문이 충실히 반영토록 하여야 한다. 가계와 기업은 실물경제와 금융시장 변화를 동시에 관찰하여야 한다.

금리 변동과 관련하여 가계의 채권운용, 기업의 채권발행 기본 방향을 살펴보자. 경제성장률이 높아지거나 물가상승 압력이 커지면 금리상승(채권가격 하락)을 예상할 수 있다. 반대로 경기침체와 물가하락 조짐이 보이면 금리하락이 예상된다.

채권 투자자는 금리상승 징후가 보여 채권가격 하락이 예상되면 보유채권의 만기구조(maturity structure)를 단기화하거나, 채권보유 규모를 줄여야 한다. 유동성을 확보했다가 금리가 상승하면 다시 (장기) 채권을 매입해야 수익률을 극대화할 수 있다. 만약 금리가 상승하는 시기에 장기채를 그대로 보유하고 있다면 채권의 할인율이 높아짐에 따라 채권가격 하락에 따른 손실이 발생한다. 잔존기간이 길수록 금리 변동에 따른 채권가격의 변동 폭은 기하급수로 확대된다.

채권 발행자인 기업의 입장에서는 현재 금리가 거시경제여건에 비하여 상대적으로 높아 하락할 조짐이 있을 때는 채권발행을 서두르지 말고 기다려야 한다. 급한 자금은 단기차입금으로 충당할 필요가 있다. 금리가 충분히 하락하여, 특히 기초경제여건에 비하여 금리가 낮을 때 장기채를 발행하여 유동성을 확보하여야 금리상승에 따른 금융비용 상승 위험을 예방할 수 있다. 물론 금리상승 조짐이 보이면 가능한 장기채권 발행을 서둘러야 한다.[61]

위험 내지 불확실성이 커지고 줄어들 경우에도 금리는 급속하게 변동될 가능성이 있다. 지불불능위험의 대가로 리스크 프리미엄이 커졌다 작아졌다 변동하는 까닭이다. 더하여 신용등급이 높은 채권을 보유하다가 신용등급이 떨어지면 리스크 프리미엄이 크게 형성되어 채권가격이 급락한다는 점도 참작하여야 한다. 그 반대의 경우도 흔하다. '97년 외환금융위기 이후 금리가 가파르게 상승(채권가격 급락)하다가 불확실성이 점차 해소되면서 금리도 급격하게 하락(채권가격 급등)하였다.

금리를 지불하고 채권을 발행하는 기업과 금리를 받기 위하여 채권을 보유하는 가계의 기댓값은 상반될 수밖에 없다. 가계는 금리

61. 듀레이션(duration)

듀레이션이란 채권 보유에서 발생하는 모든 현금흐름의 가중평균만기로 투자자금의 평균회수기간을 의미한다. 따라서 금리하락을 예상할 경우, 듀레이션이 긴 채권을 보유하고 반대로 금리상승을 예상할 경우 듀레이션이 짧은 채권을 보유하여야 수익률을 높일 수 있다.

듀레이션은 채권의 현금흐름 발생기간(t)에 각 시점 현금흐름의 현재가치가 채권가격에서 차지하는 비중을 가중치로 곱하여 산출한다. 채권의 발행만기는 마지막 현금흐름 시점을 나타내는 데 비해 듀레이션은 만기 이전에 발생하는 모든 현금흐름을 감안한 평균회수기간이다. 할인채의 경우 현금흐름이 만기시점에 한번만 존재하므로 듀레이션과 만기가 같지만, 만기 이전에 현금흐름이 발생하는 이표채권의 듀레이션은 채권의 발행만기보다 짧다.

듀레이션은 채권의 만기, 표면금리, 만기수익률에 따라 결정된다. 듀레이션은 일종의 만기 개념으로 만기에 비례하여 길어진다. 채권의 표면금리가 높을수록 초기에 많은 금액이 회수되므로 듀레이션은 짧아진다. 현금흐름의 현재가치를 산정하는 할인율로 쓰이는 만기수익률이 높을수록 만기에 가까운 현금흐름의 가중치가 상대적으로 작아져 듀레이션은 짧아진다.

듀레이션은 채권가격의 이자율탄력성을 나타낸다. 즉, 듀레이션(D), 채권가격(p), 만기수익률(r) 사이에는 $(dp/p) = -[dr/(1+r)] \times D$의 관계가 성립한다. 따라서 듀레이션은 채권투자에 따른 이자율위험을 나타내는 척도이자 중요한 리스크 관리수단으로 활용된다.

가 상승하기를 기업은 금리가 하락하기를 고대한다. 이렇듯 가계와 기업의 상반된 기대를 조화시키려면 외부개입이 아니라 시장가격 기능에 의하여 자연스럽게 금리가 정해져야 한다.

경제적 선택의 기회비용으로 작용하는 금리 · 주가 · 환율이 실물경제와 균형을 이루지 못하고 상대적으로 높거나 낮으면 경제적 거래 없이 부의 재분배 현상이 벌어진다. 금리 · 주가 · 환율이 실물부문과 균형을 이루는 것은 원활한 경제순환을 위한 필요조건으로 가계나 기업으로 하여금 경제적 위험과 불확실성에 대한 대응능력을 높이게 하는 길이기도 하다.[62]

제품개발 판매 못지않게 중요한 기업자금을 합리적으로 조달하려면 거시경제여건과 비교하여 금리수준이 높은지 낮은지를 꾸준히 관찰하는 시각 배양이 필요하다. 문제는 거시경제 현상과 관련하여 금융가격지표들의 변화를 예측하기가 쉽지 않다는 점이다. 그래서 외국의 경우, 자산운용 또는 재무관리 최고책임자 중에는 오로지 거시경제 흐름을 전망하고 대내외 금리, 주가, 환율 수준을 비교하고 방향을 제시하는 일에만 몰두하는 경우가 상당히 있다.

62. 가계부채와 기업유보자금

IMF 구제금융 사태 이후 대기업집단은 내부유보자금이 쌓여 가지만, 가계는 부채에 시달리는 비정상상황이 전개되고 있다. 보통 경우와는 반대로 부채가 많은 가계는 금리가 내리기를 고대하는데, 재계주변 인사들은 금리가 낮은 것이 문제라고 지적하는 낯선 장면이 연출되고 있다. 이 같은 주장은 시장에 '보이는 손(visible hand)'으로 작용하여 금융시장과 실물경제의 균형을 깨트려 금융중개기능을 훼손시킬 우려도 있음이 사실이다.

채권투자 위험

채권투자 위험은 크게 보아 ① 원리금 상환불능 위험과 ② 시장금리 상승에 따른 채권가격변동 위험 두 가지로 나눌 수 있다.

먼저, 발행기업 신용등급 변동에 따라 채권가격도 변동한다. 지불불능위험은 갑자기 표면화되는 경우도 있지만, 선행하여 신용등급이 하락하면서 금리가 오르고 채권가격이 하락하기 시작한다. 지불불능위험은 개별기업 경영부실에 따른 경우도 있지만 불황으로 시장에 위험회피성향이 확대되면 자금 융통이 어려워져 멀쩡한 기업도 유동성위험에 노출된다. 예컨대, 외환금융위기 당시 신용경색 사태가 벌어져 일부 대기업 집단 외에는 자금조달이 불가능해지며 부도 사태가 줄을 잇고 상당수 기업이 흑자 도산하였다. 따라서 채권에 투자할 때는 경기 동향을 면밀하게 관찰하여야 한다.

다음, 시장금리 변동에 따라 할인율 변동으로 채권가격변동 위험이 도사린다. 경기확장 국면에서는 금리의 구성요소인 경제성장률과 물가상승률이 높아져 금리가 상승하므로 기 발행 채권의 가격하락 위험이 발생한다. 시장금리가 상승할 경우 듀레이션이 긴 채권일수록 가격하락폭이 커지므로 만기구조를 단기화하거나 유동성을 확보하여야 한다. 그러나 신용등급이 낮은 고위험 채권은 경기가 호전되면 위험회피성향이 줄어들면서 금리하락으로 채권가격이 상승한다.

경기하락기에는 위험회피성향 확대에 따라 무위험채권 가격은 상승하지만 고위험채권 가격은 가산금리가 커지면서 하락한다. 이머징 채권 또한 경제 환경 급변에 따른 환율 변동 위험을 경계하여야 한다.

12
금리딜레마

F O C U S

각국 중앙은행은 대체로 물가가 불안하면 기준금리를 올리고, 경기가 침체하면 금리를 내렸다. 2017년 이후 우리나라는 물가가 물가안정목표치에 상당 폭 미달하고, 경제성장률은 잠재성장률 수준에 미달하는 상황에서도 기준금리를 인상할 것 같은 신호를 시장에 계속 보내 시장을 흔들리게 하였다.

금리인상을 기대하여 시중에서는 대기성자금이 늘어나고 있는데 금융통화위원회는 2017년 11월에 이어 2018년 11월에도 기준금리 인상을 단행하고 말았다. 기준금리 인상이 침체되어 가는 경기를 아예 후퇴에서 불황의 늪으로 이끌지도 모르는 안타까운 장면이 전개되고 있다.

한국경제는 금리딜레마에 빠진 것인가?

첫째, 먼저 기준금리 수준의 높고 낮음을 생각해 보자. 과거 고성장 고물가 시대의 경제상황에 견주어 보면 오늘날 저성장, 저물가 상황에서 기준금리는 저금리가 아니라는 사실을 직시하여야 한다. 과거 성장률 7~8%, 물가상승률이 3~4%인 환경에서 기준금리 2~3%대는 사실상 마이너스 금리였다고 할 수 있다. 이에 비교하면 성장률 2~3% 물가상승률 1% 내외에서 기준금리 1.75%는 상대적으로 낮은 금리라고 생각하기 어렵다. 금리뿐만 아니라 모든 경제지표는 거시경제상황에 따른 상대적 균형을 생각해야지 과거의 타성에 젖어 절대적 잣대만을 들이대다가는 엉뚱한 판단을 하게 된다.

둘째, 경제지표에 대한 착시 현상을 경계하여야 한다. 한국경제 아랫목은 델 정도로 뜨겁지만, 윗목에서는 고드름이 열리고 있다. 고드름을 못 보고 아랫목만 만져보고 방바닥이 너무 뜨거우니 더 불을 땔 필요가 없다고 하면 군맹무상의 어리석음을 저지르게 된다. 경제 운용에서 경계하여야 할 금기는 부분을 보고 전체를 판단하는 구성의 오류(fallacy of composition)를 범하는 것이다. 2018년 현재 한국경제 성장률이 2.7%에 가깝다고 하지만 반도체 수출과 재정 확대에 따른 일시적 현상인지 모른다. 상당수 가계와 중소기업이 체감하는 성장률은 오히려 제로수준에 가깝다는 사실을 어떻게 봐야 할 것인가?

셋째, 한쪽에서는 돈이 넘쳐나고 다른 한쪽에서는 반대로 부채가 점점 더 무거워지고 있다. 단기대기성자금이 자그마치 1,000조 원 이상으로 추정되는 반면에 가계부채는 자영업자 대출을 포함하면 무려 1,800조 원을 넘어 연간 GDP 수준을 넘어섰다. 이 같은 사실은 한국경제에 돈이 돌지 않고 있음을 의미한다. 금리가 오르면 돈은 더 돌지 않게 된다. 오늘과 같은 비정상 상황에서 고금리는 빈익빈 부익부 현상을 더 심화시킬 우려가 있다. 말할 것도 없이 현금성자산을 높이 쌓아둔 대기업은 금리인상을 기다리지만, 부채가 많은 중소기업이나 가계와 자영업자들은 금리인상을 두려워하고 있다.[63]

넷째, 2017년과 2018년 경제성장률은 경기과열이 아니라 잠재성장률에 못 미치는 수준이다. 물가 또한 물가안정목표(2.0%)에 크게 미달하고 있다. 시중에는 미국과 한국의 금리수준이 비슷해지거나 역전된다면 핫머니 유출이 걱정된다는 의견도 상당하다. 그러나 미국의 엄청난 경상수지 적자누적과는 반대로 우리나라는 대규모 경상수지 흑자누적으로 국제투자포지션(IIP)도 크게 개선되었다. 다시 말해, 우리나라는 2017년 현재 핫머니의 유입을 걱정하고 예방

63. 쏠림 현상

무릇, 무엇이든 한쪽으로 쏠리거나 몰리면 반드시 문제가 야기된다. 악동들이 몰려다니면 폭력배의 하수인이 되기 쉽고, 권력이 집중되면 인권이 유린되고 부패가 창궐하기 마련이다. 구름이 한쪽으로 몰려 있으면 가뭄과 홍수가 난다. 돈이 구석구석 돌지 않고 어느 곳에 뭉쳐 있으면 돈이 돌지 못해 서민생활은 피곤하고 나라 경제는 곤경에 빠지게 된다.

대책을 수립해야 하는 지경에 있다. 이런 상황에서 핫머니 유출을 걱정하는 금리인상 논의는 헤아리기 어렵다. 한국경제는 금리 딜레마에 빠진 셈이다.

2차 대전 이후 독일연방은행이 가장 모범적으로 통화가치를 안정시켜 경제발전에 기여했다는 평을 받는 까닭은 통화금융정책이 독일국민들로부터 이해와 지지를 받았기 때문이라고 평가된다. "중앙은행의 정책목표가 건강하고 개방된 사회에 잘 설명되고 논의되면 될수록 그 목표는 더 잘 달성될 것이다."라고 마쉬(D. Marsh)는 지적한다. 독일의 통화정책이 국민의 의지와 실물경제 여건과 화합하며 펼쳐졌다는 이야기다.

실물과 금융부문을 연결하는 관건이 되는 금리는 '보이는 손(visible hand)'의 정책 도구가 아니라, 시장에서 '보이지 않는 손(invisible hand)'의 집합적 움직임에 따라 결정되어야 한다. 만약 금리가 부동산투기(?) 억제 같은 정책도구로 쓰인다면 그 부작용이 더 커져 국민경제를 위험과 불확실성에 빠지게 할 것은 반복된 경험이 잘 말해주고 있다. 예컨대, 집값을 잡으려 기준금리를 조정해야 한다는 주장은 "빈대 잡으려다 초가삼간 태운다"는 이치와 다를 바 없다. 금융이 정책도구로 남용되지 않기 위한 중앙은행의 독립성은 더 이상 강조할 수 없이 중요하고 또 중요하다.

한미 정책금리역전 사례와 의미

우리나라 금리가 외국보다 낮으면 외국인 포트폴리오 자금이 빠져나간다는 주장은 미시적 단견이다. 외국인들은 자기들 화폐단위로 계산하여 수익이 예상될 경우에 투자하는 것이지 금리 차이만 보고 투자하지 않는다. 채권시장만이 아니라 주식시장과 외환시장에서 결정되는 금리·주가·환율의 변화방향을 종합적으로 판단하고 자국보다 높은 수익을 기대할 때 투자한다.

과거 한국과 미국의 정책금리 역전은 1999년 7월~2001년 3월 사이와 2005년 8월~2007년 9월 중에 두 차례 있었지만 한국경제에 어떠한 충격도 주지 않았다. 1차 역전기 중인 2000년 5월~10월까지 6개월간으로 미국과 한국의 기준금리는 각각 6.50%, 5.00%를 기록하여 1.50%p 금리 차이가 벌어졌다. 2차 역전기에는 2006년 5월부터 4개월간 양국의 기준금리가 각각 5.25%, 4.25%로 1.00%p 차이가 나기도 했다.

당시 우리나라 금융시장 동향을 살펴보면, 1차 역전기 당시 채권시장에서는 50억 달러 정도 핫머니가 빠져나갔지만 주식시장에서는 230억 달러가량 순유입됐다. 제2차 역전기에는 주식시장에서 외국인 순매도 규모가 200억 달러가 넘었다. 이 정도 유출입은 정책금리 수준 변화가 아니더라도 개방경제체제에서 수시로 있을 수 있는 모습이다. 2017년~19년과 마찬가지로 외국인 탈출 기류는 없었다.

국민경제에 치명적 영향을 끼치는 금리를 올려 핫머니를 끌어들이려는 발상은 외국인들에게 공짜로 수익률을 올려주겠다는 것과 다름없이 위험하다.

PART 4
두려움을 사고 탐욕을 팔라 – 주가

1
주식투자
실제상황

다우존스에서 운영하는 자본시장 관련 전문 사이트에는 어디서나 "buy low, sell high"라는 구호를 볼 수 있다. 이처럼 자산을 싸게 사서 비싸게 파는 일은 모든 투자자의 한결같은 소망이며 숙제다. 마음대로 되지 않는 것이 세상일이기는 하지만, 많은 투자자들이 의지와는 반대로 "비싸게 사서 싸게 파는" 경우가 허다하다.

귓속말로 전파되는 작전세력의 거짓정보, 오를 때는 더 오를 것 같고 내릴 때는 더 내릴 것 같은 탐욕과 두려움이 개미투자자를 울린다. 욕심에 눈이 어둡다 보면 모래와 진주를 구분하지 못한다.

실제 경험을 토대로 하여 개미투자자들의 투자 관행에 어떠한 문제점이 있는지 생각해 보자.

① 어느 연말 오후 친하게 지냈던 B가 사무실에 들러 H기업의 내용이 폭발적으로 좋아질 조짐이 있다면서 무조건 사라고 조용한 목소리로 권유하였다. 바쁜 와중에 왜 그 주식이 상승할 것인지는 설명하지도 않았고 묻지도 않았다. 그 당시 매월 50만 원씩 5년 가까이 채권저축을 하여 평가액이 약 4,000만 원 되는 증권저축계좌가 있었다. 당시 해외에 파견되었다가 아파트 입주 시기가 맞지 않아 가족을 두고 혼자 귀국한 상황이었다. 연말 연휴에 보고 싶은 자식들을 만나러 갈 비행기 삯이라도 얻어 볼까 하는 욕심이 슬그머니 일어났다. 관계 법규에 저촉되지는 않더라도, 명색이 중간 간부인데, 주식을 사고파는 일은 왠지 꺼림칙하고 떳떳치 못하다는 생각이 들었다.

이튿날 평소와 같이 이른 아침에 출근하여 텅 빈 사무실에서 생각해 보았다. 단 한 번 전화하여 만약 담당자가 받으면 H주식을 사고, 그렇지 않으면 그만두기로 하였다. 전화하니 마침 담당자가 받았다. 다음날 조간신문을 보니 H주식은 시초가에 상한가를 기록하다가 오후에는 하한가 가까이 밀렸다. 하루에 최고가 대비 무려 30% 가까이 떨어진 셈이다. 수년 후 H주식은 전액감자 조치되었다.

② 정든 일터를 떠나 있을 때였다. 전업투자자가 되다시피 하여

500만 원으로 저평가된 우량주식 중심으로 매매하며 생활비와 용돈을 충당하고, 딸의 학교 친구 등록금도 대주고, 6개월 동안 약 5,000만 원으로 불어났다. 그런데 앞에서 말한 B의 친구인 어느 증권사 지점장이 E주식을 반복하여 권유하였다. 획기적 기술을 개발하여 해외특허를 신청한 주식이라면서 "한 밑천 거머쥘 기회를 놓치면 안 된다."고 하였다. "10배만 올라도 5억 원"이라는 허무맹랑한 말까지 하였다.

그때 마침 어떤 경제관련 보고서 작성을 의뢰받고 진력하던 때였다. 귀찮기도 하고 결국 그 지점장 판단에 맡겼다. 마음 한구석에는 허공에 떠 있는 신기루라고 생각하면서도 욕심에 눈이 어두워져 바보가 되었다. E주식은 무상주도 받고 얼마간 오르는 듯하더니, 슬금슬금 미끄러지다가 곤두박질쳤다. 얼마 후 그 주식은 작전세력이 관련되어 있다는 보도가 있고 주가는 반의 반 토막이 되었다.

③ 벤처기업 바람이 한창 불 때였다. 그 당시 채권투자에서 거둔 수익의 일부로 코스닥 주식을 매입하였다. 코스닥 러시가 본격화되면서, 어느새 평가액이 10배를 훨씬 넘어선 줄도 모르고 있었다. 그런데 어느 날 경제 관료가 "코스닥 시장이 저평가되었다."고 말했다는 기사를 우연히 읽었다. 정부(?)에서 그런 말을 하다니 무엇인가 크게 잘못 돌아가고 있다고 생각하다가, 얼른 내재가치를 측정해 보니 코스닥 주가에 거품이 지나치게 팽창되어 있었다.

시장이 반전 국면을 넘어 폭락할 시점이 이미 오래전에 지났다는 판단이 들었다. 어떤 세력이 억지로 주가를 끌어당기다 한계에 다다른 정황이 나도 모르게 느껴졌다. 그리스 신화에 나오는 '이카로스'가 떠올랐다. 자만심에 가득 찬 그는 아버지 '다이달로스'의 충고를 외면하고 높게 높게 날았다. 깃털을 붙인 밀랍이 이글거리는 태양의 열기를 견디지 못하고 녹아내리는 바람에 바다로 추락하였다.

거래 증권사에 바로 전화를 해서 가격불문하고 모조리 팔도록 하였는데, 매수우위 시장이라 주문가격보다 높은 가격에 팔렸다고 했다. 그다음 날 조간은 물론 석간신문까지도 코스닥 지수가 새로운 기록을 경신하고 있다는 기사가 머리를 장식하였다. 사람 마음이란 이상해서 매매차익을 크게 남기고도 주가가 더 오르자 섭섭한 생각이 슬그머니 들기도 하였다. 개미투자자들은 대부분 '오를 때는 더 오를 것 같고, 내릴 때는 더 내릴 것 같아' 더 큰 손해를 본다.

그러나 석간신문이 배달될 무렵에는 갑자기 시장분위기가 냉각되어 주가는 자유낙하하며 거의 전 종목이 폭락하였다. 코스닥 지수는 날이 갈수록 미끄러지고 또 미끄러지며 급기야는 최고치의 10% 이하로 추락하였다. 그 당시 유행했던 기업 구조조정으로 직장을 잃은 퇴직자들이 퇴직금을 들고 코스닥 시장에 몰려들었다가 빈곤층으로 추락하는 장면이었다. 나 역시 그 관료의 황당한 발언 기사를 읽지 않았더라면 가만히 앉아 있다가 주가가 날개 없이 추락하는 장면을 하릴없이 보고만 있었을지도 모른다.

2
주식투자
실제와 교훈

누군가가 퍼트리는 "너만 알고 있어."라는 귓속말이 개미 투자자들을 더 빨리 절벽으로 치닫게 한다. 욕심이 많으면 두려움도 커지기 마련이다. 그러다 보면 대상자산의 내재가치와 시장가격을 비교·판단하지 못하고 갈팡질팡하다 매수·매도 시점을 거꾸로 선택하기 쉽다.

투자판단을 스스로 하지 못하고 남을 따라 부화뇌동하며 헛소문에 휩쓸리다 보면 손실을 확대시키기 쉽다. 미래 기대가치 예측에는 위험과 불확실성이 따르기 마련이어서 분산투자를 통하여 위험과 수익을 분산시켜야 한다. 시장에는 어떤 위험이 기다리는지 예측하기 어렵다.

앞의 매매 행태 ①, ②, ③에 어떠한 문제점이 있었는지 네 가지 측면에서 들여다보고 교훈으로 생각해 보자.

첫째, 투자 판단을 스스로 하지 못하고 남의 말을 따라 부화뇌동 하였다. 이리저리 헛소문에 휩쓸리다가는 헛발을 내디디기 쉽다. 신호등을 조작했는지도 모르고 달리다가는 레밍처럼 텀벙텀벙 물에 빠지게 된다. 관련 정보를 읽지 못하고, 스스로 판단할 수 없다면 시장에 참가하지 말아야 한다. 경기 변동방향은 예측하기 힘들더라도 최소한 주요 재무사항은 투자자 스스로 검토해 보고 내재가치 (intrinsic value)를 산정해 보아야 한다. 때문에 사무실에서 일하며 직접 주식을 사고팔다가는 업무성과는 물론 투자성과도 내기 어려운 일이어서 직장인으로서는 단기투자는 금물이다.

①의 경우 정황을 뒤에 복기해 보니, 당시 H주식은 대형투신사 펀드매니저가 주식을 매집한 다음, 이를 소화하기 위하여 헛소문을 은밀히 퍼트린 것으로 짐작되었다. 그의 친구였던 B는 자신도 모르는 사이에 그의 하수인 노릇을 하고 나 자신은 행동대원이 된 셈이었다. 공개된 정보보다 남모르는 듯 퍼지는 비공개정보가 시장을 더욱 출렁이게 한다. "너만 알고 있어."라는 귓속말이 개미투자자들을 더 빨리 절벽으로 치닫게 한다.

②의 경우 E주식은 작전세력이 개입되었다는 기사를 나중에 읽고 불행 중 다행이라는 생각이 들었다. 만약 내가 차익을 실현하였다면 소액이지만 주가조작세력에 빌붙어 이익을 도모했다는 오해

를 받을 수도 있었다. 하마터면 돌이킬 수 없는 오명을 뒤집어쓸 뻔 했다.

③의 경우 시장에 커다란 영향을 미치는 고위관료의 발언은 사실상 위험과 불확실성이 커지고 있다는 신호였다. 시장이 잘 돌아가고 있는데 구태여 불필요한 '립 서비스'를 하려고 끼어들 리 없다. 고위인사 중에는 모호한 표현으로 무엇인가 (시장이) 모르는 것을 다 알고 있는 듯 말한다. 시장을 바보로 여기는 소리다.

둘째, 욕심이 많으면 두려움도 많아져 분별력을 잃게 되어 매수와 매도에 대한 잣대가 없어진다. 가격이 올라갈 때는 더 올라갈 것 같고, 하락할 때는 더 내려갈 것 같아서 갈팡질팡하다 매도 매수 시점을 놓치고 오히려 비싸게 사서, 싸게 파는 경우가 흔하다.

①의 경우에는 비행기를 거저 타보려는 헛된 욕심을 내다가 본질 가치를 따져보지 않고 덤벼들어 주가 조작 세력의 낚시에 덜컥 걸린 셈이다. 5년 동안 근근이 모은 돈을 일시에 허공으로 쏟아붓는 바보짓을 하였다. 헛된 욕심이 "공든 탑을 하루아침에 무너트리는" 일은 예나 지금이나 다르지 않다.

②의 경우에는 무직상태에서 돈을 벌게 해주겠다는 말에 눈이 어두워 겉으로만 번쩍거리는 돌덩이를 진짜 황금으로 미루어 짐작하는 오류를 범하였다. 바보와 욕심쟁이들은 믿을 수 없는 신기루를 억지로 믿고 싶어 하다가 스스로 화를 입는 경우가 흔하다.

③의 경우에는 거품이 지나쳐 붕괴될 시점이 지났는데도 우물쭈

물하다 매도시점을 사실상 놓친 셈이다. 그 관료의 기사를 읽지 않았다면 주가가 꼭짓점을 넘어 허공에 떠 있는지도 모르고 멍청하게 앉아 있다가 넘치는 물동이를 깨트릴 뻔했던 아슬아슬한 순간이었다. 무릇 투자의 기본은 무릎에서 사서 어깨에서 파는 것이다. 바닥에서 사서 상투에 팔려는 투자자들이 성공하는 일은 아주 드물다. 당시 3만 원 넘게 매도한 어떤 주식은 50원까지 떨어졌다가 결국 휴지조각으로 변하고 말았다.

셋째, 포트폴리오 투자의 기본인 분산투자를 외면하였다. 투자는 당해 자산의 현재가격과 (미래)기대가치를 견주어서 매매하는 것이다. 미래가격 측정에는 피할 수 없이 위험과 불확실성이 따르기 마련이다. 초과수익을 기대하려면 초과손실 위험을 무릅써야 한다. 위험과 수익의 기댓값이 서로 다른 자산들에 분산투자함으로써 수익과 위험을 분산시켜야 한다.

①의 경우 당시 보유 유동성의 대부분을 한 종목에 투자하였다. 특히 무위험자산에서 위험자산으로 이동할 때는 반드시 분산투자가 필요하다는 포트폴리오의 기본상식을 저버렸다.

②의 경우에도 차익을 실현하였으면 몇 종목으로 분산했어야 했다. 수익과 위험을 조화시키려면 반드시 무엇보다 분산투자가 요구된다.

뇌동매매가 성행하는 시장에서는 뒤늦게 따라나선 사람들의 손실이 커질 수밖에 없다. 욕심이 지나치다 보면 판단력을 잃게 되어 옥석을 구분하지 못하고, 매수 · 매도 시점을 거꾸로 택하기 쉽다. 수익과 위험의 조화를 이루는 분산투자는 포트폴리오 투자의 기본이다. 자신의 시각과 선택 기준으로, 과다한 욕심에서 벗어나, 가능한 한 분산투자로 수익과 위험을 조화시켜야 매매차익을 기대할 수 있다.

넷째, 주식의 미래가치가 낮아질 것으로 판단되면 매수가격에 대한 미련을 과감하게 떨쳐 버리고 손절매(stop loss)를 단행해야 한다. 그러나 개미투자자들은 보유주식의 기대가치가 어떻게 변할지를 가늠하기보다는 매수가격이 얼마인가에 매달리는 경우가 많다. 비싸게 산 주식의 본전 생각이 나서 우물쭈물하며 매도 기회를 놓치고 장기보유하다가는 나중에는 헐값으로 팔거나 아예 휴지조각이 되는 수도 있다. 게다가 매수가격보다 주가가 크게 하락할 경우, 주가가 저평가된 줄로 오판하고 "물타기"를 하다가 더 큰 손해를 보기도 한다.

①의 경우, 단 하루 만에 기관투자자들이 정하는 손절매(loss cut) 폭을 넘어섰는데도 불구하고 미적거리다가 손실 폭을 크게 했다.

②의 경우, 작전세력에게 당했다는 사실을 알았으면 바로 처분해야 하는데도 무지갯빛 거짓 전망에 미련을 버리지 못하고 우물쭈물하다가 애써 번 돈을 반의 반 토막으로 만들고 말았다.

③의 경우, 그 관료의 엉뚱한 말치레를 맹신했다가는 애써 캐낸 금덩어리를 순식간에 쓸모없는 황동석(fool's gold)으로 만들 뻔했다.

이와 같은 잘못을 저지르지 않으려면 보유자산의 내재가치를 종종 측정해 보는 습관이 중요하다. 실물자산이든 금융자산이든 가치와 가격을 비교해 보면 무지와 욕심에서 오는 실수를 예방할 수 있다.

그래도 다행스러운 일은 처음 주식투자에서 손실을 보았다는 점이다. 주식투자를 시작하며 뜻밖의 큰 수익을 내면 그 미련에서 벗어나지 못하고 손실이 거듭되어도 시장주변을 맴도는 경우를 주변에서 보게 된다. 언젠가 다시 '만회'할 수 있다는 환상에서 벗어나지 못하고, 무리하게 주식투자에 매달리다가 자꾸만 돈을 잃어 가게 된다. 그러나 맨 처음 투자에서 손해를 본 투자자들은 중간에 이익을 내더라도 그 망상에서 벗어나 냉정해지기가 쉽다.[66]

64. 도박에 대한 미련

라스베이거스에 처음 갔을 때 룰렛게임으로 장시간을 허비하면서 몇 백 달러를 땄는데, 지금도 외국에 가면 그 조그만 미련에서 벗어나지 못하고 카지노에서 몇 시간을 허비하곤 한다. 투자와 투기와 도박은 근본부터 완전히 다른 데도 불구하고 그 결과에 대해서는 어째서 비슷한 미련을 버리지 못하는 것일까?

3
주식의
내재가치

F O C U S

   자산의 내재가치를 산정하여 시장가격과 견주어 보아야 비로소 그 자산의 고평가 또는 저평가 상태를 가늠하는 시각을 가질 수 있다. 내재가치 측정으로 시장에서 흔히 발생하기 쉬운 낙관론이나 비관론에서 벗어나 매수·매도 시점을 제대로 선택할 수 있다.

   주식의 내재가치는 주당 (기대)순이익을 금리로 할인한 현재가치다. 기업의 예상순이익도 변하고 할인율인 금리도 변하고 이를 바라보는 투자자의 심리도 변하므로 주가도 쉬지 않고 움직인다. 내재가치 산정은 성공투자의 시금석이다.

유동성이 높은 시장에서 형성되는 주가(P)는 당해 주식을 보유한 투자자 입장에서는 자기자본(의제자본)을 의미한다. 따라서 당해 기업의 주당 순이익(EPS)을 주가(P)로 나눈 수익주가비율(EPR ; E/P)은 사실상 자기자본이익률이 된다. (M&A가 활성화되어 있는 환경에서는) 기업 입장에서도 재무제표에 표시된 자본금이 아니라 시장에서 평가되는 주가가 자기자본이다.

효율적 시장에서는 어디에 투자하든 연속적 시장청산(market clearing) 과정을 통하여 수익률은 같은 값으로 수렴하여야 한다. 이러한 과정이 반복되면서 자기자본이익률(E/P)은 결국 타인자본비용인 (시장)금리(r)와 같아져야 마땅하다. 자기자본이익률(수익주가비율)이 타인자본비용인 금리(r)와 같아질 때 당해 기업의 주식은 시장에서 적정하게 평가되고 있다고 할 수 있다. 여기서 적용되는 금리는 반드시 당해 기업과 같은 신용평가등급의 회사채 발행금리여야 한다.

효율적 시장에서는 자기자본이익률 즉, 수익주가비율(EPR)이 타인자본비용인 시장금리(r)와 같아질 때 주가가 적정주가라고 할 수 있다. 이 시점에서 내재가치와 시장가격이 균형을 이룬다.[65]

65. 예측정보와 실적정보

EPR(EPS/PRICE)을 결정하는 EPS(주당순이익)는 전기의 실적정보가 사용된다. 주가(PRICE)에는 미래의 기대이익이 반영되기 때문에 수익주가비율과 금리의 단순 비교에는 한계가 있다. 따라서 당해 기업의 기대순이익이 어떻게 변할 것인가를 가늠하는 예측정보에 따라 주가는 쉬지 않고 변하고 있다.

이를 간단하게 식으로 표시하면

E(순이익)/P(주가)＝r(금리)이 된다.

이 식은 순이익을 주가로 나눈 자기자본이익률은 타인자본비용인 금리에 수렴한다는 뜻이다.

위 식의 양변에 P를 곱하고 r로 나누면

P(주가)＝E(순이익)/r(금리) 이 된다.

이 식에서 계속기업(going concern)으로서 기업의 내재가치는 당해 기업의 (예상) 순이익(E)을 타인자본비용인 금리(r)로 할인한 값임을 알 수 있다. 예컨대, 주당 예상 순이익이 1,000원이고 당해 기업의 (자금조달)금리가 8%라고 가정하면 이 주식의 내재가치는 12,500원(1,000/0.08)이 된다.[66]

수익주가비율(E/P) 10%의 의미는 주가에 대한 주당 순이익이

---

66. PER과 EPR의 의미

시장에서 주가 수준을 논의할 때 흔히 인용되는 주가수익배수(PER ; P/E)는 투자자의 입장에서는 의제자본(주가)을 기대 순이익으로 나눈 배수로 투자자본 회수기간 즉, 자본환원배수(capitalization multiple)를 의미한다. 주가수익배수의 역수인 수익주가비율(EPR ; E/P)은 의제 자기자본이익률을 의미한다. 예컨대, PER이 20이라면 당해 기업의 순이익으로 자기자본(주가)을 회수하는 기간이 20년 걸린다는 의미가 되고, 수익주가비율(EPR) 즉, 자기자본이익률은 5%라는 의미가 된다.

10%로, 순이익으로 10(1/0.10)년 후에 투하자본을 회수할 수 있다는 뜻이다. 기업이 수익 10%를 모두 배당하지 않더라도 나머지는 신규 투자재원으로 사용되어 결국 투자자의 이익으로 돌아온다. 마찬가지로 매년 10% 이자를 지급하는 채권을 산다면 이자를 받아 원금을 회수하는 기간이 10년 걸린다.[67]

만약 자기자본이익률(EPR)이 타인자본비용(금리)보다 높으면 높을수록 주가가 저평가되어 시장에서 역거품이 발생하였음을 의미한다. 시장 자동조절기능에 따라 언젠가는 역거품(reverse bubbles)이 없어지고 주가가 상승할 것으로 내다볼 수 있다. 반대로 자기자본비용인 EPR(PER의 역수)이 타인자본비용인 시장금리보다 낮으면 낮을수록 당해 기업의 주가가 본질가치에 비하여 높아 그만큼 거품(bubbles)이 형성되어 있음을 뜻한다. 주가가 기업의 내재가치보다 높아 거품이 형성되었다면 그 반작용으로 언젠가는 거품이 소멸하고 주가는 하락할 것이다.[68]

---

67. EPR(수익주가비율)과 금리

예컨대, 어떤 기업의 기대되는 주당 순이익이 1,000원이고 주가가 10,000원이라면 자기자본이익률과 같은 수익주가비율(EPR)은 10%가 된다. 타인자본비용 즉, 당해 기업과 같은 신용평가등급의 회사채금리가 8%라면, 자기자본이익률이 타인자본비용보다 2%p 높은 셈이어서 주가는 그만큼 저평가되어 있는 셈이다. 다시 말해, 시장주가 10,000원은 적정주가 12,500원(1,000원/0.08)에 비하여 25% 저평가되어 있다.

내재가치 산정은 투자자에게는 성공적 투자 방향을 가늠하게 하는 동시에 기업에는 효율적 재무관리 전략을 수립하게 하는 시금석이 된다. 투자자들의 투자판단이 합리적일수록, 그리고 기업 재무전략이 효율적일수록 시장 쏠림 현상도 자연히 줄어들게 된다. 시장은 균형 상태에 도달하게 되고, 일시적으로 균형을 잃더라도 다시 균형을 되찾게 하는 시장 자동조절기능이 빠르게 작동한다.

68. PBR

기업의 가치를 자산으로 평가하는 주가자산비율(PBR; price book-value ratio)은 재산분배권을 표시하는 물적증권의 가치를 나타낸다. 기업의 가치는 유형 무형자산의 유기적 결합의 결과인 기대수익의 현재가치로 평가되어야 하고, 산업구조 변화가 빨라짐에 따라 영업능력, 기술혁신 같은 회계적으로 표시할 수 없는 무형자산의 가치가 중요해짐에 따라 PBR의 내재가치 평가척도로의 중요성은 점차 줄어들고 있다.

4
내재가치
변화와 주가

FOCUS

세상 모든 변수가 주가 변동에 영향을 미치지만 시장에서 형성되는 주가는 궁극적으로 주당 (기대)순이익을 금리로 할인한 내재가치에 수렴한다. 예컨대, 순이익(E)이 늘어나도 금리(r)가 더 오르면 주가(P)는 하락하고, 순이익이 줄어도 금리가 더 큰 폭으로 내리면 주가는 오르는 것이 일반적이다.

기업의 순이익은 기업가정신, 경기동향, 산업구조 변화에 따라 좌우된다. 금리는 경제성장률, 물가상승률, 위험 선호 또는 회피 성향에 따라 결정된다. 따라서 주식투자의 성패는 당해 기업의 순이익 흐름과 시장금리의 변화방향을 더불어 가늠하는 시각과 선택에 달려 있다.[69]

기업의 순이익 흐름은 산업구조 변화와 기업가 정신에 따라 불가분의 영향을 받게 된다. 투자 대상 기업이 새로운 부가가치를 창출할 가능성이 큰 성장산업, 유망기업이면서 경영진이 기업가 정신이 투철하고 정직하여야 지속적 성장을 기대할 수 있다. 경영진의 능력과 의지가 확고하지 않거나 사양산업이나 부실기업의 순이익 증가는 일시적으로는 몰라도 중장기에 있어서는 기대하기 어렵다.

부가가치의 원천이 끊임없이 새롭게 이동하는 사회에서 변화의 물결을 따라잡아야 성장과 발전을 기대할 수 있다. 커다란 부가가치를 창출한 뛰어난 기술도 새로운 기술이 개발되면 그 순간 가치가 떨어지거나 없어진다는 냉엄한 사실을 인식하여야 한다. 쉬운 예로, 한때는 식료품 값보다 더 큰 부담이 된다는 가계의 통신비용을 새로운 메신저 서비스가 대체할 가능성이 높다. 그러나 그 메신저 서비스도 더 새로운 기술이 개발되는 순간에 무용지물로 변하기 쉽다. 그래서 R&D 비용 지출 규모뿐만 아니라 신기술제품 개발능력은 기업평가에 결정적으로 중요한 요소가 된다.

69. 내재가치 변동

어떤 기업의 주당 (예상)순이익이 연간 1,000원이고, 금리가 5%라고 가정하면, 그 주식의 내재가치는 20,000원(1,000원/0.05)이 된다. 만약, 순이익이 1,200원으로 늘어나도 금리가 7%로 상승하면, 주식의 내재가치는 17,143원(1,200원/0.07)으로 줄어든다. 동시에 금리가 3%로 하락하면 내재가치는 40,000원(1,200원/0.03)으로 늘어난다.

현재가치를 결정짓는 할인율 즉, 금리는 궁극적으로 경제성장률, 물가상승률 그리고 위험할증비용(risk premium) 크기가 변함에 따라 변동한다. 경제성장은 금리인상 요인이 되지만 기업의 이익을 증가시켜 주가를 상승시키는 요인으로 더 크게 작용하고, 물가상승은 (명목) 이익을 증가시키는 동시에 금리를 높이는 작용을 하여 주가에 긍정적, 부정적 요인이 엇갈린다. 주가하락과 금리인상의 직접적 요인이 되는 위험은 시장참여자의 심리적 요인에 따라 증폭되기 때문에 삽시간에 전체 시장으로 전염되고 확산되다가 어느 순간 갑자기 소멸되기도 한다.

주식의 내재가치를 산정하는 데 반드시 지켜야 할 사항은 미래의 이익을 현재가치로 할인하는 금리는 당해 기업 신용등급 금리를 적용해야 한다는 점이다. 지불불능위험(default risk) 내지 퇴출위험에 따라 기업자금 조달비용이 차이가 나기 때문이다. 신용등급별 금리 차이가 다른데, 당해 기업의 신용등급이 아닌 엉뚱한 신용등급을 적용하면 내재가치 나아가 적정주가 수준을 잘못 판단할 수 있다.[70]

아침저녁 짧은 시간에 기업의 가치가 변할 수 없는데도 시장에서 주가가 끊임없이 변동하고 있는 까닭은 무엇인가? 순이익과 금리에 대한 시장참여자들의 주관적 기댓값이 시시각각 변하면서 거품과 역거품이 생성되고 소멸하기 때문이다. 시장에 낙관론이 퍼져 사람들의 기대치가 본질가치보다 커진다면 거품(bubbles)이 형성되어 주가가 상승한다. 비관론이 엄습하여 기대가치가 본질가치보다 작아

진다면 주가는 급락하고 역거품(reverse bubbles)까지 발생할 가능성
이 커진다.

⟨ 순이익 · 금리와 주식의 내재가치 변화 ⟩

주당 순이익	금리				
	1%	3%	5%	7%	9%
300원	30,000	10,000	6,000	4,286	3,333
500원	50,000	16,667	10,000	7,143	5,555
700원	70,000	23,333	14,000	10,000	7,777
1,000원	100,000	33,333	20,000	14,286	11,111

투자자는 순간순간 변해 가는 시장심리에 부화뇌동하지 말고 내
재가치를 산정해 보고 (예상)순이익과 금리의 변화방향을 차갑게 가
늠해 봐야 한다. 순이익 규모만이 아니라 할인율인 금리의 변동방
향도 더불어 바라보는 시각이 절대 필요하다.

70. 할인율과 신용등급

신용평가등급이 낮아 위험이 높으면 그 만큼 더 높은 자본비용을 지급하게 되
므로 할인율도 높아져야 한다. 기업의 기대수익이 같더라도 신용등급이 상향
조정되면 할인율이 낮아져 주가는 상승하게 된다. 예컨대, 연간 기대 순이익이
똑같은 1,000원이라고 하여도 신용등급이 AA－인 A기업은 낮은 할인율 3%를
적용하게 되어 현재가치는 33,333원이 된다. 그러나 신용등급이 BBB－인 B
기업은 높은 할인율 9%를 적용하게 되어 현재가치는 11,111원으로 줄어든다.
개인이나 기업이나 신용을 쌓아가는 일은 미래 신용사회에서 결정적으로 중요
한 일이다.

투자자는 이성적인가? 감성적인가?

인간은 자신의 효용을 극대화하는 최적의 선택을 하려 한다. 본능이나 감정을 억제하고 이성적 판단에 의존한다고 경제학은 가정한다. 그러나 실제행동은 비합리적일 때가 많다. 이성보다는 감성과 직감이 지배하는 인간에게 합리적 선택은 제한될 수밖에 없다.

행동경제학은 사람들의 경제행위를 표면이 아닌 내면으로 접근하여 분석하려 한다. 투자자들은 냉철하게 행동하기보다 비이성적으로 행동하는 경향을 보이기 쉽다고 설명한다. 투자에 있어서도 논리적으로 계산하고 따지다가도, 마지막 사고파는 행동은 이성적이기보다는 직감에 따른다는 관점이다. 비이성적 감성적 행동은 거품을 팽창시키다가도 갑자기 냉각시켜 역거품을 발생시킨다.

인간은 최선의 선택을 하려 노력하다가도 어느 순간 비이성적으로 행동하면서 비논리적 선택을 하려 한다. 냉철한 이성보다는 집단본능이 시장 분위기를 이끌기 쉽다. 예컨대, 2019년 3월 25일 미국의 장단기 금리 역전 현상이 보도되자, 한·중·일 주식시장이 동시에 큰 폭으로 하락하였다. 장단기 금리역전은 경기침체(recession) 예고지표로 그 파급효과가 아시아 주요국 경제를 강타할 것이라는 막연한 우려가 시장을 냉각시켰다. 논리적 추론보다는 감성적 우려가 쏠림 현상을 나타내며 시장을 뒤덮은 셈이다.

투자자들이 집단본능에 따라 비이성적으로 행동할 때 가격 변동성은 급격하게 확대된다. 전설적 투자자들은 그 틈새를 보고 가격이 낮으면 매수하고, 높으면 매도하여 자본이익을 거뒀다. 다수 투자자들이 이성을 잃을 때, 이성을 가진 투자자는 반사이익을 거둔다.

5
두려움을 사고
탐욕을 팔라

FOCUS

실물자산이든 금융자산이든 자산 가격은 객관적 내재가치와 주관적 기대가치가 어우러져 결정된다. 주식이나 채권의 내재가치는 산술적으로 계산할 수 있다. 주관적 기대가치는 시장심리 변화, 군집본능에 따라 쉬지 않고 팽창과 수축을 반복한다.

시장이 두려움으로 휩싸여 주가가 내재가치보다 하락하면 매수하고, 탐욕으로 달아올라 거품이 팽창하면 매도해야 수익을 높일 수 있다. 현실에서는 탐욕과 두려움을 냉정한 시각으로 극복하지 못하고 부화뇌동하며 엇갈린 선택을 하다가 수익은커녕 손실을 보는 경우가 허다하다.

주식의 객관적 내재가치(intrinsic value)는 주당 예상 순이익을 금리로 할인한 현재가치를 의미한다. 거품은 주관적 기댓값으로 투자자들의 기대심리 변화에 따라 순간순간 변동한다. 기업의 가치가 아침저녁 짧은 시간에 변동할 수 없는데도 불구하고 시장에서 주가가 시시각각 출렁이는 까닭은 투자자들의 주관적 기대가치가 쉴 새 없이 바뀌기 때문이다.

어떤 자산의 가격이 상승하기 시작하면, 계속 상승할 것 같은 기대감을 유발해 다른 투자자들까지 몰려들게 하여 당해 자산의 가격을 상승시킨다. 군집본능이 강한 사회일수록 기대심리가 커지며 가격상승폭도 커진다. 거품(bubbles)은 그 결과 발생하는 시장가격과 내재가치와의 괴리를 말한다. 시장참여자들의 탐욕이 커지면 커질수록 대상 자산이 계속 오를 것이라고 맹신하는 까닭에 기대가치가 커지며 거품은 점점 더 팽창하게 된다.

투기적 거품(speculative bubbles)은 어떤 자산의 시장가격이 내재가치보다 높다는 사실을 알면서도, 시장이 애써 외면하려는 분위기에서 비롯된다. 투자자들이 바보처럼 내재가치보다 높은 가격으로 주식을 매수하는 까닭은 무엇인가? 바보들은 자신이 산 가격보다 더 높은 가격으로 주식을 매수할 '더 심한 바보들(greater fools)'이 뒤이어 나타날 것이라고 맹신하기가 쉽다. 자기 확신에 찬 욕심 많은 바보들이 더 많이 나타나는 시장에서 거품은 너욱 크게 팽창한다.[71]

예컨대, 내재가치 1만 원짜리 주식을 1만 2천 원에 사들이는 것은 누군가 자신보다 더 높은 1만 3천 원, 1만 5천 원에 매수할 바보들이 있다고 믿기 때문이다. 욕심이 많다 보면 2만 원, 3만 원으로 매수할 더 심한 바보들이 계속 나타날 것이라고 믿고 싶어 하면서, 더 높은 가격으로 주식을 사들이는 까닭에 거품의 팽창은 어느 순간까지 계속된다.

탐욕에 눈이 어두워 점점 더 높은 가격으로 주식을 사다가도 어느 날 갑자기 막차에 탔다고 겁을 먹기 시작하면, 삽시간에 두려움에 휩싸여 우왕좌왕하는 것이 대다수 바보들의 생리다. 작용이 클수록 그 반작용 또한 커지는 것이 어쩔 수 없는 자연의 이치다. 탐욕이 클수록 그 뒤에 오는 두려움은 더 커지기 마련이다. 끝없이 위엄을 부리고 으스대던 인사가 상황이 바뀌면 더 비굴하게 구걸하는 행태와 같다고 할 수 있다.

71. 비이성적 행동과 주가

효율적 시장가설(efficient market hypothesis)은 주가에는 당해 기업만이 아니라 거시경제상황 같은 관련 모든 정보들이 효율적으로 반영되어 있다고 설명한다. 반면에 행동주의(behaviorism) 경제학자들의 생각은 인간은 불완전하기 때문에 비합리적, 비이성적으로 행동하는 경우가 많아, 불완전한 시각으로 엉뚱하게 판단하기 쉽다고 한다. 사람들은 좋은 소식에는 천천히 반응하지만 나쁜 소식에는 과잉반응하기 때문에 2008년 세계금융위기 같은 대혼란(panic) 발생한다고 한다.

2017년 노벨경제학상을 받은 세일러(R. Thaler)는 자산운용사를 운용하며 이와 같은 인간의 불합리한 심리 현상을 이용하여, 주가가 비정상적으로 낮아지기를 기다렸다가 매수한 후에 다시 높아질 때를 기다려 매도하여 수익률을 남달리 높인 것으로 알려졌다.

갑자기 시장이 한계에 이르렀다는 두려움이 일기 시작하면, 내재 가치를 살피지 않고 너도나도 더 싼값에 주식을 팔려 하기 때문에 거품은 삽시간에 파열된다. 거품이 크게 팽창할수록 자산의 내재가치보다 시장가격이 더 낮아지는 역거품(reverse bubbles) 현상도 수시로 벌어진다.

대상자산의 내재가치 변동과 상관없이 팽창되고 소멸되는 거품과 역거품은 시장을 교란하며 경제적 불확실성을 잉태하며 기회와 위기를 엇갈리게 한다. 탐욕이 두려움을 억누르기 때문일까? 두려움이 탐욕을 압도하는 것일까? 두려움과 탐욕을 적당히 조화시키는 시각과 선택이 성공투자의 첩경이지만 욕심이 눈을 가리기 쉽다.

더구나 내재가치에 대한 판단 기준이 없으면, 가격이 오를 때는 더 오를 것 같고, 내릴 때는 더 내릴 것 같은 조바심에서 벗어나기가 어렵다. 그러다 보면 시장이 탐욕에 휩싸여 주가가 달아올랐을 때 덩달아 사고, 두려움에 떨어 주가가 폭락할 때 따라서 팔기 쉽다.

사야 할 때와 팔아야 할 때가 뒤바뀌면 그 결과가 어떻게 될까? 시장을 멀리서 냉정한 시각으로 바라보아야 탐욕과 두려움에서 벗어나 급등락에 따른 위험과 불확실성을 극복하는 선택을 하고 초과 수익을 기대할 수 있다.

6

낙관론과
비관론 사이에

FOCUS

실물시장이나 금융시장을 막론하고 낙관론이 번지기 시작
하면 투자자들은 탐욕에 들뜨고 시장은 달아오른다. 그러다
가도 어느새 비관론이 스며들고 시장은 두려움에 휩싸여 냉
각되기 마련이다. 그러다가 다시 탐욕이 고개를 들면서 두려
움이 슬그머니 뒷걸음친다.

군집본능이 강하고, 정보의 비대칭성이 크며, 주가에 대한
편견이 심할수록 시장심리는 낙관론과 비관론 사이를 오락
가락한다. 이 같은 분위기에서는 대상자산의 본질가치와 관
계없이 투기적 매매가 성행하게 되어 거품의 팽창과 파열이
급격하게 교차한다.

시장에 낙관론이 번질 때에는 모든 것이 좋게만 보이고, 비관론이 번질 때는 이것저것 다 불안해 보이기 마련이다. 이 같은 비정상 심리는 상황에 따라 불시에 증폭되기도 하고 삽시간에 가라앉기도 한다. 한 가지 어김없는 사실은 균형을 이탈한 주가는 시차를 두고 다시 내재가치로 회귀한다.[72]

낙관론과 비관론 사이에서 시장을 동요하게 만드는 것은 무엇인가?

첫째, 군집본능(herd instinct)

군집본능 내지 집단주의 의식이 강한 시장에서는 투자자들이 갑자기 평정심을 잃고 덩달아서 함께 움직이는 쏠림 현상이 쉽게 발생한다. 시장이 낙관 분위기에 휩싸이면 '바보 금'(fool's gold)도 순금으로 오인되는 경우가 부지기수로 일어난다. 그러다가 시장이 비관 분위기로 냉각되면 흑진주도 돌덩이로 보인다. 거품의 팽창과 파열이 교차될 수밖에 없다.

스스로 집단최면에 걸린 투자자들은 감정조절이 어려워지고 진

---

72. 시장청산기능

시장 변동성이 심할 때 갈팡질팡하는 투자자는 초과손실을 입기 쉽지만 본질가치를 계산하고 시장을 냉정하게 바라보는 투자자는 초과수익을 달성할 기회를 갖게 된다. 시장이 균형을 이탈하였다 하더라도 누구나 낮은 가격에 사서 높은 가격에 팔고 싶어 하는 시장청산(market clearing) 과정이 반복되며 시차를 두고 균형 상태로 회귀하기 때문이다.

품과 짝퉁을 구분하지 못하는 지경에 이른다. 시야가 좁은 대장 레밍이, 넓기만 한 바다를 쉽게 건널 수 있는 작은 하천으로 착각하고, 물에 뛰어들기 시작하면 자기 판단능력이 없는 다른 레밍들도 뒤따라 뛰어드는 집단 투신 사태가 벌어진다. 주식시장에서 수시로 일어나는 현상이다.

둘째, 정보의 비대칭성(information asymmetry)

정보가 불투명한 시장에 열기가 퍼질 때는 아무것이나 다 까닭 없이 좋게 보이고, 분위기가 냉각되기 시작하면 무엇인가 의심스럽고 모든 것이 다 불안해 보인다. 더구나 관련 정보가 누군가에 의해 독점 · 왜곡 · 남용되면 주머니 속에 모래알이 있는지 진주알이 있는지 구분하기 어려워지는 까닭이다. 투명성이 부족한 시장에는 헛소문을 퍼트리기도 쉽다.

소위 작전세력들은 귓속말로 헛소문을 사실인 것처럼 포장하여 사람들을 유혹한다. 뜬소문만 믿고 어딘지도 모르는 아프리카 오지에 다이아몬드 노다지가 있다는 말을 믿고 투자하다가는 낭패 보기 십상이다. 기업의 본질가치와 그 변화방향을 추정하려 들지 않고 그저 막연한 풍문에 따라 덩달아 사고파는 사람들이 늘어날수록 거품이 까닭 없이 커지다가도 순식간에 파열되기 쉽다.

셋째, 주가에 대한 편견

투자자들은 물론 기업이나 정부 차원에서도 무조건 '주가는 올라야 좋다'는 편견에 사로잡히기 쉽다. 예컨대, 12.12 주식시장 사태는 종합주가지수를 정부에 대한 신뢰지수로 착각한 나머지, 무조건 주가를 끌어올리려고 중앙은행 발권력까지 동원하여 주가를 부양하겠다는 어릿광대 놀음이 자행되기도 하였다. 2000년대 초반 벤처산업 육성이라는 이름 아래 벌어졌던 코스닥 시장 거품 팽창과 파열 과정에서 상당수 중산층이 빈곤층으로 전락했다. 그 후에도 대선공약으로 코스피 지수를 5,000p까지 올리겠다는 허언에 미혹되어 낙관론에 젖어 있었던 투자자들은 남다른 피해를 당하지 않을 수 없었다.

생각건대, 이 같은 행태들은 사탕발림을 넘어 '스테로이드' 약물까지 투입하겠다는 '미필적 고의'라고 할 수 있다. 시장을 관찰하고 정책을 조율하겠다는 자세가 아니라, 정책을 정하고 이에 맞춰 시장을 주무르겠다는 오만과 편견의 산물이다. 그 시행착오의 쓰라린 대가는 결국 투자자들이 뒤집어쓰고 시장에 대한 불신만 커진다.

자산의 가격이 내재가치를 벗어나 크게 상승하면, 그 반작용으로 내재가치 이하로 급락하다가, 시차를 두고 다시 본질가치로 회귀하는 것이 어김없는 시장의 법칙이다. 그 와중에서 정보수집과 분석 능력이 뒤지는 개미투자자들이 뜬소문을 따라 꼭두각시놀음을 하다가 손실을 본다. 기초경제여건 개선과 관계없이 시장에 스며드는 낙관론과 비관론에 휩쓸리지 않으려면, 무엇보다도 대상 자산의 내재가치를 시장가격과 견주어 보아야 한다. 이에 더하여 기업이익의 원천이 되는 '부가가치 원천의 이동' 경로 즉, 산업구조 변화 추이를 꾸준히 관찰하는 시각 배양은 성공투자의 필요조건이다.

역발상 투자와 주식 매수 리스트

역발상 투자의 귀재라는 존 템플턴은 자신의 책상 위에 '위기는 곧 기회다'라는 표어를 걸어 놓았다고 한다. 그는 '시장의 위기'를 '자신의 기회'로 만든 셈이다. 최적의 투자 타이밍은 비관론이 팽배할 때라는 철학과 소신을 가지고 있었다. 그는 70년대 말 블랙 먼데이 사태가 벌어져 미국 증시가 공황상태에 이르렀을 때, 주식을 사들였는데, 80년대 초부터 반등한 미국 증시는 그 후 20여 년 긴 상승곡선을 나타냈다. "위기는 항상 최고의 투자 시점이 될 수 있다."

이리저리 분위기에 휩쓸리기 쉬운 인간이 그리하기가 쉬운 일이 아니다. 역발상 투자는 인간의 본성에 반대되는 투자행태다. 주가가 맥없이 떨어지는 때는 대부분 투자자들이 앞 다투어 판다. 반대로 사람들이 몰려들 때 주가는 오른다. 사는 사람과 파는 사람이 갑자기 비정상적으로 많이 몰려든다는 것은 시장에서 투자자들 대부분이 집단본능에 따라 움직인다는 이야기다. 주가가 폭락하는 상황이 되면 너도나도 팔고 흩어지려 한다. 쉬운 예로 주식형 펀드의 잔고와 주가 동향은 비례한다. 주가가 오르면 펀드로 자금 유입이 많아지고, 폭락하면 환매가 늘어난다. 그와 반대로 투자해야 수익을 낼 수 있다는 사실을 누구나 알 수 있는데도 마음대로 되지 않는다.

템플턴은 평소에 적정가격보다 낮은 가격에 사고 싶은 주식 리스트를 항상 보유하고 있었다고 한다. 언제 시장이 좋아질지, 붕괴할지 알 수 없기 때문에 평소에 주식 리스트를 만들어 놓고, 적정주가보다 시장주가가 낮아지면 매수하였다.

7
거품과
역거품

F O C U S

　내재가치와 시장가격과의 차이인 거품이 커지면 커질수록 조그만 충격에도 시장심리가 흔들리다가 어느덧 냉각되면서 거품이 삽시간에 붕괴된다. 거품에 대한 반작용으로 시장가격이 내재가치보다 낮은 수준으로 추락하는 역거품 현상도 벌어진다.

　거품과 역거품 현상에 따른 가격 변동성이 클수록 내재가치를 따지지 않고 뇌동하는 투자자에게는 초과손실 위기가 자주 닥치기 쉽다. 반면에 당해 주식의 내재가치 변화를 냉정하게 측정하는 투자자에게는 초과수익 기회가 가까이 다가온다.

무릇 자본주의 사회에서 경제는 순환하면서 성장하기 마련이다. 금리·주가·환율 같은 금융가격지표는 경제를 비추는 거울이어서 기복이 있더라도 주식시장 장기 추세는 우상향(↗)하는 모습을 보여야 마땅하다. 그런데 종합주가지수 추이를 보면 기형적 W자형 모습을 나타내고 있다. 이 같은 모습은 주식시장에서 거품과 역거품이 수시로 엇갈리고 있음을 말해주고 있다. 거품과 역거품이 크고 빈번하게 나타나는 시장에서 과거 주가패턴을 보고 미래 주가동향을 가늠하기는 거의 불가능하다.[73]

금융시장 특히 주식시장에서는 투자자들의 탐욕으로 넘쳐 거품이 팽창하다가도 삽시간에 두려움에 휩싸여 역거품 현상이 벌어지기도 한다. 탐욕스러운 인간의 특징은 쓸데없이 만용을 부리다가도 어느 순간에는 겁에 질려 움츠러든다는 것이다. 쉽게 말하면 탐욕과 두려움은 거의 같은 것이어서 거품이 크게 팽창하면 할수록 거품의 붕괴 또한 어느 날 갑자기 일어나고 심하면 역거품이 발생하기도 한다.

73. 탐욕과 두려움 교차

거품과 역거품이 팽창하다가 수축하는 금융시장에서는 과거의 주가 패턴을 보고 미래 주가 동향을 가늠하기에는 사실 한계가 있다. 인간의 탐욕과 두려움은 규칙적인 것이 아니고 불규칙하게 이리저리 교차하며 갈팡질팡하기 때문이다. 다시 말하면 당해 기업의 기대이익 변화, 경기동향에 따른 금리 변동 같은 내재가치를 따지지 않고 시장심리 변화를 이용하는 기술적 분석으로 주가의 흐름을 점치는 데는 한계가 있다는 이야기가 된다.

'98.10.7에 607p를 기록하였던 코스닥 지수가 '00.3.10에는 무려 2,834p까지 상승하여 약 1년 반 동안에 무려 4.7배까지 상승하였다. 그러나 불과 10개월도 안 되는 '01.1.2에는 그 20%에도 미치지 못하는 557p까지 하락하였다. 극심한 거품과 역거품이 곧바로 뒤바뀌는 현상을 과거의 경험 또는 경제적 논리로는 어떻게 풀이하기 어렵다. 현실세계에서는 이와 같은 모습은 정도의 차이는 있지만 지구촌 주식시장 어디서나 수시로 반복되고 있다.

거품과 역거품이 크게 교차되는 시장에서는 투자자들이 옥석을 가리지 못하는 사태가 종종 벌어진다. 거품이 팽창하는 국면에서는 무차별 뇌동매매 현상이 일어나 번쩍거리기만 하는 '바보 금(fool's gold)'까지도 순금과 같이 덩달아 가격이 치솟는다. 반대로 거품이 붕괴되며 투매 현상이 벌어지는 상황에서는 흑진주 같은 우수 기업의 주가도 인공진주 같은 플라스틱 값으로 거래되기도 한다. 엇비슷하게 빛이 난다고 해서 '바보 금'을 순금 가격으로 사 모으면 어찌 되겠는가? 흑진주를 플라스틱 값으로 사들여 차곡차곡 쌓으면 또 어떻게 될까? 가진 자(the have)와 안 가진 자(the have not)의 길은 순간에 엇갈려 지나갈 수도 있다.

변동성이 높은 시장에서는 쉽게 자본이득을 낼 기회와 반대로 순식간에 자본손실이 발생할 위험이 도사리고 있다. 냉정하게 시장을 바라보는 투자자는 거품이 꼭짓점에 도달하기 전에 처분하여 이익을 내거나 손실을 최소화할 수 있다. 그러나 욕심이 크다 보면 거품이 한껏 팽창한지도 모르고 더 욕심을 내다가 거품이 터진 다음에야 우왕좌왕하게 된다. 부화뇌동하는 투자자는 주가가 상승하기 직전에 더 내릴 것 같아 남을 따라 매도하다가 초과손실을 보는 일이 다반사로 일어난다. 내재가치를 계산하는 투자자는 주가가 내재가치와 같아지거나 밑돌 때까지 인내심을 가지고 기다리다 천천히 매수하기 시작한다.

주식투자의 성패는 당해 주식의 내재가치와 시장가격을 비교하여 사야 할 때와 팔아야 할 때를 구분하는 능력에 달려 있다. 당해 주식의 내재가치를 모르면 거품인지 역거품인지를 판단하지 못하게 되어 사야 할 때와 팔아야 할 때를 분간하지 못한다. 매수매도 시점을 거꾸로 선택하는데 손실을 피해갈 도리가 없다.

거품은 낙관적 분위기에서 아련하게 피어오르다가 어느 사이에 비관적 분위기가 스며들며 쓰라리게 꺼진다. 거품이란 형체가 보이기도 하고, 보이지 않기도 하여 억지로 움켜쥐려고 하면 할수록 쉽게 빠져나간다. 그래서 당해 주식의 내재가치를 따지고 않고 헛소문을 따라 허둥지둥하는 일은 투자의 금기라고 분명히 말할 수 있다. 자기도 모르는 손실을 입기가 쉽기 때문이다.[74]

생활필수품은 비싸더라도 어쩔 수 없이 일정량을 소비해야만 하고 반대로 아무리 헐값이라 하더라도 일정량 이상은 소비할 수 없다. 그러나 금융상품, 부동산 같은 자산은 가격이 오를 것이라고 생각하는 사람은 미래의 이익을 실현하기 위해 빚을 내서라도 사려할 것이며, 가격이 내릴 것이라고 판단하는 사람들은 밑지더라도 서둘러 팔아야 미래의 손실을 막을 수 있다. 이렇듯 사람들 간에 미래가격에 대한 판단이 엇갈리면서 적정가격이 발견되며 거래가 형성되어 결과적으로 돈이 돌고 시장경제는 활기를 띤다.

74. 투기적 거품의 경제적 기능

만약 인공지능이 발달하여 어떤 자산의 가격을 정확하게 측정할 수 있는 획기적 방안이 마련되면, 자본주의 사회는 지탱하기 어려워질 것이다. 대상자산의 적정가격이 세상에 알려지는 순간 더 이상 매매거래가 형성되지 않고 결과적으로 돌아야 할 돈이 돌지 않게 되기 때문이다. '사는 사람은 싸다고 판단하고 파는 사람은 비싸다고 판단' 할 때 다시 말해 매매상대방 간의 판단이 어긋나야 매매거래가 형성된다. 지나치지 않은 거품 형성과 소멸은 시장을 정체되지 않고 돌아가게 만드는 활력소로서 자본주의 사회의 필요악이다.

코스닥 거품

역사적으로 유명한 버블사례들도 한국의 코스닥 시장 거품에 비하면 그리 심각하지 않았다고 판단된다. 17세기 네덜란드 튤립 투기(Tulip mania), 18세기 프랑스 미시시피 투기(Mississippi bubble)도 그 당시 국지적 영향을 미쳤을 뿐, 네덜란드나 프랑스 경제에 특별한 영향을 미치지는 않았다. 튤립이 터키로부터 전파되어 네덜란드가 변종들을 개발하면서 희귀 품종에 투기꾼들의 관심이 집중되었다. 1636년 11월 네덜란드에서는 튤립 뿌리 가격이 3개월 사이에 25배나 상승하였다가 1주일 사이에 최고가의 10% 이하로 추락하는 투기 광풍이 지나갔다.

미시시피 버블은 루이 14세의 특별한 신임을 받던 존 로가 1719년 8월 동인도회사 주식을 액면가 1,000리브르를 1,800리브르에 발행하였다. 1719년 8월 동인도회사가 프랑스의 간접세를 징수하는 권한을 위임 받자 3,000리브르까지 상승, 1719년 10월 10,000리브르까지 상승하다 태환성을 의심받으면서 1721년 9월에는 500리브르로 폭락하였다.

IMF 구제금융 사태 이후 코스닥 시장 거품 팽창은 당시 유행하던 구조조정으로 직장에서 밀려나 갈 곳이 없어진 실직자들을 몰려들게 만들었다. 당시 증권사 객장에는 중장년 실업자, 주부들로 초만원을 이루기도 하였다. 하늘 끝까지 오를 것 같던 주가가 물거품으로 부서지면서 소중한 퇴직금까지 날려버린 투자자들 상당수는 빈곤상태로 추락할 수밖에 없었다. 주식시장에 바람을 불게하고 주가를 부추기는 행위는 불특정다수인을 상대로 하는 범죄행위가 된다. 특정 상품이 아니라 불특정 투자자들을 상대로 한 사기행위나 마찬가지다.

8
주식시장
쏠림 현상

F O C U S

　자기 확신이 없는 상황에서 사람들은 누구나 남들을 따라 덩달아 행동하기 쉽다. 주식시장에서 흔하게 나타나는 쏠림 현상은 투자자 스스로의 시각이나 선택 기준 없이 그저 부화 뇌동하여 남을 따라 사고팔기 때문에 발생한다. 투자자로서는 무엇보다 경계하여야 한다.

　모든 투자자의 한결 같은 소망은 '싸게 사서 비싸게 파는 것이다.' 그런데 거꾸로 사람들이 몰려들어 주가가 폭등했을 때는 너도나도 다투어 사려 들고, 사람들이 흩어져 주가가 폭락했을 때는 서로 먼저 팔려는 까닭은 무엇일까? 뿌리치기 힘든 쏠림 현상에 휩쓸리면 빠져나오기가 힘들기 때문이다.

쏠림 현상은 집단본능(herd instinct)이 강한 사회에서 정보 격차(information gap)가 크고, 투자자의 위험선호(risk-taking) 경향이 높은 시장에서 자주 발생한다. 쏠림 현상이 벌어지면 투자자들이 자신의 시각과 판단에 따라 투자 종목과 매매 시점을 선택하지 못하고 남이 하는 대로 모방하여 사고팔다가 예상치 못한 타격을 받기 쉽다.

쏠림 현상은 소위 집단본능이 강한 사회에서 자주 일어난다. 백수의 왕인 사자와 호랑이를 제외하고는 대부분 동물들이 무리 지어 다니는 것은 집단보호본능 때문이라고 한다. 인간이나 동물이나 집단에 속해 있을 때 심리적 안정감을 얻을 수 있고 생존 위협을 덜 받기 때문이다.[75]

시장에서 투자자들 사이에 정보의 독점 · 왜곡 · 남용으로 정보의 격차가 확대되면 정보를 상대적으로 적게 보유하거나 정보 분석능력이 뒤지는 투자자는 자신이 가진 정보의 가치가 없다고 짐작하기 쉽다. 그럴 경우 정보 수집 · 분석 능력이 앞선다고 믿는 투자자의 행동을 따를 가능성이 높다. 문제는 정보를 많이 가진 투자자의 정

---

75. 레밍증후군(lemming syndrome)

남들이 하면 나도 따라하는 레밍증후군은 주식시장에서 일부 기관투자가들이 외국인투자 동향을 엿보고 무작정 그들을 따라 투자하거나 고객에게 같은 종목에 대한 투자를 권유하는 행태에서도 나타난다. 이 같은 행태는 결과적으로 한발 앞서서 외국인이 매수한 종목의 주가를 올리거나 최소한 받쳐주는 효과가 있어서 외국인들의 투자수익률을 높여주었다. 결과적으로 실물부문에서 벌어들인 외화를 금융투자부문에서 상당부분 유출시킨 셈이다.

보가 얼마나 정확하고 유용한 정보인지를 알 수 없다는 점이다. 남을 따라 맹목적 투자를 하다가는 어쩌다 흑진주를 캘 수도 있겠지만 모래알을 꽉 움켜쥐기가 쉽다.[76]

위험선호 경향이 높아 손실을 무릅쓰고라도 기대이익을 극대화하려는 투자자는 수익률이 높아질 것으로 판단하면 투자규모를 크게 변동시킬 것이다. 따라서 위험을 무시하는 투자자들이 많을 경우 쏠림 현상이 확대될 것이다. 위험회피(risk aversion) 성향이 높은 투자자의 경우, 자신이 가진 정보에 대한 신뢰가 높을 경우에만 투자한다. 손실에 대한 우려 때문에 덮어 놓고 남을 따라 행동하는 경향이 낮을 수밖에 없다.[77]

76. 주가는 거래량의 그림자

주가는 단기적으로는 거래량의 그림자다. 주식시장에 바람이 불고 유동성이 몰려들면 거래량이 늘어나면서 주가도 오르기 시작한다. 시장에서 거래량의 상투는 주가의 상투이기도 하다. 다시 말해 주식시장에 투자자들이 몰려들어 쏠림 현상이 심해지면서 갑자기 거래량이 폭증하면 주가가 정점에 다다르고 주식시장 파장이 멀지 않았다는 신호라고 생각해야 하는 경우가 많다. 사야 할 때인가 팔아야 할 때인가? 생각해 보자.

77. 위험회피성향의 변화

경제 주체들의 위험회피성향은 경제상황에 따라 변동할 수 있다. 만약 장기간 금융시장이 안정된 상태가 오래 지속되면 오래 될수록, 사실은 위험이 다가오고 있는 데도, 투자자들은 점점 위험을 과소평가하는 행태를 보이게 된다. 아울러 경기호황이 지속될 때에도 가계와 기업의 소득이 증가하기 때문에 위험을 느끼지 못하고 위험자산 투자를 확대하는 경향을 보인다.

쏠림 현상은 여러 가지 사회적 문제를 야기하기도 하지만 가격의 급변동성을 초래하여 불확실성과 위험을 잉태한다.

스스로 판단 없이 이리저리 사람들이 몰려다니다 보면 시장에 불완전정보 내지 가짜정보가 떠돌기 마련이다. 가짜정보는 주관 없는 투자자들을 현혹시키고 가짜정보를 믿는 투자자들을 결국 수렁에 빠지게 한다. 물론 쏠림 현상 때문에 불완전정보가 돌아다니는지, 불완전정보 때문에 쏠림 현상이 더 심하게 일어나는지는 불분명하다.

쏠림 현상은 금리·주가·환율 같은 금융가격지표의 급격한 변동성을 초래한다. 쏠림 현상의 결과로 나타나는 금융시장 거품과 역거품은 금융과 실물부문의 불균형을 초래하여 실물부문 활동과 어긋난 신호를 보냄으로서 불확실성을 잉태한다. 금융시스템과 거시경제의 안정성을 해치기 마련이다.

쏠림 행태는 결과적으로 대다수 투자자의 손실로 이어지고, 투자자들의 자산건전성을 악화시킨다. 동시에 기업자금 조달 비용을 들쑥날쑥 불안정하게 만들어 자원배분의 효율성을 저해한다. 쏠림행태가 장기화되고 심각해질 경우에는 금융 불안을 초래하고 실물경기 불안정으로 이어지는 것이 보통이다.[78]

군집본능이 강한 사회에서 정보의 투명성이 부족하고 핫머니 유출입이 잦은 환경에서는 쏠림 현상이 나타나기 쉽다. 쏠림 현상으로 말미암아 가격의 변동성이 심하게 되면 어쩔 수 없이 소수의 투자자들은 초과수익을 누리는 반면에 다수의 투자자들은 손실을 입기 마련이다. 이 과정에서 부의 비정상적 재분배가 이루어진다.

투자대상 주식의 내재가치를 자신의 시각으로 측정하는 습관을 가진다면 쏠림 현상에 휩쓸리지 않고 시장의 움직임을 냉정하게 바라볼 수 있다. 그래야 시장에서 떠도는 불완전정보 또는 거짓정보에 현혹되지 않고 손실을 예방하거나 초과수익을 얻을 수 있다.[79]

78. 집단보호본능과 뇌동매매

동물의 세계 다큐멘터리를 보면 대부분 동물들은 생존을 위하여 무리에서 이탈하지 않으려 안간힘을 다하는 모습을 볼 수 있다. 무리에서 떨어지면 보호받기 어렵기 때문이다. "맹수들도 무리에 속해 있는 얼룩말을 공격하지 않는다." 는 말처럼 불량배들이 몰려다니는 것도 다른 패거리들로부터 자신을 보호하기 위한 집단보호본능이라고 할 수 있다. 그런데 금융시장 특히 주식시장에서 무조건 무리를 따라 행동하다가는 초과손실을 입기 쉽다. 스스로의 '시각과 선택' 없이 몰려다니다가는 낭패를 당한다.

79. 정보폭포(information cascade)

정보폭포 현상은 여러 가지 정보 매체가 발달함에 따라 정보가 폭포처럼 쏟아져 나오면서 원하는 정보를 찾거나 판단하기가 어려워짐에 따라서 개인들이 스스로 판단하지 못하고 남을 따라 판단하는 현상이다. 투자자들이 타인의 매매행동을 살핀 후에 자신이 보유하던 개인적 정보를 완전히 무시하고 타인의 행동을 그대로 모방하는 현상이 정보의 폭포로 말미암은 폐해다.

9
주식시장
확증편향

F O C U S

변화의 속도가 빠르고 불확실성이 커가는 세계에서 불완전한 인간이 자기 확신을 가지기란 사실상 쉽지 않다. 확증편향에 빠지면 자신의 선입견이나 뜻에 맞는 정보만 선택하고 거슬리는 정보는 이유 없이 배척하려 한다. 논리적, 실체적 진실보다 자신이 보고 싶은 것만 보고, 듣고 싶은 것만 들으려는 심리적 병리 현상이 확증편향이다.

확증편향(confirmation bias) 현상은 사회 곳곳에서 발생하지만 다양한 정보가 실시간으로 대량 전파되는 금융시장에서 종종 나타난다. 확증편향성 투자자들이 몰려들수록 내재가치와 시장가격이 괴리되어 거품이 팽창하다가 붕괴되기 쉽다. 그 과정에서 누군가 초과이익을 얻는 대신에 다른 누군가는 초과손실을 보기 마련이다.

자신의 의견과 주장을 뒷받침할 수 있는 자료와 정보를 찾고 싶어 하는 것은 인지상정이다. 그러나 자신만이 옳다는 편향성이 지나치다 보면 자신의 의지에 부합되는 정보만 골라내서 꿰맞추거나 궤변으로 진실을 호도하려 한다. 확증편향은 설익은 지식으로 아집에 사로잡혀 자신의 선입견이나 신념과 배치되는 정보는 도외시하거나 조작하려는 일방통행 심리다.

웨이슨(P. Wason)에 따르면 확증편향은 복잡하고 불분명한 정보가 대량으로 생산되고 유통되는 현실세계에서 "자기 신념에 맞는 지엽적이며 미세한 정보를 찾아내기가 쉽다."는 전제에서 출발한다고 한다. 그러다 보면 옳고 그름을 거시적이고 총체적으로 판단하기보다는 자신이나 집단의 선입견이나 (거짓)신념과 비슷한 미세한 정보를 찾아내서 이를 근거로 삼고 전체를 어림잡아 마름질하려 드는 '구성의 오류'에 빠지게 된다.

논리학에서는 확증편향 현상을 불완전한 증거의 오류(the fallacy of incomplete evidence)라고 한다. 확증편향에 빠지면 자기주장에 집착하여, 아주 미미한 증거를 가지고 전체를 미루어 판단하며 억지주장을 펼친다. 실체를 부정하고 억지 주장을 펼치다 보면 비현실적 시각으로 조직과 사회를 피곤하게 하고 해악을 끼치기 마련이다.[80]

집단본능이 강한 대중들이 부화뇌동하여 몰려다니다 보면 옳고 그른 것을 제대로 판단하지 못하고 가짜 뉴스에 중독되다가 집단 확증편향에 사로잡히기가 쉽다. 주식시장에서 나타나는 집단 확증편향 현상은 시장을 교란시키고 거기에 빠져든 투자자들은 막대한 손실을 입기가 쉽다. 집단본능(herd instinct)이 강한 사회에서는 주가가 상승할 때엔 더 상승할 것 같고, 하락할 때엔 더 하락할 것으로 확신하는 투자자들이 바람에 휩쓸린다. 거품이나 역거품을 일으켜 금융시장 가격기능을 훼손시킨다. 그 소용돌이에 스스로 뛰어드는 투자자들은 초과손실을 입지 않을 도리가 없다. 확증편향 심리로 말미암아 사야 할 때와 팔아야 할 때를 거꾸로 선택하기 때문이다.

투자의 귀재라는 조지 소로스는 금융시장에서 발생하는 확증편향성을 이용하여 막대한 초과수익을 실현하였다. 시장에 거품과 역

80. 인지부조화(Cognitive dissonance) 현상

사람들은 보통 자신의 신념, 생각, 태도와 그의 행동 사이의 부조화에서 유발되는 심리적 불편함을 해소하기 위하여 태도나 행동을 변화시킨다는 것이 인지부조화 이론이다. 사람들은 대체로 태도와 행동의 일관성을 유지하고 싶은 동기를 지니고 있어서, 인지부조화를 경험하면 이를 해소하기 위해 자신의 태도 또는 행동을 변화시킴으로써 심리적 불편함을 해결하고 자신에 대한 일관성을 유지하려고 노력하는 것이 보통이다. "확증편향성이 있으면 인지부조화의 불편함을 느끼지 못한다."고 한다.

"어떤 상황에서 이끌어낼 수 있는 합리적인 결론이 기존 인식이나 관념과 정면으로 배치될 때, 사람들은 합리적 결론보다는 사리에 맞지 않더라도 기존 관념에 부합하는 선택을 하려 한다." "어리석고 불합리한 선택을 한 뒤에도 그 선택이 어쩔 수 없었다고 믿으려 애쓰는 한편, 명백한 판단 착오가 있더라도 끝까지 자신이 옳았다고 우기는 경향이 있다." 오류를 바로잡으려 하지 않고 생각 자체를 바꿔버린다.　　　　　　　　　　　－ '사람을 움직이는 100가지 심리법칙' 에서 발췌

거품이 팽창되고 소멸하는 것은 투자자들의 확증편향이 한쪽으로 작용하였다가 다시 반대로 작용하기 때문이라고 판단하고, 이를 거꾸로 선택하면 수익률을 높일 수 있다는 이야기다.

어떤 자산 가격이 오를 것이라는 투자자의 확증편향성으로 말미암아 높이 상승한 시장가격과 내재가치와의 괴리가 거품이다. 확증편향이 반대로 작용하면 시장가격이 내재가치보다 하락하여 역거품이 발생한다. 따라서 이리저리 변하는 확증편향의 변곡점을 가늠할 수 있다면 '높게 팔고 싸게 사거나, 싸게 사서 높게 팔아' 초과수익을 낼 수 있다는 것이 소로스가 주장하는 재귀성 이론이다.

확증편향에 치우치면 기본원칙보다는 맹목적 아집과 고집에 둘러싸여 눈앞에 펼쳐진 현실까지도 부정하다가 판단을 그르친다. 다양한 가치관이 혼재하는 환경에서 여러 가지 관점과 의견을 조화시키지 못하고 옹고집을 부린다면 자신도 피곤하고 사회에도 해악을 끼치기 마련이다. 확증편향성은 더더욱 자신의 주장에 집착하다가 실패를 반전의 계기로 삼지 못하게 하여 더 심한 실패에 이르게 된다. 확증편향성 투자자는 스스로 커다란 손실을 입기가 쉽지만 집단 확증편향성이 금융시장에 번지면 금융중개기능을 훼손하는 사태로 진전되기 쉽다.

확증편향과 재귀성 이론

주식시장에서는 당해 기업의 경영정보는 물론 대내외경제 관련 정보가 쉴 새 없이 떠돌기 마련이다. 투자자들이 확증편향 심리를 갖게 되면 자신이 보유하거나 선호하는 종목과 관련한 유리한 투자정보를 과대평가하고 거기에 매몰되어 행동한다. 쉽게 말해 주가가 오를 때는 더 오를 것 같고 내릴 때는 더 내릴 것 같은 편향성 심리에 빠져든다. 특히 경기가 호전되거나 침체로 반전되는 상황에서는 확증편향성이 쉽게 나타날 수 있다. 이러한 현상이 집단적으로 발생하면 주가의 거품이 급속하게 팽창하거나 반대로 역거품이 생성되기도 한다.

어떤 상황에 대한 이해와 지식을 쌓는 것을 인지기능이라 하면 어떤 대상과 상황을 변화시키려는 행위를 조작기능이라고 한다. 두 기능이 동시에 상호작용하면서 인식은 조작에, 조작은 인식에 영향을 미치는 쌍방향 작용을 소로스는 재귀성(reflexivity)이라고 하였다. 예컨대 경기회복 조짐으로 주식시장에 바람이 일기 시작하면 확증편향 심리를 가진 투자자들이 몰려들어 주식시장을 가열시키고, 가열된 주식시장은 다시 투자자들을 들뜨게 하면서 거품이 팽창되어 간다.

투자자들의 맹목적 편향으로 말미암아 형성된 거품이 더 이상 커지지 못할 지경이 되었다고 판단되는 순간 시장은 급반전한다. 소로스는 이와 같은 재귀성이론 관점에서 금융시장에서 가격의 변곡점(變曲點)을 가늠하고 투자하면 이익을 극대화할 수 있다고 보았다. 거품이 팽창되고 소멸되는 상황에서 확증편향성을 가진 투자자들과 매수·매도 시점을 반대로 선택하면 남다른 초과수익을 시현할 수 있다. 그들의 위기는 나의 기회가 된다.

10
경기순환과
주가 변동

FOCUS

주가는 경기와 불가분의 상관관계를 가지고 변동한다. 주식의 내재가치를 결정짓는 핵심변수인 (기대)순이익과 금리는 경기와 직접적 연관성을 가지기 때문이다. 주식의 주관적 기대가치를 변동시키는 거품 또한 경기 변동에 따른 시장심리 변화에 따라 확대되고 축소된다.

문제는 경기침체나 경기확장이 더 지속될지 아니면 전환될지 실시간으로 예측하기는 어렵다. 또 거품과 역거품이 얼마나 커지다가 소멸할지 점치기도 쉽지 않다. 내재가치를 측정하고 실물시장과 금융시장 변화를 종합적으로 관찰하고 기다리는 시각과 선택이 필요하다.

경기종합지수 중에서 선행종합지수에는 장·단기 금리 차, 종합주가지수, 건설수주액 같은 9개 지수가 포함된다. 선행종합지수는 (가까운) 장래의 경기를 예측하는 데 활용된다. 대체로 경기가 저점에 이르기 얼마 전에 주가는 최저점을 기록하다가, 경기가 정점에 도달하기 거의 직전에 최고점을 기록하는 것이 일반적 주가의 패턴이다.[81]

(기대)순이익의 현재가치인 주가는 실물경기에 선행하여 변동하는 까닭에 경기후퇴기의 밑바닥에 이르기 전에 시장은 비관론에 휩싸여 주가는 바닥 수준에 도달한다. 경기수축 국면의 마지막 저점(trough)에서는 경기가 반전될 기미가 차츰 나타난다. 물가도 낮아지고 금리도 하락하며 완화된 유동성이 실물시장으로 유입되기 전에 금융시장으로 유입되어 유동성장세가 벌어지기도 한다. 주식시장에서는 비관론이 슬며시 사라지고 낙관론이 고개를 들기 시작한다. 시장 분위기가 더욱 좋아질 것을 기대하는 투자자들이 몰려들어 주식거래량이 늘어나면서 주가는 기지개를 켠다. 이 장면에서 '주가는 거래량의 그림자다.'라는 주식시장 격언이 대체로 들어맞는다.

81. 경기방어주식과 경기순환주식

가치주(value stock)는 미래의 성장성이 크게 기대되지 않으나 과거의 실적이나 자산가치가 우량한 주식으로서 경기 변동에 덜 민감하기 때문에 경기방어주의 성격이 크다. 성장주(growth stock)는 현재의 이익보다 미래에 발생할 기대이익이 클 것으로 예상되어 내재가치보다 주가가 높게 형성되는 경향이 있다. 성장주는 비교적 경기에 민감하게 반응하기 때문에 경기순환주의 성격이 강하다.

경기 확장국면의 마지막 정점(peak)에 도달하기 직전에 주가는 오를 대로 오른다. 경기가 막바지로 다가가면 시장에 낙관론이 팽배하여 투자자들이 몰려들고 거래량이 가파르게 늘어나며 거품이 팽창한다. 거래량이 폭증하며 최고조에 이르며 상승하던 주가도 어느 순간에 탄력을 잃게 되고 갑자기 거래량이 급감하면서 주가도 하락하기 시작한다. '주식시장에서 거래량의 상투는 곧 주가의 상투'라는 표현 또한 경기순환과 관련하여 대체로 들어맞는 말이다.

경기선행지수의 하나인 금리 장단기 스프레드가 축소되면 미래의 경기가 침체할 것으로 예상하여 주가도 하락한다. 반대로 확대되면 미래의 경기가 확장할 것으로 예측되어 주가도 상승하는 것이 일반적이다. 미국의 경우, 채권시장 변동은 주식시장보다 약 6개월 정도 선행하는 것으로 실증분석되고 있다.

합리적 투자자라도 시장이 비관론이나 낙관론에 젖어 있을 때, 그 분위기에서 홀로 벗어나기가 좀처럼 어렵다. 가격이 오를 때는 더 오를 것 같고 내릴 때는 더 내릴 것 같은 시장심리를 뿌리치기가 쉽지 않다. 사실 불완전한 인간이 냉정해지기도 어렵고 여유를 가지기도 어려운 일이다. 문제는 경기가 저점에서 회복으로 변하고 정점에서 후퇴로 바뀌는 전환점을 파악하기가 쉽지 않다는 점이다. 그리고 회복, 호황, 침체, 불황으로 이어지는 경기순환의 국면이 얼마 동안 어떠한 모양새로 지속할지도 판단하기 어렵다. 실물시장과 금융시장을 비교 관찰하는 시각과 감각이 필요하다.

흔히 주식투자는 살 때보다는 팔 때가 중요하다고 한다. 그러나 투자자의 입장에서 투자수익률을 높이려면 비싸게 팔기 이전에 먼저 싸게 사야 하는 것이 순리다. 경기가 침체되어 주가가 저평가되고 시장가격이 내재가치보다 낮을 때가 매수시점이며, 경기가 과열되어 주가에 거품이 형성되었을 때가 매도시점이다. 주가의 움직임을 정확하게 판단하는 시각을 가지려면 경기순환이나 산업구조 변화를 꾸준히 관찰해야만 한다.[82]

---

82. 경기종합지수

경기종합지수는 경기에 대한 선·후행 관계에 따라 선행종합지수, 동행종합지수, 후행종합지수로 구분한다.

선행종합지수는 비교적 가까운 장래의 경기 동향을 예측하는 데 활용되며 소비자기대지수, 기계류내수출하지수, 구인구직비율, 건설수주액, 코스피, 장단기금리 차 등 9개의 지표로 구성되어 있다.

동행종합지수는 현재의 경기 상태를 나타내는 지표로 광공업생산지수, 소매판매액지수, 건설기성액, 서비스업생산지수, 내수출하지수 등 7개 지표로 구성되어 있다. 현재의 경기상황을 판단하는 데는 동행종합지수에서 추세 변동을 제거한 동행종합지수 순환 변동치가 주로 사용되고 있다. 동행종합지수 순환 변동치에 전적으로 의존해서 경기상황을 판단해서는 곤란하다. 동행종합지수 순환 변동치는 경기의 국면과 전환점을 판단하는 참고 지표이며 추세치의 산출방법, 대상 기간 등에 따라 순환 변동치가 달라질 수 있기 때문이다.

후행종합지수는 경기 변동을 사후에 확인하는 데 활용되며 상용근로자수, 생산자제품재고지수, 소비재수입액, 회사채유통수익률, 도시가계 소비지출의 5개 항목으로 구성되어 있다.

11
유동성장세와
실적장세

F O C U S

경기 후퇴기 막바지에서 금리가 하락하고 풀린 유동성이 실물부문보다 먼저 금융시장으로 유입되어 주식 거래량이 늘어나며 기업실적과 관계없이 주가가 오르는 현상이 유동성장세다. 금리하락으로 자산 가격이 상승하면 부의 효과로 소비수요가 늘어나는 데다 자본비용이 낮아져 영업이익 향상이 기대된다.

유동성장세 즉, 금융장세가 기초경제여건 개선에 따라 실적장세로 이어지는 것이 경기순환에 따르는 주가순환의 일반적 모습이다. 세계금융위기 이후 큰 폭의 금융완화로 말미암아 대기성자금이 늘어나고 있어 유동성장세는 언제든지 벌어질 가능성이 있다. 유동성장세가 실적장세로 이어지지 못할 가능성도 커진다.

경기침체 막바지 국면에서는 기업이 신규투자를 망설이는 까닭에 자금수요가 줄어들어 금리가 하락하는 데다 위험회피 현상이 나타나고 마땅한 투자대상을 찾지 못하는 대기성자금이 늘어난다. 이러한 상황에서 경기부양대책과 함께 유동성이 완화되어 바람이 불기 시작하면 머뭇거리던 투자자들이 어느 순간 주식시장으로 몰려들기 쉽다. 안전자산에 매달리던 투자자들도 자신도 모르는 사이에 투기자산을 선호하는 머니게임이 벌어진다.

금리가 낮아지면 현재소비가 늘어나고 기업자금조달 비용이 하락하여 기업의 실적개선을 기대할 수 있다. 더하여 주가가 상승하면 자산가치 상승으로 부의 효과(wealth effect)까지 더해져 소비수요가 살아난다. 유동성장세가 결과적으로 실물경제를 호전시켜 기업 실적개선으로 연결되면 실적장세로 이어지는 선순환을 기대할 수 있다.

과거 두 가지 대조되는 사례를 들어보자.

1985년 하반기 들어 경기부양으로 유동성이 완화되면서 상승하기 시작한 주가는 저유가, 저금리, 고환율로 경상수지 흑자가 이어지면서 본격적 실적장세로 이어졌다. 1985년 10월 141p였던 종합주가지수는 약 3년 6개월만인 1989년 4월에는 1,007p를 기록하며 기간 중 무려 615%나 상승했다. 유동성장세가 실적장세로 이어졌다가 다시 투기장세로 변하였다. 반대로 1998년 10월 607p이던 코스닥 지수가 정부의 유동성 확대와 함께 벤처산업 육성시책에 따라 거침없이 상승하기 시작하였다. 벌겋게 달아오르던 코스닥 시장이 가쁜 숨을 몰아쉬며 주춤거리자 경제 관료가 우리나라 "코스닥 시장이 저평가되었다."는 황당한 발언을 반복하여 시장을 더 흥분하게 만들었다. 코스닥 지수는 2000년 3월에는 2,834p를 기록하며 약 1년 반 동안에 무려 4.7배까지 상승하였다. 그러나 이 미친 듯한 유동성장세는 실적장세로 이어지지 못하고 불과 10개월도 안 되는 2001년 1월에는 최고점의 20% 이하로 곤두박질쳤다. 어떤 '세력'이 한탕하였다는 루머가 나돌며 수많은 개미투자자를 울렸다. 한마디로 말해서 정부로부터의 위험과 불확실성이었다.[83]

2008년 금융위기 이후 환율전쟁이나 디플레이션 탈출 수단으로 유동성을 무제한 팽창시키는 바람에 글로벌 유동성장세의 조건은 항시 갖추어져 있는 셈이다. 우리나라의 경우에도 약 1,000조 원이 넘는 단기 대기성자금이 부유하고 있는 것으로 추정되기 때문에 외국인투자가 아니더라도 유동성장세는 언제라도 전개될 소지가 다분하다. 그러나 유동성장세가 간헐적으로 벌어지더라도 본격적 실적장세로 이어지기는 쉽지 않은 모양새다. 소비수요기반이 약화되

---

83. 유동성장세 함정

불황의 뒤끝에서 멋모르고 유동성장세에 편승하여 아무 주식이나 사들인 투자자들은 낭패를 당하기 쉽다. 과거의 경험이 아니더라도 유동성장세의 함정은 지루한 시간을 보낸 투자자들이 당해 주식의 본질가치와 관계없이 몰려들기 쉽다는 점이다. 유동성장세 막판에는 작전세력이 들떠 있는 투자자들에게 거짓 정보를 퍼트리기도 쉽다. 시장에서 옥석을 가리지 못하는 가운데 돌덩이 주식이 금값으로 거래되는 상황이 지나가면 어쩔 수 없이 누군가의 손실로 귀결되기 쉽다. 어김없는 주식시장 법칙은 내재가치 향상 없이 주가가 상승하면 그 반작용으로 그 이전 가격보다 더 아래로 떨어진다는 사실이다.

어 가고 있는 상황에서 반짝 경기회복은 몰라도 근본적으로 성장세를 회복하기에는 한계가 있기 때문이다.

〈 코스피 지수 추이 〉

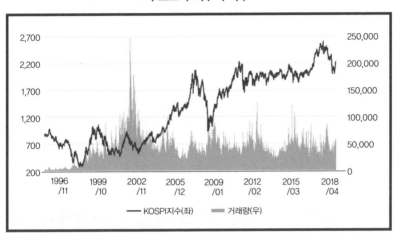

〈 코스닥 주가 추이 〉

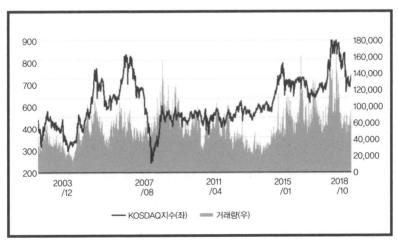

12
정보의
독점 · 왜곡 · 남용

FOCUS

　주식시장을 교란하는 대부분의 불공정거래는 근본적으로 정보의 비대칭성 즉, 투명성 부족에서 비롯된다. 기업 관련 정보의 불투명에서 비롯되는 정보의 독점 · 왜곡 · 남용은 시장을 교란하며 불특정 다수의 투자자들에게 손실을 끼치게 된다.

　투명성이 부족하면 투자자들은 상자 속에 모래알이 있는지 흑진주가 있는지 분간하지 못하고 허위 정보가 춤추는 대로 따라가기 쉽다. 투자정보가 투명하게 제공되는 시장에서 작전세력이 가공의 정보로 투자자들을 오도할 여지는 줄어들고 내부자거래도 발붙이기 어렵다.

서부 개척 시대의 삶을 그린 외화 시리즈 「초원의 집(Little House On The Prairie)」에는 꼬마 숙녀 로라가 숲속 개울에 지천으로 널린 황금 무더기를 우연히 발견하고 공주로 변하는 자신의 모습을 상상하는 장면이 있었다. 부모와 함께 다시 찾아가 보니 금이 아니고 그저 금빛처럼 반짝거리기만 하는 바보 금(fool's gold)이었다.

만약 상장기업이 황동석 무더기를 발견하고 황금으로 오인하였다면 어떻게 되었을까? 아무리 쉬쉬하여도 누군가는 눈치를 채고 소리 없이 소문은 퍼져나갈 것이다. 귓속말의 전파 속도는 예나 지금이나 다름없이 빠르기만 하다. 이유 없이 주가가 들썩거리다가 유언비어가 급속하게 퍼지고 투자자들이 몰려들어 주가는 소용돌이칠 것이다. 그러다가 막상 황금이 아니라 가짜 금이라는 사실이 전파되면서 주가는 날개 없이 추락하게 된다.

이때 누군가는 뜬소문들을 적절하게 여러 갈래로 가공하여 주가를 부추기기 쉽다. 황금 노다지를 발견했으니 캐내기만 하면 수지맞는다는 소문을 퍼트려 멋모르는 투자자들을 유인하여 주가를 올린 다음, 자신은 팔고 떠난다. 문제는 뒤늦게 소문을 듣고 시장에 뛰어든 투자자들은 막대한 손해를 보게 되고 무언가 속았다는 허탈감에 빠지게 될 것이다. 결국 시장은 투자자들로부터 신뢰를 잃게 된다.

아주 오래전에 있었던 예를 들어보자. 상장기업 A의 소유자이며 경영자는 기업의 이익을 부풀려 주가가 오르면 자신의 주식을 비싼 값에 팔았다. 그다음 큰 폭의 적자를 낸 것처럼 하여 주가가 폭락하면 주식을 싼값에 다시 사들이는 사실상 사기행각을 벌이다가 적발

되었다.

이와 같은 불공정행위가 가능했던 까닭은 정보의 비대칭성(非對稱性)으로 투자자들이 당해 기업이 발표하는 자료 외에는 실상을 바로 알 수 없었기 때문이었다. 그 악덕기업가는 ① 기업의 수익과 손실에 대한 모든 정보 독점으로 투자자들에게 보여주는 것은 덧칠되고 가공된 자료일 뿐이다. 몸통은 물론 그림자조차 보여주지 않는 투명인간과의 게임에서 이길 장사는 어디에도 없다. ② 장부상의 경영실적이나 전망을 엿가락처럼 늘이거나 줄이는 정보 왜곡을 통하여 투자자들을 기만하였다. 멋모르고 그 회사 주식을 사거나 판 투자자들이 먹잇감이 된 셈이다. ③ 기업관련 정보를 은밀히 숨기거나 반대로 거짓 정보를 퍼트리는 정보 남용을 통하여 주가를 조작하였다.

만약 기업관련 정보가 실시간으로 모든 투자자에게 가감 없이 제공되는 환경에서 투자자의 판단능력이 향상된다면, 내부자거래나 주가조작 행위는 사실상 어려워질 것이다. 투명성은 대체로 기업경영 실적정보(hard information)와 미래 경영 성패를 측정하게 하는 예측정보(soft information) 두 가지 측면에서 확보되어야 한다.[84]

자본시장에서 정보의 독점 · 왜곡 · 남용 행위는 특정인이 아닌 모든 투자자들을 상대로 한 범죄이기 때문에 그 악영향이 시상 전체로 광범위하게 파급된다. 그런데도 처벌은 흐지부지 되는 경우가 많았다. 피해자나 피해의 범위가 뚜렷하지 않아 피해액도 분명하게 산정되지 않기 때문이라는 엉뚱한 의견도 있다. 그렇다면, 특정 소수에게 피해를 주는 죄보다는 불특정 다수에게 무차별 해를 끼치는 공공의 적(public enemy)의 죄를 더 가볍게 본다는 아이러니가 된다. 안타까운 일이다.

84. 실적정보(hard information)와 예측정보(soft information)

기업의 경영성과를 나타내는 실적정보(hard information)가 투명하도록 회계처리 적정성이 확보되어야 한다. 예컨대, 부실기업이 벽촌에 있는 땅값을 몇십 배 높은 가격으로 장부를 조작하여 허위로 자산을 부풀린 다음, 투자자들을 유인하여 회사채 발행이나 유상증자를 할 경우 투자자들은 농락당하기 쉽다.

기업의 경영전망에 대한 미래 예측정보(soft information) 또한 근거가 명확하여야 한다. 주가는 과거의 실적가치보다 미래 기대가치에 따라 더 크게 변동하기 때문에 작전세력들이 미래 전망치를 가공하여 투자자들을 농락한다. 신기술을 개발하였거나 대규모 해외 수주를 한 것처럼 하여 예상이익이 많이 늘어날 것이라고 소문을 부풀린다. 일반 투자자들이 가만히 앉아서 아프리카 오지에 다이아몬드가 얼마나 매장되었는지 파악할 재간이 없다.

13
정보의 폭포와
허위정보

F O C U S

　기하급수로 퍼져 나가는 정보의 폭포 속에서 막상 가치 있는 정보를 골라내기 어려운 것이 정보화 사회의 맹점이며 불확실성이다. 새로운 정보에 접근하지 못하면 무엇인가 소외당하는 느낌이 들기 마련이다. 불안과 번민에 휩싸이다 보면 엉뚱한 판단을 하기도 쉽다.

　대량 정보에 파묻히면 무엇이 옳은지 그른지 분간하지 못한다. 넘쳐나는 정보의 홍수가 사람들을 복잡하게 만들기보다 오히려 단순화시키기도 한다. 정보의 폭포 속에서 헤매다 보면 평소 이성적인 투자자들도 자신의 시각과 선택이 아닌 남의 판단을 맹목적으로 따르는 군집본능에 휩쓸리기 쉽다.

정보화사회에서는 사람들이 무의미하거나 해로운 정보를 쫓아 사이버 공간을 헛되이 헤매기 쉽다. 자신의 시각이나 선택 기준을 가지고 의사결정을 하지 못하고 막연히 남들을 따라 우왕좌왕하기도 한다. 쉴 새 없이 쏟아지는 '정보의 폭포(information cascade)' 속에서 필요한 정보를 골라내기가 어려울 뿐만 아니라 정보의 가치를 제대로 판단할 수 없어 실체와 허상을 구분하기 어렵다. 정확한 정보가 없거나 정보에 대한 판단 능력도 없이 군집본능에 휩쓸려 남을 막연히 추종하다가, 허위정보를 따라 어릿광대놀음을 하는 경우가 많다.

군집본능(herd instinct)은 일반 대중이 아무런 판단이나 근거 없이 우두머리나 '스타'를 맹목적으로 따르거나 무작정 흉내 내려는 심리 상태다. 정보의 폭포 속에서 사람들은 옳고 그름을 판단하지 못하고 본능적으로 그저 남들이 하는 대로 다수의 의견을 맹목적으로 따르기 쉽다. 군집본능으로 말미암아 평소 이성적인 사람들도 어느 결에 자신의 의지를 넘어 비이성적 다수를 쫓아 허겁지겁 행동하기 쉽다.[85]

정보의 폭포가 초래하는 부작용은 불투명한 환경, 불안한 사회에

---

85. 집단극화(group polarization) 현상

집단극화 현상은 집단을 이룬 뒤의 개인들 반응이 집단을 이루기 전의 평균반응보다 더 극단적으로 되는 현상을 말한다. 예를 들어, 집단 토론 전 구성원들의 개인 의사 평균이 모험적인 경향을 가지고 있을 경우, 집단토론 이후에 그집단의 의사결정은 더 강렬하게 모험적으로 극화된다. 개인들이 평균으로 보수 경향을 보이고 있으면 집단의사결정 후에 그 집단은 더 극단적 보수가 된다.

서 더 크게 더 자주 발생한다. 불안정한 사회에서는 인간의 감정과 정서를 조절하는 편도체(amygdala)라는 뇌 부위가 활성화되어 쉽사리 그릇된 소신을 갖게 되고 엉뚱한 행동으로 연결되기 때문이라고 전문가들은 설명한다. 평소 이성적인 투자자들조차 주식시장에서 성행하는 뇌동매매에 휩쓸리는 현상은 멀쩡한 인사들이 거짓신념에 빠져 가짜뉴스를 퍼트리며 입에 거품을 무는 광경과 다르지 않다.

사회가 불안할수록 대중조작(mass manipulation)이 쉽게 이루어지듯, 불투명하고 비효율적 시장에서 거짓되거나 부풀려진 정보가 쉽사리 전파될 수 있다. 투자정보가 기업의 본질가치와 관련 없이 과대평가 되거나 과소평가 되어 돌아다니면서 정보의 거품과 역거품 현상이 발생한다. 연속적으로 정보가 생산되고 유통되는 시장에서 그 모든 정보를 짧은 시간에 수집하고 분석하기란 여간 어려운 일이 아니다. 이러한 환경에서는 자신의 판단 없이 타인의 판단과 선택을 따라 하는 뇌동매매 현상이 나타나며, 그 틈새에서 누군가가 귓속말로 퍼트리는 거짓정보에 따라 사람들이 쏠려 다니는 시세조종 또는 가장매매 같은 불공정거래가 기승을 부리게 된다.

예컨대, 대주주 주변에서 주식을 매집한다는 정보를 가만히 흘리면 너도나도 아무런 판단의 근거도 없이, 또 내재가치를 생각하지 않고 무조건 주식을 사려는 사람들이 몰려들어 거품이 형성된다. 반대로 미래가치가 큰 주식이라도 외국 투자기관이 매도한다는 소문을 누군가 소리 없이 퍼트리면, 비관적 분위기에 휩쓸려 갑자기 거품이 소멸한다. 너도나도 헐값이라도 주식을 처분하려는 바람에 내재가치보다 훨씬 아래로 주가가 하락하는 역거품 현상까지 발생한다. 올바른 시각과 냉정한 선택 기준 없이 바람에 휩쓸리는 투자자는 결국 비싸게 사서 싸게 파는 불상사가 벌어진다.

세계경제의 불확실성이 커지면서 정보의 폭포로 말미암은 부작용은 언제 어디서 어떤 모습으로 나타날지 모른다. 여기서 비롯되는 채권시장, 주식시장, 외환시장의 거품과 역거품은 정보의 습득과 판단에서 뒤지는 노이즈 트레이더(noise trader)들에게 뜻밖의 손실을 입힐 가능성이 항상 존재한다.[86]

그러나 관련정보를 냉정하게 들여다보는 시각과 인내심을 가지고 기다리는 선택을 하는 투자자들에게는 초과수익을 안겨주기도 한다. 내재가치를 중시하는 투자자들은 높은 가격에 팔고 낮은 가격에 사는 합리적 투자판단을 통하여 중장기적으로는 시장을 안정시키는 순기능을 한다.

86. 노이즈 트레이더(Noise Trader)

이익을 추구하는 경제적 인간(homo economicus)이라고 해서 항상 합리적으로 행동하는 것은 아니다. 노이즈 트레이더(noise trader)는 객관적 내재가치와 관계없이 주관적 판단이나 근거 없는 루머에 따라 이리저리 헤매며 뇌동매매하는 투자자를 말한다. 바보투자자(idiot trader)로도 불리는 노이즈 트레이더는 '작전세력'에 휩쓸리기 쉽다. 거품을 팽창시키고 소멸시키면서 주가를 본질가치로부터 크게 괴리되게 만드는 경우가 많다. 작전세력이 허위정보를 퍼트려 주가를 조작하는 줄도 모르고 나름대로 자기 확신에 차서 매매하다가, 작전세력이 확보한 물량이 소진되어 손을 떼면, 주가가 폭락하면서 큰 손해를 보기가 쉽다. 노이즈 트레이더들의 손실은 작전세력들이 차지하는 경우가 대부분이다.

14
거품과
착시 현상

F O C U S

시장이 모든 정보를 완전하게 반영하여 자산의 가격을 적정하게 평가할 수 있다면, 사고파는 일이 없어져 돈이 돌지 않고 경제활동이 위축된다. 시장에서 거품이 적정하게 생성되고 소멸하는 과정에서 판단이 엇갈리는 투자자 사이에 매매거래가 형성되어 자산유동성이 확보되는 동시에 가격발견 기능이 이뤄진다.

과도한 거품과 역거품은 실물부문과 금융부문의 불균형을 초래하여 위험과 불확실성을 잉태한다. 실물경제의 거울인 금융시장 거품이 과다하게 팽창하거나 역거품을 일으키면 착시 현상을 일으켜 합리적 가계저축을 방해하고, 기업자금조달을 불안정하게 하여 순조로운 경제순환을 방해한다.

금융부문과 실물부문이 균형을 이루어야 가계와 기업으로 하여금 합리적 경제활동을 하도록 유도할 수 있다. 내재가치 변화 없이 가격만 급격하게 변동하는 현상, 즉 명목적 충격이 커지면 금융부문이 실물경제 활동을 교란하기 쉽다. 거품이 과도하게 팽창되거나 역거품이 크게 발생하면 비효율적 자원배분을 초래하여 경제순환이 무기력해지거나 과열되어 경제주체들은 피로해진다.

시장의 변동성이 지나치면 가계는 물론 기업도 미래지향 경제적 판단을 하기 어렵다. 내재가치 변동 없이 주가가 과도하게 상승하면 비정상적 부의 효과(wealth effect)로 가계는 과도소비를 하게 되고, 기업은 자금조달비용이 줄어들어 과잉투자를 하게 된다. 그 반작용으로 주가가 내재가치 이하로 하락하게 되면 소비활동도 투자활동도 위축된다.[87]

1985.10.31 현재 140p였던 종합주가지수는 1989.4.1에는 무려 1,007p를 기록하였다. 약 3년 5개월간 주가가 약 615%나 상승한 결과 주식시장을 통한 자금조달비용을 크게 하락시켰다. 배당수익

87. 주식시장 왜곡은 자원배분 왜곡

주식시장 과열이나 침체 모두 저축과 투자활동을 교란하여 효율적 자원배분을 방해한다. 기초경제여건 개선 없이 거품에 의하여 형성된 높은 주가를 바탕으로 주식시장에서 자금조달비용이 낮아지면 경쟁력 없는 산업에 대한 비효율적 투자가 계속되어 산업구조조정을 방해한다. 반대로 주가가 내재가치보다 지나치게 낮게 형성되면 유망산업에 대한 자금조달이 어려워져 신기술산업의 시장진입을 지연시킨다.

률이 매우 낮은 풍토에서 주식시장을 통한 자금조달 비용은 기업으로서는 사실상 공짜나 다름없었다. 주식시장의 과다한 거품은 간접금융시장 저금리, 구제금융 같은 초저금리와 함께 기업의 과잉투자를 유발한 원인으로 작용하였다. 쉬운 예로 IMF 구제금융 사태는 성장위주 정책으로 저렴한 자금조달비용 때문에 발생한 기업의 중복과잉투자로 말미암아 잠재된 불확실성이 표면화된 사태다.

거품과 역거품 현상은 금융시장만이 아니라 경제 전반에 걸쳐서도 나타난다. 통화량과 화폐유통속도 크기에 따라 결정되는 자산가격 상승률이, 기술혁신이나 근로의욕의 영향을 받는 생산성(투자의 한계효율)을 크게 능가하는 현상이 실물경제의 거품 현상이다. IMF 사태가 지나가면서 통화량이 급격하게 팽창되자, 생산 활동보다는 자산시장으로 시중자금이 몰려들어 경제 전반에 걸쳐 거품 현상이 장기화되었다. 자본주의 사회에서 가격이 오를 것으로 예상되는 시장으로 셈이 빠른 경제적 인간이 몰려드는 것은 이상한 일이 아니다. 거품이 팽창되고 소멸되는 과정에서 늘어난 가계부채, 가계부실에 따른 소비수요기반 약화 같은 후유증은 오래 남아 있다.

내재가치 변화 없이 가격 변동성이 커지는 시장에서는 투자자들은 착시 현상을 일으켜 투자판단을 그르치기 쉽다. 위험부담능력이나 정보수집과 분석능력에서 뒤지는 개미투자자들이 더 큰 손실을 보기 마련이다. 내재가치의 변화를 읽는 시각이 없으면 더욱 그렇다. 언급할 필요도 없이 머니게임에서 빈부격차가 벌어지면 사람들이 열심히 일하려고 하지 않는다. 억울해 하거나 자신도 모르게 투기적 행동을 선호하게 되어 근로의욕이나 기업가정신이 훼손된다.

금리 · 주가 · 환율 같은 금융가격지표가 적정수준에서 움직여야 자원배분의 효율성이 달성되고 순조로운 경제 성장과 발전을 유도한다. 그러나 현실에서는 거품과 역거품이 수시로 시장을 혼란에 빠트린다. 그 혼돈에서 벗어나려면 내재가치에 관한 시각을 확실하게 정립하여야 한다. 그래야만 언제 어떤 모습으로 벌어질지 모르는 거품과 역거품의 소용돌이에 휘말릴 위험과 불확실성에서 벗어날 수 있다.

〈 80년대 종합주가지수 〉

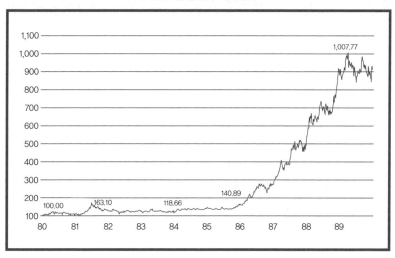

15
절망에 이르는
뇌동매매

등락 폭이 큰 시장에서 부화뇌동하는 투자자들의 시각과 선택은 대개의 경우 시장 흐름보다 빠르거나 뒤늦는다. 시장에 탐욕이 넘치다가 두려움으로 휩싸이는 과정에서 냉정함을 잃으면, 매수·매도시점이 뒤바뀌어 본질가치보다 더 비싸게 사서, 더 싸게 팔게 된다.

뇌동매매에 이끌려 다니는 투자자들일수록 거품의 소용돌이에 깊이 빠져들어 결국에는 깊고 붉은 상처를 입게 된다. 가치판단 기준 없이 덤비는 투자자들이 손실을 보는 과정에서 부가가치 창출과 관계없는 '부의 이동', 비합리적 '부의 재분배'가 초래된다.

주식시장에서 이리저리 부화뇌동하다 실패하는 일은 하등 이상한 것이 아니다. 기업이나 산업의 내재가치가 아니라 거품에 따라 끝없이 상승할 것 같던 주가가 어느 순간 갑자기 곤두박질치게 된다. 무릇 주가가 까닭 없이 상승하면, 그 반작용으로 본래의 가격보다 훨씬 더 아래로 하락하기 마련이다. 주가에 거품이 팽창되다가 소멸하면 이익을 보기보다는 자신도 모르게 큰 손해를 보고 주저앉는 투자자들이 많이 생긴다.[88]

투자자들은 누구나 거품이 일기 전에 싸게 주식을 사서 거품이 최고조에 달할 때 비싸게 주식을 팔고 싶어 한다. 허겁지겁 주식시장에 뛰어들다 보면 오히려 거품이 일면 더 오를까 봐 남들을 따라 무작정 사고, 거품이 꺼지고 나면 더 내릴까 봐 팔게 된다. 비싸게 사서 싸게 팔 수 밖에 없는 까닭이다.[89]

외환위기 직후 주식시장 붐을 통한 산업구조조정을 하겠다며 벤처산업을 육성하겠다는 정책의지가 반복되어 표명되자 코스닥 시장에 투자자들이 몰려들며 거래량이 늘어나고 주가도 고공비행하

88. 뇌동매매와 펀드수익률

투자자들이 이미 많이 몰려든 주식은 거품이 팽창되어 있기 쉽다. 그래서 사람들이 몰려든 주식이 아니라 앞으로 몰려들 주식을 선택해야 하지만 쉬운 일이 아니다. 마찬가지로 짧은 기간에 높은 성과를 이미 낸 펀드 투자도 경계해야 한다. 여러 종목에 분산하여 투자하였다 하더라도 주가가 크게 상승한 이후에 펀드에 가입하는 것은 거품이 팽창된 주식을 매수하는 행태와 별반 다를 바 없어 수익률이 마이너스가 될 확률이 높아진다.

였다. 당시 액면 500원짜리가 몇 십만 원까지 상승하다가 100원, 200원으로 날개 없이 추락하다 결국에는 휴지조각으로 변한 주식이 수두룩했다. 구조조정 명분으로 하릴없이 직장에서 쫓겨난 중장년들이 퇴직금을 들고 불나방처럼 코스닥 러시에 몰려들었다. 수많은 조기퇴직자들이 코스닥 시장을 절망에서 벗어나는 비상탈출구(emergency exit)인 줄 착각하고 달려들다가 절망에 이르는 길을 갔다. "절망에 빠진 자를 유혹하지 말라"는 섹스피어의 경구가 생각나는 장면이었다.[90]

89. 제로섬게임 마이너스섬게임

거품과 역거품이 지나치게 오락가락하는 시장은 투자가 아니라 투기가 성행하는 시장이다. 내재가치와 관계없이 변동성이 큰 시장에서는 차익을 보는 투기자가 있으면 반드시 손실을 보는 투기자가 생기는 제로섬 게임이 성행한다. 게다가 여러 가지 세금과 수수료 같은 '하우스 비용'을 고려하면 마이너스섬게임이 되기 쉽다. 이런 시장에서 내재가치에 충실한 투자자들이 얻는 초과수익은 결국 투자의 '시각과 선택' 기준 없이 탐욕과 두려움 사이를 헤매는 투자자들의 손실로 귀결된다.

90. 자석효과(magnet effect)

가격이 거래 상한(하한)에 접근할수록 상대방의 주문이 취소되어 혹시나 사지(팔지)못하게 될 것을 우려하는 투자자들이 경쟁적으로 매수(매도) 주문을 내어 시장을 더 출렁거리게 하는 것이 자석효과다. 가짜 정보를 흘리는 작전세력은 대부분 귓속말로 남보다 빨리 매매하라고 부추기며 슬며시 자석효과를 일으킨다.

투자자들이 매수·매도에 대한 시각과 선택 기준 없이 소문을 따라 이리저리 몰려다니며 부화뇌동하는 시장에서는 야바위꾼들이 실적정보(hard information) 또는 예측정보(soft information)를 그럴듯하게 포장하여 퍼트리기 쉽다. 누군가 힘센 자를 등에 업고 있으면 더욱 쉽다. 그러다 보면 투자자들은 그저 번쩍거리기만 하는 바보 금(fool's gold)과 순금을 분간하지 못하거나, 반대로 흑진주를 모래알로 알고 그냥 지나쳐버리기도 한다. 상승장에서도 가짜 금을 사들여 손해를 보고 그리고 하락장에서는 흑진주를 모래알로 여기다가 손실을 만회하지 못한다.

기업의 내재가치 상승에 따라 주가도 오르면 경제 성장과 발전의 과실이 투자자들에게 배분되는 것을 의미하므로 가계나 기업은 물론 국민경제 전반에 바람직하다. 부의 효과가 나타나 소비수요도 늘어난다. 그러나 내재가치와 관계없이 주가가 급등락하는 거품은 향정신성 의약품과 같아서 아련하게 피어나다가 쓰라리게 부서진다. 그 과정에서 멀리 보는 시각을 가진 투자자들은 뜻밖의 높은 수익을 누릴 수 있지만, 우왕좌왕하는 노이즈 트레이더(noise trader)들은 매수·매도 시점을 거꾸로 하여 돈도 잃고 자신감도 잃고 절망에 이르는 길을 가게 된다.

〈 코스닥 지수 추이 〉

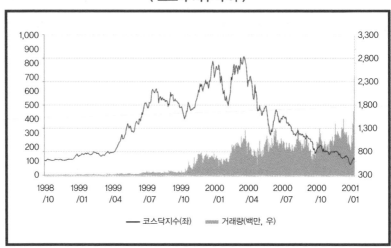

〈 코스피 지수 추이 〉

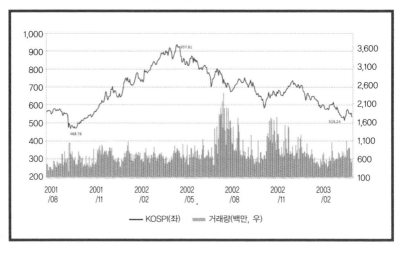

16
주식의
미래가치 발견

FOCUS

주가는 당해 기업의 미래수익에 대한 시장의 기대와 평가를 반영한다. 단기적으로는 투자심리 변화에 따라 주가가 순간순간 변하지만, 중장기적으로 '부가가치 원천의 이동' 또는 '패러다임의 변화' 방향에 따라 상승하고 하락하는 추세를 보인다.

단기투자자들은 잔물결을 주시하지만, 미래가치를 중시하는 가치투자자들은 거대한 변화를 가져올 파도를 멀리 바라보는 시각을 가지려 한다. 그 과정에서 가치투자자들은 성장산업, 유망기업 자금조달을 지원하며 자본이익을 누린다.

자본주의 성장과 발전의 역사는 새로운 기술이 잇따라 개발되고 새로운 승자가 등장하는 일이 반복되는 과정이었다. 부가가치 원천과 패러다임이 계속 변하는 세계에서 새로운 부가가치를 창출할 산업이나 기업도 바뀌어 가고 있다. 미래가치가 높아질 주식을 찾으려면 밀려오고 밀려가는 큰 파도를 읽어내는 시각이 필요하다.[91]

　예컨대, 로봇산업 활성화 등으로 생산성이 급격하게 향상되면 주 5일 근무에서 나중에는 주 2일에서 1일 근무로 바뀌어야 인력시장 수급불균형 현상을 해소할 수 있을지 모른다. 빈부격차가 심화하지 않는다고 가정하면, 머지않은 미래에 레저 관련산업의 획기적 성장을 예상할 수 있다. 진행되고 있는 초고령사회에서는 시니어 관련 산업이 발전해야 하는 것은 누구나 알 수 있다.

　당장에는 재무상태, 경영상태가 우수하더라도 미래 기대가치가 밝지 않다면, 중장기 주가는 크게 기대할 수 없다. 쉬운 예로, 세계화가 깊이 진행되어 국가 간에 생산성이 엇비슷해진다면 조선업, 해운업 주가 전망이 어두울 것으로 예상할 수 있다. 비교우위 산업이 줄어들어 물동량 감소로 선박운행이 줄어들 것이기 때문이다.

91. 기술적 분석의 한계

기업가치 변동이 없는데도 주가가 매 순간 등락을 거듭하는 까닭은 무엇인가? 아침저녁으로 투자심리가 이리저리 변하기 때문에 쉬지 않고 잔물결이 치기 때문이다. 투자심리 변화를 읽으려는 기술적 분석에 한계가 있다는 말은 잔물결을 주시하다가는 큰 물결을 제대로 볼 수 없다는 의미다. 잔물결은 파도가 밀려오면 흔적 없이 파묻혀 사라진다.

특히 가치 있는 상품의 경량화가 빠르게 진행되고 있는 현상도 주목하여야 한다. 다음으로 자동차 공유제가 정착되면 지하주차장은 어쩌면 와인 숙성창고로 변할지도 모른다.[92]

기술의 명멸 현상이 더 빨라지고 더 심해지고 있다. 새로운 기술이 가속적으로 빠르게 나타남으로써 오늘의 기술도 내일이면 쓸모없는 기술로 추락할 수도 있는 위험과 불확실성도 커지고 있다. 기술과 정보가 생산에서 차지하는 비중이 (단순)노동이나 자본에 비하여 월등하게 커지면서 노동과 자본의 다툼도 점차 의미가 퇴색되어가고 있다.[93]

가격과 가치의 변화를 읽고 비교하는 시각을 가져야 미래가치 변화를 더 쉽게 따라갈 수 있다. 이미 반복하여 논의한 바와 같이 금리 · 주가 · 환율 같은 금융가격지표뿐만 아니라 성장 · 물가 · 고용 · 국제수지 같은 거시경제 총량지표의 상관변화를 종합하여 관찰하는 시각이 필요하다.

---

92. 주식 장기보유(buy and hold)의 위험

우량주식을 골라 저축하듯 장기보유(buy and hold)하는 투자방식은 과거, 변화의 속도가 느린 산업사회에서 괜찮은 투자전략이었는지 모른다. 그러나 새로운 기술이 쉬지 않고 등장하면서 산업의 라이프 사이클도 짧아지고, 경기순환주기도 점점 짧아지고 있다. 쉬운 예로 IT 기업의 재고는 자산이 아니라 어느 순간 곧바로 폐기물로 변할 수 있다. 당장의 성장산업, 유망기업도 우물쭈물하다가는 삽시간에 사양산업, 부실기업이 될 수 있다. 변화의 속도가 빨라지는 환경에서 주식을 사서 '장롱' 속에 넣어두고 무작정 기다리는 투자방식은 위험천만한 방식이다.

이 세상에 나타나는 모든 증상은 상관관계나 인과관계를 가지고 있어 따로따로 발생하는 경우는 드물다. 가치 판단 기준이 정립되어 있어 그 흐름을 읽고 있으면 변화의 방향을 내다보는 데 도움이 될 것이다. 만약 잘못 판단하여 기대가치가 불투명해지더라도 발빠른 후퇴로 손실을 최소화하는 안전장치가 된다.

먼 시각을 가진 가치투자자들이 수익을 실현하는 과정에서 새로운 성장산업 유망기업을 발굴하고 지원하는 순기능도 한다. 성장산업, 유망기업 주식은 높은 가격으로 매수하고, 사양산업, 부실기업 주식은 낮은 가격으로 매도하는 과정이 반복되며 미래성장산업에 대한 자금조달이 원활해진다. 싼 주식을 사고 비싼 주식을 파는 과정에서 결과적으로 시장은 균형을 찾게 하고, 산업구조 고도화에 기여하는 순기능을 한다.

93. 노동의 종말과 탈세계화(deglobalization)

『불확실성의 시대』를 쓴 갈브레이스(J. K. Galbraith)는 부가가치 창출과정에서 노동의 비중이 줄어들면서 80년대 초 "공산주의는 더 이상 존재가치를 상실하고 사망진단을 받았다."라고 지적하고, 리프킨(J. Rifkin)은 1995년 『노동의 종말(the end of labour)』에서 기계화, 자동화로 단순노동인구 수요가 거의 없어질 것이라고 예견하였다. 프레이(K. B. Frey)는 2017년, 저숙련 일자리를, 말의 일자리를 자동차가 뺏은 것처럼 기계가 대체할 경우 탈세계화(deglobalization)가 진행될 것으로 보았다. 생산과정 자동화로 말미암아 후진국 저숙련 인력이 필요 없기 때문이다.

17
내재가치와
재무관리 기본원칙

FOCUS

　모든 투자자는 '싸게 사서 비싸게 팔고' 싶어 하고, 이윤 극대화를 추구하는 기업은 가능한 한 낮은 비용으로 자금을 조달하려고 한다. 투자자나 기업이나 내재가치를 투자와 자금조달의 기준으로 삼는 습관을 가지면 대내외 불확실성이 엄습하여도 갈팡질팡하지 않고 극복할 수 있다.

　내재가치를 시장가격과 비교하면, 투자자는 주식의 매수·매도 시점과 함께 주식과 채권의 보유 비중을 조정할 수 있다. 마찬가지로 기업은 시장 상황에 따라 주식과 채권의 교차발행, 채권발행의 장단기 선택을 통하여 효율적 재무관리 전략을 수립할 수 있다.

내재가치는 기업자금조달의 바로미터가 된다. 주식시장이 낙관적 분위기로 주가가 내재가치를 초과할 경우, 주식발행을 통해 자금을 조달해야 자금조달비용이 낮아진다. 반대로 시장이 비관적 분위기가 감돌아 주가가 내재가치를 밑도는데, 불가피하게 자금을 조달하여야 할 경우, 주식시장보다는 채권시장에서의 자금조달 비용이 낮아진다. 쉽게 생각해 보자. 기업의 (예상)순이익을 주가로 나눈 수익주가비율(EPR)이 회사채 발행금리보다 높을 때는 자금조달비용이 상대적으로 싼 회사채발행을 통해 자금을 조달하여야 한다. 채권시장과 주식시장 시황에 따라 기업의 내재가치와 시장 상황에 따라 주식과 채권을 교차하여 발행하는 재무관리 전략이 필요하다.[94]

채권을 발행할 경우에도 경기 변동에 따라 장기채와 단기채를 교차 발행해야 한다. 경기침체기에 금리가 더 이상 하락하지 않을 것이라고 판단될 때는 장기채 발행을 통하여 안정적 자금을 조달하

---

94. 자기자본이익률과 타인자본비용

앞에서 논의한 바와 같이 주식의 내재가치를 판단하는 기본적 방법은 (예상)순이익을 주가로 나눈 수익주가비율(EPR) 즉, 자기자본 이익율을 측정하여 타인자본비용인 금리(당해 기업 신용등급의 회사채 금리)와 비교하는 것이다. 수익주가비율(순이익/주가)이 금리와 같은 수준이면 시장에서 기업의 가치가 적정하게 평가되어 주가가 균형 상태에 있음을 의미한다. 또 순이익을 금리로 할인한 내재가치를 시장가격과 비교하면, 당해 기업의 고평가 내지 저평가 여부를 판단할 수 있다. 금리보다 EPR이 높으면 주가가 저평가되어 있고, EPR이 금리보다 낮으면 주가가 고평가되어 있다고 할 수 있다. 여기서 금리는 당해 기업의 신용평가등급 금리여야 한다.

고, 금리가 더 이상 오르지 못할 것이라고 판단될 때는 단기채를 발행해야 자금조달 비용이 저렴해진다. 만약 반대로 채권을 발행할 경우, 높은 금융비용이 자기자본이익률을 초과할 사태가 벌어질 수 있다. 흑자도산 기업의 경우, 주식과 채권의 발행비율과 장기채와 단기채의 만기구조가 잘못된 경우가 상당하다.

  주식시장이 과열되었을 때, 기업이 (본질가치보다 높은 가격으로) 신주를 발행하면 기존 주주들은 그만큼 특별이익을 얻는 동시에 기업은 주식발행 차익을 쌓게 되지만, 신규 주주들은 그만큼 손실을 보게 될 우려가 있다. 예컨대, 어떤 주식의 내재가치는 5,000원인데 주식에 거품이 발생하여 10,000원에 100% 신주발행을 하면 주당 내재가치는 7,500원$\{=(5,000+10,000)/2\}$으로 변동되어 기존 주주들은 주당 2,500원의 이익을 얻고, 기업에는 그만큼 주식발행차익이 쌓인다. 그러나 신규 주주들은 내재가치가 7,500원인 주식을 10,000원에 산 셈이어서 주당 2,500원의 손실을 입는 것과 같은 효과가 있다. 투자자의 입장에서 생각할 때, 주가에 거품이 팽창하였을 때, 덩달아서 제3자 신규증자 참여는 신중히 고려할 필요가 있다.
  반대로 시장이 냉각되어 주가가 본질가치보다 낮을 때 신주를 발행하면 자금조달비용이 높아진다. 동시에 기존 주주의 부를 새로운 주주에게 이전시키는 효과가 있어 신규 주주들이 그만큼 이익을 보는 셈이다. 예컨대, 어떤 기업의 본질가치가 10,000원인데 시장이 침체되어 시장가격 5,000원에 100% 신주를 발행할 경우, 기업의 주당 본질가치는 7,500{=(10,000+5,000)/2}원이 되어 신규 주주는 주당 2,500원의 이익을 보게 되지만 기존 주주는 거래 없이 주당 2,500원의 손실을 보게 된다.

여유자금이 아니라 대출받은 돈이나 급히 쓸 돈으로 투자할 경우, 시장의 흐름과 변화를 냉정하게 읽기가 어렵다. 마찬가지로 기업재무관리도 시장이 금융경색 상황이거나 기업자금이 쪼들릴 때는 이것저것 가릴 수가 없다. 높은 비용으로 자금을 조달해야만 한다.

먼 시각으로 미리 현금흐름과 자금조달계획을 세워야 자본 비용을 줄이고 생산원가를 줄일 수 있다. 흑자도산 기업의 경우 대부분 자금운용이 방만하거나 자금흐름과 부채의 장단기 구조가 잘못되었기 때문이다.

대부분 재무관리자나 투자자들이 내재가치를 측정하지 않다 보니 주가에 거품이 있는지, 아니면 반대로 역거품이 있는지 모르는 경우가 흔하다. 채권 발행에 있어서도 장기채를 발행해야 할지 단기채를 발행해야 할지 몰라 합리적 자금조달계획을 제대로 수행하기 어렵다. 내재가치와 시장가격을 비교분석하는 시각 배양은 투자 판단이나 재무관리 전략 수립의 필요조건이다.

PART 5

경쟁력의 결승점과 출발점
– 환율

1
국가경쟁력의
결승점과 출발점

F O C U S

　상대국 통화와의 교환비율인 환율을 대외경쟁력의 출발점으로 여기는가, 반대로 결승점으로 보는가에 따라 환율에 대한 시각은 사뭇 달라진다. 성장을 보다 중시하는 사회에서는 환율이 가격경쟁력의 출발점이지만, 민생을 중시하는 환경에서는 후생과 복지를 위한 결승점이 된다. 출발점도 중요하고 결승점도 같이 중요하다.

　환율도 금리나 주가와 마찬가지로 거시경제와 균형을 잃고 적정수준을 벗어나면 누군가는 특별이익을 얻는 대신에 다른 누군가는 특별손실을 보기 마련이다. 경제사회에서 '공짜 점심은 없다' 는 금언은 외환시장에서도 어김없이 들어맞는다.

환율이 어떤 때는 경제적 착시효과를 일으키기도 하고, 어떤 때는 마술 아닌 마술을 연출하기도 한다. 두 가지 쉬운 예를 들어보자.

미시간 주립대에 방문객으로 있을 때였다. 원화의 대미환율이 800원대에서 이듬해에 700원대로 내렸다. 원화 가치가 상승하는 바람에 생활의 여유가 생겨 겨울방학에는 아이들과 북아메리카 땅 끝 '키웨스트'로, 그리고 여름방학 때는 머나먼 서부로 구석구석 자동차 여행을 할 수 있었다. 수년 후 나와 같은 과정을 거친 인사는 환율이 연초 840원대에서 연말에는 2,000원 가까이 올라, 남의 나라에서 생활비가 부족하여 쩔쩔맸다고 하였다.

그 당시 나는 원화 가치 상승으로 한국인으로서 자부심까지 높아졌다. 반대로 그 인사는 원화 가치가 추락하여 이래저래 체면을 구긴 셈이다. 윤택한 삶도, 그리고 쪼들리는 가계도 때로는 개인의 잘잘못을 떠나 사회 환경과 국가 위상에 따라 좌우될 수 있다는 이야기다. 구태여 갖다 붙인다면 어떤 누구는 환율강국의 여유를, 다른 누구는 환율약체국의 설움을 피부로 체험한 셈이다. 환율주권이라는 엉터리 용어를 억지로 사용하려면 자국 통화의 정당한 가치를 확보하여 경제 활력을 이루는 동시에 자국민의 후생을 살찌게 하는 길이 되어야 한다. 수출을 장려한답시고 자국 통화를 헐값으로 만들어 민생을 어렵게 하는 것이 "환율주권"은 정녕 아니다.

한국은행에서 발표한 2009년 국민계정을 보면, 그해 우리나라는 다른 나라들의 마이너스 성장과는 달리 1인당 명목국민소득(GNI)은 21,275천 원에서 21,923천 원으로 전년 대비 3.04% 상승하였다. 그러나 원화 환율이 13.6%나 상승하여, 달러 표시 국민소득은 전년 19,296달러에서 △10.99%나 낮은 17,175달러로 떨어졌다. 이를 정리하면 ① 원화 베이스로는 괜찮은 경제적 성과를 거뒀으나, 달러 표시로 보면 불황의 늪에 빠진 것처럼 보였다. ② 내수의 성장기여도는 △3.8%p였으나, 환율상승으로 수출이 늘어나 수출의 성장 기여도는 4.0%p를 기록하였다. ③ GDP 디플레이터 상승률은 3.4%(소비자 물가 2.8%)에 달하였다.

그 당시 한국경제는 소비수요 감소, 국내투자 감소 같은 내수부족에도 불구하고, (환율상승에 따른 가격경쟁력 증대로) 수출은 호조를 보였다. 하지만 환율상승의 대가로 가계는 저성장의 어려움 속에서 수입물가 상승에 따른 인플레이션 부담까지 떠안아야 했다. 가계부실이 심화되어 가는 어려운 상황에서 발생한 고환율 부작용이다. 기초 경제여건이 변하지 않는데도 환율이 높아지면 수출 상품 가격 경쟁력은 높아질지 모르지만, 물가는 불안해진다. 반대로 환율이 낮아지면 물가안정으로 가계의 후생과 복지는 개선되지만 수출경쟁력은 약화된다.

재변 또는 관변 인사들이 환율이 왜 높은지, 아니면 왜 낮은지에 대한 판단 기준 없이 자신의 처지에서 그저 심정적으로 환율이 낮거나 높다고 주장한다. 그러다 보니 시장의 흐름을 도외시한 채 환율을 마음대로 올리거나 내려도 되는 것처럼, 엉뚱하게 환율주권을 내세우는 난센스가 벌어졌다. 살아 움직이는 생물처럼 쉼 없이 변화하고 있는 경제 현상을 바라볼 때는 어느 한 부분만이 아닌 전체를 보는 균형감각을 가져야 구성의 오류를 반복하지 않게 된다.

민생, 다시 말해 사람들의 후생과 복지를 중시하는 사회에서는 환율이 국가경쟁력의 결승점이 되기도 하지만, 성장을 우선시하는 환경에서는 환율이 경쟁력의 출발점이 되기도 한다. 결승점과 출발점이 어느 한쪽으로 치우치지 않고 조화를 이루어야 한다. 성장과 분배가 조화를 이루어야 지속적 성장과 발전을 기대할 수 있는 것과 마찬가지다.

2
물가 변동과
환율 변동

F O C U S

각국 정부가 마음대로 찍어낼 수 있는 법정화폐의 가치
는 그 화폐로 살 수 있는 상품수량, 즉 구매력에 달려 있다.
상대국 통화와의 교환비율인 환율은 양국 간의 물가수준에
따라 결정되어야 마땅하다. 환율이 비정상으로 높거나 낮
다면 물가가 싼 나라에서 비싼 곳으로 상품이 이동하면서
불균형이 해소된다.

그 과정에서 국제수지 균형이 무너지면 이를 개선하기 위
한 환율조정이 다시 일어난다. 구매력평가 이론은 논리적으
로 타당하지만 현실 세계에서 어긋나는 경우가 흔하다. 각
국의 상이한 환율정책과 함께 무역장벽, 유통비용 같은 상
품이동 제한 때문이다.

시장에서는 일물일가 법칙(law of one price)에 따라 똑같은 품질의 상품가격은 어디서나 같아야 한다는 것이 구매력평가(PPP) 이론의 바탕이다. 예컨대, 맥주 한 병이 한국에서 1,100원, 미국에서 1달러라면, 한국과 미국의 환율은 1,100원이 되어야 실물시장과 외환시장의 균형이 달성된다. 가격이 각각 다르다면, 가격이 싼 곳에서 비싼 곳으로 상품이 이동하여 가격이 조정된다.[95]

미래 환율의 예상변화율도 양국 간 (예상)물가상승률 차이와 같아져야 자연스럽다. 예컨대, 한국 물가상승률은 3%, 미국은 1%라고 가정하면, 1년 후의 맥주 가격은 미국에서는 1.01달러{=1$(1+0.01)}가 되고, 한국에서는 1,133원{=1,100₩(1+0.03)}이 되어야 정상이다. 그렇다면 1년 후의 대미 원화환율은 당초보다 22원 상승한 1,122$(=1,133₩×1.01$)로 올라, 환율의 변동폭은 2%(22/1,100)가 되어야 마땅하다.

만약 고환율 정책을 펼쳐 실제 환율이 예상환율 1,122원보다 높게 상승한다면, 한국 맥주의 미국 수출은 활기를 띠게 되지만 다른

95. 환율과 소비자후생

달러 강세로 환율이 1,100원에서 1,200원으로 상승한다면, 한국 맥주회사는 100원의 초과이윤이 발생한다. 그 대가로 한국의 수입물가 수준은 1,100원대에서 1,200원대로 상승하여 한국 소비자들의 후생수준은 그만큼 나빠진다. 한국회사가 맥주를 원화 가격대로 1,100원에 수출한다면 미국에서는 0.9달러(=1,100원/1,200원)에 수입할 수 있어 맥주의 대미 수출은 활발해진다. 달러 강세에 따라 미국소비자들은 그만큼 싼 값으로 맥주를 마실 수 있다.

< 물가상승률과 대미환율 >

자료 : 한국은행 경제통계시스템

수입물가도 그만큼 상승하여 한국 가계의 부담은 늘어난다. 환율이 양국 간 물가수준 차이에 따라 예상되는 1,122W/$를 이탈하는 경우가 나타나면 환율을 둘러싼 갈등이 국가 간에 벌어진다.[96]

현실에서는 환율이 양국 간 물가수준과 동떨어지게 이루어지는

96. 생산품 이동과 소비자후생

환율 변동이 없더라도 생산비가 상승하거나 독과점 이윤으로 한국에서 맥주 가격이 1,200원으로 오른다면, 값싼 미국 맥주(1,133원)의 수입이 늘어나 한국 시장에서 맥주 가격은 1,200원 이하로 떨어지게 된다. 맥주가 싼 곳으로 이동 하면서 미국 생산자는 조금 더 비싸게 팔 수 있고, 한국 소비자는 조금 더 싸게 살 수 있다. 시장원리에 따라 재화와 서비스가 가격이 낮은 곳에서 비싼 곳으로 이동하는 것은 생산자이익뿐 아니라 소비자후생도 늘어나는 효과가 있다.

사례들이 여기저기 벌어진다.

주변에서 흔히 일어나는 실례를 들어보자. 수년 전 겨울, 엘리 타하리(Elie Tahari) 거위 털 방한복의 국내 백화점 판매가격은 정가 1,250천 원에 30% 할인한 875천 원이었다. 인터넷 사이트(SAKS FIFTH AVENUE) 가격은 정가 400달러에 50% 할인한 200달러로 당시 환율 1,080원으로 환산하면 216천 원이었다. 그러나 백화점에서 방한복을 산 소비자가 부담한 실제 환율을 계산해 보면 1달러에 4,375원(=875,000/200$)으로 당시의 시장 환율 1,080원보다 무려 4배 가까이 높았다.

정보의 확산이 빠르고 무역장벽 없이 상품이동이 자유롭다면, 소비자들의 허영심을 자극하는 고가 정책도 통하지 않아 소비자들이

〈 대미 구매력평가지수(한국과 일본) 〉

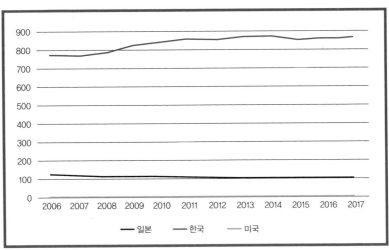

자료 : 한국은행 경제통계시스템

백화점 구매를 자제하거나, 이 제품의 수입이 늘어나 가격이 떨어지고 누군가가 중간에서 챙기는 수수료가 원가보다 큰 폭리는 없어질 것이다.

환율이 상대국 간 물가수준을 그대로 반영하지 못할 경우, 외화 수급에 충격을 주고 국가경제는 이래저래 불확실성을 잉태할 가능성이 커진다. 그 틈을 타 초과수익을 노리는 차익거래가 성행하게 되고 실물부문에서 벌어들인 외화를 금융시장에서 투기세력에게 빼앗길 가능성도 커진다. 금리와 마찬가지로 환율 또한 임의로 조율하려다가는 중장기에 있어 긍정적 효과보다 부작용이 더 커진다.

3
금리 변동과
환율 변동

F O C U S

환율은 기초경제여건에 따라 정해지는 금리와 불가분의 상관관계를 가진다. 국제금융시장에서 환율의 예상 변동률은 상대국과의 금리 차이와 같아져야 바람직하다. 금리 차이보다 환율의 예상 변동률이 높아지거나 낮아지면, 차익을 노리는 핫머니의 유출입이 잦아지게 마련이다.

채권시장에 유입되고 있는 외국인 포트폴리오 투자(FPI) 자금은 상대국과의 금리 차이, 환차익을 고려하여 기회를 노린다. 환율의 변동방향을 가늠하려면 국제수지 변화는 물론 양국 간의 (시장)금리 차이를 동시에 관찰하여야 한다.

시장에서 금리나 환율이 마음대로 정해지는 것은 아니다. 수출경쟁력 같은 경제의 체력인 환율과 경제의 혈압인 금리는 밀접한 상관관계를 가지며 변동한다. 효율적 금융시장에서 상대국간 환율의 예상변화율은 양국의 이자율 차이와 같다. 다시 말해, 금리가 높은 나라의 통화는 낮은 나라보다 금리 차이만큼 할인(discount)되고, 금리가 낮은 나라의 통화는 그만큼 프리미엄(premium)이 붙는다.[97]

현재 환율이 1,100₩/$이고 금리는 미국 1%, 한국은 3%라고 가정하자. 미국에서 1달러짜리 채권을 사면 1년 후에 1.01(=1+0.01)달러가 된다. 1달러를 원화로 환전하여 한국에서 원화 채권을 사면 1,133{=1,100(1+0.03)}원이 된다. 1년 후, 대미 원화환율은 2%(22원) 오른 1,122(=1,133/1.01)₩/$로 예상할 수 있다.[98]

환율이 금리와 균형을 이탈하면 어떠한 변화가 초래되는가?

만약 미래의 환율이 이론가격(1,122원)보다 낮은 달러당 1,000원이 될 것이라고 예상한다면 원화가치의 상대적 상승을 의미하는 것으로 이윤을 추구하는 경제적 인간이라면 선물환이든 현물환이든

97. 자국통화 베이스로 투자

외국인투자자들은 금리·주가·환율 같은 금융시장 가격지표 변동을 종합적으로 계산하여 자국통화 베이스로 수익을 실현할 수 있을 때 투자하는 것이지 어느 한 가지 지표만을 보는 것은 아니다. 예컨대, 미국 시장금리가 우리나라보다 2%p 낮고, 원화가 2%p 평가절상된다고 가정하면 달러화 가치로는 4% 내외의 수익을 예상할 수 있다. 반대로 미국금리가 1%p 높더라도 원화가치가 4%p 절상된다고 가정하면 달러화 가치로는 3%의 수익을 기대할 수 있다.

원화 포지션을 높일 것이다. 현재 1달러를 1,100원에 판 다음 환율이 1,000원으로 내린 후에 다시 사면 기간 중 예금 금리 차이(3%-1%)를 제외하고라도 달러 베이스로 10%의 초과수익을 올릴 수 있기 때문이다. 언젠가 우리나라 국제신용등급이 오를 것이라 예상되자 미래의 원화절상을 예상한 투기세력이 몰려들었었다.

반대로 미래의 환율이 이론가격보다 높은 1,200원이 될 것이라고 예상한다면, 원화가치의 상대적 하락을 의미하는 것으로 발 빠른 투자자들은 선물환이든 현물환이든 달러 포지션을 높일 것이다. 1달러를 1,100원에 사서 환율이 1,200원으로 오른 다음에 팔면 100원의 차익이 발생한다.

98. 국제피셔효과(international fisher effect)

국제피셔효과는 자본의 국제적 이동이 자유롭다는 가정 하에 양국 간 명목금리의 차이는 양국 통화 간 기대되는 환율 변동과 같아진다는 이론이다. 따라서 당사국 간에 실질금리는 동일해진다는 논리다. 국제피셔효과는 피셔방정식과 구매력평가설을 함께 적용하여 설명할 수 있다. 완전한 자본이동성이 성립하여 양국 간 실질금리가 동일할 경우, 피셔방정식에 따라 양국 간 명목금리 차이는 양국 간 기대인플레이션 차이와 같아진다.

구매력평가설(purchasing power parity)에 따라 동일한 물품은 다른 나라에서도 같은 가격에 구입할 수 있다는 일물일가(一物一價)의 법칙이 성립한다고 가정하자. 이 경우 자국의 물가수준은 외국의 물가수준에 양국 간 환율을 곱한 값이 된다. 이 관계를 시간에 대해 미분하여 상대적 변화율을 구하면, 양국 간 기대인플레이션의 차이는 양국 간 기대되는 환율 변동과 같게 된다. 따라서 피셔방정식과 구매력평가설이 동시에 성립한다고 가정할 경우, 양국 간 명목금리의 차이는 기대 환율 변동과 같아진다.

달러 환율이 비정상적으로 높은 1,200원에 도달하면, 비정상 상황은 언젠가는 해소되기 마련이므로, 다시 원화가치의 상승(환율하락)을 예상할 수 있다. 그때 투자자들은 달러 포지션을 줄이려고 할 것이다. 쉬운 예로, 1997년 대규모 경상수지 적자와 막무가내 외환시장 개입으로 외화보유고가 줄어들면서 원화가치 평가절하(환율상승)를 예상한 거주자 외화예금이 급격하게 늘어났다. 막상 IMF 사태가 터져 환율이 가파르게 상승한 다음에는 (환율하락을 예측하여) 외화예금이 썰물처럼 빠져나갔다. 당시 외환시장 진입이 쉽지 않은 상황에서 돈과 빠른 시장정보를 가진 누군가가 위기를 이용하여 초과수익을 누린 셈이다. 국가부도 위기가 그들에게는 거금을 버는 기회가 되었다.

실물과 달리 운송비용, 거래비용이 거의 들지 않는 금융시장은 24시간 거래를 통하여 기대수익률이 어디서나 같게 수렴할 때까지 실시간으로 변동한다. 높은 가격에 팔고 낮은 가격에 사려는 시장청산(market clearing) 과정이 계속 이어지며 비정상적으로 높거나 낮은 환율은 시차가 있을지라도 결국 제자리를 찾아가기 마련이다.

그래서 시장에 개입하여 임의로 금리나 환율을 올리거나 내리면 결국 투기세력에게 초과수익의 기회만 제공하기 쉽다. 게다가 정책목표에 따라 환율을 높거나 낮게 형성되도록 하는 시장개입은 경제적 불확실성을 크게 하여 가계, 기업으로 하여금 합리적 경제행위보다는 투기적 행위를 유도하여 결과적으로 국민경제의 성장잠재력을 해친다.

4
경상수지와
환율

FOCUS

실물부문 대외경쟁력의 결과로 나타나는 경상수지와 상대국 통화와의 교환비율인 환율은 밀접한 상관관계를 가지며 변동해야 국민경제가 선순환한다. 대외경쟁력 개선 또는 악화로 경상수지 흑자 또는 적자가 발생하면 환율이 오르내리는 과정에서 그 불균형이 해소되어야 마땅하다.

현실세계에서 경상수지 규모와 환율은 엇갈리며 변동하는 경우가 많다. 우리나라의 경우 경상수지와 환율 변동의 상관관계가 약하고 심지어 역상관관계가 나타나기도 했었다. 비정상 상황이 오래 지속하다 보니 비정상을 정상으로 착각하고 혼동하는 부작용도 초래되고 있다.

모든 상품과 서비스는 가격이 싼 나라에서 비싼 나라로 이동하고, 통화는 상품이동과 반대 방향으로 움직인다. 상품과 서비스의 대외거래 결과로 나타나는 경상수지 흑자가 지속되면 실물부문 경쟁력 향상을 의미하므로 자국 통화가치가 평가절상(환율하락)되어야 마땅하다. 반대로 적자가 늘어나면 평가절하(환율상승)되어야 한다. 국제수지 흑자가 쌓여 가면 상대국에 대한 채권이 늘어나 자국 통화가치가 상승하는 반면, 적자로 채무가 늘어나면 통화가치가 하락하는 것이 자연스러운 이치다. 나라 간의 경상수지 불균형이 발생하면 외환시장에서 환율의 변동을 통하여 자연스럽게 해소되어야 국민경제가 균형을 찾아간다.

환율이 국제수지 특히, 실물부문 경쟁력의 결과인 경상수지와 높은 상관관계를 가지며 변동하여야 국민경제의 순조로운 성장과 발전을 기대할 수 있다. 그러나 실제로는 다음 그림에서 나타나는 바와 같이 환율과 경상수지가 동떨어져 움직여 상관관계가 거의 없는 것처럼 보이고 있다. 이는 한국경제가 무엇인가 비정상적으로 가동됐거나 어딘가에 구멍이 뚫리고 누수 현상이 있었음을 시사하고 있다.

자본시장이 개방되지 않은 상황이라면 외국과 상품과 서비스 거래의 결과로 나타나는 수출과 수입이 균형을 이루는 상태에서 외환시장에서 정해지는 환율이 적정수준으로 판단할 수 있다. 경상수지가 균형을 이탈하더라도 흑자 또는 적자 규모가 GDP의 1~2%를 초과하지 않는 범위에서 정해지는 시장 환율이 적정수준이다.

환율이 경상수지와 높은 상관관계를 가지며, 변동해야 하는 까닭

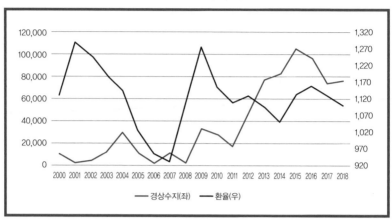

〈 경상수지와 환율 〉

자료 : 한국은행 경제통계시스템

을 생각해 보자.

먼저 경상수지 흑자가 커지는 데도 환율하락(평가절상)이 없거나 오히려 환율상승(평가절하)이 된다면, 이윤과 효용을 추구하는 경제적 인간이 열심히 일한 만큼 보상받지 못하는 결과가 된다. 환율이 거시경제 현상을 그대로 반영하지 못하면, 경상수지 흑자의 열매가 국민경제 전반에 돌아가지 않고 한구석으로 쏠리거나 부당하게 이전되는 결과를 초래한다. 국제수지흑자나 경제성장이 후생과 복지 증진으로 이어지지 못한다면, 공동체 구성원들이 열심히 일해야 할 당위성이 없어진다. 성장잠재력의 바탕인 사회에 기여하면서 자신도 잘 살려는 동기양립(incentive compatibility)이 훼손될 수밖에 없다.

그와 반대로 경상수지 적자가 계속되는 데도 환율상승(평가절하)이 억제된다면, 가격경쟁력이 저하되어 생산 활동이 더욱 침체된다. 특

290

히 대외의존도가 높고 내수가 취약한 상황에서는 산업생산이 급격하게 줄어들고, 가계는 저소득과 함께 실업에 직면하게 된다. 대외부채는 더 늘어나게 되어 국민경제는 어려움에 부닥치게 된다.[99]

단기적으로는 외환의 수요와 공급에 영향을 미치는 변수들이 워낙 다양하여 경상수지와 균형을 이루는 적정 환율수준을 가늠하기가 어렵다. 쉴 새 없는 대내외 충격과 사람들의 주관적 기대심리 변화에 따른 가수요가 발생함에 따라 환율은 상승과 하락을 순간순간 거듭하기 때문이다. 그러나 중장기로는 경상수지가 균형을 이루도록 환율이 조정되어야 바람직한 경제순환을 기대할 수 있다.

경상수지와 환율이 따로따로 움직인다면 가계와 기업은 착시 현상을 일으켜 경제적 판단을 그르치게 되고 합리적 경제활동이 어려워진다. 수출증대 같은 특정목표를 달성하려고 거시경제여건과 동떨어지게 억지로 환율을 조율하면 긍정적 효과보다는 부정적 영향이 더 크게 나타난다. 한국경제의 양극화 내지 무기력 증상 원인 중에는 다음 그림에서 나타나듯이 경상수지와 환율의 괴리가 오랫동안 누적된 결과에서도 찾을 수 있다.

---

99. 경상수지와 환율의 상호작용

저수지에 물이 넘친다면 적당한 시기에 수문이 열려 수위가 조절되어야 한다. 마찬가지로 경상수지 흑자폭이 커져 외환보유가 크게 늘어났다면 자동조절장치가 작동하여 평가절상(환율하락) 되어야 마땅하다. 환율이 낮아지면 흑자가 줄어들어 실물경제와 균형을 유지하게 된다. 반대로 경상수지 적자로 외화가 부족하다면 평가절하(환율상승)를 통하여 적자가 줄어드는 과정을 통하여 경상수지가 균형을 찾도록 하여야 경제순환이 순조롭다.

5
경상수지에 대한
오해와 이해

F O C U S

　국민경제의 순환과정에서 총저축이 총투자보다 클 때는 경상수지 흑자, 반대로 저축이 투자보다 부족하면 적자가 발생한다. 경상수지 균형(=0)은 생산과 소비, 저축과 투자의 균형을 이루어 나라경제의 순환이 원활하게 진행된다는 의미를 내포하고 있다.

　경상수지 흑자는 국민경제의 절대 선이 아니고 경제발전 과정에 따라 각각 다른 의미를 가진다. 경상수지는 총공급(총생산)과 총수요(소비수요와 투자수요)의 차이로 흑자 또는 적자보다 중장기 균형이 지속적 성장과 발전을 유도한다.

아래 그림에서 보는 것과 같이 우리나라에서 1998년 이후 경상수지 흑자와 경제성장의 상관관계는 전혀 관찰되지 않는다. IMF 사태 이후 대규모 경상수지 흑자가 누적되는 가운데서 한국경제는 심각한 소비수요부진에 시달리게 되었다. 2014년 이후에는 오히려 성장률이 저하되며 흑자가 확대되는 '불황 속 흑자' 현상이 나타나고 있다. '환율주권'이라는 슬로건 아래 가계를 희생시켜서라도 경상수지 흑자만 달성하면 된다는 수출지상주의 내지 '흑자의 함정'에서 벗어나야 하는 까닭을 말해주고 있다.

알기 쉬운 국민소득 항등식을 통하여 경상수지 흑자나 적자의 의미와 경제에 미치는 영향을 생각해 보자.

〈 경상수지와 경제성장률 〉

(단위, 백만 달러, %)

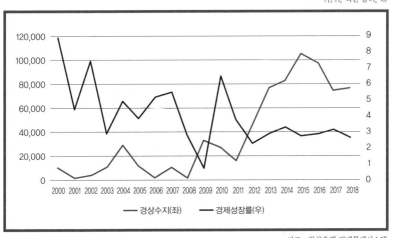

자료 : 한국은행 경제통계시스템

국민소득(Y)은 소비(C)와 투자(I)를 더한 데다 경상수지 즉, 수출(X)과 수입(M)의 차를 합한 것이다.

따라서 국민소득 항등식은

$$Y(총공급) = (C+I)(=총수요) + (X-M)(=경상수지) \cdots\cdots 식[1]$$

식[1]을 다시 정리하면

$$Y(총공급) - (C+I)(=총수요) = X-M(=경상수지) \cdots\cdots 식[2]$$

첫째, 식[2]에서 총공급(Y)과 총수요(C+I)의 갭이 경상수지로 나타난다. 총공급이 총수요(=C+I ; 소비+투자)보다 크면 경상수지 흑자, 반대로 총수요가 더 크면 적자가 된다. 경상수지 흑자 또는 적자는 결국 총공급과 총수요의 불균형 결과임을 알 수 있다. 총공급 즉, 총생산도 중요하지만 총수요는 복지와 후생으로 직접 연결되므로 흑자나 적자보다는 균형이 국민경제 전체에 더욱 바람직스럽다는 의미를 내포하고 있다. 이 세상 무엇이든 불균형 상태가 오래 지속하면 문제가 생긴다.

둘째, 식[2]는 경상수지가 균형일 때 경제가 원활하게 순환된다는 의미를 가진다. 흑자나 적자, 어느 한쪽으로 쏠리지 않는 균형수준이 보다 바람직하다는 뜻이다. 불균형 현상이 벌어지면 누군가는 특별 이익을 얻는 대신에 다른 누군가는 그 대가를 치러야 한다. 쉬운 예로, 외환시장 개입으로 가격경쟁력을 인위적으로 높이면 수출은 늘어나지만 고환율에 따른 고물가는 가계가 부담하여야 한다. 예컨대,

중국의 대미흑자가 크지만, 1인당 국민소득은 미국의 약 1/7 정도로 같은 임금을 받으려면 7배 이상 일을 하여야 한다는 의미를 가진다.

셋째, 식[2]에서 총공급이 늘어나도 소비수요(C)나 투자수요(I)가 더 크게 확대되면 경상수지는 악화되기 쉽다. 경상수지 적자는 경제개발 초기단계에는 자본축적이 미미하며 총공급 능력이 취약한 반면에 투자수요와 소비수요가 높을 때 불가피하게 발생하는 현상으로 경제성장 과정에서 나타나는 하나의 필요악이기도 하다. 그러나 성장이 진행되고 자본축적이 어느 정도 이뤄지면 이러한 굴레를 과감하게 벗어나 흑자보다는 균형을 이루도록 하는 것이 지속적 성장과 발전의 토대가 된다.

넷째, 식[2]에서 총공급 증가 즉, 더 많이 생산하면 경상수지 흑자가 되고 총소비 증가 즉, 더 많이 소비하면 적자가 된다. 해외수요 부족 즉, 수출 감소로 총공급(Y)이 줄어들더라도 국내의 소비수요(C)나 투자수요(I)가 더 줄어들면 경상수지 흑자는 확대된다. 수출이 감소하더라도 내수부족으로 수입이 더 많이 줄어들어 흑자가 확대되는 현상이 2008년 세계금융위기가 지나가면서 한국경제가 마주친 소위 '불황형 흑자' 다. 소비수요가 부족하여 초래되는 불황 속에서 경상수지 흑자가 계속되면 가계의 후생과 복지는 줄어든다는 의미가 된다.

다섯째, 식[2]를 다시 정리하면

$(Y-C)(총소득-총소비)-I(투자)=X-M(경상수지)$ ······ 식[3]

식[3]에서 경상수지(X-M)는 총저축(Y-C ; 총소득-총소비)과 총투자(I)의 차이로 나타난다. 저축이 투자보다 크면 경상수지 흑자, 반대로 투자가 저축보다 크면 경상수지 적자가 된다. 저축과 투자 또한 더함과 덜함이 없는 균형이 가장 바람직한 상태임을 의미하고 있다.

저축도 늘고 투자도 늘어나는 것이 바로 경제 활성화다. 그러나 성숙해진 경제구조에서 저축은 그대로이면서 투자가 위축되면, 경상수지 흑자가 달성되나 경제는 활력은 잃게 되어 중장기 성장잠재력은 훼손될 수밖에 없다. 반대로 저축은 줄어들고 투자만 늘어나면 경상수지는 적자를 면할 수 없다.

한국경제 성장의 원동력은 다름 아닌 세계에서 가장 높았던 가계저축률이었다. IMF 구제금융 사태도 경제의 뿌리인 가계가 튼튼하여 가계의 희생을 바탕으로 극복할 수 있었다. 이후 가계저축률이 지속해서 하락하다가 일시 반등하는 모습도 보이지만 낮은 수준에 머물고 있다. 그 가운데 소득 1분위, 2분위 계층의 저축률은 마이너스 수준이지만 소득 5분위 계층의 저축률은 상대적으로 높은 편이다. 이는 우리나라 경상수지가 흑자에서 적자로 반전될 가능성을 배제하기 어려운 셈이다. 다시 말하면, 경기부양을 위해서 현재소비만 부추길 것이 아니라 미래소비를 위한 가계저축을 증진하여야 한국경제의 먼 미래를 내다볼 수 있음을 시사하고 있다.

6
경상수지 흑자와
가계부채 동반 증가

FOCUS

우리나라에서는 언제부터인가 경상수지 흑자 누적과 가계부채가 동반하여 증가하는 이해하기 어려운 상황이 전개되고 있다. 경상수지 흑자 누적은 실물부문 경쟁력 상승의 결과이며, 가계부채 누적은 한국경제 무기력 증상의 원인으로 소비수요기반을 약화시키고 있다.

그 인과관계나 상관관계는 불분명하다. 과거 수출을 지원하기 위한 고환율이 수입 물가를 자극하였으나 가계부실의 주원인이라고 단정할 수 없다. 하여간 수출입국을 표방하며 이룩한 경제성장 과실이 국민 대다수의 후생과 복지로 연결되지 못했다는 사실은 부인하기 어렵다.

우리나라에서는 IMF 사태 이후 경상수지 누적과 가계부채가 동반하여 증가하는 비정상 상황이 벌어지고 있다. 이 같은 현상은 경상수지 흑자가 가계의 복지·후생에 크게 기여하지 못하고 있음을 시사하고 있다.

수출입국을 표방하며 이룩한 경상수지 흑자가 가계부채 증가의 직접 원인은 아니더라도 국민 대다수 삶의 질 향상으로 연결되지 못한 것은 사실이다. 우리나라가 제4차 산업혁명 대열에서 경쟁국에 비하여 뒤지고 있는 장면을 보면, 고환율이 연구개발보다는 가격경쟁력에 안주하게 하는 부작용까지 초래할 수 있음을 짐작할 수 있다.

고환율은 수출상품의 가격경쟁력을 제고시키지만, 그 반대급부로 가계는 고물가를 부담하여야 한다. 성장 위주의 고환율정책과 함께 똑같은 제품도 수출단가는 내리고, 내수단가는 높이는 차별가격도 한동안 지속하였다. 한국산 자동차나 휴대전화기가 외국보다 한국에서 비쌌다는 우스꽝스러운 진실은 이미 여러 번 보도되었다.

금융가격지표가 실물경제 현상을 제대로 반영하지 못하면 시장간에 균형을 깨트린다. 실물시장과 금융시장, 현물과 선물시장, 역내·외 시장 간에 불균형으로 경제적 착시 현상을 일으킨다. 고환율은 자국 통화가치를 하락시켜 금융자산은 물론 실물자산을 외국인투자자들에게 염가로 파는 것과 같은 효과를 가진다. 자산을 싸게 판만큼 외국인들에게 초과수익 기회를 제공하는 셈이다.

금리·주가·환율이 본질가치를 벗어나면 차익거래를 노린 투기자금의 유출입을 확대시켜 금융시장은 물론 실물시장까지 교란한다. 사실 우리나라 외환시장, 채권시장, 주식시장은 본질가치 변동 없이도 핫머니 유출입에 따라 등락을 거듭하는 불안한 모습을 수없이 보여 왔다. 이와 같은 금융시장 불안은 가계저축은 물론 기업 자금조달 안정성을 해친다. 고환율환경에서 가치투자에 익숙한 외국인들이 초과수익을 실현하는 대가로 우리나라의 대외지급능력은 그만큼 취약해졌다. 실물부문에서 벌어들인 그 많은 외화가 다 어디로 갔는지 생각해 보면 짐작할 수 있다.

비정상 상황이 오랫동안 계속되면 비정상을 정상으로 착각하는 오류를 범하게 되는데, 우리나라에서 고환율에 대한 편견이 바로 그 좋은 예라고 할 수 있다. '환율주권'이라는 얼토당토않은 구호 아래, 수출만 하면 모든 문제가 다 해결된다는 고환율 정책의 효과를 의심하게 하는 장면이다. 특히 다음 그림과 같이 경상수지 흑자 누적과 가계부채가 동반하여 증가하고 있다는 사실은 경상수지 흑자 누적과 경제 성장·발전과의 관계가 불분명해졌음을 의미한다.

대규모 경상수지 흑자와 관계없이 정해지는 환율수준은 실물경제의 성장 과실이 국민경제 전반에 골고루 퍼지지 못하고 어디론가 흩어져 사라지거나 아니면 어느 한쪽으로 몰려 있다는 의미가 된다. 세계에서 가장 긴 근로시간을 기록하며 땀 흘려 일했어도 대다수 국민들의 생활수준은 그만큼 향상되지 못했다는 뜻이다.

경상수지 흑자누적과 가계부채의 동반 확대 현상은 직접 상관관계가 없는지 모른다. 그러나 장기간 고환율 정책이 잠재성장률을 하락시키고 빈부격차, 가계부실 같은 우리경제 그늘의 부분적 원인으로 작용하였음은 부인하기 어렵다. 경제개발 초기에는 저임금, 고물가 같은 가계의 희생을 바탕으로 자본축적도 하고 수출가격 경쟁력을 높일 수도 있었다. 그러나 경제가 성숙해지면 성장의 과실이 특정 부문이 아닌 대다수 가계의 후생과 복지 향상으로 연결되어야 지속적 성장과 발전을 기대할 수 있다. 수출증대나 경제성장은 어디까지나 중간목표이고 열심히 일하는 사람들의 삶을 윤택하게 하는 것이 그 최종목표라는 사실을 깨달아야 한다.

〈 경상수지 누적과 가계부채 추이 〉

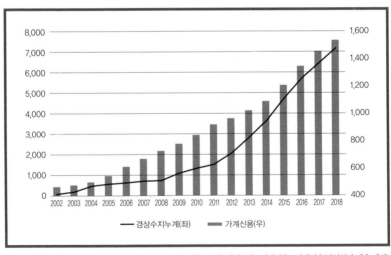

자료 : 한국은행, 가계부채＝가계대출＋가계신용(자영업자 대출 제외)

7
경상수지와
순국제투자

F O C U S

    실물부문 대외경쟁력 결과로 나타나는 경상수지는 나라 경제의 중간성적표다. 경상수지 누적을 포함하여 내·외국인의 대내·외 투자거래 결과를 나타내는 순국제투자(순대외자산)가 최종성적표다. 따라서 국가경쟁력의 최종 결과인 순국제투자가 환율 변동에 결정적 영향을 미친다.

    국제투자대조표로 미루어 보면, 우리나라의 실질적 대외지급능력을 의미하는 순국제투자는 2013년까지는 마이너스 상황이었으며 2014년 이후에야 플러스가 되었다. 우리나라가 줄기찬 경상수지 흑자를 기록하고도 원화가치가 높아지지 않았던 '외환시장 미스터리'(?)가 풀리기 시작한다.

외국인 포트폴리오 투자(FPI) 자금이 24시간 넘나드는 개방경제 체제에서 실물경제의 성과인 경상수지만을 관찰하고 외환시장을 미루어 짐작하다가는 오류를 범하게 된다. 대외지급능력이나 환율의 변동방향을 가늠하려면 경상수지 누적을 포함하는 국제투자대조표의 국제투자포지션 즉, 대외금융자산 추이를 살펴야 한다.

국제수지표(BOP)는 일정 기간에 거주자와 비거주자 간에 모든 경제적 거래를 경상수지와 자본수지 및 금융계정으로 구분하여 기록한다. 경상수지는 일정 기간에 거주자와 비거주자 간에 실물부문 대외거래를 집계한 유량(flow) 개념 통계로 기간 중의 경제 활성화 정도를 가늠할 수 있다.

국제투자대조표는 특정 시점의 한 나라의 거주자가 보유하고 있는 모든 대외 금융자산·부채 통계로서 한 나라의 '국제투자포지션'을 종합적으로 나타낸다. 국제투자대조표에서 순국제투자(net International Investment Position)는 과거로부터 경상수지와 (금융)투자 거래를 포함한 모든 대외거래 결과를 나타내는 저량(stock) 개념의 통계로 작성 시점의 실질적 대외지급능력을 나타낸다.

경상수지 흑자가 아무리 늘어나도, 외국인투자자들이 우리나라 채권시장 또는 주식시장에서 많이 벌어 가면, 그만큼 순국제투자가 줄어들어 대외지급능력은 허약해진다. 내국인들이 역외시장에 투자하며 손해를 볼 때도 국제투자포지션은 취약해진다.

중앙은행이 보유하는 외화준비금이 아니라 순대외금융자산(순국제투자)이 진정한 의미의 대외지급능력을 나타내고 있다. 따라서 중장기 환율의 변동방향을 가늠하려면 경상수지나 외환보유액이 아니라 대외투자를 포함하여 국가경쟁력의 총체적 결과인 국제투자대조표(IIP)의 순대외금융자산 추이를 살펴야 한다.

경상수지와 금융계정을 비교해 보면 우리나라 금융부문 경쟁력이 크게 취약했음을 반증하고 있다. 우리나라가 실물부문 경쟁력은 크게 향상되어 IMF 구제금융 사태 이후 2018년 현재까지 8,000억 달러가 넘는 대규모 경상수지 흑자를 기록하였으나, 순대외금융자산은 4,130억 달러에 불과하다. (금융)투자거래에서 무려 4,000억 달러가량의 손실을 보고 있다는 의미다. 다시 말해, 우리나라 대외지급능력이 충분하지 못한 원인은 실물부문이 아니라 금융부문 취약성 때문이라고 판단할 수 있다.

〈 경상수지와 순대외금융자산 〉

(단위 : 백만 달러)

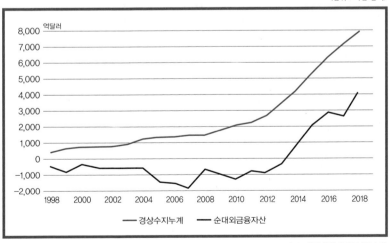

자료 : 한국은행 경제통계시스템

일국경제의 체력을 표상하는 환율도 금리나 주가처럼 기초경제
여건과 조화와 균형을 이루며 변동하여야 가계나 기업의 합리적 경
제행위를 유도할 수 있다. 실물부문에서 땀 흘려 이룩한 경제적 성
과를 (금융)투자거래에서 외국인투자자들이 상당 부문 거두어간 셈
이다. 쉽게 말해 한국경제는 앞으로 남고 뒤로 밑지는 장사를 한 셈
이다. 경상수지흑자 누적에도 불구하고 대외투자거래 손실로 말미
암아 원화가치는 높아지지 않았다. 어쩔 수 없이 실물시장과 금융
시장의 불균형이 초래될 수밖에 없는 안타까운 상황이다.

〈 우리나라 대외금융자산(대외투자) 및 대외금융부채(외국인투자) 〉

(단위 : 억달러)

	2013년말	2014년말	2015년말	2016년말	2017년말	2018년말
A. 대외금융자산 (대외투자)	9,675	10,785,	11,440	12,445	14,537	15,205
1. 대외직접투자	2,388	2,605	2,859	3,102	3,558	3,876
2. 증권투자	1,688	2,048	2,355	3,030	4,207	4,557
3. 파생금융상품	236	306	295	222	263	200
4. 기타투자	1,899	2,190	2,252	2,379	2,617	2,535
5. 준비자산	3,465	3,636	3,680	3,711	3,893	4,037
B. 대외금융부채 (외국인투자)	10,048	9,943	9,395	9,666	12,054	11,075
1. 외국인직접투자	1,809	1,794	1,795	1,889	2,306	2,314
2. 증권투자	6,156	5,910	5,507	5,736	7,750	6,682
3. 파생금융상품	264	358	378	328	229	277
4. 기타투자	1,819	1,880	1,714	1,713	1,770	1,802
C. 순대외금융자산 (C=A-B)	-372	842	2,045	2,779	2,483	4,130

자료 : 한국은행 경제통계시스템(http://ecos.bok.or.kr)

경상수지와 순국제투자의 관계

국제수지표(BOP)에서 경상수지는 상품과 서비스수지, 그리고 임금 같은 본원소득수지 및 대가 없이 주고받는 이전소득수지로 구성된다, 자본수지에는 채무면제 같은 자본이전과 상표권 같은 비생산·비금융자산이 포함된다. 금융계정은 대외 직접투자, 주식, 채권 등 증권투자, 파생상품거래, 대출·차입 및 준비자산 등 금융투자거래가 계상된다.

국제투자대조표에서 순국제투자(net IIP) 즉, 순대외금융자산은 금융계정 누적 결과로 거주자 입장에서 실질적 국외 자산 또는 부채를 의미한다. 순대외금융자산 중에서 직접투자는 외국투자자와 대상기업 간에 발생하는 대외거래를 계상한다. 증권투자는 거주자와 비거주자 간에 이루어지는 주식, 채권 등에 대한 투자를 일컫는다. 준비자산은 통화당국의 외화보유액을 기록한다.

경상수지와 순국제투자의 관계를 강우량과 저수지로 비유해 보자. 경상수지는 기간 중 강우량으로 순국제투자 잔액은 저수지에 고여 있는 물로 비유할 수 있다. 비가 내릴 만큼 내려야 저수지에 물이 고인다. 저수지에 물이 가득 차 있다면 웬만한 가뭄도 이겨 낼 수 있지만, 저수지가 메말라 있다면 웬만큼 비가 내려도 해갈되기 어렵다. 또 저수지에 새는 구멍이 있다면 비가 많이 내려도 물이 차지 않는다.

IMF 구제금융 사태는 저수지에 비가 오랫동안 내리지 않아 바닥이 갈라지고 있는데도 밑바닥에 깔린 물까지 퍼내어 불거진 재앙이라고 할 수 있다. 그 이후에는 비는 많이 내렸으나 저수지에 구멍이 나서 물이 많이 빠져나간 상태라 할 수 있다.

8
국제투자포지션
(순대외금융자산)과 환율

F O C U S

상대국 통화와의 교환비율을 나타내는 환율은 대외경쟁력의 결과인 국제수지와 불가분의 상관관계를 가지며 움직여야 한다. 실물부문 경쟁력의 결과인 경상수지는 물론 금융부문의 대외거래 성과를 포괄하는 순국제투자포지션(순대외금융자산)과 균형을 이뤄야 마땅하다.

국제투자포지션이 균형을 이루면서 외화의 수요와 공급을 동시에 충족시키는 환율의 황금률은 달성하기 상당히 어렵다. 균형을 이뤄도 쉽사리 이탈하지만 궁극적으로는 총체적 대외경쟁력의 결과인 순대외금융자산과 통화의 대외가치인 환율은 균형을 찾아야 바람직스럽다.

적정 환율 수준은 실물부문의 경쟁력을 나타내는 경상수지 균형을 이루는 선에서 결정되어야 바람직하다. 그러나 환율은 실물부문과 금융부문의 종합적 경쟁력의 결과를 나타내는 순국제투자포지션과 중장기 균형을 이루며 결정되기 마련이다. 경상수지, 외국인 포트폴리오 투자(FPI) 같은 모든 대외거래 결과가 누적된 순국제투자포지션(net international investment position)은 나라 전체의 실질적 대외 자산·부채의 크기를 나타낸다. 개방경제 체제에서 환율의 결정과 변동은 궁극적으로 국제투자포지션(순대외금융자산)의 영향을 받는다.

국민경제 차원에서 볼 때, 대규모 경상수지 흑자를 기록하더라도 금융부문에서 투자손실이 더 크면 실질 대외지급능력은 취약해진다. 외국인들이 한국시장에서 포트폴리오 투자수익을 올리고, 한국인들이 외국시장에서 투자손실을 내면 그만큼 실물부문에서 벌어들인 외화가 외국인 수중으로 사라지기 때문이다. 우리나라가 실물부문에서 경상수지 흑자가 큰 폭으로 장기간 누적되고 있음에도 불구하고 원화의 대외가치는 높아지지 않은 까닭을 이해할 수 있는 장면이다.[100]

실물부문에서 경상수지 흑자 또는 적자 폭이 크게 발생하면, 환율의 상승 또는 하락 압력을 받아 환율이 오르거나 내리는 과정이 반복되며 경상수지는 균형을 찾을 수 있다. 그러나 금융시장에서 외국인과 투자거래 결과 초래된 손실은 극복할 수단과 방법이 별로 없다. 금융부문 경쟁력은 키워야만 하는데 쉬운 일이 아니다. 만일 환율이나 금리가 거시경제상황과 괴리되면, 투기세력에게 차익거래 기회를 제공하여 대외투자손실이 더욱 확대될 가능성까지 커진다. 그래서 개방경제체제에서는 특정 목표를 달성하려는 시장개입은 위험과 불확실성을 잉태하여 더 큰 불상사를 초래하기 마련이다.

우리나라가 금융부문 대외투자거래에서 손실이 발생한 까닭은 환율이 높거나 낮아서가 아니라, 외국인보다 내국인의 글로벌 금융투자 시각과 선택, 다시 말해 투자전략 내지 '머니게임' 능력이 그만큼 외국인에게 뒤지기 때문이다.

외환시장에서는 투기수요와 가수요 같은 외환의 수요·공급 변수가 워낙 다양하여 시장심리가 엉뚱한 방향으로 흐르기 쉽다. 이같은 불가측성으로 말미암아 환율의 단기 흐름을 제대로 예측하기는 어렵다. 그러나 중장기 환율은 랜덤 워크로 정해지는 것이 아니

100. 금융부문 경쟁력 취약의 결과

우리나라는 IMF 구제금융 사태 이후 금융부문 경쟁력이 매우 취약한 상황에서 무방비 상태로 자본시장을 전면 개방하였다. 유조탱크의 뚜껑을 열어 놓은 채로 핫머니가 넘실대는 국제금융시장 파도를 넘다가 아까운 원유를 바다에 쏟아부은 꼴이었다. 엄청난 경상수지 흑자에도 불구하고 실질대외지급 능력을 나타내는 순국제투자는 넉넉지 않은 결과를 초래하였다.

겉으로 남고 속으로 밑지는 장사를 한 셈이다. 들에서 아낙네가 아무리 열심히 일해도 사내가 투전판에서 다 잃어버리면 살림살이가 남아나기 힘들다. 실물부문 경쟁력 향상에 비하여 우리나라 금융부문 경쟁력은 아프리카 우간다 정도라는 세계금융포럼(WEF) 지적이 타당하다는 사실을 증명하고 있는 셈이다.

다. 결국에는 한 나라 경제의 실물부문과 금융부문의 경쟁력을 반영하여 국제(투자)수지가 균형을 이루는 선으로 수렴하기 마련이다. 그 때문에 내외 경제여건과 그 변화의 방향을 멀리 읽을 수 있다면, 환율의 중장기 변동방향을 예측할 수 있다.

순대외금융자산(순국제투자)이 많이 늘어날 것이라고 예상될 때는 외화자산보다는 원화자산 포지션을 늘려야 수익을 높일 수 있다. 반대로 순국제투자가 줄어들 것이라고 예상되면, 외화자산에 투자하여야 투자자는 이익을 내고, 외환시장은 균형을 찾아가게 된다. 하지만 국제투자수지 변화추이를 가늠하고 따라가기란 쉬운 일이 아니다. 경제성장 · 물가 · 고용 · 국제수지와 공동변화 현상을 나타내는 금리 · 주가 · 환율의 변동 추이를 꾸준히 관찰하여야만 한다.

KIKO(knock-in, knock-out) 사태와 국제투자포지션

상당수 중견기업을 도산시킨 KIKO 사태는 당시 경상수지 흑자와 외환보유액이 늘어나자 원화가치가 상승할 것이라는 낙관분위기에서 초래되었다. 수출기업은 환율하락을 예상하고 그에 따른 손실을 헤지하려 하였다. 그러나 예상과 반대로 원화환율이 미리 정한 상한보다 크게 상승하자 약정금액의 1~2배의 달러를 미리 정한 환율로 매도해야 하는 옵션에 걸려 막대한 손실을 보았다.

만약 국제투자대조표를 보고 순국제투자포지션이 2007년 현재 마이너스 2,100억 달러가 넘어, 외부충격을 흡수하기 어려웠음을 알았다면 KIKO의 덫을 피해갈 수 있었다. 환율을 결정짓는 실질 대외 지급능력은 경상수지나 외환보유액이 아니라 경상수지에다 금융투자거래 손익을 포함하는 국제투자포지션이라는 사실을 모르고 있다가 덫에 걸렸다. KIKO 상품설계자는 한국 대외지급능력이 사실상 취약하다는 사실을 알고 함정을 팠을까?

※ KIKO는 환율이 특정 구간(barrier)에 도달하는 경우 옵션이 발효(KI; Knock-In)되거나 소멸(KO; Knock-Out)되는 조건이 부과된 비정형적 통화옵션거래다. 옵션기간 중 환율이 KI 상한 이상으로 상승하면 콜옵션(매도)이 발효되고 KO 하한 이하로 하락하면 풋옵션(매입)이 소멸되는 구조다. 시장 환율이 콜옵션 수준에 도달하지 않는 한 행사 환율보다 높은 환율로 수출대금을 매도할 수 있다. 시장 환율이 KI 상한을 상회하면 콜옵션이 발효된다. 환율상승세가 지속될 경우 기업은 옵션만기 시 수출대금의 2배 이상을 시장 환율보다 낮은 행사환율로 매도해야 하기 때문에 거액의 손실이 발생한다. 시장 환율이 KO 하한을 하회하면 풋옵션이 소멸되어 환리스크에 노출된다.

9
외환보유액과
대외지급능력

F O C U S

   개방경제체제에서 일정 수준의 외화자산을 보유하여야 국제금융시장 급변동 같은 불확실성을 이겨낼 수 있다. 표면에 나타난 외환보유액 규모만 보고 외환사정, 나아가 환율 변동 방향을 짐작하면 판단을 그르칠 수 있다. 정부와 중앙은행 보유외환에는 경우에 따라서는 외국인투자액, 해외차입금 같은 사실상 부채도 포함될 수 있기 때문이다.

   중장기 환율 변동에 직간접 영향을 미치는 실질 대외지급능력은 외환보유액이 아닌 국제투자대조표에 나타나는 순대외금융자산(대외금융자산−대외금융부채)이다. 우리나라 순대외금융자산은 줄곧 마이너스였다가 2014년 이후 플러스로 전환된 이후 상당 폭 개선되었다. 미국과의 기준금리 역전에도 핫머니가 유출되지 않는 까닭이다.

가계나 기업의 유동성위험 관리가 중요한 것과 마찬가지로 국민경제의 유동성위험을 피하려면 일정 수준의 외환 보유가 필요하다. 경제규모에 비하여 외화유동성이 부족할 경우, 대외신인도가 떨어지며 국제금융시장에서 가산금리가 높아진다. 외국금융기관이 신용라인(credit line)을 축소해 가기 때문에 예기치 못한 대외충격이 있을 경우, 금융시장 급변동은 물론 자칫 지불불능 같은 치명적 사태가 벌어질 수도 있다. 2018년 12월말 현재 우리나라 외환보유액이 4,030억 달러를 넘어섰다. 외환위기 당시인 1997년 12월 39억 달러에 불과하던 외환보유액이 약 20년 만에 100배 이상으로 불어난 셈이다.

보유외환 중에는 순자산이 아니고 외국인투자액, 해외차입금 같은 부채도 포함될 수 있어 외환보유고 전부가 우리나라 순자산은 아닐 수 있다. 반대로 외국인이 우리나라에 투자하거나 빌려준 금액보다 우리나라가 외국에 투자하거나 빌려준 것이 더 많을 경우 실질 대외지급능력은 그만큼 늘어난다. 외환보유고와 실질 대외지급능력을 혼동하다가는 낭패를 당할 수도 있다. 쉬운 예로 상당수 중견기업을 어렵게 만든 KIKO(knock-in, knock-out) 사태는 당시 경상수지 흑자와 외환보유액이 늘어나는 낙관분위기가 계속되면서 초래되었다. 수출기업은 원화 평가절상(환율하락)을 예상하고 그에 따른 손실을 헤지하려고 하였다. 그러나 예상과 반대로 원화환율이 미리 정한 상한보다 크게 상승하자 약정금액의 1~2배의 달러를 미리 정한 환율로 매도해야 하는 옵션에 걸려 큰 손실을 보았다.

만약 국제투자대조표를 보고 순국제투자포지션이 2007년 현재 마이너스 2,100억 달러가 넘는 어려운 상황이었음을 알았다면 원화 가치 상승을 기대하지 않아 KIKO의 덫을 피해갈 수 있었다. 재무 관리책임자들은 환율을 결정짓는 실질적 대외지급능력은 경상수지 나 외환보유액보다는 금융투자거래 손익을 포함하는 국제투자포지 션이라는 사실을 간과하였다.

실질 대외 자산과 부채의 관계는 국제투자대조표를 통해서 파악할 수 있다. 국제투자대조표(International Investment Position)는 한 나라 거주자의 비거주자에 대한 금융자산(내국인의 대외투자) 및 금융부채(외국인의 국내투자) 잔액을 보여주는 통계다. 국제투자대조표에 나타나는 대외금융자산(대외투자)에서 대외금융부채(외국인투자)를 차감한 순대외금융자산(net IIP)이 실질 대외지급능력을 나타낸다. 국제투자대조표에 준비자산으로 표시되어 있는 외환보유액은 대외금융자산의 일부분이다. 그리고 우리나라에 유입된 외국인투자 자금은 대외금융부채의 일부분이다. 예컨대, 외국인이 외화를 들여와서 환전하여 국내 주식이나 채권에 투자한다면 대외금융자산이 늘어나지만, 그만큼 외국인의 국내 자산보유지분이 늘어나 대외금융부채도 늘어난다.

국제투자대조표에서 대외금융자산과 대외금융부채를 차감한 순대외금융자산(순국제투자)은 우리나라의 실질적 대외지급능력으로 2018년 12월말 현재 4,130억 달러다. 여기에 더하여 거주자 외화예금 750억 달러와 개인 금고 보유분까지 합하면 우리나라는 5,000억 달러 가까이 순외화자산을 보유하고 있는 셈이다. 물론 거주자 외화예금은 대외충격이 있을 경우, 1997년 외환금융위기 때처럼, 차익을 노리고 퇴장해 있을 가능성도 배제하지 못한다. 외국인 투자 평가액은 금리·주가·환율 변동에 따라 매일매일 늘어나기도 하고 줄어들기도 하며 대외금융자산도 그만큼 줄어들었다 늘어났다 하기 마련이다.

분명한 사항은 경상수지는 국민경제의 중간 성적표에 해당한다. 여기에 더하여 외국인의 국내투자 손익과 함께 내국인의 국외투자 손익까지 포괄한 순대외금융자산(순국제투자)이 국민경제의 최종성적표로서 진정한 의미의 대외지급능력을 나타낸다. 환율의 결정과 변동에는 단기로는 외환보유고, 투자심리, 국제정세 같은 여러 가지 변수가 작용한다. 중장기로는 국가경쟁력의 총체적 결과를 나타내는 대외지급능력 즉, 국제투자포지션에 결정적 영향을 받을 수밖에 없다.

우리는 IMF 사태 이후 2018년 현재까지 GDP의 1/2을 넘는 경상수지 누적흑자 8,000억 달러를 넘게 기록하고도 원화가치 평가절상은 사실상 없었다. 이 같은 어이없는 사태의 큰 원인은 내국인은 대외투자에서 큰 손실을 입었고, 외국인의 대내투자는 커다란 수익을 올렸기 때문이다. 쉽게 말하면 실물부문에서 벌어들인 외화를 금융부문에서 외국인들에게 이리저리 빼앗긴 셈이다. 실제로 우리나라는 줄기찬 경상수지 흑자를 이루면서도, 대외금융자산은 줄곧

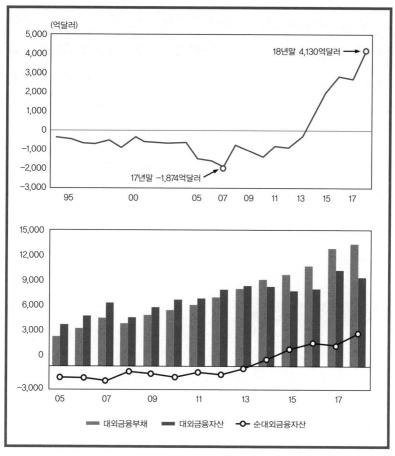

〈 우리나라 순대외금융자산 추이 〉

(억달러)

18년말 4,130억달러

17년말 −1,874억달러

■ 대외금융부채   ■ 대외금융자산   ─○─ 순대외금융자산

자료 ; 한국은행 보도자료(2019.2)

마이너스를 기록하다가 2014년 이후에 비로소 플러스를 기록하기
시작하여 2018년 12월 현재 4,130억 달러를 기록하고 있다. 우리나
라 금융부문 경쟁력이 세계에서 최하위 수준이라는 세계경제포럼
(WEF) 평가에 이의를 달지 못하는 원인이기도 하다.

적정 수준의 외환보유는 위험과 불확실성에 대비하고 대외신인도 제고를 통한 금융시장과 함께 실물경제 안정을 위한 필요조건이다. 그러나 외환보유액 추이만을 살피고 대외지급능력을 지레 짐작하다가는 상황 판단을 그르치고 외환시장에서 투자손실을 보게 된다. 환율은 단기적으로 외환보유고 크기에 따라 변동할 수도 있지만 중장기로는 국제대조표에 나타나는 실질 대외지급능력인 순대외금융자산 크기에 직간접 영향을 받기 마련이다. 외화 차입자나 외환 투자자는 외환보유고 동향도 살펴봐야 하겠지만 적어도 국제투자대조표의 흐름을 분석하고 환율의 변동방향을 가늠하여야 한다. 외화 장기 차입자와 장기투자자는 더욱 그렇다.[101]

101. 핫머니 평가액 변동

국제투자대조표에서 순대외금융자산은 거래요인만이 아니라 금리·주가·환율의 변동에 따라서도 늘어나고 줄어들 수 있다. 예컨대, 주가가 상승하면 외국인보유 주식의 평가액이 늘어나 (우리나라의) 대외 금융부채가 그만큼 늘어나서 순대외금융자산은 줄어든다. 환율인하(평가절상), (시장)금리 인하에 따라 외국인투자의 평가액이 늘어나면 대외 금융부채는 그만큼 늘어난다.

실례를 들어보자. 우리나라로서는 사실상 부채인 외국인 포트폴리오 투자 자금의 평가액이 주가하락, 환율상승 같은 요인으로 2018년 3월말 7,780억 달러에서 6월말, 7,300억 달러로 줄어들어 우리나라의 대외지급능력이 580억 달러 정도 개선되었다. 그 주요 요인은 2018년 2분기 중에 주가가 4.9% 하락한 데다 원화가치 또한 4.9% 평가절하(환율상승) 되어 외국인투자액의 평가액이 이중으로 하락했기 때문이다. 그 결과 외국인주식투자 평가액은 5,580억 달러에서 5,070억 달러로 줄어들었다. 채권은 2,200억 달러에서 2,235억 달러로 늘어났는데 이는 외국인투자액 105억 달러가 유입되어 금리 상승에 따른 평가손실 70억 달러를 제외하고도 35억 달러가 늘어난 데 기인한다.

10
금리·주가·환율 변동과
대외지급능력

F O C U S

　자본이동이 자유로운 개방경제체제에서 경상수지 흐름은 국민경제의 중간성적표가 된다. 여기에 내국인의 외국 포트폴리오 투자, 외국인의 대내 투자 결과를 포함하는 국제투자대조표 상의 순대외금융자산(순국제투자 포지션)이 실질 대외지급능력이다.

　대외지급능력은 기본적으로 경상수지 누적과 함께 내·외국인의 포트폴리오 투자 결과가 반영된다. 거래 없이도 금리·주가·환율 변동은 대외금융자산과 대외금융부채의 평가가격을 변동시켜 대외지급능력을 변화시킨다.

국제투자포지션은 거래요인과 비거래요인에 따라 변동된다. 먼저 거래요인은 상품매매, 차입 같은 외국과의 경제적 거래를 통하여 자산·부채의 변동이 발생하는 경우로서 자금의 직접 이동이 수반된다. 국제수지표의 투자수지와 준비자산 증감이 이에 해당한다.

비거래 요인은 경제적 거래 없이 금리·주가·환율의 변동에 따라 대외 자산·부채의 변동이 발생하는 평가 변동을 일컫는다. 예컨대, 금리가 하락하면 외국인 보유채권 가격이 상승한다. 주가를 결정하는 할인율이 낮아져 주가도 상승하여 외국인 지분 평가액이 늘어난다.

주가가 상승하여 (우리나라로서는 실질채무인) 외국인 보유 주식의 평가액이 늘어나면 그만큼 부채가 늘어나는 효과를 가진다.[102]

다음 대외금융부채 현황에서 나타나듯 2016말 현재 외국인 주식 (지분증권)투자 금액은 약 3,842억 달러인데, 만약 주가가 10% 오른다면 우리나라의 부채는 384억 달러가 늘어나는 셈이다. 마찬가지로 대외금융부채 총액이 9,612억 달러인데 원화가 10% 평가절상(환율인하)된다면 961억 달러의 대외부채가 바로 늘어나는 셈이다. 금리가 하락하면 외국인이 보유한 채권투자금액 1,887억 달러의 평가액도 늘어나 그만큼 대외지급능력은 감소하게 된다.

102. 주가와 대외지급능력

2016년 중에 외국인의 지분증권(주식) 평가액은 매매거래 차익 130억 달러, 주가상승에 따른 평가액 271억 달러를 포함하여 401억 달러로 증가했다. 기간 동안 우리나라 대외금융부채는 외국인의 부채성증권(채권) 투자손실 179억 달러를 제외하고도 전년보다 217억 달러가 늘어난 9,612억 달러가 되었다.

〈 대외금융부채 현황 〉

(억 달러)

	2013말	2014말	2015말	2016말	연중증감	거래요인	비거래요인
대외금융부채	10,048	9,943	9,395	9,612	+217	+85	+132
직접투자	1,809	1,794	1,795	1,850	+54	+108	−54
증권투자	6,156	5,910	5,507	5,729	+222	−33	+255
(지분증권)	3,879	3,692	3,441	3,842	+401	+130	+271
(부채성증권)	2,277	2,218	2,066	1,887	−179	−163	−17
파생금융상품[1]	264	358	378	328	−50	−	−50
기타투자[2]	1,819	1,880	1,714	1,705	−9	+10	−19

주 : 1) 평가 변동에 의한 부채 변동분 중 실현된 손실 등도 반영
주 : 2) 차입, 무역신용, 현금 및 예금 등

반대로 주가가 하락하고 환율이 상승하면 외국인투자 평가액이 줄어드는 만큼 우리나라의 대외지급능력은 개선되는 효과가 있다. 실제로 다음 외국인 투자현황표와 같이 2015년 3/4분기 중 대외금융부채가 10,067억 달러에서 9,463억 달러로 604억 달러가 줄어들었다. 이는 기간 중 국내 주가하락(△5.4%) 및 원화 환율상승(5.9%) 같은 비거래 요인으로 외국인투자 잔액이 500억 달러 감소한 데 크게 기인하고 있다.

금융위기 같은 불확실성이 증폭되어 금융시장이 출렁거릴 때는 거래요인보다는 비거래 요인에 따라 대외지급능력이 더 크게 변동한다. 특히 우리나라와 같이 외국인 포트폴리오 투자(FPI)자금이 많이 유입된 국가에서는 금리 · 주가 · 환율 같은 금융 가격지표 변동에 따라 대외채권채무 크기가 요동치게 된다.[103]

(억 달러)

	2013말	2014말	2015.6말	2015.9말	분기중 증감	거래요인	비거래요인
외국인투자	10,048	9,944	10,067	9,463	−604	−103	−500
직접투자	1,809	1,792	1,757	1,686	−71	29	−100
증권투자	6,156	5,913	6,029	5,434	−595	−10	−486
(지분증권)	3,879	3,695	3,802	3,318	−484	−76	−408
(부채성증권)	2,277	2,218	2,227	2,116	−111	−33	−78
파생금융상품	264	358	384	471	88	−	88
기타투자	1,819	1,880	1,897	1,872	−25	−23	−2

자료 : 한국은행 보도자료(2015.12.7.)

핫머니가 많이 유입될수록 금리 · 주가 · 환율이 올라도 근심, 내려도 걱정이라는 이야기다. 거시경제여건 변동 없이 금리 · 주가 · 환율이 움직이면 경제적 위험과 불확실성이 커질 수 있다는 의미다. 그런데 가계, 기업은 물론 정부까지 주가도 환율도 그저 올라야 한다는 그릇된 관념에 갇혀 있으니 안타까운 일이다. 대다수 정치 · 경제계 인사들이 핫머니가 유출될까 전전긍긍하는 모습을 보인다. 핫머니 과다유입은 일시적으로 주가를 올리는 효과가 있지만 중장기에 있어서는 국민경제에 독이라는 사실을 알아야 한다.

103. 핫머니와 주가상승

언젠가 대통령 선거공약으로 코스피 지수를 5,000p까지 올리겠다고 했다. 만약 주가가 그렇게 높아진다고 가정하면, 외국인 포트폴리오 투자 지분의 가치가 아무런 거래 없이 배 이상 늘어나 우리나라는 바로 지불불능위험에 빠지게 된다. 외국인들은 주가가 최고로 상승하여 수익을 최대한 실현했다고 판단되면 곧바로 투자금액을 회수하기 마련이다.

11
외환시장
미스터리(?)

FOCUS

　글로벌 금융시장이 동요하면서 환율 변동성이 커지고 있는 것 같지만, 달러 대비 원화 환율 중장기 추이를 보면 별다른 변동 없이 그저 그 자리에서 맴돌고 있다. 우리는 IMF 구제금융 사태 이후 계속 경상수지흑자를 기록한 반면 미국은 만성 적자에서 벗어나지 못하였다.

　흑자 누적국과 만성 적자국가와의 상대적 통화가치가 중장기로 거의 변동이 없다는 사실은 무엇을 의미하는가? 수출이 계속 늘어나도 국민들의 후생복지는 그리 향상되지 않는 비정상상황에 있음을 의미한다. 우리나라에서는 그런 비정상상황이 장기간 계속되었다.

한국경제는 성장 과정에서 수출경쟁력 지원에 많은 힘을 기울였다. 심지어 일본에 수출한다고 상당 기간 특정 수산물의 국내소비를 금지한 일도 있었다. 1977년 수출 100억 달러를 처음 기록하였을 때, 우리나라가 후진국에서 벗어나 곧 선진국 문턱에 다다를 것 같아 먹지 않아도 배부를 것 같은 분위기가 연출되었다. 환율은 줄곧 수출경쟁력을 확보하는 수단으로 여겨지고 물가문제는 뒷전에 있었다. 미래를 위하여 현재를 유보하자는 이야기였다. 급기야는 '환율주권'이라는 조어가 등장하며 수출목표 달성을 위하여 환율을 마음대로 조정해도 된다는 엉뚱한 사고가 번졌다. 국민소득 '1,000 달러 적자 시대'와 '3만 달러 흑자 시대' 경제운용의 틀이 다르지 않으니 여러 가지 문제가 잉태되지 않을 도리가 없다.

가격경쟁력 지원은 과거 한국경제의 성장 동력으로 작용하면서 동시에 오늘날 빈부격차나 가계부실 원인의 하나가 된 것도 사실이다. 소비자들은 고물가를 감수하고 또 저임금 외국노동자들이 한국인의 일자리를 잠식해도 참아야 했다. 대외경쟁력 향상의 결과로 1998년 이후 2018년까지 물경 8,000억 달러가 넘는 경상수지 흑자를 시현하였다.

반면에 미국은 우리나라와 반대로 경상수지 적자가 만성화되어 그 허용한계를 벗어난 지 오래되었다. 기축통화 발행국이 아니라면 이미 오래전에 외환위기에 봉착했을 것이다.

다음 국제투자대조표에 나타나듯이 2017년말 현재 미국은 순대외금융부채가 7조 8,500억 달러에 이르고 우리나라는 순대외금융자산이 2,500억 달러에 이른다. 양국 간에 기초경제여건이 이렇듯 상반되게 변화하였는데도 원화의 대미 환율(₩/$)은 거의 변동이 없다는 사실은 이해하기 어려운 장면이다. 환율이 2000년 연평균 1,130원에서 2019년 현재도 거의 같거나 오히려 높은 수준에서 등락을 거듭하여 중장기 환율 변동은 거의 무시할 정도라는 사실은 외환시장 미스터리이자 한국경제의 수수께끼다.

일을 많이 하고 절약하는 나라의 화폐가치가 일을 적게 하고 낭비하는 나라의 화폐가치보다는 높이 평가되어야 한다. 그래야 근검절약하는 사람들에게 열심히 일할 동기가 부여되고 더 큰 미래를 기약할 수 있다. 또 화폐의 대외가치가 적정하게 평가되어야 위험과 불확실성이 해소되어 성장잠재력이 커진다. 그런데 흑자국가와 적자국가의 상대적 화폐가치가 변하지 않는다면 어떻게 되겠는가?

환율이 실물경제와의 균형을 잃고 적정 수준을 벗어나면 환차익을 노리는 핫머니의 과잉 유출입에 따른 폐해가 발생한다. 외국인 포트폴리오 자금의 과잉 유입은 어느 순간 돌발적 유출 사태를 일으킬 가능성이 있다. 그럴 경우, 기초경제여건 변화와 관계없이 금융부문은 물론 실물부문까지 뒤엉키게 만든다.

외환시장에서는 단기적으로는 경제외적 변수가 크게 작용하지만 중장기로는 상대국 간의 기초경제 여건이 비교·반영되어야 한다. 화폐의 교환가치를 나타내는 환율은 결국 상대국과의 비교 경제력을 표상하여야 한다. 그런데도 경상수지 흑자누적국과 적자누적국의 화폐교환가치가 고정되어 있다시피한 까닭은 일반 국민으로서는 이해하기 어렵다.

미국과 한국의 상대적 거시경제 환경이 크게 변했는데, 상대국 간

환율이 변동하지 않았다는 것은 어딘가에 외화유출 구멍이 뚫렸다는 이야기가 된다. 정책조율에 의한 인위적 결과인가 아니면 시장가격 기구에 의한 자연스러운 결과인가? 이 미스터리의 진실은 무엇인가?

〈 한국 · 미국의 경상수지(GDP 대비)와 환율 〉

(단위 : %, 원)

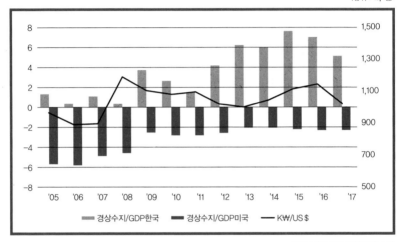

자료 : 한국은행 경제통계시스템

〈 주요국 국제투자대조표(2017년말) 〉

(단위 : 억달러)

국가	대외금융자산(A)	대외금융부채(B)	순대외금융자산(A-B)
일본	91,251	60,166	31,086
독일	100,090	76,956	23,134
중국	69,256	51,115	18,141
스위스	48,886	40,195	8,691
한국	14,537	12,054	2,483
영국	143,865	147,378	-3,513
미국	276,328	354,786	-78,458

자료 : IMF Principal Global Indicators(http://www.principalglobalindicators.org), 한국은행 전재

12
환율은
귀신도 모른다(?)

F O C U S

환율에는 지구촌 경제, 정치 모든 변수가 반영되기 때문에 단기 변동방향을 예측하기는 사실상 불가능하다. 외환시장 심리 변화방향을 예측하기는 더 어렵다. 외화 가수요 내지 투기수요가 실수요보다 더 큰 국제금융시장에서 조그만 사건도 증폭되어 외환수급 심리에 영향을 미치기 때문이다.

"환율은 귀신도 모른다"는 말이 나올 정도로 변화무쌍하게 움직인다. 그러나 국민경제의 체력을 표상하는 환율은 궁극적으로는 기초경제여건을 반영하며 변화할 수밖에 없다. 그래서 실물시장과 금융시장을 입체적으로 관찰하면 중장기 환율의 변동방향을 추정할 수 있다.

국내 경제 사정에 변함이 없어도 국제환경 변화에 따라 상대국 통화와의 교환비율인 환율이 요동치는 일이 비일비재하다. 환율은 상대국뿐만 아니라 지구촌 전체 경제 상황과 그 변화를 반영하는 까닭이다. 대외의존도가 높은 '소규모 개방경제(small open economy)'인 우리나라는 한때 미국이 기침하면 재채기를 하였다. 그러나 이제는 중국이 감기가 들면 우리는 몸살을 앓게 되었다. 2004년을 전환점으로 우리나라 무역의존도가 미국보다 중국이 더 높아지고 그 차이가 자꾸 벌어지고 있기 때문이다.

우리나라와 같이 자본시장이 완전히 개방된 나라에서는 외국인 포트폴리오 투자(foreign portfolio investment) 자금 유출입 향방에 따라 환율이 크게 영향을 받을 수밖에 없다. 국제금융시장 파도타기 게임에서 지면 지는 만큼 외화는 외국인 몫이 되고, 이기면 이기는 만큼 외화는 내국인 것이 된다. 우리나라가 천문학적 규모의 경상수지 흑자를 기록하고도 외환사정이 충분하지 못한 까닭은 그 게임에서 번번이 져왔다는 의미도 된다.

외국인들이 우리나라 금융시장에 투자하는 것은 자국 통화 베이스로 이익을 얻으려는 것이다. 매매차익이 예상되지 않는다 하더라도 기초경제여건에 비하여 현재 환율이 높다고 판단할 경우, 환율이 하락할 가능성을 보고 선물환을 매도하거나 외화를 유입할 것이다. 반대로 원화가치가 크게 상승(환율하락)하여 미래에 환율이 상승할 것으로 내다볼 때는 선물환을 매수하거나 외화를 유출해 갈 것이다. 금리가 하락해도 향후 원화가치가 더 상승할 것으로 예측되면 외국인들의 채권투자가 늘어날 수 있다.

금융위기와 같이 세계경제의 불확실성이 증폭되는 상황에서는 환율은 이론과는 다른 움직임을 보이기 쉽다. 2008년 세계금융위기의 진원지인 미국의 달러화가 폭등했던 아이러니를 생각해 보자. 무엇인가 불안한 상황에서는 안전지대(safe haven)로 피하고 싶은 것이 동물적 위험회피본능이다. 그러나 위기상황이 해소되면 다시 원위치로 되돌려지는 것이 시장의 생리다.

2014년 들어 우리나라의 순대외금융자산(순국제투자)이 마이너스에서 플러스로 전환되었지만, 환율은 상당기간 이를 반영하지 못하고 오락가락하였다. 그 까닭은 2018년 현재 직접투자 2,300억 달러를 포함하여 1조 1천억 달러에 달하는 외국인투자에 비하여 실질적 대외지급능력 즉, 순국제투자포지션이 아직까지도 충분하지 못하기 때문이라고 할 수 있다.

경제의 불확실성이 커지면 환율이 급변하고, 역으로 환율이 급변하면 그만큼 경제사회의 불확실성을 잉태하게 된다. 단순한 수급사정이나 심리적 요인에 의하여 환율이 변동하여도 성장, 물가, 고용 같은 경제활동에 충격을 주게 된다. 환율이 경제의 본질가치를 충실히 반영하여야 투기수요를 줄이고 투기자금의 단기 유출입을 예방할 수 있다. 외환 당국이 갈팡질팡하며 시장 환율에 민감하게 반응할 경우, 환율의 변동성은 더 커진다. 말할 필요도 없이 정책에 대한 신뢰가 높아져야 환율의 변동성은 줄어든다.

환율이 급격하게 변동할 경우 리스크 관리능력 이상의 외화포지선을 가질 때는 충격을 이기지 못하고 허겁지겁하다가 큰 손해를 입을 수 있다. 환율은 금리나 주가보다도 가수요와 투기수요에 따른 시장심리 요인이 더 크게 작용한다. 환율은 시장심리의 영향을 크게 받고 있어 초단기 변동 폭이 금리나 주가의 변동 폭보다 더 큰 경우가 수시로 벌어지고 있다. 그래서 환투기 전문가가 아니라면 외환시장은 단기보다 경상수지와 순국제투자 흐름을 보고 실질적 대외지급능력 추세 변화를 읽는 먼 시각으로 중장기 접근이 바람직하다.

13
환율전쟁의
무기와 실탄

FOCUS

시장기능이 아닌 인위적 수단으로 시장을 왜곡하면서 자기 나라 돈의 가치를 남의 나라 돈의 가치보다 억지로 떨어트리려는 '환율전쟁'을 수행하려면 무기와 실탄이 필요하다. 즉, 물가안정이라는 무기와 넉넉한 외환보유액이라는 실탄이 준비되어야 한다.

물가가 불안하고 외화보유가 넉넉지 못한 상황에서 자국 통화가치를 억지로 하락시키려는 환율전쟁을 벌이다가는 인플레이션을 유발하여 민생을 고달프게 할 우려가 있다. 통화가치 하락을 우려한 외국인 투자자금 유출을 촉발시켜 자칫 대외지급불능 사태를 초래할 수도 있다.

일본이 엔화 가치를 계속하여 하락시키려고 한 것은 금리를 내리고 돈을 풀어도 그들이 기대한 만큼 돈이 돌지 않고 물가가 오르지 않기 때문이다. 게다가 일본은 순국제투자 잔액 즉, 실질 대외 채권이 2017년 현재 약 3.1조 달러가량이다. 만약 대외준비능력이 넉넉지 못하고 외국인 포트폴리오 투자 자금이 많이 유입된 나라에서는 급격한 통화가치 하락이 예상되면 외국인 포트폴리오 자금이 급격하게 빠져나가 혼란이 초래된다.

1980년대 말에 벌어졌던 제1차 환율대전 당시에는 각국이 극심한 스태그플레이션을 가까스로 극복한 직후여서 인플레이션의 위협이 남아 있어 환율전쟁의 한계가 있었다. 2019년 현재는 세계경제가 특히 공산품을 중심으로 공급과잉 상태에 있고, 디플레이션 위험이 커지면서 경기침체 내지 불황의 그림자가 깊게 드리우고 있다. 오늘날의 환율전쟁은 국제수지 불균형 해소만이 아니라 불황극복이라는 두 가지 목표를 갖고 있다. 각국이 금융완화를 통하여 자국 통화가치를 떨어트려도 상당 기간은 물가상승 압력이 없을 것으로 판단하기 때문이다.

대부분 나라들이 경기침체에서 벗어나고 경상수지를 개선하는 일이 시급하기에 자국 통화가치 하락을 이전보다 더 강하게 밀어붙일 가능성이 있다. 디플레이션이 우려되는 상황에 있다면, 자국 통화가치를 웬만큼 떨어트려도 경제운용에 문제가 없기 때문이다.

환율전쟁으로 야기된 통화가치의 상대적 변동은 수출경쟁력 외에 각국의 채권채무 관계를 직접 변동시킨다. IMF와 한국은행 자료에 따르면 일본과 중국의 순국제투자 잔액은 2017년 말 현재로 각각 3.1조 달러와 1.9조 달러에 달하고 있는데, 반대로 미국의 순국제투자 잔액은 마이너스 7.9조 달러에 이르고 있다. 만약 인위적 환율정책으로 달러 가치가 20% 정도 저평가된다고 가정하면, 미국은 1.6조 달러가량의 채무를 가만히 앉아서 갚을 수 있고, 일본과 중국은 각각 6천억 달러와 4천억 달러의 채권이 공중으로 날아가는 셈이다. 그럴 경우, 일본과 중국인들이 생산한 상품을 미국인들이 그만큼 공짜로 소비했다는 것과 다름없다.

수출 가격경쟁력을 높이려는 환율전쟁은 단기적으로 경상수지 개선을 도모할 수 있으나 중장기에 있어서는 성장잠재력을 해치는 부작용을 무시할 수 없다. 기업이 기술혁신에 몰두하지 않고 가격경쟁력에 안주하게 하는 부작용도 무시할 수 없다. 1차 환율대전 때 엔화는 1년 동안 무려 50%가량 평가절상되었어도 일본의 무역수지 흑자는 오히려 늘어났다는 사실을 생각해 보자. 고환율은 수입물가 상승을 통하여 가계 부담을 늘려 가계저축률을 저하한다. 우리나라와 같이 가계부채 문제가 심각한 나라에서는 고물가의 부작용이 의외로 클 수 있다.

거시경제 순환과정에서 저축과 투자의 갭이 수출과 수입의 갭으로 나타난다. 고환율 정책은 일시적으로는 경상수지에 도움을 주는지는 몰라도 경제체질을 약화하고 저축률을 떨어트려 중장기로는 오히려 경상수지 적자요인으로 작용할 수 있다. 우리나라는 2010년 이후 소비부진 투자부진에 따른 '불황형 흑자'가 진행되고 있는데,

가계저축률이 저하됨에 따라 경상수지 적자로 이전할 조짐이 저만치 보이고 있다.

환율이 적정 수준에 있어야만 가계의 후생과 복지가 증대되고 경제성장과 발전의 의미를 찾을 수 있다. 단기 실적에 급급하여 자국통화가치 절하에 치우치는 환율전쟁은 궁극적으로는 자국민의 후생과 복지를 무시하거나 희생시키는 행위라고 할 수 있다. '환율이 가격경쟁력의 원천'이라는 고정관념에서 벗어나 '환율이 국가경쟁력의 결과'로 후생과 복지의 척도가 된다는 인식과 조화를 이루어야 한다.

14
핫머니 유출과
대응

F O C U S

국제 정세가 위험과 불확실성에 휩싸이면 안전자산 선호
현상으로 (외국인) 투자자들이 주식과 채권을 투매하여 탈출하
려 한다. 금리급등, 주가폭락, 환율폭등 사태가 벌어진다. 하
락하는 시장에 개입하지 않으면 외국인 보유 자산 가치하락
에 따라 시장 스스로 핫머니 유출 억제장치가 작동한다.

섣부른 시장안정대책은 외국인 보유 주식, 채권을 연기
금 같은 내국인에게 제값에 팔고 빠져나가도록 하는 안전
장치를 제공한다. 환율상승 억제는 보유외화를 외국인에게
헐값에 파는 셈이다. 허둥지둥 시장개입은 실물부문에서
이룩한 경제성장 과실을 외국인들에게 그대로 빼앗기는 결
과를 초래한다.

우리나라처럼 외국인 보유비중이 과도하게 높은 나라에서 외국인 포트폴리오 투자(FPI) 자금 탈출 러시가 시작되면, 주식가격과 채권가격이 가파르게 하락하고, 통화가치가 급격하게 평가절하(환율상승)되는 상황이 벌어진다. 이 같은 현상은 스위스 같은 일부 국가처럼 기초경제여건이 단단해져 국제금융시장에서 그 나라의 금융상품을 안전자산이라고 평가하기 전까지는 반복될 수밖에 없는 불가항력이라 하겠다.

이런 상황에서 먼저 생각하여야 할 사항은 금리상승, 주가폭락, 환율급등 현상이 벌어지면 외국인 보유 자산의 가치가 그만큼 줄어든다는 사실이다. 주가가 폭락하고 환율이 급등하면 외국인들은 그 나라에서 회수해 갈 자산의 크기가 줄어들어 외국인 탈출을 시장기능에 따라 자연스럽게 막아내는 효과가 있다. 다시 말하면, 비상상황에서 큰 폭의 주가하락, 금리상승 그리고 환율상승은 (우리나라로서는 사실상 부채인) 외국인 투자의 평가액을 줄어들게 하여 대외지급능력을 그만큼 개선시키는 직접적 효과를 가진다.[104]

금융시장 폭락 사태는 포트폴리오 투자뿐만이 아니라 직접투자, 파생상품투자, 기타 투자에서도 외국인 투자자금의 달러 환산액이 줄어들어 사실상 대외부채 경감 효과가 발생한다. 외국인들이 우리나라 금융시장에서 탈출하려 할 때, 허둥지둥 시장에 개입하지 말고 시장기능에 맡겨 둔다면, 금융자산 가격 하락에 따라 그들이 빼나갈 금융자산의 가치가 줄어들기 마련이다. 외국인 보유자산의 가치가 크게 줄어들수록 외국인 투자 탈출 러시가 더 빨리 멈춰질 것이다.

물론, 일시적으로는 금융시장이 충격을 받아 불안심리가 커지고 동요가 일어날 수도 있다. 그러나 한 발짝만 물러나서 냉정하게 기다리며 시간과의 싸움에서 이기고 나면, 부지불식간에 시장불안심리가 해소되고 대외지급능력이 건실해지는 결과 중장기 주가와 환율은 오히려 탄력을 받을 가능성이 높아진다. 무엇보다도 금융시장 불안으로 말미암아 초래될지도 모르는 외국인 투자자금 탈출러시를 시장기능으로 자연스럽게 막아내어 한국경제가 항상 우려했던 외환 부족 사태를 염려하지 않아도 된다. 금융시장 불안에 따른 일시적 신용경색 상황은 기업채무보증 같은 간접금융기능을 확충하여 시장의 충격을 최소화하는 조치가 필요하다.

이와 같은 시장기능을 무시하고 외국인들이 빠져나가려는 시점에서 섣부른 시장개입은 외국인들에게 우산을 씌어 주고 비상 탈출

---

104. 주가 · 환율 변동과 대외금융부채

2018년 6월말 실질 대외지급능력을 나타내는 순대외금융자산(대외금융자산-대외금융부채, Net IIP)은 3,211억 달러로 1분기 말(2,765억 달러)에 비해 무려 446억 달러나 큰 폭으로 증가하였다. 대외금융자산은 별다른 변동이 없었어도 대외금융부채의 평가액이 큰 폭으로 줄어들어 대외지급능력이 확충되는 결과를 가져왔다.

대외금융부채가 줄어든 까닭은 같은 기간 중 우리나라로서는 부채인 외국인 지분 평가액이 주가하락으로 4.9% 줄어든 데다, 원화가치 평가절하(환율상승)로 또 4.9%나 줄어들었기 때문이다.

– 한국은행, 국제투자대조표(IIP) 보도자료 취합 (2018. 8. 22)

구를 제공하는 것과 다름없다. 외국인 투매로 추락하는 주가를 떠받치고, 치솟는 환율을 억누르면 외국인투자자들은 한국시장에서 벌어들인 돈을 손실 없이 그대로 빼내가게 만드는 효과를 가진다. 그로 말미암은 금융시장 불안 장기화와 대외지급능력 악화에 따른 여러 가지 부작용의 대가는 결국 가계와 기업이 치러야 함은 말할 것도 없다.

1997년 아시아 외환·금융위기 당시 환율방어선을 후퇴해 가며 환율을 억지춘향으로 억누르려다 얼마 남지 않은 외화마저 허공에 쏟아붓고 나라경제를 신음하게 만들었던 쓰라린 학습효과를 잊지 말아야 한다. 2008년 국제금융 위기에서도 쓸데없이 힘을 낭비하였다. 누가 누구의 이익을 위한 일이었는지 의문이 가는 장면이었다.

금리·주가·환율 같은 금융시장가격지표는 수급상황보다는 결국 미래의 거시경제상황을 반영하기 마련이다. 시장기능을 무시하고 시장에 개입하다 보면 비용은 비용대로 치르고 미래에 대한 불확실성을 더 크게 만들기 때문에 금융시장 불안정성을 더 오래, 더 깊게 만들 우려가 있다.

우리나라가 외국투자자들에게 ATM 코리아라는 말을 들으며 언제든 손쉽게 돈을 빼내갈 수 있는 국가라는 평을 듣는 것은 바로 앞뒤를 가리지 못했던 근시안적 시장개입 때문이었다. 외국투자자들에게는 고마운 나라가 되겠지만, 실물부문에서 땀 흘려 벌어들인 외화를 금융부문에서 낭비하게 되고 대규모의 경상수지 흑자에

도 불구하고 툭하면 외국인투자 자금 유출을 우려하는 소리가 나
오게 되었다.[105]

  인위적으로 주가나 환율을 조율하려다가는 시장개입비용이 많이
들어 대외지급능력을 악화시킬 가능성이 커진다. 무릇 모든 정책은
묘수보다는 기본원칙을, 단기효과보다는 중장기효과를 우선 고려
하여야 한다. 위기상황에서의 응급처방도 기본원칙을 벗어나지 않
는 범위에서 이뤄져야 더 큰 재앙을 예방할 수 있다. 외국인 주식투
자 비중이 높은 나라일수록 외국인들이 안절부절못하며 떠나려 할
때일수록, 시장에 개입하여 주가상승과 환율하락을 유도하려 들지
말고 가능한 시장기능에 맡겨 두어야 한다.
  투자자들도 시장을 보다 멀리 내다보는 시각과 기본에 충실한 선
택을 할 때 남다른 초과수익을 기대할 수 있다. 외국인들이 내재가
치보다 낮은 가격으로 팔아넘긴 채권, 주식, 원화 같은 금융상품을

105. 연기금 시장개입(?)

2018년 10월 30일 코스피 지수는 전날보다 0.93%(18.64p) 오른 2014.69를 기
록했다. 외국인이 9거래일 연속 순매도를 기록하고 개인투자자도 3,500억가량
순매도를 기록했지만 연기금이 장 후반에 2,000억 원 정도 순매수하면서 내리
는 주가를 반등으로 이끌었다.
주가 떠받치기에 흔히 동원되었던 연기금은 어느 누구의 쌈짓 돈이 아니다. 앞
으로는 부당한 압력으로 연기금이 손실을 냈을 경우에는 압력을 가한 인사뿐만
아니라 압력을 받고 집행한 인사도 책임을 지게 하는 제도적 장치가 마련되어
야 한다.

사들이고 시간을 벌어야 한다. 시간이 지나고 불확실성이 해소되면 외국인들이 보유했던 금융자산을 싸게 팔아넘긴 만큼 대외지급능력이 향상되어 주가도 상승기조로 반전하고 우리나라 화폐가치도 동반하여 높아질 것은 쉽게 예상할 수 있다. 투자자들은 시간과의 싸움에서 이긴 보람을 느낄 수 있다.[106]

---

106. 환율상승 · 주가하락과 핫머니

2016년 12월말 현재, 외국인 증권투자금액은 약 7,700억 달러로 주식이 5,600억 달러, 채권이 2,100억 달러에 달한다. 만약 외국인 투자자금 유출 사태가 벌어져 환율이 20% 상승한다고 가정하면 외국인 포트폴리오 투자(FPI) 자금은 약 1,540억(=7,700억×0.2) 달러가 줄어든다. 더하여 외국인 투매로 주가가 20% 하락한다면 추가로 약 900억(5,600억×0.8×0.2) 달러가 더 줄어든다. 결과적으로 외국인 증권투자 총액은 7,700억 달러에서 2,410억 달러를 뺀 5,290억 달러로 줄어든다. 그만큼 우리나라의 대외금융부채는 줄어든다. 금리가 상승하면, 외국인 보유 채권가격도 그만큼 떨어질 것이다.

PART 6
위험과 불확실성 증후군

1
위험과
불확실성 차이

미래에 발생할지도 모를 '불안하고 불투명한 사건과 현상' 가운데서 확률분포에 따라 발생빈도나 크기를 추정 가능한 것이 위험이다. 불확실성은 어떤 변수들 사이에 인과관계나 상관관계를 찾지 못해 발생 가능성을 산술적으로 측정하기 어렵다.

기술혁신과 지구촌 경제통합에 따른 융합효과가 커지는 이면에는 위험과 불확실성도 연쇄적으로 커지고 있다. 가계 운용, 기업경영에서 위험과 불확실성을 최소화하거나 대응 방안을 찾는 데 경제적 성패가 가려지기도 한다.

위험(risk)과 불확실성(uncertainty)을 구분하기 위한 쉬운 예를 들어 보자.

1990년대 후반 기업의 과잉투자로 말미암은 경상수지 적자가 지속하며 환율상승 압력이 고조되고 있었다. 외환수급 같은 경제의 선순환을 위해서는 불가피하게 환율을 큰 폭으로 인상해야만 했었다. 그런데도 무슨 일인지 환율 방어선을 자꾸 후퇴해 가며 막무가내 환율을 억누르려는 어처구니없는 무리수가 펼쳐졌다. 원화환율이 850원 이상으로 상승하면, "국민소득 1만 달러 달성"이라는 슬로건이 무색해지기 때문이었을 것이다. 그전과는 정반대로, 환율을 억누르려 외화를 허공에 날려 보내니 가뜩이나 부족한 외환보유고는 바닥이 나고 국가부도 사태가 났다. 기업도산이 줄을 잇고, 민생은 고달프게 되었다.

생각해 보자. 경상수지 적자가 확대되는 상황에서 환율상승과 이에 따른 물가불안은 누구나 예측할 수 있는 위험이었다. 그러나 어디로 튈지 모르고 종잡을 수 없는 비이성적 환율 방어는 가계나 기업을 송두리째 흔들리게 하는 정부로부터의 불확실성이었다. 호미로 막을 수 있는 위험(환율상승)을 굴착기로도 막지 못하는 불확실성(국가부도 사태)으로 키웠던 셈이다. 줄다리기를 하면서 줄이 끊어질지 모르고 마구 잡아당기다 줄이 끊어져 모두가 다 나자빠지는 불확실성이었다. 미증유의 재앙을 일으키고도 아무도, 아무런 책임도 지지 않는 풍토는 한국경제에 잠재되고 있는 위험과 불확실성이다.

통계자료를 토대로 어떤 사건이 발생할 가능성을 측정할 수 있다면 그 위험에 대한 비용도 산출할 수 있다. 그러나 어떤 사건이 일어날지 예측할 수 없는 불확실성에 대한 비용은 헤아리기 어렵다. 비교적 안전자산이라고 할 수 있는 채권에 투자할 경우에도 위험은 물론 불확실성도 잠재되어 있다. 신용등급이 낮은 회사가 발행한 채권은 채무불이행위험이 높고 이에 따른 보상으로 리스크 프리미엄(risk premium)이 부과되어 금리가 높게 형성된다. 그런데 신용평가등급을 산정하는 데 사용된 자료가 조작되어 등급산정을 엉터리로 하면, 1등급 채권이라도 지불불능에 처할 불확실성이 존재한다. 신용평가기관으로부터 우량등급을 받았던 대기업들이 부도가 난 뒤에야 투기등급으로 조정되는 사례는 일반 투자자로서는 예측하기 어려운 불확실성이다.

곡예사가 줄 위에 서 있는 상황도 불확실하고 위험하기는 하지만 순간순간은 균형을 이루었다고 할 수 있다. 하지만 곡예사가 한눈을 파느라 집중력을 잃으면 균형을 상실하고 줄에서 떨어질 위험이 있다. 줄을 맨 기둥이 넘어지거나, 줄이 끊어지면 아무리 줄타기의 명인이라 하더라도 추락할 불확실성을 잉태하고 있다.[107]

107. 위험에 더하여 불확실성까지

1995년 베어링은행의 주가지수선물 트레이더였던 닉 리슨은 수차례의 투기적 베팅이 성공하자 위험을 개의치 않고 니케이225 지수선물에 과도하게 베팅하였다. 일본에는 지진이라는 불확실성이 존재하는 사실을 간과하였다. 고베 대지진이 일어나자 일본 증시가 폭락하면서 10억 달러가 넘는 손실을 보고 베어링은 파산하게 되었다. 위험관리 부재에 더하여 불확실성까지 겹쳐지며 걷잡을 수 없이 사태가 커진 결과였다.

내재가치를 벗어나 크게 오른 주가는 그 시점에서는 매도·매수 균형을 달성한 상태이지만, 내재가치와 시장가격의 괴리가 클수록 아슬아슬한 균형이 무너질 위험은 커진다. 우리나라와 같이 외국인 투자에 제한이 없고, 외국인 주식 소유비중이 높은 나라에서는 외국인 포트폴리오(FPI) 자금 과다 유출입과 관련된 불확실성은 상존하고 있다.

위험과 불확실성이 넘치면 가계와 기업은 미래지향 경제활동을 할 수가 없다. 위험은 가계나 기업이 스스로 관리할 수 있지만, 불확실성은 공동체 차원에서 관리되어야 한다. 개별 가계나 기업이 불확실성을 관리하기는 사실상 불가능하다. 예컨대, 높게 오른 주식은 떨어질 위험이 있어 투자자들이 조심하여야 하지만, 금융시장 불균형으로 말미암은 핫머니 과다 유출입에 따른 불확실성을 가계나 기업이 스스로 관리하기에는 한계가 있다.

불확실성과 위험은 그 본질이 다른 데도 이를 구분하는 시각을 갖지 못하면 가계, 기업, 정부를 포함한 모든 경제주체들이 잘못된 선택을 하게 된다. 위험과 불확실성을 분간하지 못하고 어긋난 대응을 하다가 오히려 사태를 더 악화시키는 사례는 아시아 외환·금융위기뿐만 아니라 지구촌 곳곳에서 반복되고 있다.

2
위험 과잉선호와
과다회피 – ①

F O C U S

금융시장에서 위험을 경시하는 분위기가 피어나면 위험부담비용이 줄어들어 금리와 환율이 하락하고 주가는 상승한다. 기업은 채권시장이나 주식시장에서 자금조달비용이 줄어들지만 투자자들은 고평가된 금융상품을 샀다가 매매손실 위기를 맞게 된다.

반대로 시장에서 위험을 두려워하는 경향이 과도하게 나타나면 기초경제여건과 관계없이 금리와 환율이 오르고, 주가는 하락한다. 기업에는 자본비용을 높게 부담해야 하는 어려움이 닥치지만, 투자자들에게는 금융상품을 싸게 매수할 기회로 작용하기도 한다.

우리나라는 오랫동안 위험이 무엇인지 생각하지도 못하는 무방비 상태에 있었다. 앞뒤 생각하지 않고 마구 달려야만 하는 환경에서 위험을 거론하는 일은 어쩌면 사치스러운 일이었다. 정부·기업·가계 모두 단기업적주의에 빠져 그저 '하면 된다'는 풍토에서 위험과 불확실성을 따지다가는 자칫하다 "세상물정 모르는 얼간이"가 되기 쉬웠다.

위험과 불확실성에 대한 인식 부재는 가계와 기업은 물론 사회에 재앙을 초래하기 쉽다. 위험이 다가오고 있다는 대내외 경고를 무시하고 그저 경제 "펀더멘털이 좋다"는 소리만 늘어놓다가 외환·금융위기를 당하여 민생을 도탄에 빠트렸다. 관치금융 아래 위험과 수익을 조화시키지 않고 그저 점유율 경쟁에 매달리던 유수의 재벌기업들은 투자자들에게 막대한 손실을 입히며 침몰하였다. '코스닥러시'와 '바이 코리아 회오리'를 허둥지둥 쫓아가던 투자자들은 무더기로 절벽으로 떨어졌다. 위험과 수익에 대한 인식 부재가 재앙의 원인이었다. 위험을 얕잡아 본 대가를 치른 것이다.

세상 이치란 한쪽으로 기울다 보면 갑자기 반대쪽으로 쏠리기 쉽다. 위험을 도외시하다가도 그 반작용으로 위험과 불확실성에 대한 공포에 휩싸이게 된다. 수익률과 관계없이 무조건 위험을 회피하려는 위험과다회피 증상이 나타나기도 한다. 쏠림 현상이 심한 환경에서는 위험을 대수롭지 않게 여기다가도 별안간 위험을 무서워하며 근처에도 가지 않으려 한다. 끝없는 욕심을 부리다가도 어느 순간 까닭 없는 두려움에 떨며 움츠러드는 것이 욕심쟁이 바보들의 습성이다.

위험과다회피 증후군은 주식시장, 채권시장, 외환시장은 물론 부동산시장 같은 실물시장에서도 종잡을 수 없이 일어난다. 예컨대, 우리나라 대다수 기업의 신용평가등급인 BBB- 등급의 회사채수익률은 9% 정도로 경제성장률의 약 3~4배로 높다. 지불불능위험이 조금 있는 회사채 금리는 기초경제여건에 비하여 크게 높아도 소화가 부진하다. 초우량 등급의 회사채가 부도 사태가 일어난 뒤에야 투기등급으로 조정되는 사건들이 반복되면서 신용평가 기능에 대한 불신이 겹쳐지며 위험과다회피 성향이 나타났기 때문이기도 하다. 부동산시장에서 있었던 전세가가 매매가에 버금가는 비정상 상황은 거래비용, 보유비용이 경제성장률에 비하여 크게 높은 것이 주요 원인이기도 하지만, 가격등락에 따른 위험을 회피하려는 성향 때문이기도 하다.

위험을 무시하거나 반대로 지나치게 기피하는 현상은 정보의 비대칭성(information asymmetry)이 심한 사회에서 크게 나타난다. 쓸데없는 신상정보나 첩보에 대한 호기심은 높으면서도 막상 유용한 정보에 대한 비용은 지급하지 않으려는 것이 후진사회의 특성이다. 그저 가십거리에 불과하거나 남을 음해하기 쉬운 소위 '찌라시'는 은밀한 경로를 통하여 유료로 구독하면서도 정말 유용한 정보는 아무런 대가 없이 얻으려 한다. 이러한 환경에서는 힘만 있으면 정보를 독점하는 데 그치지 않고 왜곡하고 남용하려고 한다. 작전세력들은 정보를 은폐축소 또는 과대포장하거나 엉뚱한 정보를 임의로 퍼트리려고 한다. 정보에 대한 불신이 겹쳐지면 무조건 위험을 회피하려는 성향이 시장에 나타날 수밖에 없다.

시장에서 위험선호와 위험회피 현상이 밀려오고 밀려가는 과정에서 내재가치와 시장가격을 비교·분석하는 냉정한 시각을 가진 투자자들은 금융상품을 싸게 사서 비싸게 팔아 초과수익의 기회를 잡을 수 있다. 그러나 위험에 대한 경계심이 없거나 반대로 지나친 공포감에 젖게 되면 가격이 오를 때 덩달아 사고, 가격이 하락했을 때 덩달아 팔기가 쉽기 때문에 초과손실을 보는 일이 자주 일어난다.

3
위험 과잉선호와
과다회피 — ②

F O C U S

　위험은 당장이 아니더라도 미래에 벌어질 수도 있는 사건이어서 예상 위험에 대한 보상비용인 리스크 프리미엄은 시장심리가 변화함에 따라 큰 영향을 받는다. 평소에는 위험을 하찮게 여기다가도 어느 순간 갑자기 두려움이 커지면서 무조건 위험을 회피하려 한다.

　투자자들의 위험 선호와 반대로 회피 현상은 자산시장에서 거품의 팽창과 소멸 현상을 자주 나타나게 하는 원인의 하나다. 특히 주식시장 변동성은 지나치게 들쑥날쑥하여 단기는 물론 중장기적으로도 그 추세를 가늠하기 어려운 모습을 보이는 경우가 허다하다.

생존경쟁에서 이긴 인간(Homo sapiens)은 합리적 기대에 따라 경제행위를 하는 것으로 생각되어 왔으나, 행동주의(behaviorism) 학자들의 연구에 따르면 사람들은 이성보다는 오히려 감정에 따라 동요하는 비이성적 모습을 보이는 일이 더 흔하다고 한다. 어떤 때는 탐욕에 빠져 위험을 맹목적으로 쫓아가다가도 갑자기 두려움에 휩싸여 위험을 무조건 회피하려고 한다.

투자자들이 위험을 선호하다가도 갑자기 위험을 회피하는 까닭은 무엇인가? 투자 선택을 스스로 하기보다는 누군가를 따라 뇌동매매를 하다 보면 위험관리에 대한 개념이 자리 잡기 어렵다. 정보는 공유되고 이를 바탕으로 위험과 수익을 따지는 관행이 정착될 때, 위험관리 능력이 쌓인다. 그런데 가공된 것인지도 모르는 정보를 맹목적으로 믿고 투자하게 된다면 어떻게 될까? 정보 수집과 분석 노력도 없이 주먹구구식 투자를 하는 과정에서 위험관리능력이 배양될 수 없다.

위험을 생각지 않고 무조건 고수익을 올리려는 분위기에서는 투자정보를 자가발전하며 시장을 엉뚱하게 움직이려는 세력이 춤추기 마련이다. 위험관리에 대한 개념이 없는 가운데서 자신도 모르게 탐욕이 넘치다가도 어느 날 갑자기 막연한 두려움에 떨게 된다.

군집본능으로 투자자들의 감정 동요가 심한 사회에서는 위험선호 현상이 팽배하다가도 어느 순간 위험회피 현상이 과도하게 나타나기도 한다. 생필품 실물시장과는 달리 금융시장에서는 매매 상대방 간 위험과 수익에 대한 판단이 엇갈려야 거래가 성립한다. 싸게 사서 비싸게 팔아 매매차익을 얻고 싶어 하는 투자자들이 주식을 파는 까닭은 향후 가격이 (상대적으로) 하락하리라 판단하기 때문이다. 반대로 사는 이유는 가격이 더 오를 것이라고 예상하기 때문이다. 이처럼 판단이 엇갈리며 가격이 변동하는데, 군집본능이 심할수록 사람들은 탐욕과 두려움 같은 감정이 수시로 뒤바뀐다. 다 함께 샀다가, 다 같이 팔려는 과정에서 시장은 쏠림 현상을 나타나기가 쉽다. 특히 주가 등락폭이 커져 이익이나 손실이 확대될 경우 불안과 욕심의 차원을 넘어 미신 같은 것에 매달리다 그릇된 판단으로 상처를 크게 입게 된다. 투자자들이 투자와 투기, 도박을 혼동하여 머니게임을 할 경우, 위험을 하찮게 여기다가도 어느 순간 갑자기 위험을 두려워한다. 기업의 (미래)이익에 대한 시장의 평가가 엇갈리면서 주가는 움직인다. 단기적으로는 주식시장이 제멋대로 움직이는 것 같이 보이지만 궁극적으로 주가는 기업경영의 결과인 (기대)순이익의 현재가치에 수렴하려고 한다. 그런데 주가가 시시각각 들쑥날쑥하게 되면, 많은 투자자가 주식의 내재가치의 변화보다도 그저 시장심리 변화에 따른 주가 변동에 따른 차익을 노리려고 한다. 결과적으로 투자가 아닌 투기나 도박 같은 제로섬게임이 된다. 이러한 머니게임에서 이긴 사람이 차지하는 돈은 부가가치의 창출이 아니고 상대방으로부터 이전된 것이다. 투자가 투기나 도박으로 여겨지는 분위기가 이어지면 위험관리가 잘 될 까닭이 없다.

미래에 수익을 많이 낼 자산에 투자하려면 위험도 부담해야 그 과실을 누릴 수 있다. 이러한 선순환 구조가 정착되려면 정보의 공유를 통한 시장의 투명성 확보가 전제되어야 한다. 모든 투자에는 위험이 따르며 이 위험을 적정하게 수용하고 방어하는 과정에서 합리적 가격이 형성되며 시장 전체의 위험은 중립화된다. 가계와 기업은 위험부담능력(risk tolerance)에 따라 위험과 기대수익을 조화시켜야 중장기 자산관리 내지 투자에 성공할 수 있다. 투자자들이 빠지기 쉬운 뇌동매매, 머니게임에서 벗어나야 최선의 선택이 가능하다.

4
화폐가치
안정의 중요성

F O C U S

　화폐가치가 안정되어야 가계와 기업이 미래지향적 경제활동을 추구할 수 있다. 화폐가치가 불안하면 생산활동보다 투기활동을 선호하게 되어 성장잠재력이 침식된다. 화폐가치 안정은 개인이 노력한 만큼 보상 받으며 사회에 기여하는 동기양립(動機兩立)을 위한 필요조건이다.

　화폐가치 불안정성은 ① 방만한 재정지출로 재정적자가 급속하게 확대될 때 ② 경기부양 시기를 놓치거나 경기침체의 골이 지나치게 깊어져 뒤늦게 통화량을 비정상적으로 팽창시킬 때 ③ 대외지급능력이 부족해져 대외충격을 흡수하지 못하고 환율의 변동성이 확대되면서 비롯된다. 미래 한국경제는 3가지 모두 만만치 않은 국면이다.

어느 사회를 막론하고 경제의 혈액과 같은 화폐가치가 흔들리면 위험과 불확실성이 커지며 사람들의 삶을 곤궁하게 만든다. 쉬운 예를 들어보자. 1945년 8월 태평양전쟁 패전과 동시에 조선총독부는 미리 찍어 뒀던 '조선은행권'을 살포하여 통화량을 2배 이상 팽창시켰다. 가뜩이나 어려웠던 조선경제는 삽시간에 혼란에 빠져들었다. 그들은 "사회를 무너트리는 가장 간단한 방법은 돈의 가치를 타락시키는 것이다."라는 레닌(V. Lenin)의 말을 신봉하였는지 모른다.

가계와 기업이 창출한 부가가치를 화폐로 평가하고, 배분하고, 축적하는 과정에서 생산요소가 고부가가치 산업으로 이동하면서 경제 성장과 발전이 이루어진다. 화폐가치가 불안해지면 소비와 저축, 생산과 투자 같은 경제활동이 뒤엉켜 경제적 적응능력이 저하되어 성장잠재력은 훼손된다. 화폐가치 불안은 거래 없이도 누군가는 특별이익을 얻게 되고 다른 누군가는 특별손실을 입는 불합리한 상황이 전개되어 불화와 갈등이 배태된다.

사람들의 삶을 피폐하게 만드는 화폐가치의 불안정성은 동서고금을 막론하고 대체로 정부로부터의 위험과 불확실성이다. 정부의 기능은 가계와 기업이 열심히 연구하고 노력하게 하는 환경을 조성하는 데 있다. 정부가 모든 것을 직접 해결하겠다고 욕심을 내다가는 재정적자를 확대시키고 유동성을 팽창시키며 나아가 대외지급능력 부족을 초래하여 화폐가치 안정성을 해치기 쉽다.

먼저, 중장기 성장잠재력을 높이기보다 눈앞에 보이는 성적표에 급급하여 성장을 직접 이끌려다 보면 방만한 예산 집행이 불가피하여 재정적자가 초래된다. 정부가 찍어낸 은행권의 가치보장은 세수의 효율성과 세출의 절제에 따른 재정건전성에 달려 있음은 말할 필요가 없다. 확대재정을 세수로 메꿀 수 없게 되면 나중에는 발권력을 동원해야 하기 때문에 화폐가치가 불안해진다. 세수를 초과하면서까지 대중에게 재화를 무상으로 공급하여 인기를 얻으려는 대중주의 (populism), 사회주의 국가에서 흔히 나타나는 환상이다. 성장잠재력을 갉아 먹는 포퓰리즘에다 재정적자가 자리 잡기 시작하면 다시 되돌리기 어려워 결국 후진국으로 후퇴하는 것이 남미, 남유럽 국가들의 경험이다.

다음, 경기 상황에 따라 유동성을 미조정하여야 하는데 정책대응을 실기하고 경기가 침체의 늪에 빠진 뒤에 경기부양 욕심을 과하게 내다가는 유동성을 과다하게 팽창시켜 화폐가치를 불안하게 만든다. 경기를 부추기려 정책금리인 콜금리 목표를 2000년 10월 5.25%에서 2004년 11월 3.25%까지 끈질기게 내렸다. 성장률과 물가상승률을 감안할 때, 정책금리의 상대적 수준은 2019년 현재보다 더 낮은 셈이었다. 금리를 연속 내리다 보니 유동성 홍수로 통화량이 장마철 냇물처럼 불어났다. 사실, 우리나라에서 부동산투기는 화폐가치 불안정성을 의미하기도 한다.

그 다음, 대외지급능력이 약화되면 대내외 충격을 완화하지 못하고 환율 변동 폭이 확대되어 화폐가치 불안으로 이어진다. 1990년 후반 한국은 기업부채 규모 확대와 경상수지 적자 누적으로 해외신인도가 하락하고 있었다. 외국금융기관들은 한국에 대한 신용라인

(credit line)을 줄이고 만기상환연장(roll-over) 비율을 조여 갔다. '국민소득 1만 달러' 슬로건에 집착하던 정부는 기초경제 여건이 좋다는 말을 되풀이하며 환율을 억지로 억누르려고 얼마 남지 않았던 외화를 허공에 쏟아부었다. 1997년 8월 금융기업의 대외부채를 정부가 책임지겠다는 얼토당토않은 소리를 하자 환율은 밟다 놓은 용수철처럼 튀어 올랐다.

2018년 현재 한국경제의 모습을 보면 잠재성장률이 차츰 저하되는 가운데 실제성장률도 그에 못 미치는 안개에 싸여 있었다. 당장은 그나마 세수가 잘 걷혀 재정수지를 맞출 수 있지만 언제까지 지속될 지는 의문이다. 소득불평등과 고용 악화를 시장이 아닌 재정으로 해결하려 한다면 미래의 재정 건전성을 기대하고 논의하는 것은 무리다.

경기는 하강기조에 접어들어 정책금리를 내려야 하는 당위성이 커감에도 불구하고 정치권까지 금리인상을 압박하는 상황에서 어쩔 수 없이 정책금리를 올리다가는 심각한 위기에 직면할 위험이 커진다. 경기 자동조절 기능이 훼손된 다음에 때늦은 경기부양을 위해 통화량을 마구 풀어야 하는 사태가 오지 않는다고 단정할 수 없다.

그래도 다행스러운 점은 대지급능력 면에서 장기간 경상수지 흑자로 건실한 상황에 있다. 국제투자대조표(IIP)에 따르면 2018년 12월 현재 해외에 갚아야 할 것과 받아야 할 것을 모두 제하면 4,130달러 정도 여유가 있다. 그러나 경상수지 흑자가 특정 부문에 치우쳐 있는 데다 그 분야 경쟁력 우위가 계속될지 불투명하다.

한국경제가 마주치고 있는 환경변화를 생각할 때, 화폐가치 안정성이 앞으로도 확보될 것이라고 단정하기 어려운 실정이다. 생각건대 기업부채 확장과 외환부족으로 말미암은 IMF 구제금융 사태를 그럭저럭 극복할 수 있었던 것은 그나마 튼튼한 가계가 있었기 때문에 가능하였다. 2019년 현재는 투기적 동기의 대기성자금이 대규모로 부유하는 동시에 가계부채와 자영업자대출이 연간 GDP를 훨씬 넘어서는 금융 불균형이 위험과 불확실성을 더 크게 하고 있다.

화폐가치 안정은 예나 지금이나 순조로운 경제순환을 위한 불가결한 조건으로 실물부문과 금융부문이 따로 움직이지 않고 조화를 이루어야 가능하다. 실물부문과 금융부문이 균형을 이루려면 금리 · 주가 · 환율 같은 금융시장가격지표가 성장 · 물가 · 고용 · 국제수지 같은 거시경제 총량지표를 충실히 반영하여야 한다. 다시 말해, 특정 목표를 달성하기 위한 재정과 금융 남용은 예외 없이 돈의 가치를 흔들리게 할 수밖에 없다.

화폐가치가 안정되느냐 불안해지느냐에 따라 가계와 기업의 경제적 선택은 아주 달라진다. 화폐가치가 안정되는 국면에서 큰돈을 노리고 빚을 내어 무리하게 투자하다가는 자칫 부채의 늪에서 헤어나기가 힘들다. 물가가 오르지 않으면 시간이 지나도 빚의 가치가 줄어들지 않기 때문에 무리하게 빚을 내다가는 지불불능위험에 빠지기 십상이다. 저성장 · 저물가 시대에는 모험적 투자보다는 근검절약하여야 경제적 승자가 될 확률이 높아진다.

화폐가치가 흔들리는 상황에서 가계와 기업은 열심히 연구하고 노력하기보다 비생산적 투기활동을 벌이거나 불로소득을 찾아 두리번거리기 쉽다. 빚을 내어 투자하다가 설혹 실패하더라도 시간이 지나면서 돈의 가치가 떨어져 레버리지투자 위험이 줄어든다. 고성장·고물가 시대에는 투자 기회도 많지만 빚 부담이 어느 사이에 줄어들기 마련이다.[108]

가계와 기업은 화폐가치가 불안해지는 상황에서 결코 정부에 의지할 수 없다. 경제적 패자로 전락해서 빈곤층으로 추락하지 않으려면 화폐가치 불안으로 말미암아 비롯되는 위험과 불확실성을 경계하여야 한다. 정부지출은 적정하게 유지되는지, 금융시장이 거시경제상황을 제대로 반영하고 있는지, 대외지급능력 변화 추세를 살펴봐야 한다. 개개인이 스스로 위험에 빠져들지 않으려 노력할 때 국민경제 전체의 불확실성 또한 무리 없이 극복할 수 있다.

108. 빚쟁이에서 부자로?

인플레이션 유발 성장 시대에는 개발계획 정보를 빼내고, 줄을 대어 대출을 받아 땅을 사들이면 쉽게 돈을 벌 수 있다. 빚 부담은 인플레이션이 진행되면서 흐지부지 되고 땅 값은 크게 뛰어 금방 거부가 될 수 있었다. 문제는 그들이 힘들이지 않고 번 돈은 그 땅에 공장이나 집을 지을 기업 또는 아파트 입주민들로부터 미리 빼앗은 것이나 다름없다. 이런 환경에서 꼬박꼬박 저축만 하다가는 별로 남는 것이 없을 수도 있다. 우리사회의 경제적 사회적 갈등은 이때부터 깊이 뿌리내리기 시작했다.

나라를 무너트리는 가장 간단한 방법

1차 대전 후 바이마르공화국에서는 유동성을 마구 팽창시키다 마르크화를 불쏘시개로 쓸 만큼 극심한 화폐가치 타락이 일어났다. 형은 근검절약하였지만 나중에 아무것도 남는 것이 없었고, 술주정뱅이 동생은 창고에 쌓아 놓은 빈 술병 값이 크게 올라 오히려 돈을 벌었다는 일화가 있다. (초)인플레이션으로 말미암은 극심한 경제혼란은 바이마르 체제가 무너지고 결국 히틀러의 제3제국이 등장하는 계기가 되었다.

원조경제 체제 아래서 '돈 찍어내는 일' 외에는 별다른 경제성과가 없었던 자유당 정부 시절의 방만한 통화관리를 두고 김광균 시인은 "낙엽은 폴란드 망명정부의 지폐"라고 하여 돈의 가치가 낙엽처럼 떨어지는 장면을 묘사하였다. 생각건대 극심한 경제적 곤궁이 방만한 통화관리로 비롯된 것인지, 보잘 것 없는 경제 상황이 통화량 팽창을 초래하였는지 원인과 결과가 분명하지 않다. 당시의 (초)인플레이션은 결국 4.19혁명의 도화선이 되었다.

산유국 베네수엘라에서 전 국민들에게 석유를 무상으로 배분하자 너도나도 차를 몰고 나와 수도 카라카스 시내는 주차장처럼 되어 도시기능이 마비되었다. 결국 재정적자를 견디지 못하고 돈을 무한대로 찍어 해결하려고 하였다. 천정을 모르는 하이퍼인플레이션으로 공장은 멈추고 국가경제는 기진맥진하게 되었다. 국민들은 각자도생의 길을 찾아 국외 탈출 러시가 벌어졌다.

5
단기업적주의와
불확실성

F O C U S

　개인도 마찬가지지만 기업이나 사회가 무엇보다 경계하여
야 할 점은 가시적 성과에 급급하여 단기업적주의에 빠지는
일이다. 기본원칙을 무시하고 단기성과와 묘수 내는 일에 급
급하면 결국 그 사회의 위험과 불확실성이 커지고 잠재력은
떨어지기 마련이다.

　기업이나 정부의 대리인들은 전시행정, 단기성과를 중시
하고 평가받고 싶어 한다. 미래지향적 R&D 투자지출을 소홀
히 하거나 변화에 대응하지 못하는 지출로 중장기 경쟁력을
마모시킨다. 투자자 입장에서는 투자 대상기업이 단기성과
나 홍보에 급급해 하는지 관찰할 필요가 있다.

중국 춘추전국 시대 송나라에서 벼를 빨리 키우면 상을 준다고 하였더니, 어떤 꾀(?) 많은 농부가 벼를 빨리 자라게 하려고 벼 포기를 조금씩 뽑아 올렸다. 뿌리가 들뜬 벼는 끝내 말라 죽을 수밖에 없다는 알묘조장(揠苗助長)의 고사가 있다. 욕심을 내고 일을 서두르다 보면 본래의 목적을 달성하지 못한다고 하여 욕속부달(欲速不達)이라 하였다.[109]

생각건대, 세간에 떠들썩했던 '저축은행' 사태도 단기업적주의 부산물이다. 까닭은 모르지만 서민금융인 상호신용금고에 은행이라는 이름을 붙여주고, 5천만 원까지 예금을 보호해 주었다. 제1금융권보다 훨씬 높은 고금리를 지급하자 저축은행으로 서민들이 아닌 지도층, 부자들이 몰려들었다. 저축은행마다 가족 수대로 통장을 개설하고 높은 금리를 받아갔다. 대규모 자금을 운용하여 높은 수익을 낼 능력이 당시 저축은행에 없었다.

경제가 수축되는 과정에서 고금리는 독극물이나 마찬가지였다. 저축은행이 수지를 맞추기 어렵게 되자, 프로젝트 금융을 허가하며

---

109. 단기화 논쟁(short-term argument)

20세기 말 무렵, 미국에서 적대적 기업공개매수(hostile tender offer)가 빈번해졌다. 경영자들 특히 대리경영자들은 이를 방어하려고, 미래를 위해 중장기 투자 계획을 수립하기보다는 단기수익 향상에 주력하는 경향이 보였다. 미래 전망보다는 당장의 재무제표에 나타난 사항에만 관심을 갖게 되니 중장기 기업가치 상승이 어려워졌다. 당시 미국의 생산성이 아시아 주요국보다 저조한 까닭은 기업들이 단기업적에 급급하여 R&D 투자를 소홀히 하였기 때문이라는 단기화 논쟁(short-term argument)이 상당기간 벌어졌다.

사실상 종합금융기관으로 만들었다. 그러나 제1금융권에서 수익성이 없다고 판단하여 포기한 프로젝트를 물려받다 보니 저축은행 부실은 삽시간에 불어날 수밖에 없다. 창고에 구멍이 나자 쥐 떼가 들끓고 그 대가는 결국 납세자 부담으로 메워졌다. 멀리 내다보지 못하는 근시안 정책이 빚어낸 비극이었다.

2015년 가을 개별소비세 인하 '코리아 블랙 프라이데이' 같은 내수 부양책을 펼쳐 분기 성장률이 오랜만에 1.2%를 기록하자 관계자들은 '서프라이즈'라며 환호했다. 그러나 소득향상 없는 소비증가는 한국경제의 뇌관인 가계부실을 더욱 심화시켰다. 실제로 그다음 달부터 소비심리는 급격하게 위축되었다. 억지로 일시적 소비를 부추기면 소비수요 기반을 더욱 악화시켜 반짝 경기회복의 대가를 크게 치러야 한다. 체력을 보강해야 할 시점에서 체력을 일부러 낭비시킨 결과라 할 수 있다. 미래의 소비수요기반을 강화하려면 가계를 튼튼히 하는 일에 힘을 쏟아야 한다.

연고주의나 엽관주의에 따라 갑자기 큰일을 맡은 인사들일수록 단기업적주의 함정에 빠지기 쉽다. 갑자기 스카우트되거나 낙하산을 탄 경영자 또는 관료들은 이것저것 일을 벌여 가시적 성과를 내려고 덤빈다. 일의 실질적 성과보다는 홍보효과를 중시하며 미래보다 현재에, 전체보다 부분에 집착하며 기본원리를 무시하고 묘수를 내려고 한다. 여러 가지 문제들을 이것저것 섞고, 이리저리 덮고, 요리조리 미루고 하는 (쓰리고)미봉책을 쓰다 보면, 문제가 해결되기는커녕 더 큰 문제가 잠복되기 마련이다. 여기저기 땜질처방을 즐기다가는 결국 조직이나 사회를 수렁으로 빠지게 할 우려가 다분하다. 부채가 풍선처럼 부풀어 오르다가 수많은 투자자에게 깊고 붉은 상처를 입히며 터져버린 대우(채) 사태는 정부와 시장이 합작한 단기업적주의의 표본이다.

기본적 흐름보다는 묘수를 즐기고 이를 홍보하는 데 열중하게 되면, 부지불식간에 조직이나 사회를 흔들리게 만들기 쉽다. 아무리 줄타기 명인이라도 줄 위에서 진종일 서 있을 수는 없다. 당장 그리고 부분적으로는 가시적 성과가 나는 듯하지만 전체적으로는 위험과 불확실성을 잉태하기 마련이다. 잔물결만 쳐다보면 멀리서 밀려오는 거대한 파도를 바라보기 어렵다.

6
선언효과와
립 서비스

F O C U S

　대내외 충격으로 시장심리가 불안해질 경우, 안정대책을 제시하여 시장을 독려하고 시장 스스로 변화에 대응하도록 유도하는 발언은 효과가 높다. 선언효과를 크게 하려면 실천방안을 분명하게, 제때에, 투명하게 시장에 공표해야 한다.

　그러나 시장에 보내는 수사가 쓸데없이 모호하거나 엇박자를 내면 시장이 갈피를 잡지 못하여 부작용이 커진다. 실천 없는 선언을 남발하면 싸구려 립 서비스로 변질되고 어느 사이에 시장의 불신을 받아 오히려 시장 질서를 교란시킬 우려가 있다.

과거의 경험들을 돌이켜 보고 그 교훈은 무엇인지 생각해 보자.

① 1996년 경상수지 적자가 국제적 위험 수준으로 여겨지는 GDP의 4%를 넘어서자, 국내외에서 여러 경로로 한국경제의 위기를 경고하였다. 그런데도 관계자들은 이구동성으로 "한국경제의 펀더멘털(fundamentals)이 좋다"는 소리를 되뇌었다. 위기의 그림자가 다가오고 있는데, 모든 정보를 거머쥔 고위 인사들이 아무런 문제가 없다고 하니 시장은 의아해 하고 혼란스럽게 되었다. 결과적으로 정부의 말을 믿고 달러 베이스 대출을 받은 기업이나 자영업자들은 환율상승으로 부채가 순식간에 2배 이상으로 늘어나 빈사지경에 이르게 되었다. 반대로 원화가치가 추락할 것을 미리 알아차리고 외화예금에 베팅한 사람들은 '돈벼락' 수준의 큰돈을 벌었다.

실제로 1997년 환율이 800원 선에서부터 오르기 시작하면서 (나라의 외화보유고는 텅 비어 가는데) 거주자 외화예금은 늘어나 구제금융 사태가 벌어질 무렵에는 전년 대비 38억 달러 늘어났다. 당시로써는 보통 큰 금액이 아니었다. 그러다가 환율이 꼭짓점인 2,000원선에 다다르자 외화예금은 재빠르게 빠져나갔다. 정부가 시장을 믿지 못하는 것일까? 아니면 시장이 정부를 믿지 못하는 것일까? 하여간 시장에서는 정부의 허황된 립 서비스를 들으면서 무엇인가 잘못되어 가고 있다는 신호로 받아들인 것은 사실이다.

② 1999년 1월, 750p선이던 코스닥 시장은 거품이 점점 커지며 이듬해 1월에는 코스닥 지수가 무려 2,250p 선까지 올라 경계의 목소리가 높아졌다. 그런데 어찌 된 셈인지 몰라도 "서민들의 재산형

성과 부의 확산 차원에서도 코스닥 시장의 활성화가 필요하다."고 고위 경제 관료가 강조하였다. 무슨 영문인지 알 수 없는 광경이었다. 한 달 후에 또 다시 "코스닥 시장이 거품이 아니라 코스닥 기업의 미래 수익이 급증할 것이기 때문에 주가가 상승하였다."고 하였다. 상식으로는 이해하기 어려운 장면이었다. 가뜩이나 달아오르던 코스닥 시장은 활활 타올라 2000.3.10에는 장중 지수가 2,925까지 상승하였다.

거품은 가파르게 피어오를수록 순식간에 부서지기 마련이어서 최고점을 찍은 바로 그 순간부터 날개 없는 추락을 거듭하여 코스닥 지수는 1년이 채 못 되어 500선 아래로 곤두박질하였다. 무책임한 정부(?)의 립 서비스를 잘못 믿은 투자자들은 곤두박질치는 주가와 함께 절망에 이르는 길로 빠져들었다. 급기야 코스닥 지수는 최고점의 1/12 수준인 245선까지 무너졌다. 정부가 시장을 바보로 본 것일까? 아니면 시장이 정부를 도깨비 방망이로 여긴 것일까?[110]

110. 금통위의 립 서비스효과

2019년 3월 25일 금통위 의장이 "금리인하 가능성을 염두에 두고 있다."고 하자 국고채(3년) 금리가 1.80%에서 3월 27일에는 0.12%p나 낮은 1.68%로 하락하여 기준금리(1.75%)보다도 낮아지며 장단기금리 역전 현상이 벌어졌다. 며칠 후 4월 1일에는 난데없이 "지금은 기준금리 인하를 검토할 시점이 아니다." 라고 번복하자 동 금리가 0.036%p나 급등한 1.726%로 올랐다. 성장률 2% 중반, 물가상승률 0.5% 상황에서 그처럼 높은 국고채 금리 변동은 예삿일이 아니다. 어떠한 논리적 타당성이나 통계적 근거 없이 기준금리를 마음대로 하겠다는 발언으로 채권시장은 어떤 영문인지 모르고 혼란에 빠져들었다.

시장을 마음 내키는 대로 구부리거나 펼 수 있다는 자세로 우민 정책을 펼치다가는 자신은 물론 공동체 신뢰까지 무너트려 사회적 비용(social cost)이 커진다. 마찬가지로 시장을 얕잡아 보는 말치레가 계속되면 자본주의 사회의 중추인 시장가격기능이 훼손되기 쉽다. 공과 사를 구분하지 못하여 정책 누수 현상이 나타나 방향도 흔들린다.

립 서비스가 반복되다 보면 부지불식간 '신뢰의 위기'가 조성된다. 선언효과를 통하여 정책효과를 극대화시키기보다는 립 서비스에 따른 불신과 불안이 조장된다. 특히 금융시장 립 서비스는 시장을 교란시켜 불특정다수의 투자자들을 혼란에 빠트린다. 어떻게 생각하면 도덕적해이가 될 수도 있고 시장을 교란시키는 범죄행위가 될 수 있다. 투자자들은 시장을 바로잡으려는 선언효과와 시장을 왜곡시키는 립 서비스를 구분하는 시각을 가져야 한다.

7
불균형
불감증

FOCUS

한국경제에 번져 가는 무기력 증상은 생산성이 저하되어서도 아니고 사람들이 게을러서도 아니다. 소비수요 기반이 점점 취약해지고 있기 때문이다. 경기활성화를 위하여 '성장의 이름'으로 소비를 부추기다가 성장의 한계에 부딪히는 부메랑이 되어 돌아오고 있다.

우리나라는 오랫동안 총공급 확대에 힘을 기울이다 총효용 문제는 외면하였다고 해도 과언이 아니다. 성장지상주의 패러다임이 장기화되다 보니 불균형 성장이 당연시되는 분위기에서 성장과 분배의 균형 감각을 잃어버려 위험과 불확실성이 커져 가고 있다.

우리나라처럼 중진국에서 선진국으로 발돋움하는 과정에서 발생하는 심각한 소비수요 부족 현상은 사회보상체계가 왜곡되었기 때문이지 달리 해석할 도리가 없다. 중위소득이 1인당 평균소득의 1/3에 불과하다. 우리나라의 소득불평등 정도가 얼마나 심각한가를 단박에 알 수 있는 장면이다. IMF 사태 이후 가계소득증가율은 6.1%로 낮아지고 반대로 기업소득증가율은 25.2%로 높아졌다는 통계도 예사롭지 않다.[111]

성장과 분배에 대한 불균형 불감증이 깊어지면서, 중산층 내지 고소득층이라고 자처하는 인사들조차 자신의 소득이 1인당 평균 국민소득(GNI)에 못 미친다는 사실을 느끼지 못하고 있다. 예컨대, 어느 저명 언론인은 자동차회사 근로자들이 사회지도층인 자신보다도 많은 1억 원에 육박하는 연봉을 받으니 세상이 잘못되었다고 한탄하는 모습을 자주 보인다. 노동조합이 극성을 부려 과도한 임금

---

111. 소득집중도

2017년 중위소득은 평균 2천 301만 원인 것으로 나타났다. 소득 상위 0.1% 소득자의 평균소득은 2012년 11억 8천 499만 원에서 2017년 14억 7천 402만 원으로 늘었다. 상위 0.1% 소득자가 중위소득의 64배를 번 셈이다. 전체 소득 중 상위 0.1% 소득이 차지하는 비중도 2012년 4.0%에서 2017년 4.3%로 늘어난 것으로 나타났다.

상위 1%로 범위를 넓혀 보면 해당 구간 소득자의 평균소득은 3억 9천 51만 원으로 중위소득자의 17배였다. 상위 1%의 소득이 전체 소득 중 차지하는 비중은 2012년 10.8%에서 2017년 11.4%로 증가했다. 통합소득 전체를 보면 2012년 1천 894만 명 평균 2천 971만 원에서 2017년 2천 248만 명 평균 3천 438만 원으로 5년간 15.7% 늘었다. – 연합뉴스 2019. 3. 24

인상으로 경쟁력이 낮아지고 성장의 장애가 된다는 이야기다.

그러나 조금만 생각해 보자. 4인 가족(우리나라 가구 평균가족 수는 3.66명)을 가정하면 가장의 연봉 1억 원은 1인당 연소득 2천 5백만 원으로 2018년 1인당 GDP 3만 7천 달러에 훨씬 못 미치는 수준이다. 세계적으로 명망 높은 초일류기업의 (몇 명 되지 않는) '노동귀족'이라 불리는 정규직 근로자들의 보수가 (4인 가족 기준) 국민 1인당 평균 부가가치창출액보다 낮다.

2015년 현재, 우리나라 4인 가구의 중위소득은 4,200만 원으로 1인당 1,050만 원인데 이는 평균 GDP의 1/3에도 못 미친다. 우리나라에서는 평균소득의 절반에도 못 미치는 중위소득의 150% 이상 수준을 소득계층을 상류계층으로 분류하고 고율의 세율을 부과한다. 종합소득이 1억 5천만 원 이상이 넘으면 초고소득층으로 간주하고 높은 세율을 부과하고 있다. 5억이 넘는 소득자에게 부과하는 소득세율과 배당소득만 해도 때로는 수백억 원이 넘어가는 고소득자들과 세율이 똑같다.

이 이해하기 어려운 진실에 대하여 전문가들이 문제의식을 느끼지 못하는 것은 우리사회에 만연한 불균형 불감증으로 밖에는 설명할 수 없다. 1920년대 미국의 대공황은 고소득층의 소득세율이 저소득층의 세율과 엇비슷해지면서 경제력 집중 현상이 심화된 결과임을 반면교사로 삼아야 한다.

경제 성장과 발전이란 일정 기간에 일국 경제가 창출하는 재화와 서비스의 총공급을 증가시켜 결과적으로 국민경제의 총효용도 늘어나는 것이다. 성장의 결과 늘어난 재화와 서비스가 국민들의 후생과 복지 향상과 연결되어야 더 큰 성장과 발전을 기약할 수 있다. 이와 같은 과정이 반복되면서 사람들에게 열심히 일하려는 경제적 동기가 부여되고, 사회적 수용능력이 배양되면서 성장잠재력이 확충된다.

성장과 분배의 불균형이 초래하는 부작용을 장기간 외면하다가는 급기야 성장의 한계에 부딪히게 된다. 우리나라 성장잠재력이 추락하는 커다란 원인이다. 가계는 토양이고 기업은 나무다. 토양이 메말라 가면, 크게 자란 나무도 어느 순간에 고사되기 마련이다. 반대로 땅이 기름지면 좋은 싹은 금방 거목으로 자라날 수 있다. "성장은 분배의 수단이고 분배는 성장의 목적"이다.

비정상 상태가 계속 이어지다 보면 비정상을 정상으로 착각하는 문제가 심각해진다. 잘못된 것을 잘못되었다고 깨닫지 못하면 재앙을 초래하기 쉽다. 불균형 상태가 오래 지속되면 다시 균형 상태로 돌아가려는 복원력이 상실되는 문제가 발생한다. 불균형 불감증으로 말미암은 한국경제의 위험과 불확실성을 어떻게 극복할 것인가?

8
불신 조장하는
확증편향

F O C U S

확증편향은 자신에 대한 무조건 확신으로 자신과 의견이 다른 남을 불신하는 심리 병리 현상이다. 실체적 진실을 외면하면서 보고 싶은 것만 보고, 듣고 싶은 것만 들으려 한다. 확증편향(confirmation bias)에 빠지면 다양한 가치관을 무시하고 자신의 선입견이나 뜻에 거슬리는 통계는 배척하거나 덧칠하려 한다.

확증편향에 빠진 인사가 큰 힘을 거머쥐면 통계 근거나 논리 바탕과 배치되는 관점을 조직이나 사회에 강요하여 갈등을 유발한다. 특히 국민경제에 직간접 영향을 미치는 정책을 남용하게 되고, 가계와 기업과 정부 사이에 불신풍조를 조장하여 성장잠재력을 훼손시킨다.

확증편향에 빠지면 자기주장에 집착하다가 비현실적 시각으로 세상을 보며 통제력을 잃고 억지주장을 펼치는 인지부조화(cognitive dissonance) 현상을 보인다. 잘못을 부인할 수 없는 상황에서도 이런저런 핑계를 대면서 부조리한 생각을 합리화시키려 하거나 모두가 아는 뻔한 거짓말을 늘어놓는 일이 인지부조화 상황이다.

확증편향(confirmation bias)에 치우치면 기본원칙보다는 맹목적 아집과 고집에 둘러싸여 논리의 결핍은 물론 현실로 나타난 엄연한 통계숫자까지 부정하며 조직과 사회를 어지럽힌다. 다양한 가치관이 존중되어야 하는 미래지향사회에서 여러 가지 관점과 의견을 조화시키지 못하고 막무가내 옹고집을 부린다면 조직과 사회를 갈등으로 이끌기 마련이다.[112]

확증편향성은 현실을 무시한다고 해서 현실이 바뀌는 것이 아님을 인지하지 못하는 심리 병리 증상이다. 불완전한 지식을 가진 권위주의자들이 고정관념에 빠져 확증편향성(確證偏向性)을 가지게 되면 자신의 의견은 침소봉대하면서 남의 의견은 물론 나아가 인격까

---

112. 확증편향과 폴리페서

폴리페서(polifessor)들이 종종 확증편향성을 보이는 경향이 있다. 학생들에게서 절대 권위를 누리고 사회에서도 분에 넘치는 대우를 받다가 낙하산을 타고 높은 자리를 차지하면 세상을 마음대로 마름질할 수 있다는 확증편향에 빠지는 것이 아닐까? 여기저기 훈수를 두다 잘못되어도 아무런 책임감을 느끼지 못하는 까닭에 자신의 잘못을 끝끝내 인지하지 못하는 편이다. 폴리페서들은 대체로 염불보다 잿밥에 눈독을 들이기 때문에 관련지식이 불완전한 까닭으로 확증편향에 빠지기 쉽다.

지도 무시하려든다. 눈앞의 나타나는 엄연한 사실조차 무시하고 자신의 의견을 뒷받침하지 못하는 통계는 덧칠하거나 걸러 내려 하니 사람들 사이에 불신이 조장되지 않을 도리가 없다.[113]

부조리를 합리화시키려는 확증편향이 배태하는 가장 큰 폐해는 사람들로 하여금 서로 믿지 못하게 만드는 것이다. 정보의 폭포 현상에 더하여 정보에 접근 경로가 다양한 사회에서 서로 불신하게 되면 비용은 비용대로 들고 오히려 역효과가 발생하기 쉽다는 것이다. 크고 작은 조직의 지도자가 확증편향성을 띠게 되면 충언이나 합리적 비판을 적대시하기 때문에 주변에는 사탕발림하는 자들로 들끓게 되어 결국에는 자신도 망치고 나아가 조직도 망치게 된다.

집단본능이 강한 사회에서 대중들이 부화뇌동하여 몰려다니다 보면 가짜 뉴스에 중독되기도 하며 옳고 그른 것을 제대로 판단하지 못하여 집단 확증편향에 사로잡히기가 쉽다. 주식투자자들이 집

---

113. 통계는 격투기?

그리스에서 2008년 모라토리움 위기가 닥쳤다. EU와 IMF는 재정지원을 하면서 IMF에서 오랫동안 일하던 게오르기우를 통계청장으로 추천하여 통계의 신뢰성부터 높이려 했다. 그는 2009년 그리스의 GDP 대비 재정적자 비율을 종전에 알려진 13.4%가 아닌 사실 그대로 15.8%로 발표하고 정부 긴축을 독려하였다. 그러나 반대파로부터 숫자를 과장해 국익을 해쳤다는 이유로 검찰에 기소되었다. 언론 인터뷰에서 "나는 통계를 조작하지 않았다는 이유로 기소됐다. 그리스에서는 통계는 격투기"라고 말했다고 한다.

– 김종윤의 시시각각에서 발췌

단 확증편향에 빠지게 되면 바보 금(fool's gold)도 황금으로 오인하게 되고 거꾸로 진주를 돌로 착각하게 되는 현상이 벌어져 거품이 팽창되다가 소멸되고 더 나아가 역거품이 발생하는 원인으로 작용한다.

어설픈 지식을 가진 인사가 자만심까지 강하면, 독선, 독단, 독주하는 권위주의자가 된다. 권력이나 권위를 앞세워 편협한 생각을 밀어붙이려고 하면 조직과 사회는 엄청난 대가를 치러야 한다. 확증편향성에 빠지면 실패를 학습효과로 삼지 못하고 부조리한 주의 주장에 집착하다가 더 큰 실패로 이어진다.

확증편향은 자신만이 아니라 조직과 사회를 어지럽히는 병리현상이다. 투자자가 확증편향에 빠지면 스스로 손실을 입지만 유력인사들이 확증편향에 걸리면 불합리하고 부조리한 대책을 밀어붙이다가 급기야는 사회에 불신과 불확실성을 증폭시키는 결과를 초래한다. 사회에 영향을 크게 미치는 조직일수록 확증편향성에 사로잡혀 있는지 살펴보는 견제 장치를 스스로 마련하여 조직 운용의 균형을 잃지 않도록 하여야 한다.

9
'보이는 손'으로부터의
불확실성 – 사례

FOCUS

특정 정책목표를 달성하려고 '보이는 손'이 시장에 개입하여 무리하게 가격을 끌어올리거나 억누르려는 시장개입은 가격기능을 파괴하여 위험과 불확실성을 잉태시키다가 결국에는 시장의 역습을 받기 마련이다.

시장에서 결정되는 주가·환율·금리 같은 금융가격지표를 무시하고 억지로 조정하다가는 동시에 또는 시차를 두고 어김없이 실물경제까지 교란하는 결과를 가져와 가계와 기업의 합리적 경제활동을 방해하고, 나아가 성장잠재력까지 저하시킨다.

과거 실패를 교훈으로 삼아야 시행착오가 되풀이되지 않고 가계, 기업은 정부실패로 말미암은 손실을 피해갈 수 있다.

오늘날과는 정반대로 시장에서 급등하는 환율을 억지로 억누르려다 초래한 정부로부터의 재앙이다. 1996년 12월 800원대에 머물던 환율이 야금야금 오르기 시작하였다. 당시 한국경제 상황은 경상수지 적자가 위험수준인 GDP의 4%를 초과하였고, 외환보유액이 당시 최저 허용수준인 월간 수입액의 3개월분에 훨씬 미달하여 환율상승 압력이 컸었다. 외국금융기관들은 우리금융기관에 대한 신용공여(credit line)한도와 만기상환연장(roll-over) 비율을 조여 가고 있었다.

이처럼 외화수급이 불안한 상황에서는 시장기능에 따라 금리나 환율이 올라가도록 놔두어야 시장이 균형을 찾아가면서 외화유출을 억제하거나 외화유입을 유도하게 된다. 그런데도 저환율에 집착하여 바닥이 보이는 외화를 정신없이 내다 팔면서 환율을 방어하려 하였다. 환율방어선을 자꾸만 후퇴하면서 외환시장에 개입하다 보니 원화에 대한 신뢰는 더욱 추락할 수밖에 없었다.[114]

114. 외환시장 개입에 따른 재앙

1997년 말 한국정부가 저지른 참담한 실패 사례는 2018년 아르헨티나에서 재현되었다. IMF는 아르헨티나의 경제 안정에 필요한 적정 외환보유액을 652억 달러로 제시했고, 2018년 3월 현재 617억 달러를 보유하고 있었다.

하지만 아르헨티나 정부는 4월 페소화 가격을 안정시키겠다며 외환보유액의 8%에 달하는 50억 달러를 풀어 페소화를 사들여 외환시장에 개입하였다. 외환보유액 감소에 따른 위험과 불확실성이 국내외로 확산되면서 페소화 폭락이 이어지자 아르헨티나 정부는 어쩔 수 없이 IMF 구제금융을 신청해야 했다.

당시 NDF시장과 국내 선물환시장과의 환율 괴리가 커지자 투기세력은 가만히 앉아서 큰돈을 벌 수 있었다. 국내시장에서 현물환을 싸게 사서 역외 선물환시장에서 선물환으로 비싸게 파니 수지가 맞지 않을 도리가 없다. 다시 말하면 그 당시 정부는 내 패를 보여주며 투기세력과 화투놀이를 하는 꼴이었다.

급기야는 "금융기관의 외화부채를 정부에서 보증한다."는 생게망게한 발상까지 나왔다. 그러다 보니 환율은 날개를 달고 더 빨리 올랐다. 외국인투자자들은 한국의 다급한 사정을 빤히 내려다보고 있었다. 외화보유는 바닥을 드러내고 달러 값은 훨훨 날아 1997년 12월에는 무려 2,000원 수준까지 육박하였다. 이는 마치 용수철을 힘껏 누르다 놓으면 천장까지 튀어 오르는 것과 다름없는 이치였다. 그 막무가내 정부실패는 외환위기를 초래하여 대다수 국민들의 엄청난 고통으로 이어질 밖에 다른 도리가 있을 수 없었다.

상당수 중산층을 빈곤의 늪으로 추락시킨 코스닥 시장의 안개와 거품을 돌이켜 보자. 정부는 IMF 사태 이후 신기술 산업을 육성한다는 명목으로 코스닥 시장 활성화 방안과 건전화 방안을 연이어 발표하였다. 벤처기업 내지 신기술 산업만이 경제를 이끌 것이라는 분위기가 넘쳤다. 각종 조세지원을 통하여 코스닥 시장 진입을 도왔다. 적자기업의 코스닥 등록을 허용하여 기름을 부어댔다. 거래소시장 상장종목을 코스닥 시장으로 이전을 유도하는 우스운 방안까지 연출하였다.[115]

이러한 배경 아래 1996년 7월 100포인트로 출발한 코스닥 지수는 98년 하반기 이후 불붙기 시작하여 1999년 5월에는 288포인트를 훌쩍 넘어섰다. 이 과정에서 거액의 주가차익, 주식발행 초과금을 거머쥐게 되어 다수의 불량기업, 좀비기업들까지 뜻밖의 횡재를 하게 되자 딴 데 정신을 팔았다. 본연의 기술개발보다는 M&A 같은 주식시장을 통한 연금술에 더 열중하는 일이 벌어졌다.

무릇 가격이 지나치게 상승하면 그 반작용으로 본질가치보다 훨씬 아래로 추락하는 것이 어김없는 시장의 경험칙이다. 안개와 거품에 쌓여 있는 상황에서 멋모르고 뒤늦게 '코스닥 러시'에 뛰어든 투자자들이 수렁에 빠졌다. 그렇게 해서 잃어버린 코스닥 시장에 대한 투자자의 신뢰는 상당기간 회복되지 못하였다. 유망 신기술산업, 유망 중소기업까지도 자금조달에 애로를 겪는 폐해가 상당기간 이어졌다.

금리를 억지로 끌어내린 경험을 되돌아보자. 과열을 치닫던 경기가 2,000년 하반기 이후 주춤거리자 기다리지 못하고 허둥지둥 금리를 내리고 카드 사용한도 확대 같은 조치로 소비수요를 부추기려 하였다. 금통위는 2001년 2월 콜금리 목표를 종전 5.25%에서 5차

115. 코스닥 벤처펀드와 당근

코스닥 기업을 육성하겠다는 의지를 표명하던 정부가 2018년 4월 '코스닥 벤처펀드'에 공모주 우선배정과 소득공제라는 당근을 제공하자, 한 달 만에 약 3조원 가까이 되는 자금이 몰려들었다. 공모주식이나 CB, BW 같은 메자닌(주식으로 바꿀 수 있는 채권)에 투자해야 하는 조건 때문에 공모주시장을 과열시켰다. 적자지속으로 미래를 담보하기 어려운 기업까지도 무이자와 리픽싱(전환가액조정) 80%라는 파격적 조건으로 전환사채를 발행하였다. 욕심을 내고 분별없이 뛰어든 개미투자자의 손실로 직결될 수밖에 없었다.

례나 숨 가쁘게 인하하여 4%까지 끌어내렸다. 그리하여 2002년 한 국경제는 세계경제 전반에 걸친 침체와 동떨어지게 6.3%대의 고성 장을 이룩하였다. 경제정책이 크게 성공하고 한국경제의 저력을 보 여주는 것 같은 착시 현상이 나타나며 당국자들은 미소를 짓고 소 비가 미덕인양 과다소비 현상이 벌어졌다. 그러나 건설투자와 민간 소비 증가에 의존한 억지 성장의 대가가 기다리고 있었다. 부동산 이 과열로 치닫고 가계부문은 과다소비의 대가를 치르게 되었다. 지나치게 내수를 진작시킨 결과 일시적 경기부양은 이루었지만 가 계는 기진맥진하여 소비수요기반이 악화되었다. 한국경제 양극화 현상이 가속화되기 시작하였다.[116]

위의 3가지 사례에서 정부가 시장을 억지로 억누르거나 끌어당기 려고 무리할 때 정부정책을 맹신하고 따라가다가는 가계와 기업은 큰 낭패를 당할 수도 있다는 교훈을 준다. 문제는 정부로부터의 불확실 성 원인을 제공하였던 정책수립과 시행의 담당자들은 아무런 책임을 지지 않고 유유히 제 길을 갔다. 그 쓰라린 대가는 최종적으로 가계와 기업이 치렀다는 사실을 잊지 말아야 한다.

---

116. 시장흐름과 기준금리 조정

2017년 말, 성장률 2.8%, 물가상승률 1.5% 경기실사지수 83을 감안할 때 한국 경제는 금리인하 내지는 최소한 동결 신호를 보내고 있었다. 그런데도 금통위는 미국금리 인상에 미리 대비하려는 의도인지 몰라도 기준금리 인상을 단행하였 다. 당시 종합경기지표도 선행지수나 동행지수 순환변동치 변화를 읽을 때 경기 침체가 예고되고 있었다. 금리 인상 이후에 실업률은 더 높아지고 세금, 이자부 담 같은 비소비지출이 늘어나며 중산층 이하 가계의 삶은 더 곤궁해지고 있었다.

IMF 구제금융 사태와 거주자외화예금

IMF 구제금융 사태 이전 여러 가지 징후로 보아 국내외에서 위기가 오고 있다고 경고하고 있었으나 한국정부 관료들은 오로지 "경제 펀더멘털이 좋다"는 말을 되뇌면서 옆구리가 터져 나와 숨도 쉬기 어려운 지경인데도 그 아픔을 남의 아픔인 것처럼 태연자약한 모습을 하고 있었다.

그 당시 정부(?)가 엉뚱한 말을 반복할수록 한국의 외화금고는 텅텅 비어 가고 있었던 반면에 거주자 외화예금은 오히려 늘어가고 있었다. 1996년 말 15억 달러에 불과하던 거주자 외화예금이 1997년 말에는 53억 달러로 무려 38억 달러나 늘어났다. 당시로써는 엄청나게 큰 금액이었다. 사실, 일반국민들은 외채가 얼마인지, 장단기구조가 어떠한지, 외화예금을 어디에 하는지, 깜깜한 상황에 있었다. 그당시 거주자 외화예금은 지금과는 딴판으로 다른 성격의 예금이라고할 수 있다. 그야말로 '내부자거래'가 없었다고 장담할 수 없는 씁쓸한 장면이다. 나라의 위기를 개인의 기회로 만든 그들을 어떻게 불러야 할까? 현명한 투자자들일까? 아니면 기회주의자라고 불러야 할까? 한 가지 분명한 사실은 거주자 외화예금이 아니었다면 그나마도외국인투자자 손으로 넘어갔을 것이라는 점이다. 그들은 남모르는정보를 악용하였거나 시장을 냉정하게 보는 시각을 지녔다고 할 수있다.

IMF 사태는 기업과 금융기관이 부채경영으로 한계에 다다랐지만그나마 가계가 튼튼했기에 가계를 희생시키며 위기를 극복할 수 있었다. 20여년이 지난 다음, 가계부채가 가장 큰 문제로 등장하였다.

10
'보이는 손' 으로부터의
불확실성 – 폐해

F O C U S

시장에 쏠림 현상 또는 외부충격으로 말미암아 가격 변동성이 비정상으로 확대될 경우, 시장을 안정시키려는 대책을 마련하려 한다. 그러나 시장기능을 무시하는 시장개입이 시장자동조절 기능을 파괴하여 위험과 불확실성을 더 크게 할 가능성을 경계하여야 한다.

불완전한 지식과 정보의 제약에 따른 서툰 시장개입이 오히려 혼란을 더 초래할 수도 있다. 근시안적 할거주의가 불확실성을 더 증폭시키는 정부실패를 초래할 수 있다. 불필요한 시장개입이 거래질서 혼란과 그 후유증에 따른 사회적 비용을 크게 지불해야 하는 경우가 상당하다.

특정 부분을 위한 시장개입에 따른 위험과 불확실성이 시장 전체로 확대되어 경제 전반에 악영향을 끼칠 수 있다. 특정목표를 달성하겠다고 어느 한 쪽을 뒤늦게 억누르면 다른 한쪽이 불거지는 풍선효과가 초래되어 다른 부문까지도 비정상적으로 왜곡시킬 수 있다.

예컨대, 금리·주가·환율 같은 금융시장 가격지표는 경제적 의사결정의 가격으로 서로 인과관계와 상관관계를 가지며 공동변화(co-movement) 현상을 나타내야 경제 순환이 순조롭게 이루어진다. 가격경쟁력 확보를 위하여 무리하게 환율을 상승시키면, 미래 어느 시점에 환율하락을 예상한 외국인 투기자금 유입증대로 유동성이 팽창하여 자산시장의 거품이 발생하기 쉽다. 반대로 환율을 억지로 억눌러도 부작용은 커질 수 있다. 핫머니 유출 러시가 일어나면 환율이 상승하는 것이 자연스러운 이치다. 그런데 억지로 환율을 안정시키겠다는 욕심을 내어 시장에 개입하면 외국인 투기 자금이 안전하게 빠져나가도록 우산을 씌워주어 결과적으로는 외환시장은 더 흔들리기 마련이다. 이 같은 정부개입은 IMF 구제금융 사태뿐만 아니라 그 후의 외환부족 사태의 직접적 원인으로 작용하였다.[117]

정부개입이 지나치면 가계와 기업의 자생적 경제 예측능력을 저하시켜 성장잠재력을 저하시킨다. 미래예측능력과 대응능력을 약화시켜 합리적 경제활동을 저해하기도 한다. 실물시장에서는 아무리 가격이 비싸도 생활에 꼭 필요한 물품은 사야 한다. 금융시장에서는 매매상대방 간에 미래 예상가격에 대한 판단이 엇갈리면서 '보이지 않는 손(invisible hand)'에 의하여 거래가 형성된다. 가격이 오를 것이라고 예상하는 사람은 사고, 내릴 것이라고 예상하면 파는 과정이 반복되면서 적정가격이 발견되며 미래의 경제상황을 예측하게 하는 순기능이 있다. 그런데 힘센 '보이는 손(visible hand)'이 어떤 상품의 가격이 얼마라고 지정하면 시장참가자들의 기대가 한 방향으로 쏠리게 되어 거래 없이 가격이 상승하거나 하락한다. 상황이 바뀌어 시장의 기댓값도 변할 경우에는 정반대로 가격이 급등락하는 현상이 벌어져 시장은 제 기능을 제대로 못하고 휘청거린다.

시장이 정책의도와 반대의 모습을 보이며 거래질서를 더 교란할 가능성도 있다. 시장의 흐름을 잘못 읽고 정부가 정책목표에 집착하여 억지 대책을 강행할 경우에는 부작용이 더욱 커질 수밖에 없다. 쉬운 예로 기업의 자금을 원활하게 공급하려는 의도에서 금리

117. 시장을 바보로 보다가

정부가 부동산시장에 개입하기에 앞서 경제적 인간이 무엇 때문에 집을 비싸게 사거나, 아니면 싸게 팔려는지 그 원인과 그 파급효과를 분석해 봐야 한다. 그다음 시장을 설득하며 시장에 개입하여야 정책효과가 커진다. 시장을 막무가내 누르겠다는 정부개입은 정부로부터의 불확실성을 크게 하고 결과적으로 정부에 대한 불신까지 조장할 우려가 있다.

과거에도 거래까지 실종시키는 부동산시장 규제로 돈이 돌지 못하는 모습이 종종 나타났다. 결과적으로 약화되고 있는 소비수요기반을 더욱 위축시켜 경기침체 부분적 원인으로 작용하는 셈이다. 정책당국자가 먼저 고려해야 할 사항은 "시장에서 자신의 돈으로 턱 없이 비싼 집을 사거나, 자기 재산을 무턱대고 싼 가격으로 팔고 싶어 하는 바보는 세상 어디에도 없다."는 사실이다. 무엇이든 마음대로 할 수 있다며 '시장을 바보로 보다가는 바보가 되기 쉽다.'

를 크게 인하하여도 기업자금조달은 더욱 어려워지는 경우가 있다. 금리가 비정상적으로 낮으면 향후 금리가 오를 것이라고 예상하는 사람들이 많아져 장기 투자를 외면하고 단기투자를 선호하게 된다. 결과적으로 애초 기대하였던 정책효과는 나타나지 않고 시중에 대기성자금만 늘어나며 투기거래가 성행하고 경제의 불확실성은 증폭된다. 서투른 시장개입으로 막대한 사회적 비용을 지불하게 되는 셈이다.

정치인이나 관료들은 가계나 기업과 달리 자기 계산으로 시장에 개입하는 것이 아니다. 예컨대, '97년 외환금융위기 당시 자신이 보유한 달러였다면, 무의미한 시장개입을 위하여 귀중한 달러를 그리 쉽사리 허공에 뿌렸겠는가? 우리나라에서 정책 오판이나 실패에 대하여 책임소재를 물었던 경우는 거의 없었다. 일시적으로 여론의 화살을 맞더라도 시간이 지나면 흐지부지하는 경우가 대부분이었다.

이렇듯 직간접 책임을 지는 일이 없기 때문에 문제가 발생하여도 구차스런 변명만 늘어놓으며 시간을 끌다가 개선할 기회조차 놓치게 된다. 공공부문과 달리 개인이나 기업의 경우에는 경제행위에 대한 손익이 바로 당사자의 이해와 직결되기 때문에 빠르게 대처하여 손실을 최소화할 수 있다.

금융부문이 실물부문의 과거의 실적치, 현재의 모습, 미래의 기대치를 적정하게 반영하도록 하는 것은 경제안정의 전제조건이다. 금리·환율·주가 같은 금융가격지표를 끌어당기거나 밀어내려 시장을 정책목표에 맞추려 들다보면 갖가지 부작용과 함께 경제 질서가 흐트러지게 된다. 정책목표를 시장에 맞도록 조율하여 기업이나 가계가 합리적 판단과 미래지향적 경제활동을 하도록 유도하는 일이 최선이다.

세계화가 진행되고 경제규모가 커지면서 정부가 시장을 견인하는 데는 한계가 있을 수밖에 없다. 그런데도 이것저것 다 해결하려고 욕심을 내다 보면 앞뒤가 맞지 않게 되고, 정책일관성 문제도 초래되어 결국 경제사회에 피로감만 더하게 된다. 예컨대 일자리는 기업이 만드는 것이다. 정부는 다만 기업이 일자리를 만들기 어렵게 하는 장애요소를 찾아 제거해 주면 되는데, 정부가 직접 일자리를 만들려 하다가는 중장기 부작용이 더 커질 수밖에 없다.

불필요한 개입으로 시장을 우그러트리는 정부실패는 시장실패보다 더 큰 부작용을 초래하기 쉽다. 어떠한 시장에서도 시장자동조절기능이 발휘되기 때문에 시장실패에 따른 부작용은 그 한계가 있기 마련이다. 부분에 걸치는 정부개입이 경제 전반에 걸치는 위험과 불확실성으로 확대되기도 쉽다. 억지로 시장을 조이고, 억누르고, 끌어당기고 하는 시장견인은 결국 시장의 가격기능을 파괴하여 돌이키기 어려운 부작용을 일으키기가 쉽다.

11
'보이는 손'으로부터의
불확실성 – 반복 원인

돌이켜 보건대, 돌이킬 수 없을 정도의 심한 경제적 충격들은 대부분 시장실패가 아닌 정부실패로부터 비롯된 것들이다. '싸게 사고, 비싸게 팔려는' 보이지 않는 손에 의하여 움직여야 하는 시장기능을 파괴하기 때문이다.

이러한 정부실패가 반복되는 까닭은 크게 나누어 ① 정부와 시장과의 대화부족 ② 정부실패에 대해 책임지는 경우가 사실상 없었으며 ③ 단기업적주의에 따른 전시행정 ④ 정부가 시장기능을 무시하고 시장을 의도대로 움직이려는 과욕 때문이라고 할 수 있다.

과도한 외부충격이나 지나친 쏠림 현상으로 가격의 급변동성이 나타나거나 시장기능이 마비될 경우 정부가 일시적으로 개입하여 시장실패(market failure)를 조율하는 기능을 하려고 한다. 정부의 의도와는 달리 정부가 이리저리 시장에 개입하여 시장실패를 바로 잡기는커녕 오히려 시장기능을 훼손하는 경우가 반복하여 발생하는 까닭은 무엇인가? 생각해 보자.[118]

당국과 시장과의 대화가 없을 경우에 시장 위에 있는 당국은 엉뚱한 진단과 독단적 판단을 내리기가 쉽다. 예컨대, 2018년 2.7% 내외의 경제성장은 대기업을 중심으로 일부 업종에 치우쳤다. 엄청난 유보금을 쌓아놓은 그 편에서 여론을 주도하는 재변 인사들은 "금리를 올려야 한다."는 목소리를 이리저리 내지만, 약 320만 명으로 추산되는 소상공인들은 결집된 주장을 펴지 못한다. 그들의 '신음소리'를 듣기는커녕 "물가가 오르지 않아 금리를 올리기 어렵

118. 주식시장 12.12사태

1985년 150포인트에서 급등하던 코스피 지수는 1989년 4월 1일 1,007선으로 정점을 찍은 뒤 하락세로 돌아서 860선까지 밀렸다. 종합주가지수가 정부에 대한 '지지도'라고 착각한 정부는 그 해 12월 12일 초법적 대책을 마련했다. 중앙은행의 발권력을 동원해 당시 3대 투자신탁회사로 하여금 2조 7천억 상당의 주식을 무차별 매수토록 종용했다. 유동성을 퍼부어 주가지수를 900까지 억지로 끌어올렸지만 시장은 신뢰를 더 잃었다. 증안기금조성 같은 여러 증시 부양 조치에도 불구하고 1992년 8월에는 467선까지 추락했다. 어처구니없는 정부실패에 따른 비용은 납세자 부담으로 전가되고 책임지는 사람은 아무도 없었다. 우리나라에 잠재되어 있는 위험과 불확실성이다.

다."는 발언이 금통위 고위관계자에게서 나왔다고 한다.

우리나라에서 고위관료든 하급직원이든 조직이나 국가에 대하여 막대한 피해를 끼치고도 책임을 지는 일이 없기 때문에 정부실패는 반복된다. 잘못이 사회문제화될 경우 보직이 해임되면 그뿐이었다. 책임감 없이 권한을 행사하다 불특정다수에게 막대한 피해를 끼쳐도 시간이 흐르면 그만이다. 반대로 시장에서 이루어진 모든 거래의 결과는 시장참여자 자신의 계산으로 스스로 책임진다. 그런데다 정부의 요직은 시간이 지나면 새로운 인물들이 등장할 수밖에 없으니 정부실패가 반복되기 마련이다.

단기업적주의로 말미암아 먼 시각으로 미래비전을 세우는 일보다는 당장의 성과를 보이기 위한 전시행정에 매몰되기 쉽다. 먼 시각으로 시장하부구조를 튼튼히 하여 시장 질서를 건전하게 유지하는 것보다 우선 눈에 띄는 일을 하고 싶어 한다. 특히 우리나라에서는 호미로 막을 것을 뒤늦게 가래로 막는 일을 해야 유능하다고 인정받기 쉬웠다.

어느 나라고 엽관주의 정권에서 있기 마련이지만 한국사회의 고질병인 낙하산 리스크도 정부실패의 주요 원인이다. 낙하산을 타고 분에 넘치는 자리를 맡게 되면 권위를 인정받으려 하고 무엇인가 해내고 싶어 한다. 특히 업무 관련지식이 없을수록 무엇인가 큰일을 저지르고 조직을 장악하고 싶어 한다. '선무당이 사람 잡는다.'라는 속담처럼 가만히 있어도 좋을 자리에서 이것저것 일을 벌이다 보니 엉뚱한 사건 사고를 저질러 조직과 사회에 피해를 입힌다. 무식이 본인에게는 용기가 되지만 사회에는 민폐를 끼친다.

"우리나라 공무원은 영혼이 없다."라는 말은 아주 오래전부터 전해 내려오는 금언이다. 공직자들은 조직과 사회를 위해 일하기보다는 조직에 영향을 미치는 실력자들을 위해 일하는 경우가 상당하다. 엽관주의 사회에서는 그래야만 자리를 보전하거나 요직을 맡을 수 있다. 어쩌면 '악화가 양화를 구축한다.'라는 경제적 금언은 우리나라 공직 사회에서 꽤 들어맞는 말이다. 왜 정권이 바뀌기만 하면 유수의 공직자들이 영어의 몸이 되는지 생각해 보자.

세계화가 진행되면서 그리고 경제규모가 커지면서 정부가 시장을 견인하는 데는 한계가 있을 수밖에 없고 그 부작용의 파급경로는 더욱 복잡해지고 있다. 이와 같은 상황변화를 인식하지 못하고 정부가 모든 것을 다 해결하겠다고 욕심을 내다보면, 앞뒤가 맞지 않게 된다. 나라의 먼 장래를 생각하기보다는 눈앞에 보이는 가시적 성과에 급급하다 보면 정책의 일관성도 없어지고 경제사회는 피로가 누적된다.

반복되는 정부의 시장개입은 대개의 경우 적정 시기를 놓치기 쉽다. 시장이 불균형상태로 가다가도 자동조절기능으로 균형 상태로 회복하려는 시점에 뒤늦게 개입하여 거래실종 같은 문제를 일으키고 사태를 더 악화시킨다. 시장이 흔들리려는 시점에서 엉뚱한 바람을 불게 하여 시장을 안정시키는 것이 아니라 오히려 풍비박산 나게 하는 경우가 종종 있다.

보이는 손이 시장을 억지로 조이고 누르고 끌어당기면 정부가 시장을 이기는 것이 아니라 시장을 망치는 길이다. 따라서 가계와 기업은 정부정책이 시장을 파괴하는지 아니면 시장기능을 살리는지를 잘 살펴보고 대응해야 한다. 정부실패로 말미암은 불확실성의 대가는 모조리 가계와 기업의 부담으로 전가되기 때문이다. 정책목표를 달성하려고 '보이는 손(visible hand)'이 개입하여 무리하게 시장을 끌어올리거나 억누르려는 시장개입은 가격기능 파괴로 재앙을 초래하는 정부실패(government failure)로 연결된다.

12
경제양극화는
금융왜곡에서 비롯

F O C U S

우리나라에서 위험과 불확실성 진원지가 되고 있는 경제 양극화 현상은 오랫동안 이어져 온 실물과 금융의 불균형에서 비롯되었음을 부인하기 어렵다. 그 부작용과 후유증이 장기간 누적되어 빈부격차가 심화되고 한국경제 만병의 근원이 되었다.

금융시장이 거시경제 상황을 올바르게 반영하지 못하고 왜곡되면 거품과 역거품이 팽창하고 소멸하는 과정에서 누군가는 초과이익을, 다른 누군가는 초과손실을 입는다. 금융왜곡은 자원의 비효율적 배분과 함께 부의 비정상 재분배의 직간접 원인으로 작용하여 경제양극화를 가속시킨다.

금융시장 왜곡이 어떤 경로로 부의 양극화를 부추기는지 금리 · 주가 · 환율의 왜곡 현상의 폐해를 통하여 짚어보자.

돈의 사용 가격인 금리는 인체에 비유하면 혈압과 같아서 높아도 문제, 낮아도 문제다. 실물부문과 금융부문을 연결하는 고리가 되는 경제의 혈압인 금리가 적정수준을 이탈하면 실물부문과 금융부문의 불균형을 초래한다. 금리가 거시경제 상황을 제대로 반영하지 못하면 반드시 실물경제의 왜곡을 초래하여 위험과 불확실성이 잠재되다가 언젠가는 표출되어 경제사회를 교란한다. 정책 목표 달성을 위하여 금융을 남용하면 일시적 효과보다 중장기로 역효과가 훨씬 더 커지기 마련이다.

쉬운 예를 들어보자. 금리자유화 이전 금융억압(financial repression) 시대에서는 정경유착을 통하여 빚을 많이 져야 부자가 될 수 있었다. 고성장, 고물가 상황에서 돈의 가치가 금방 추락하기 때문에 턱없이 낮은 초저금리로 대출 받으면 시간이 조금만 지나도 빚은 저절로 없어진다. 대출금리, 대출규모를 사실상 정부가 정하는 상황에서 명색만 대출을 받는 것이지 자금을 무상으로 지원 받는 것이나 다름없었다.

명목금리에서 물가상승률을 차감한 실질금리가 거의 제로이거나 마이너스에 이르는 상황에서 가계는 한 푼 두 푼 열심히 저축하여도 재산형성에 도움이 되기 어려웠다. 열심히 일하기보다는 불로소득을 찾아 여기저기 기웃거려야 목돈을 벌 수 있고 경제적 승자가 될 수 있었다. 다시 말해 근검절약의 의미가 퇴색되고 있었다.

금리 왜곡은 이래저래 투기심리가 강하게 번지게 된 원인의 하나라 할 수 있다. 결과적으로 부자는 더 부자가 되고 가난한 사람은 더 가난하게 되었다. 당시 정부의 신용배분(credit rationing) 정책은 한국 경제의 빛과 그림자가 된 재벌 형성의 밑바탕이 되었다.

인체에 비유하면 체중과 같은 주가는 기업가치의 시장가격이다. 만약 경제의 체중인 주가가 기업의 (미래)가치보다 높게 형성되면 당해 기업이나 산업에 대한 자금조달을 용이하게 하여 투자가 활발해진다. 그러나 지나치면 주식시장 거품을 초래하고 결과적으로 다수의 투자자에게 손실을 끼치는 동시에 부실기업, 사양산업의 도태를 가로 막아 산업구조 고도화를 지연시킨다. 반대로 주가가 본질가치보다 낮게 형성되면 역거품을 발생시키고 유망기업, 성장산업의 자금조달 기능을 위축시켜 경제를 침체에 빠지게 한다.

체중이란 가벼워도 문제지만 지나치게 무거우면 더 큰 문제가 발생한다. 쉬운 예로, 2000년대 초반 정부는 벤처산업을 육성한다는 명분으로 코스닥 시장의 거품을 조성하였다. 끝없이 달아오르던 코스닥 시장 거품이 소강상태에 이르자, 황당하게도 경제 관료가 나서서 "코스닥 시장이 저평가되었다."라는 당황스러운 망언을 하며 거품을 부추기다 결과적으로 수많은 투자자들을 절벽으로 떨어트리고 빈곤층으로 전락하게 만들었다. 언젠가는 대통령 선거공약으로 코스피 지수를 5,000으로 올리겠다는 망발이 벌어지기도 하였다. 이제는 우리 사회에 깔려 있는 주가는 무조건 올라야 좋다는 맹신이나 미신 같은 데서 벗어나야 한다.

    인체에 비유하면 체력과 같은 환율은 통화의 상대가격이다. 체력을 쓰지 않거나 지나치게 소모하면 건강 이상이 오는 것처럼 경제의 체력인 환율 또한 높아도 문제 낮아도 문제다. 적정 환율은 국제수지 같은 대외균형뿐만 아니라 물가안정 같은 대내균형을 달성하기 위한 필요조건이다.

    환율이 비정상적으로 높거나 낮으면 수출과 내수의 불균형 현상이 일어난다. 만약 환율이 적정 수준보다 낮으면 물가는 하향 안정되지만, 경상수지는 악화되기 쉽다. 반대로 환율이 정상 수준보다 높으면 대외 가격경쟁력이 높아져 수출 기업은 살찌지만 가계는 고물가에 시달려야 한다. 고환율 정책으로 수출 비중에 비하여 내수 비중이 낮아지면서 소비수요기반이 점점 허약해져 가는 하나의 원인으로 작용했다.

    IMF 구제금융 사태 이후 2018년 현재까지 우리나라 경상수지 누적 흑자가 무려 GDP의 절반이 넘는 8천 억 달러를 넘어섰다. 그 천문학적 규모의 경상흑자를 감안할 때 원화 가치는 크게 절상되고 시민들의 생활수준이 높아져야 마땅했다. 그런데 대미 원화 환율은 그저 옛날이나 다름없거나 오히려 높기도 하다. 그런데도 일각에서는 환율이 낮아서 수출이 안 된다고 한탄하는 아이러니가 벌어지고 있다. 엉뚱하게 '환율주권'을 내세우며 원화절하(환율상승)를 부추기던 관료들은 자국 통화가 정당한 평가를 받도록 해야 하는 것이

'통화주권'이지 헐값으로 마구 깎아내리는 것이 아님을 진작 깨달아야 했다.

　한국경제 불확실성의 진원지가 되고 있는 경제 양극화 현상은 금리·주가·환율이 (남의 나라가 아닌 우리나라의) 거시경제 현상을 있는 그대로 반영하지 못하고 정책의 수단으로 남용되는 순간부터 더욱 악화될 수 있다. 툭하면 미국 금리가 오르면 핫머니가 빠져나갈까 두렵다며 한국의 거시경제 여건과 관계없이 금리를 올려야 한다고 주장한다. 많은 사람들이 주가가 올라야 경제를 활성화시킨다는 편견에 사로잡혀 있다. 기업이나 정부나 다 같이 가격경쟁력을 확보해야 한다며 원화절하(환율상승)를 유도하려 한다.
　이 같은 행태들은 금융시장이 실물부분의 성과와 미래 기대치를 있는 그대로 투명하게 비추어야 미래예측이 가능해진다는 사실을 도외시하는 일이다. 또한 실물과 금융이 균형을 이루어야 국민경제가 지속적으로 성장하고 발전할 수 있다는 불변의 원칙을 외면하는 근시안적 사고방식이다.

PART 7
위험과 불확실성 대응

1
불확실성과
투자심리 변화

FOCUS

　세계경제는 부가가치 원천이 아날로그에서 디지털로 이동하는 전환기 분수령에 있다. 한국경제는 핫머니 과다유입에 따른 외생적 불확실성과 빈부격차 심화로 소비수요기반 약화 같은 내생적 불확실성이 겹쳐 있다. 부동산 거래실종과 가계부채가 얽히는 부채디플레이션도 미리 예방하여야 할 불확실성이다.

　글로벌화가 깊숙이 진행되면서 불확실성 그림자는 어디서나 어른거린다. 우리나라와 같은 개방경제체제에서는 조그만 대외충격에도 금융시장이 크게 흔들리기 쉽다. 불투명한 시장심리 변화에 따라 거시경제여건 변화와 관계없는 금리 · 주가 · 환율이 급등락할 위험과 불확실성이 항시 존재하고 있다.

시장에 위험과 불확실성이 다가오면 기초경제여건 동향과 관계없이 시장심리 변화에 따라 금리·주가·환율의 변동성이 커진다. 불확실성은 실물부문과 금융부문의 불균형을 초래하여 순조로운 경제순환을 저해한다. 내재가치 변동과 관계없이 주식시장, 채권시장, 외환시장이 급등락을 반복하게 되면 금융중개기능을 훼손하기 마련이다.

불확실성은 크게 보아 ① 시장심리 불안 ② 리스크 프리미엄 상승 ③ 실물경제활동 위축에 따른 기대이익감소와 같은 3가지 경로를 통해 금융시장 변동성을 확대시키면서 금융시장에 충격을 준다. 그러나 시장가격이 내재가치와 괴리되다가도 시장자동조절 기능에 따라 시차를 두고 다시 균형을 회복한다는 사실을 주지하여야 실패하지 않는다.

불확실성 징후가 어른거리기 시작하면 무엇보다 먼저 투자심리가 위축되기 시작한다. 정보의 비대칭성이 증폭되면서, 시장에 근거 없는 낙관론이 팽배하여 위험을 하찮게 여기다가도 어느 순간 갈피를 잡을 수 없는 비관론에 휩싸이며 위험회피 성향이 매우 높아진다. 투자자들의 탐욕이 어느 순간에 두려움으로 바뀌면서 위험자산을 처분하고 안전자산을 선호하는 경향이 두드러진다. 특히 군집본능(herd instinct)이 강한 시장에서는 이리저리 쏠림 현상이 심하게 나타나면서 불안심리가 확산되어 시장을 공황상태에 이르게 하는 경우도 있다.

불확실성이 증폭되면 위험과다회피로 무위험채권의 금리는 하락하는 반면에 리스크 프리미엄이 높아져 위험채권 금리는 폭등하며 거래가 실종되다시피 한다. 신용경색(credit crunch) 상황으로 이어져 채권시장 기능이 마비된다. 주가는 투자심리가 얼어붙는 데다 리스크 프리미엄 상승으로 금리가 상승하는 결과 할인율이 높아져 (내재) 가치가 낮아지고, 기업의 기대이익 감소로 삼중으로 하락 압력을 받는다. 탐욕이 삽시간에 두려움으로 바뀌며 투매 현상이 벌어져 주가는 내재가치 이하로 추락하여 역거품(reverse bubbles)이 발생할 가능성이 높아진다. 외환시장에서는 안전자산을 추구하는 외국인들의 핫머니 유출입이 긴박해지며 환율 변동성이 확대된다.

불확실성은 경제주체들의 능동적 의사결정이나 적극적 경제활동을 망설이게 한다. 불확실성은 가계와 기업의 미래 경제전망을 흐리게 하여 소비심리를 냉각시키는 한편 기업가정신을 위축시켜 생산 활동을 저해하여 기업이윤을 감소시킨다. 불확실성 증폭은 금융시장에 이어 실물경제에도 타격을 입히게 된다.

실례로 아시아외환금융위기는 말할 것도 없고, 2003년 카드대란, 2009년 세계금융위기로 금리폭등, 환율급등, 주가폭락에 이어 실물경제는 큰 폭의 마이너스 성장을 기록하였다(그림 참조). 불확실성은 주식의 시장가격뿐만 아니라 기업의 내재가치까지도 동시에 추락시킨다.

불확실성이 어른거리다 사라지면, 시장 자동조절기능에 따라 내재가치와 시장가격이 다시 균형을 찾아가기 마련이다. 시장심리가

〈 불확실성과 주가 · 환율의 급변동 〉

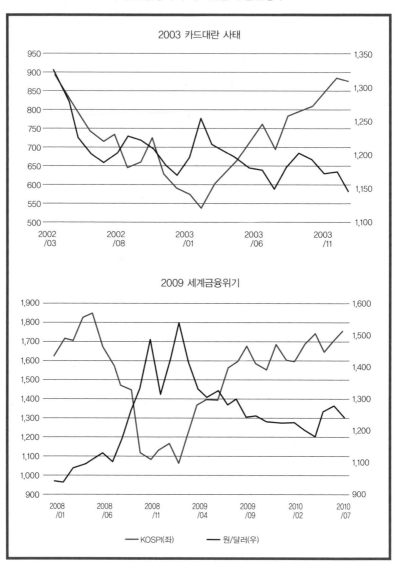

2003 카드대란 사태

2009 세계금융위기

KOSPI(좌) ━━━ 원/달러(우)

급변동하며 시장가격과 내재가치의 괴리가 커졌다 다시 줄어드는 과정에서 누군가는 특별손실의 위기를 맞는 대가로 다른 누군가는 특별이익의 기회를 가지게 된다.

불확실성이 엄습하여 시장가격(market value)이 내재가치(intrinsic value)보다 크게 하락할 때 매입하고, 불확실성이 해소되어 시장가격이 내재가치와 균형을 회복하거나 더 높아지면 매도하는 것이 수익극대화를 위한 선택이다.

문제는 누구나 생각하기는 쉬워도 실천하기가 쉽지 않다는 점이다. 가격이 내려갈 때는 더 내려갈 것 같고, 올라갈 때는 더 올라 갈 것 같기 때문이다. 더 싸게 사서 더 비싸게 팔고 싶은 욕심을 버리지 못하고 우왕좌왕하다가 오히려 반대로 행동하기 쉽다.

2017년 노벨 경제학상을 수상한 행동주의 경제학자 세일러(R. Thaler)가 '펀드'를 운영하면서 남다른 수익을 거둔 까닭은 다름아니다. 투자 대상 자산의 내재가치 변화 추이를 냉정하게 계산하고 투자자들의 비이성적 시장심리에 따른 가격 변동 추이를 인내심 있게 지켜봤다. 시장에 사람들이 몰려들어 거품이 팽창할 때는 팔고, 사람들이 흩어져 거품이 붕괴되거나 역거품이 생기면 사들였다. 거금을 빈곤층에 기부한 소로스(G. Soros) 역시 "남들을 따라하지 않고 반대로 배팅하였기에 큰돈을 벌었다."고 한다. 정말이지 금융시장 특히 주식시장에서 무조건 남을 따라다니다가는 본전 지키기 어려워진다.

시장을 교란시키는 불확실성을 이겨내려면 거시경제 여건의 변화와 해당 금융상품의 내재가치 변화를 냉철하게 견주려는 노력이 필요하다. 금융투자의 기본은 무엇보다도 먼저, 시장가격과 내재가치의 균형과 괴리를 가늠하는 것이다. 기업재무관리 또한 불확실성이 넘칠 때는 리스크 프리미엄이 비정상으로 팽창되므로 자금조달을 가능한 미뤄야 한다. 쉬운 예로, 대우그룹은 IMF 사태 이후 상황을 잘못 판단하여 자금을 미리 확보하려고 20% 가까운 금리로 회사채를 무제한 발행하다가 초고금리 덫에 걸려 그룹도산의 도화선이 되었다. 경제가 마이너스 성장으로 가는 상황에서 그 같은 고금리를 지불하고 버텨낼 재간이 누구에게도 없었다.

자산 가격을 과거와 단순 비교하여 현재 가격이 높거나 낮다고 하는 투자판단은 금물이다. 거시경제상황 변화와 당해 상품의 기대가치 변화를 동시에 관찰하여 내재가치를 가늠하고 시장가격을 견주어야 한다. 내재가치를 가늠하지 못하면 가계나 기업이나 불확실성을 이겨내지 못하고 초과손실을 피해가기 어렵다.

금융개혁 또는 금융발전은 시장을 억지로 끌어당기는 것이 아니다. 주가 · 금리 · 환율 같은 금융시장 가격지표가 경제성장 · 물가 · 고용 · 국제수지 같은 거시경제 총량지표들을 충실히 반영토록 하여 자원배분의 효율성을 높이는 것이다. 실물부문과 금융부문이 균형을 이루게 되면, 외부로부터의 위험과 불확실성을 시장이 스스로 완충하거나 중립화시키는 기능을 한다. 금융시장에서 내재가치를 중시하는 투자관행이 정착될수록 비이성적 투자행태가 줄어들게 되어 위험과 불확실성을 줄여 시장을 안정시키는 효과가 있다.

2
위험과 수익의
조화

F O C U S

　예상수익률은 높으면서 위험이 낮은 자산을 고를 수 있으면 평균 이상의 초과수익을 낼 수 있다. 반대로 기대수익률은 낮으면서 위험이 높은 자산에 투자하다가는 초과손실을 피하기 어렵다. 중장기 투자 성과는 위험과 수익을 조화시키는 위험관리에 달려 있다.

　시장에서는 위험을 선호한 대가로 더 높은 수익을 얻으려는 행태와 위험을 회피하는 대신 기대수익을 낮추는 행태가 합해지며 위험이 분산된다. 채권시장, 주식시장, 외환시장을 입체적으로 들여다보는 시각과 함께 위험과 수익을 조화시키는 선택이 요구된다.

시장에서 위험이란 투자의 기대수익에 비교하여 실제 수익이 낮게 형성될 가능성을 의미한다. 누구나 싸게 사서 비싸게 팔고 싶어 하는 시장에서 여러 가지 자산 간의 수익률 격차가 존재하는 까닭은 시장에서 평가하는 위험의 크기가 각각 다르기 때문이다. 현실에서 존재하는 '정보의 불완전성' 때문에 금융자산 간에 수익률 격차가 발생한다.

예상수익률은 높으면서 위험이 낮은 자산을 고르는 시각이 있으면 초과수익을 내기가 어렵지 않다. 반대로 예상수익률은 낮으면서 위험이 높은 자산에 투자하다가는 초과손실을 입기 쉽다. 예컨대, 금리가 비정상적으로 높은 채권일수록 지불불능위험은 커진다. 주가가 비록 내재가치에 비하여 저평가되었더라도 경영자가 정직하지 못한 기업은 위험이 크다. 경제가 불안정한 나라의 통화는 금리가 높더라도 큰 폭으로 평가절하될 위험이 항시 존재한다.[119]

더 큰 수익을 바라면 더 큰 위험을 부담해야 하고, 작은 수익을 바라면 작은 위험이 기다리는 것이 평범한 이치다. 단박에 커다란 수익을 올리려는 욕심이 크면 위험 또한 커지기 마련이다. 속된 말로 덮어놓고 대박을 꿈꾸다가는 어느 순간에 쪽박 차기 쉽다. 갑자기 성공한

119. 수익성 · 안정성 · 유동성

투자자들은 누구나 수익성, 안정성, 유동성이 높은 상품을 선택하려고 한다. 그러나 3가지 조건은 상충되는 관계에 있는 경우가 많기 때문에 위험 수용능력, 투자성향, 재산 상황을 고려하여 적정한 배합이 필요하다. 성장성은 있으나 위험부담능력이 취약한 벤처기업이나 신기술산업에 대한 자금조달이 가능한 것은 높은 리스크 프리미엄이 형성되어 기대수익률이 높기 때문이다. 신기술산업에는 비록 위험은 크더라도 더 높은 자본이익을 기대하거나 상대적으로 높은 금리를 기대하는 자금들이 몰려든다.

기업들이 순식간에 무너지기 쉬운 까닭은 욕심이 지나쳐 위험관리능력 이상으로 커다란 위험을 무릅쓰기 때문이다. 마찬가지로 처음 주식투자에서 큰 수익을 낸 투자자들이 결국에는 무너지기 쉬운 까닭은 능력 이상으로 위험자산에 집중하여 투자하려 하기 때문이다.

경기침체 내지 신용경색 상황이 도사리는 환경에서는 신용등급에 따른 수익률 격차, 즉 리스크 프리미엄이 대상자산의 본질가치보다 오히려 더 큰 경우가 비일비재하다. 예컨대, 2019년 현재 AA- 회사채금리는 2% 남짓이지만 BBB- 회사채금리는 약 8~9% 정도로 리스크 프리미엄이 내재가치의 약 3~4배 정도로 크게 형성되어, 배보다 배꼽이 훨씬 큰 기현상이 벌어지고 있다. 달리 말하면 리스크 프리미엄이 높게 형성된 채권 중에서 만기상환이 확실한 회사채를 고르면 3배 이상의 초과수익을 올릴 수 있는 기회가 있다.

효율적 시장에서는 위험선호(risk taking) 행위와 위험회피(risk aversion) 행위가 어울려 리스크 프리미엄을 매개로 위험을 중립화(risk neutral)시키는 순기능이 있다. 실물과 금융을 막론하고 자산시장에서는 위험회피자와 위험선호자들의 시각과 선택에 따라 가격 등락을 거듭한다. 더 높은 수익을 올리려고 위험을 무릅쓰는 행태와 기대수익을 포기하더라도 위험을 회피하려는 사람들 사이에 위험이 분산된다.

시장에 낙관론이 팽배하여 위험선호 경향이 커지면 리스크 프리미엄이 낮아짐에 따라 자산 가격이 상승하여 기대수익이 낮아진다. 반대로 비관론이 퍼져 위험회피 성향이 높아지면 리스크 프리미엄이 높아짐에 따라 가격이 하락하고 기대수익이 높아진다.

성공투자 비결은 말할 것도 없이 "사야 할 때와 팔아야 할 때"를 제대로 선택하는 일이다. 시장이 비관론에 휩싸여 있을 때 자산을 싸게 사들였다가 낙관론이 팽배할 때 비싸게 되파는 것이다. 그러나 비관이든 낙관이든 시장 쏠림 현상에 따라 부화뇌동하는 투자자들은 팔아야할 때 사고, 사야 할 때 팔기 쉽다. 시장에서 평가된 위험에 비교하여실제 위험은 작고 기대수익이 큰 자산을 찾으려면 금융시장과 실물시장을 아울러 관찰하는 시각과 인내가 필요하다. 가계나 기업이 자신의위험부담능력(risk tolerance)을 넘어 지나치게 위험을 선호하다가는 낭패당하기 쉽다. 투자자에게는 금리·주가·환율의 움직임을 입체적으로 읽는 시각과 위험과 수익을 조화시키려는 선택이 필요하다. 길을 가다 우연히 금덩어리를 줍는 행운은 어쩌다 있을 수 있는 일이다.[120]

120. 금융시장 위험의 종류

시장위험(market risk) ; 시장가격 변동에 따른 위험으로 자본위험(capital risk)과 소득위험(income risk)으로 나뉜다. 주식이나 채권은 가격 변동에 따른 자본위험이 항시 존재한다. 금리변동에 따른 채권가격 변동 즉, 자본위험은 잔존기간이 길수록 커진다. 소득위험은 여유자금을 단기 채권으로 운용할 때 이자소득이 줄어들 위험이다.
신용위험(credit risk) ; 개별기업의 지불불능 가능성에 따른 위험을 의미하는 데 개별위험(specific risk)과 시장 전체의 체계적 위험(systematic risk)이 있다. 신용평가는 개별위험에 대한 평가고, 체계적 위험까지 반영하여야 위험관리(risk management)라고 할 수 있다. 체계적 위험은 대내외 거시경제 흐름을 읽어야 종합관리가 가능하다.
유동성위험(liquidity risk) ; 어떤 자산을 빨리 현금화할 때 손실을 보는 위험이다. 당장 쓸 돈을 수익률이 높다고 해서 유동성이 낮은 자산에 투자하다가는 현금화하는 데 많은 손해를 감수해야 한다.

3
돈이
돌지 않는 까닭?

F O C U S

경제 무기력 증상은 여러 가지 경제지표로 표출되지만 그 부작용과 폐해는 결국 돈이 돌지 않는 모습으로 응집되어 나타나기 마련이다. 한국경제는 '돌아야 할 돈'이 돌지 않으면서 한편에서는 '돈의 홍수'로 다른 한편에서는 극심한 '돈가뭄'에 시달리는 혼돈의 모습을 보이고 있다.

인체에 비유하면 돈은 혈액과 같다. 피가 손끝, 발끝, 머리끝까지 잘 돌아야 신체가 건강하다. 마찬가지로 돈이 구석구석 골목까지 퍼져야 활기찬 경제공동체가 된다. 재화와 서비스가 움직이는 반대방향으로 도는 돈이 한쪽으로 몰리면 생산과 소비가 균형을 잃게 되어 경제는 활력을 잃는다.

우리나라에서는 2019년 현재, 마땅한 투자처를 찾지 못한 대기성자금이 대강 1,000조 원 이상으로 추정되는 반면, 가계부채는 1,550조 원가량으로 연간 GDP 수준에 육박하고 있다. 이 같은 돈의 홍수와 가뭄 사태는 돈이 한쪽으로 몰려 있어 돌지 못하고 있다는 의미다. 다시 말하면 돈과 반대방향으로 움직이는 재화와 서비스가 돌지 않고 있어 경제순환이 정체되고 있다는 신호다. 이 같은 상황에서 어느 단면만을 보고 문제점을 진단하고 처방하면 더 심각한 지경을 초래하는 시행착오가 발생한다.[121]

한국경제를 딜레마에 빠지게 하는 돈이 돌지 않는 까닭을 몇 가지만 생각해 보자.

소득 불균형 현상이 장기화되면서 경제력 집중 현상이 지나치게 심화되고 있다. 많은 사람들이 더불어 돈을 벌면 자연히 소비수요가 늘어나 저절로 돈이 돌게 된다. 그러나 몇몇 사람들이 다른 사람들의 수백, 수천 배를 벌어들인다면 돈이 돌래야 돌 도리가 없다. 수천 명이 설렁탕을 먹으며 막걸리를 마시면 고용도 늘어나고 이래저래 돈이 돌아가지만, 몇몇 거부들이 호텔에서 상어 지느러미에 고가 샴페인을 마신다고 해서 돈이 돌기는 어렵다.

121. 신용경색

동맥경화가 인체에 치명적 위험이 되듯이, 소위 「돈맥경화」는 경제사회를 무기력하게 만들어 경제순환을 막히게 하는 신용경색(credit crunch)으로 진행된다. 피가 몸 구석구석 돌지 못하면, 몸에 멍이 쉽게 들다가 어느새 썩어가는 것과 마찬가지로, 돈이 사람 사는 모든 골목까지 돌아야 활기찬 경제순환을 기대할 수 있다.

410

보도에 따르면 "우리나라 10대 기업의 GDP 대비 매출 규모는 지난 2015년 41.5%에서 2년 만에 2.8%포인트나 올랐다." 같은 기간 미국은 11.8%로 같았고 일본은 25.1%에서 24.6%로 소폭 감소했다고 한다. 소득의 불평등이 장기화되다 보니 소유의 불평등은 더 심각해지고 있다. 물론 우리는 그 통계조차 제대로 파악하지 못하고 있다.[122]

미래의 불확실성도 대기성자금을 늘어나게 하는 하나의 원인이 된다. 가계와 기업이 무엇인가 불안해 하면 투자 대상을 찾지 못해 대기성자금이 늘어나게 된다. 어떠한 경우에도 금융이건 실물이건 투자의 기대수익률이 기회비용인 금리보다 높다고 판단할 때 투자가 이루어지는 것이지 누가 억지로 시킨다고 되는 일이 아니다.

현실경제, 현실감각과 괴리가 큰 정책은 경제심리를 저하시키기 마련이다. 경기가 막바지라고 생각하여 더 이상 금리가 내리지 않고 가까운 미래의 금리 상승을 기대할 때 대기성자금은 늘어난다. 물론 과거 상당기간 고금리 타성에 젖어 있었기에 저성장 저물가 상황에서 현재의 금리가 사람들 양에 차지 않은 까닭도 있을 것이다.

미국과 우리나라의 기준금리가 역전된 상황에서 금통위는 기준금리를 올릴 것 같은 '제스처'를 보이고 있어 시장이 갈피를 잡기

---

122. 소득 1분위 가구의 소비여력

2015년 가구동향을 들여다보면 우리나라 소득 1분위(하위 20%) 천만 명 이상 인구의 1인당 연간소득이 730만 원 정도로 추산되고 있다. 1인당 월 60만 원 정도 되는 소득으로 집세, 대출이자, 교통비, 약값 같은 비소비지출을 하고 나면 소비여력이 있을 수 없다.

어려운 사태도 대기성자금을 늘어나게 하는 원인이 되고 있다. 금통위는 툭하면 "통화정책의 방향은 바뀌지 않았다.""기준금리 수준이 중립금리보다 낮다.""물가수준은 낮아졌지만 올 하반기에는 2%에 근접할 것이다." 같은 발언으로 금리인상 깜박이를 계속 켜왔다. 시장이 생각하는 현실경제와 어긋나는 금통위의 금리인상 신호에 어리둥절하다 보니 투자처를 찾지 못하여 대기성자금이 늘어날 수밖에 없는 환경이 조성되고 있다. 안타까운 일이다.

부동산 거래비용이 지나치게 커서 부동산 거래가 실종되다시피 하고 있다. 집을 사고팔 때는 취득세에다 왕복 중개수수료를 부담하면 무려 2년간의 경제성장률에 가까운 4% 이상이다. 더하여 양도세를 부담하면서 집을 팔고 다른 집으로 이사 가려면 2/3 가격 수준으로 줄여야 하는 경우가 많다. 높은 거래비용 때문에 가격이 오르면 오르는 대로, 내리면 내리는 대로 부동산을 팔고 사기가 어렵게 되었다. 높은 거래비용 때문에 가격이 오를 때는 매물이 더 없어지다 보니 상승폭을 확대시키는 하나의 원인으로 작용하고 있다.

한국인들 자산의 60% 이상을 차지하는 것으로 추정되는 부동산 거래가 실종되다시피 하니 돈이 돌기 어려운 상황이 되었다. 한국인 보유 자산의 주종을 이루는 집이 글자 그대로 부동자산(不動資産)이 되어 가고 있는 셈이다. 집을 사지 못하게 하려는 정책이 오히려 집을 팔지 못하도록 하는 효과를 내면서 거래를 실종시키고 있다. 집값이 오를 때는 더 오르게 내릴 때는 더 내리게 하는 결과를 초래하고 있다.

고령화가 진전되면서 미래에 대한 불안심리가 커지고 있어 중산층 이하는 돈이 있어도 소비를 멈칫거리고 있다. 대부분의 한국인들은 교육불안, 고용불안, 주거불안에 시달리다가 중장년기에 들어서는 노후불안이 더해진다. 누구도 남은 수명이 얼마나 될지 몰라, 설사 여유가 있어도 소비를 확대하기 두려워한다. 빈부격차에다 사회복지가 취약하다 보니 한국에서 노인 빈곤비율은 OECD 국가 평균의 4배 이상인 무려 47%에 달하는 비극적 상황에 처해 있다. 국민소득 3만 달러에 육박하는 나라에서 상당수 노인들이 폐지 줍는 일에 열중하는 나라는 아마도 지구상에서 우리나라뿐일 것이다.

국민연금이 노후를 보장할 것이라는 과잉홍보로 한때 과도소비 현상이 나타났었다. 머지않아 연금이 고갈될 것이라는 경고가 반복되다 보니 국민연금을 믿다가는 노후에 큰일 난다는 불안감이 스치고 있다. 게다가 개인연금에 가입하여도 수수료를 떼고 나면, 물가상승률은커녕 남는 것이 없는 경우가 상당하다. 미래를 보장하지 못하는 중장년들의 소비수요가 늘어나기 힘든 실정이다. 조기은퇴 후 국민연금지급 개시까지의 긴 '은퇴 크레바스'도 불안하다. 사회복지 차원이 아닌 경제의 선순환을 위해서도 노후불안을 최소화시키는 방안이 강구되어야 한다. 돈이 돌기 어려운 환경이다.

몸이 튼튼해야 혈액순환이 잘되고, 혈액순환이 잘 되어야 몸이 튼튼해진다. 상처가 깊어도 혈액순환이 잘되면 금방 아물지만, 피가 돌지 못하면 조그만 멍이 들어도 신체 조직이 괴사될 수도 있다. 마찬가지로 돈이 잘 돌아야 경제가 튼튼해지고, 경제 활동이 순조로워야 돈이 돈다.

돈이 제대로 돌아가면 국민경제도 무리 없이 순조롭게 순환한다. 역으로 실물경제가 활기차게 돌아가면 돈은 저절로 돌아간다. 사실 무엇이 먼저인지는 분명하지 않다. 어쨋든 재화와 용역이 도는 반대 방향으로 도는 돈이 제대로 돌아야 경제는 활력을 찾는다.

언제 닥칠지도 모를 세계경제의 위험과 불확실성을 무리 없이 극복하려면 먼저 돈이 제대로 돌게 하여야 한다. 돈을 나눠주어 억지로 돌게 하려는 응급처방보다는 돈이 돌게 하는 기반을 조성하는 일이 필요하다. 금리는 말할 것도 없이 해외가 아닌 국내 경제상황을 적정하게 반영하도록 하는 일부터 시작되어야 한다.

대기성자금 범람과 가계부채가 태산 같은 상황에서 대기성자금을 흡수하겠다고 금리를 올리면 부자들은 더 부자가 되겠지만, 가난한 사람은 더 가난해질 수밖에 없는 뻔한 이치를 생각하여야 한다. 돈 홍수도 무섭고 돈 가뭄은 더 무섭다.[123]

123. 자금잉여와 자금부족

언젠가 4대강에는 녹조 낀 물이 넘실거리는데, 인근 논에서는 갈라진 논바닥에 소방호스로 물을 뿌리는 안타까운 장면이 연출되었었다. 마치 한국사회에서 돈이 돌지 않는 현상과 흡사하게 보였다. 나라경제를 활기차게 만들려면 돈을 물 흐르듯 순조롭게 순환시켜야 한다. 문제의 심각성은 기업이 자금의 흑자(잉여)주체가 되고, 가계는 자금의 적자(부족)주체라는 기형적 상황이 진행되고 있다는 점이다. 일반적으로 가계가 미래소비를 위한 자금을 예금, 채권, 주식 투자로 운용하는 과정에서 기업은 대출, 채권과 주식발행을 통하여 투자자금을 조달받는다. 현실은 그와 반대로, 상당수 대기업은 유보자금이 넘쳐나고, 상당수 가계는 (악성)부채에 시달리는 비정상 상황이 나타나고 있다.

4
부채디플레이션
시나리오는 막아야

FOCUS

부동산거래가 단절되는 징후가 커지며 부동산담보와 연계된 가계부채 상환불능위험이 우려되고 있다. 경기침체로 가계수입은 줄어들고 세금은 늘어 이래저래 빚을 감당하기 힘들어 자산을 헐값에라도 처분하려 드는 부채디플레이션을 막아야 한다. 한국경제를 경착륙시킬지도 모를 위험과 불확실성을 미리부터 예방하고 차단하여야 한다.

우리나라 대출금리 상대적 수준은 2019년 현재, 거시경제여건에 비하면 상당히 높은 수준이다. 그런데다 취·등록세, 양도세 같은 부동산 거래비용 또한 과거 고성장 시대 못지않게 높다. 경기침체기에 채무상환능력에 맞게 집을 줄여차액으로 빚을 상환하는 '집 갈아타기'가 사실상 불가능진 셈이다.

일반적으로 금리는 경제활동에 광범위한 영향을 미치고 부동산 세금은 부동산 거래와 가격에 직접 영향을 준다. 그렇다면 한국경제는 경기후퇴기에 기준금리 인상으로 무차별사격을 받고 부동산 시장은 거래까지 실종시키는 취·등록세, 양도세 중과와 함께 보유세 급등으로 집중사격을 받은 셈이다. 더구나 경기가 후퇴에서 불황으로 그리고 부동산가격도 내리막으로 전환하려는 국면에서 받은 타격이라 그 충격은 쉽사리 벗어나기 어려운 모양새다.

9.13 부동산 대책과 2018년 11월 기준금리 인상은 "누울 자리 봐가며 발을 뻗어라"는 속담을 생각나게 하는 장면이었다. 우리나라뿐 아니라 세계경제 불확실성이 점증하고 있는 국면에서 받은 충격이라 얼어붙어가는 경제심리 회복을 바라는 것은 당분간 무리라고 판단된다. 경제는 살아 숨 쉬는 유기체와 같아서 특정부분만을 위한 대책을 세우다가는 그 부작용으로 전체가 어려워지는 구성의 오류를 범하기 마련이다.[124]

124. 경제성장률과 주택가격 상승률

다음 그림에서 나타나는 것처럼 우리나라 (전체) 주택가격지수 증가율과 경제성장률 추이는 엇비슷한 모습을 보이고 있다. 물가상승률을 감안하면 주택가격지수가 경제성장률보다 높은지 의문이다. 단, 2001년 경우에는 IMF 사태 이후 경기가 회복하면서 기저효과 때문이었고, 2005년은 줄기찬 경기부양을 위한 정책금리를 연속 하락시킨 결과 유동성발작으로 말미암은 사태라고 할 수 있다. 경제 모든 분야에 영향을 미치는 금리로 부동산투기를 잡는다는 논리가 맞는지 모르는 장면이다.

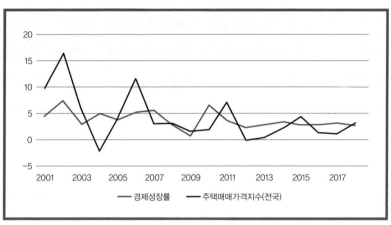

〈 경제성장률과 주택가격지수 증가율 〉

자료 : 한국은행 경제통계시스템

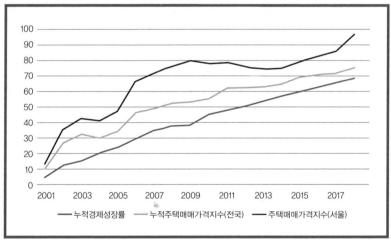

〈 누적 경제성장률과 주택가격지수 〉

자료 : 한국은행 경제통계시스템

생필품도 그렇지만 특히 자산 가격은 오르다가도 내리고, 내리다가도 오른다. 그 과정에서 시장은 균형과 불균형 상태를 수시로 오가면서 시장 스스로 적정가격을 발견하는 기능을 한다. 자산 가격이 별다른 이유 없이, 그저 금리가 낮아서 오르고 내린다는 편견은 시장을 마음대로 할 수 있다는 오만에서 비롯되는 것이 아닌가? 무릇 세상 일이 그렇듯이 기본을 무시한 냉탕 온탕 처방은 문제의 심각성을 더하기 마련이다. 설사약과 변비약을 자주 번갈아 처방하다가는 어느덧 기력이 쇠잔해진다.

경기침체로 가계 수입은 줄어드는 데다 실질 고금리대출로 원리금 상환부담이 채무상환능력보다 커지면, 담보자산을 처분하여 부채를 상환하여야 할 밖에는 다른 도리가 없다. 정말 문제는 부동산 거래비용이 매우 높은 현실에서 빚을 갚기 위해 현재 사는 집보다 싼 집으로 줄여가는 소위 집 갈아타기가 사실상 불가능해졌다는 점이다. 가계부채가 GDP 수준을 사실상 초과한 상태에서 부동산시장 거래 실종 상태가 오래가면 복잡하게 얽힌 가계부채 뇌관이 터지면 모든 노력을 수포로 돌아가게 하는 한국경제의 블랙홀이 될 수 있다.[125]

---

125. 가계대출 규모 추정

한국은행이 발표하는 가계신용은 2018년 3분기 현재 1,514조 원, 2018년 3월 기준으로 추산한 전세보증금은 687조 원, 2019년 1월 개인사업자 대출 잔액은 315조 원으로 집계되고 있다. 이를 더하면 2,500억 원이 넘는다. 이후에 늘어난 가계대출 증가액 25조 원, 2018년 늘어난 전세자금대출 39조 원을 합하면 가계부채는 2,600조 원에 달하는 것으로 추정되고 있다.

– 하현옥의 경제산책, 2019.1.17.

특히 채무자들이 미래를 어둡게 보고 너도나도 소유 부동산을 처분하려 들기 시작하면 부동산가격이 줄줄이 하락하여 매도 희망자만 있고 매수자는 사라지는 돌발 사태가 일어날 수 있다. 주식시장도 마찬가지지만 부동산시장도 시장심리에 휘둘릴 수밖에 없다.

경기가 침체에서 불황으로 진행될 경우, 신용경색 사태가 벌어져 돈의 흐름이 더 막혀 자금이 필요한 곳으로 흐르지 못하고 그 자리에서 맴돌게 된다. GDP증가율과 높은 상관관계를 가지는 경제심리지수가 2009국제금융위기 이후 최저치로 내려가는 상황에서 부동산 담보대출과 전세보증금을 감안할 때, 채무상환능력이 저하되면 보유자산을 더욱 헐값에라도 처분하려 들것이다. 그럴 경우, 자산가격을 더욱 하락시키는 (부채)디플레이션 함정(deflation trap)이 소비를 급락시켜 물가하락 압력으로 작용하고 다시 디플레이션을 심화시키는 디플레이션 소용돌이(deflation spiral)에 빠질 우려가 없다고 단정하지 못한다.

인플레이션은 '돈 가치'를 떨어트려 경제를 과열시키지만 디플레이션은 '자산 가격'을 떨어트려 경제를 얼어붙게 만든다. 인플레이션은 사람들을 갈증나게 하고 지치게 하지만 디플레이션은 '이것이냐 저것이냐'도 생각하지 못하게 하는 '절망에 이르는 병'으로 이끈다. 디플레이션은 물가가 내려 사람들이 돈의 가치가 높아졌다고 착각하는 그 순간에 일자리는 없어지고 기업은 도산하는 사태가 벌어지게 만든다. 서민들은 생계를 부지하기 어려운 지경에 빠지게 된다. 20세기 초 일자리를 잃은 가장들이 가족과 함께 떠돌았던 대공황(Great Depression)의 비극을 생각해 보자.

사실 한국경제는 돈이 돌지 않는 불확실성에 싸여 있은 지 이미 오래되었다. 금리는 뭉쳐 있는 돈을 돌게 하는 수준으로 가야 한다. 호황이었던 미국이 금리를 인상한다고, 경기가 후퇴하고 있었던 우리나라도 따라 금리를 인상하다가 돈이 더 돌지 않게 되었다. 부동산 시장의 경우, 거래까지 실종시키는 과잉 대책은 시장기능을 훼손시키고 나아가 부채디플레이션을 경계하여야 한다. "초가삼간 다 태워도 빈대 잡아 좋다."고 하다가는 민생은 그야말로 도탄에 빠지게 된다.

만약 부채디플레이션 먹구름이 닥치면 정치권에서 경제를 살려야 한다며 다시 부동산경기 부양에 힘을 기우리고 밤을 새워가며 유동성을 팽창시키려 야단법석을 떨 것이다. 더욱이 우리나라는 5년 마다 새 정권이 새로운 캐치프레이즈를 내걸어야 하기 때문에 정책목표가 왔다 갔다 할 수밖에 없는 한계상황에 있다. 디플레이션이 지나간 다음에는 유동성 소나기가 오래도록 이어지고 하이퍼인플레이션 악령이 다시 서민층, 중산층을 괴롭힐 것이다.

평생을 두고 장만한 집을 부채디플레이션 습격을 견디지 못하고 헐값에 넘겼다가는 훗날 하이퍼인플레이션이 도래하면 '영구빈곤늪'에 빠질 위험이 도사린다. 부유층은 자산디플레이션으로 헐값이 된 부동산을 사들여 하이퍼인플레이션을 기다린다면 더욱 부자가 될 수 있다. 한국경제의 발목을 잡고 있는 빈부격차는 심화될 수밖에 없다. 정부는 우리나라 가계자산의 60% 비중을 차지한다는 부동산거래 실종 사태에 대한 시뮬레이션을 해봤는지 모른다.

사실, 절대빈곤을 넘어서면 의식주 중에서 먹는 것과 입는 것은 사치스럽지만 않다면, 누구나 그럭저럭 해결할 수 있다. 그러나 가족의 보금자리는 빈부귀천 없이 쾌적하게 해주고 싶은 것이 숨길 수 없는 인간의 본성이다. 그런데 "부동산은 끝났다"고 가정한다면 '더불어 잘사는 사회'가 아니라 '다 같이 못사는 나라'로 추락할 수도 있다. 집값을 안정시켜야 한다는 의지는 선하더라도, 경기가 후퇴하는 상황에서 거래까지 실종시키다가 어떤 재앙이 닥칠지 모른다.

2007년 미국의 주택가격이 하락하기 시작했을 때 소비수요 감소를 통한 성장둔화를 경고했지만, 금융위기로 이어질 줄은 아무도 예상하지 못했다. 블랜차드(O. Blanchard)가 "비관주의자들조차 충분히 비관적이지 못했던 것으로 드러났다."고 지적하듯이 '어어' 하다가 세계금융위기로 번져갔다.

2019년 한국경제도 고단한 데다 글로벌 불확실성의 검은 먹구름이 군데군데 어른거리고 있어 어디선가 사건이 돌출하면 경제 전반으로 번질 우려가 크다. 부채디플레이션 시나리오가 현실로 나타나지 않도록 먼 시각으로 냉정하게 진단해야 한다. 서민층, 중산층은 이럴 때일수록 우왕좌왕하지 말고 허리띠를 졸라매야 낭떠러지를 피해 갈 수 있다. 한 가지 반드시 기억해야 할 사실은 "이 땅은 나만 아니라 내 자식들도 계속 살아가야 할 땅"이라는 것이다.

디레버리징과 부채 디플레이션

가계운용이나 기업경영에서 경기침체에 대응하여 부채 비중을 낮추는 것이 디레버리징(de-leveraging)이다. 경기가 호황일 때는 상대적으로 낮은 (실질)금리로 자금을 차입하여 수익성이 높은 곳에 투자해 빚을 상환하고도 더 큰 수익을 낼 수 있는 공격적 레버리지(leverage) 투자가 효율적 투자기법이 될지 모른다. 그러나 경기 불황일 때는 기업 수익성이 낮아지고 금리가 거시경제여건에 비하여 상대적으로 높아지게 되므로 미리 부채를 축소해 가는 방어적 투자가 필요하다. 빚을 줄이는 디레버리징을 실현하려면 가계나 기업은 자산을 매각하거나 증자를 해서 자금을 미리부터 조달해야 한다. 디레버리징 풍조가 각 경제주체들 간에 번지면 서로 자산을 매각하려다가 자산 가격이 헐값이 되어 자금난을 겪고 있는 가계와 기업으로서는 손해가 심각해진다.

거시경제 측면에서 보면 디레버리징은 가계, 기업, 정부 부문에서 동시다발적인 부채 수준 감축을 뜻한다. 국민계정에서 GDP 대비 총부채 비율의 하락으로 나타난다. 2008년 글로벌 금융위기 이후 세계 각국에서 나타난 경제 전체의 디레버리징은 거시경제 전반에 커다란 영향을 미쳤으며, 경기불황으로 이어졌다. 2008년 서브프라임 모기지 사태 당시에 금융기관들은 모기지 관련 자산을 서로 처분하려 하고, 자산을 매수할 상대방은 많지 않았다. 유동성 부족 문제에 더하여 증권화의 증권화로 말미암은 상품 구조의 복잡성에 따른 가치산정 어려움까지 더해 부채 디플레이션이 급격하게 발생하고, 급기야 세계금융위기로 진행되었다.

5
대공황의
교훈

F O C U S

대공황 직전의 미국경제 상황을 보면 단 1% 부유층이 국부 40%를, 0.3% 소수가 주식배당금 80% 정도를 차지하였다. 철도, 자동차, 라디오 같은 새로운 부가가치를 창출하는 산업에 참여한 사람들과 그 대열에 끼지 못한 사람들과의 경제적 격차는 끝없이 벌어졌다.

자유방임주의 내지 중상주의 사고 아래 약육강식 논리가 지배하는 환경에서 시간이 지날수록 소수에게 부가 집중되었다. 정부가 민간부문 경제에 개입하는 것은 시장기능을 해치고 자원배분을 왜곡시킨다는 교리 아래, 대중의 후생과 복지는 생각하기 어려웠다. 극심한 빈부격차는 결국 소비절벽을 초래하여 대공황으로 진행되었다.

경제력 집중은 어김없이 유효수요 부족 사태를 초래하기 마련이다. 재고품은 쌓여가고 실물상품과 반대 방향으로 움직이는, 돈이 돌지 않게 되었다. 대공황의 기나긴 터널이 시작되었다. 무엇인가를 만들어 내는 실물부문과 이를 지원하여야 할 금융부문이 연결되지 못하고, 따로 따로 움직이게 되었다. 대다수 사람이 극심한 궁핍에 시달리는데 소비할 데도 없고 투자할 데도 없이 남아도는 돈은 (부유층에게) 투기 활동을 선호하게 하였다. '풍요 속의 빈곤'은 대기업과 자본가, 은행가들에 대한 불신으로 이어지며 사회적 갈등과 불만으로 변하였다.

미국 경제는 제1차 세계대전 이후 대량생산 시대가 열리면서 풍요와 함께 해외자본까지 유입되어 과도한 유동성이 주식시장과 부동산시장으로 몰려들어 거품을 초래하였다. FRB는 선제적 대응을 하지 못하고 우물쭈물하다 뒤늦게 과도한 통화긴축정책을 허겁지겁 펼쳤다. 그렇지 않아도 꺼질 때가 되었던 거품은 바위에 부딪히는 파도처럼 산산이 부서져 나갔다. 1929년 9월 3일 뉴욕 주식시장 주가 대폭락을 신호탄으로 부동산시장이 폭락하고 뒤이어 3차례에 걸쳐 약 10,000개에 이르는 은행이 도산하였다. 경기후퇴가 지루하게 진행되었다.

대량생산 시대가 열리면서 미국경제를 흥청거리게 하였던 '요란한 20년대(roaring Twenties)'는 사람들이 느끼지 못하는 사이에 어느 순간 갑자기 막을 내리게 되었다. 스타인벡(J. Steinbeck)이 묘사하듯이, 내일을 기약하지 못하는 빈민들이 정처 없이 떠도는 『분노의 포도(The Grapes of Wrath)』시대가 도래하였다. 남아도는 곡물이 창고에서 썩어 가는 반면에 굶주림과 절망의 행렬, 그리고 분노의 눈초리는 포도송이처럼 부풀어 늘어났다.

대공황으로부터 탈출은 말할 것도 없이 유효수요를 진작시키는 일이었다. 먼저, 금본위제도 아래서 금값을 10배로 올려 인플레이션을 유발시켜 돈을 돌게 하였다. 다음, 부자들의 끈질긴 방해 압력을 뿌리치고, 초과누진세율을 최고 80%까지 끌어올려 후생과 복지 수준을 넓혔다. 기나긴 불황의 터널을 뚫고 산업생산과 고용이 정상 수준을 회복한 것은 12년이 지난 1941년, 그리고 주가가 직전 수준을 회복한 것은 25년이 지난 1954년에야 비로소 가능했다. 당시 루스벨트 대통령의 사심 없는 지도력이 없었다면 미국이 대공황으로부터 빠져나오는 일이 상당히 더뎠을 것이라고 지적되고 있다.

21세기 들어 미국경제가 일시적으로 반짝이기는 해도 근본적으로는 빈부격차로 휘청거리고 있다. 그 까닭은 누진 세율이 1980년대 이후 다시 최하 수준으로 떨어졌기 때문이라는 분석이다. 2017년 들어 미국에서 최고 소득세율을 20%로 더 내린다는 보도가 있었는데 어쩌면 위험한 일이 될지도 모른다. 빈부격차 세계 1위 국가가 미국이다.

대기성자금은 넘쳐 나는데 가계부채는 서민, 중산층 가계를 압박하고 있다. 한쪽에서는 돈의 홍수로 다른 한쪽에서는 돈 가뭄으로 시달리고 있다. 돈이 돌지 않는 모습을 볼 때 우리나라에서 경제력 집중 현상은 이미 그 한계를 넘어서고 있는지도 모른다. 한편에서는 단 몇 백만 원을 갚지 못해 신용회복을 신청하는 소상공업자, 골목상인들이 줄을 잇고 있다. 다른 한편에서는 고액권 퇴장, 금괴 사재기, 초고가 미술품 은닉, 대규모 외화자금의 조세피난처 도피 의혹이 일고 있다. 사실 소득격차도 큰 문제지만 소유격차는 더 큰 문제가 되고 있다. 아무래도 대공황 직전 신대륙의 상황을 되돌아보고 교훈을 얻어야 할 때가 아닌가?

빈부 차이는 '열심히 일하는 사람이 잘 사는' 시장경제의 자연스러운 현상으로 자본주의 사회가 성장하고 발전하기 위한 필요악이기도 하다. 그러나 그 정도가 지나치면 아무리 열심히 노력해도 살아남기 어려운 격차사회로 변질되어 간다. 오늘날과 같은 '분배 없는 수출', '고용 없는 성장' 시대에 먹이사슬이 망가지면 결국 최상위 포식자가 제일 위태롭다. 대멸종(mass extinction)의 교훈을 깊이 생각해 보고 교훈을 얻어야 한다.

6
유동성위험
관리

가계나 기업이나 유동성 관리를 등한시하다가는 뜻밖의 대가를 크게 치러야 한다. 특히 경기가 침체에서 불황으로 진행되면 유동성위험이 커지며 돈이 돌지 않는다. 리스크 프리미엄이 높아져 신용등급이 낮은 기업은 높은 금리에도 돈을 빌리지 못하는 신용경색으로 이어지기도 한다.

1997년 아시아 외환금융위기도, 크게 뻗어나가던 대기업의 부도 사태도, 2008년 세계금융위기도 모두 유동성관리 부재가 원인이며 도화선이었다. 언젠가 집을 15채나 가진 부자가 부채의 덫에 걸려 패가망신했다는 보도는 유동성위험 관리의 중요성을 말해준다.

유동성이란 어떤 자산을 시간과 비용을 들이지 않고 현금 같은 교환의 매개수단으로 바꿀 수 있는 환금성을 의미한다. 유동성이 높은 자산은 비용을 들이지 않고 곧바로 현금화할 수 있고, 반대로 유동성이 낮은 자산은 현금화하는 데 시간이 걸리거나 비용을 들여야 한다. 현금이나 수시입출금식 예금은 유동성 그 자체이며, 거래 없는 오지의 부동산(不動産)은 글자 그대로 유동성이 낮은 부동 자산이다.[126]

유동성이 높은 자산은 대체로 수익성이 낮기 마련이다. 쉽게 말해, 현금을 그대로 보유할 경우 돈의 기회비용인 이자 수익을 포기하여야 한다. 또 유동성을 선호하여 장기채권 대신 단기채권을 보유할 경우에는 장기채에 적용되는 고금리 즉, 유동성 프리미엄(liquidity premium)이 없어진다. 유동성위험을 관리하려면 그만큼 비용이 들어가야 하는데, 욕심을 내고 수익을 더 높이려다 보면 더 큰

---

126. 활성자금(active money)과 유휴자금(idle money)

가계나 기업의 수입과 지출 사이에는 시차가 존재하므로 일상생활에 필요한 거래자금과 함께 돌발 사태에 대비한 예비자금을 확보하려고 한다. 이 같은 거래동기(transactions motive)와 예비동기(precautionary motive)에 의한 유동성 즉, 활성자금 수요는 대체로 소비성향이나 사업 규모가 클수록 늘어난다. 운용자금 이외에 나머지 자금은 유동성이 낮더라도 수익성 있는 자산에 투자하는 것이 올바른 경제적 선택이다. 그런데도 무수익 유동성을 보유하는 까닭은 수익성이 더 높은 자산에 투자할 기회를 기다리려는 이윤추구 동기에 있다. 이 같은 투기적 동기(speculative motive)의 유동성 보유 즉, 대기성 유휴자금 수요는 금리 수준이 거시경제 상황에 비하여 상대적으로 낮을수록 늘어난다.

손해를 볼 수 있다.

반대로 유동성이 낮은 자산의 보유 비중이 과다할 경우, 변화에 능동적으로 대응할 수 없게 된다. 수익성 높은 신규 사업에 진입하고 싶어도 유동성을 확보하지 못하여 기회를 놓치기 쉽고, 비록 순자산이 많더라도 부채가 많을 경우, 돈을 제때 갚지 못하여 고금리로 급전을 써야 할 때가 있다. 경기침체기에 급하게 땅을 처분하려면 헐값에 급매물로 처분하여야 하기 때문에 유동성 확보를 위하여 큰 비용을 지불하여야 한다. 흑자도산은 유동성을 적기에 확보하지 못하여 지불불능 사태를 맞이하는 것이다.

가계나 기업이나 부채의 만기구조와 미래의 (예상) 현금흐름이 조화를 이루게 하는 유동성관리는 중요하다. 예컨대, IMF 구제금융 사태 직전 어떤 금융대기업은 자금조달비용이 저렴하다면서 콜머니 같은 초단기자금에 의존하여 몇 백 년 동안 사용할 초고층 빌딩을 여의도에 짓기 시작하였다. 신용경색(credit crunch) 상황이 전개되자 삽시간에 자금줄이 끊어지고 건물은 외국계가 헐값에 인수하였다. 단기사업은 단기자금으로 중장기 프로젝트에 필요한 자금은 중장기자금을 이용하여야 한다는 유동성관리의 평범한 이치를 외면하다가 수렁에 빠진 것이다.

미래의 현금흐름을 예상하고 적정수준의 유동성을 확보하는 일은 가계운용이나 기업경영에 필수사항이다. 수익성 자산과 무수익 유동성을 배분하여 보유하는 비용과 편익을 먼 시각으로 분석하고 조화를 이루어야 한다. 예컨대, 노년기에는 질병 같은 것에 대비한

긴급자금 같은 유동성 관리가 절대 필요하다.

유동성 관리에는 자산과 부채의 조합 그리고 수익률에 대한 계량적 요인 못지않게 거시경제 흐름을 읽는 시각도 필요하다. 산업구조 변화의 속도가 빨라지거나 반대로 경기가 침체하여 돈이 돌지 않을수록 유동성위험도 커지기 때문이다.

7

인플레이션
악령

F O C U S

금융부분은 무엇인가를 만들어 내는 실물부문의 순환을 원활하도록 지원하는 데 의의가 있다. 금융완화 조치가 실물부문 성과를 크게 기대하려면, 실물부분의 체질개선이 뒷받침되어야 한다. 다시 말해, 유동성 팽창은 실물부분 구조개혁이 동반되어야 경제 활력에 이바지할 수 있다는 이야기다.

이슬람권을 휩쓸고 간 재스민 혁명은 캐나다와 러시아의 가뭄이 도화선이 되었다는 시각이 유력하다. 세계적 기상이변으로 식료품값이 오르며 기초생활 여건이 악화하면서 잠재되고 있었던 독재정치에 대한 염증이 표면화되었다는 이야기다.

우리나라의 근현대사에서도 인플레이션 악령이 역사의 변곡점으로 수차례 작용하였다. 왕권 강화를 명분으로 경복궁을 중건하면서 재정이 핍박해지자 대원군은 원납전을 강제로 거둬들이고 이것도 턱없이 모자라자, 상평통보의 5배인 당오전, 그 100배인 당백전을 발행하는 묘수(?)를 썼다.

물물교환을 가까스로 벗어난 상태에서 갑자기 5배, 100배의 유동성이 넘쳐났으니 물가가 회오리바람처럼 공중으로 솟구쳤다. 백성도 그리고 나라도 나침반 없는 난파선처럼 경제적 방향감각을 잃어버리게 되었다. 언제나 그렇듯이 경제사회에서 재주를 부리거나 땜질처방을 하게 되면 문제를 잠시 미루고 덮을 뿐이지 더 큰 문제가 잠재되었다가 폭발하기 마련이다. 정말 어처구니없는 일은 강제로 통용시킨 당오전, 당백전을 관가에서는 세금으로 받지 않았다는 것이다. 이 우스꽝스러운 광경을 생각할 때, 어느 누가 나라님을 믿고 따르겠는가? 기존의 경제 질서는 순식간에 혼란에 빠지고 가뜩이나 어려운 백성들의 삶은 절체절명의 나락에 빠지게 되었다. 근세조선이 그리 추하게 망한 것은 이상한 일이 아니다. 양반, 상민 할 것 없이 제 핏줄 입에 풀칠하기도 어려운 판국에서 나라를 생각하는 큰마음을 가질 겨를이 없었다.

1960년 4·19혁명도 자고 나면 물가가 오르는 극심한 인플레이션으로 백성들의 삶이 글자 그대로 도탄지경에 빠져 한 치 앞을 내다볼 수 없는 극한상황에서 촉발되었다. 외세에 힘입어 가까스로 '압박과 설움'에서 해방된 나라에서 통치자들은 그저 정권 연장에

혈안이 되었지 민생은 뒷전이었다. 일제수탈과 한국전쟁으로 폐허가 된 나라를 부흥시키겠다는 구호 아래, 고작 한다는 일이 돈을 찍어 내는 일이었다. 오죽하면 시인이자 기업가인 김광섭은 당시 통화증발로 인한 화폐가치의 끝없는 추락을 보고 '낙엽은 폴란드 망명정부의 지폐'라고 묘사하였다. 일자리는 없고 물가는 천정부지로 올라 살기 힘드니 사람들이 "못 살겠다 갈아 보자"고 아우성친 것이다.[127]

1979년 10·26사태도 인플레이션이 급격히 진행되어 민심이 술렁거리기 시작한 데서 비롯되었다. 줄기차게 이어진 경기부양으로 유신 시대 말기에는 물가상승률이 경제성장률보다 몇 배 높은 수준으로 치솟았다. 그저 손뼉 치며 따라간 "잘살아 보자"는 구호의 흡인력이 떨어질 수밖에 없었다.

정부가 대출금리를 정하고 신용을 할당하는 금융억압 상황에서 시중금리는 30%에 육박하는데, 일부 대기업과 실세들에게 공짜나

---

127. 금융완화와 혁신

실물부문 개선 없이 그저 돈만 풀다가는 경기를 회복시키지 못하고 그저 돈의 가치만 하락시켜 사람들의 삶을 더 피곤하게 만든다. 자유당 말기, 유신 말기를 예로 들 수 있다.

케인즈가 주장하는 유효수요 촉진과 슘페터가 중시하는 (실물)혁신이 어우러져야 금융완화에 따른 경제적 성과를 보다 크게 기대할 수 있다. 그렇지 못하면 통화팽창이 악성 인플레이션만 조장할 우려가 있다. 우리나라 자유당 시절과 중남미에서 이어지는 하이퍼인플레이션 부작용을 생각해 보자.

다름없는 0.5~1.0% 초저금리로 대출해 주었다. 인플레이션이 심할수록 손해를 보는 사람들과 반대로 수지맞는 사람들이 극명하게 엇갈린다. 화폐가치가 추락할수록 한 푼 두 푼 모아 은행에 저축하면 깨진 독에 물을 붓는 헛수고가 되고, 은행에서 저금리로 큰돈을 빌려 여기저기 땅을 사두고 공장을 세우면 가만히 앉아 있어도 떼돈을 벌지 않을 수 없었다(제3장 2. 명목저금리와 실질고금리 참조).

많은 사람들의 삶을 지치게 하는 인플레이션 악령은 경제사회에 시나브로 스며들다가 어느덧 사방으로 번진다. 우리나라는 물론 세계적 과잉유동성에 따라 인플레이션 악령은 여기저기 어디에든 잠복해 있다. 유동성이 범람하는 상황에서 경기가 호전되어 돈이 돌기 시작하면 인플레이션 악령이 고개를 들기 마련이다. 그때 가서 인플레이션을 잡겠다고 금리를 함부로 올릴 수도 없는 상황이다. 뒤늦게 서둘다가는 아예 빈대가 아니라 초가삼간마저 태울 위험이 도사린다. 가계부채 문제가 초읽기에 들어갔는데, 한국경제는 금리 딜레마에 빠진 셈이다. 인플레이션 악령을 예방하려면 미리부터 대가를 치러야 할 수밖에 없다.

8
디플레이션
소용돌이

FOCUS

디플레이션 소용돌이는 가공할 파괴력을 가진다. 디플레이션 심리가 번지면 가계는 당장 필요한 생필품 외에 내구재 구매를 망설이고, 기업은 설비투자를 꺼려 산업생산은 급격히 위축된다. 일자리가 없어지고 가계의 구매력은 더욱 감소되어 소비수요가 급감하는 악순환이 일어난다.

디플레이션은 채무자의 굴레를 점점 더 조여 간다. 전반적 물가수준이 하락하는 디플레이션이 전개되면, 부채의 가치가 시간이 지날수록 점점 불어나 채무자의 부채상환능력은 그만큼 더 악화되어 빚 부담을 가진 가계나 기업은 점점 더 수렁으로 빠져들기 쉽다.

2008년 세계금융위기 이후 주요 선진국들은 인플레이션보다 파괴력이 더 큰 디플레이션이 몰고 올 위험과 불확실성을 차단하고자 안간힘을 다하였다. 일본은 밤낮을 가리지 않고 엔화를 찍어내도 돈이 돌지 않아 인플레이션 기대치를 좀처럼 달성하지 못하였다. 미국 FRB는 오랫동안 '헬리콥터로 돈을 무차별 살포'한 뒤에야 비로소 저물가 현상에서 벗어나려는 조짐이 조금씩 보였다. 유럽 중앙은행도 물가하락 조짐이 나타나자 유동성을 살포하고 있으나 돈이 돌지 않고 뭉쳐져 있어 디플레이션 소용돌이(deflationary spiral)에 빠질까 봐 애를 태우기도 했다.

웃어야 할지 울어야 할지 모르지만, 동질성을 가지고 변화하는 글로벌경제체제에서, 유독 우리는 인플레이션 타령을 상당기간 하고 있었다. 문제는 행복한 고민이 아니라는 사실이다. 공급과잉과 함께 수요부진 현상이 겹쳐 우리나라에서도 경기침체와 함께 저물가 추세가 뚜렷하게 나타나고 있다. 다음 그림에서 나타나는 것처럼 세계금융위기 이후 한·미·일의 물가지수는 거의 엇비슷하게 움직이고 있다.

공급자 위주 시장에서 나타나는 물가의 하방경직성을 감안할 때, 저물가 현상은 소비수요가 급격하게 저하되었음을 시사하고 있다. 인플레이션 경고와는 반대로 디플레이션의 그림자가 어른거리고 있음을 느끼게 된다.[128]

가계의 소비여력이 없어지면서 유효수요가 급감하며 기업의 생산 활동이 줄어드는 디플레이션 현상이 심해지면 공황으로 진행된

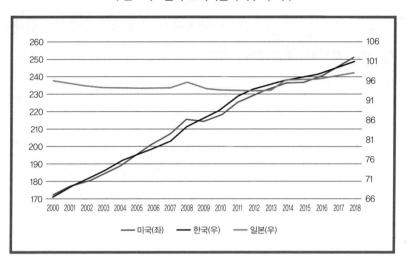

〈 한 · 미 · 일의 소비자물가지수 추이 〉

---

128. 디스인플레이션(disinflation)

물가수준이 높아지고는 있으나 물가상승률은 둔화되는 현상을 말한다. 예를 들어 소비자물가상승률이 2015년에는 5.0%이었으나 2016년에는 3.5%, 2017년에는 2.0%로 낮아지는 경우 매년 물가상승률이 0보다 크기 때문에 상품과 서비스의 가격 수준은 지속적으로 상승하고 있지만, 상승률은 5.0% → 3.5% → 2.0%로 낮아지고 있는데 바로 이러한 현상을 디스인플레이션(disinflation)이라 한다.

디스인플레이션은 단기간에 그치면 물가안정효과를 거둘 수 있다. 예를 들어 에너지가격 하락이나 생산성 증대 같은 공급요인으로 인한 일시적인 물가상승률 둔화는 경제에 이로울 수 있다. 그러나 디스인플레이션이 계속돼 추가적 물가상승률 하락이 전망되는 경우에는 가계와 기업이 소비와 투자를 미룸으로써 수요의 위축을 초래하여 디플레이션 압력을 보다 크게 할 수도 있다.

다. 인플레이션 기대심리도 무섭지만 디플레이션 기대심리는 정말 무섭다. 인플레이션 기대심리가 팽창하기 전에 예방적 조치를 취해야 하는 것처럼, 디플레이션 기대심리 또한 예방하지 않으면 혹독한 대가를 치러야 한다.

일본의 경우 잃어버린 10년이 어째서 다시 잃어버린 20년으로 진행되었는지 생각해 보자. 디플레이션 조짐이 있는데도 선제적 조치를 취하지 못하고 우물쭈물하다 뒤늦게야 유동성을 마구잡이로 퍼붓고 있지만 디플레이션의 그림자는 좀처럼 사라지지 않고 있다.

인플레이션은 사람들을 지치게 하지만, 디플레이션은 절망에 이르게 한다. 인플레이션이 악화되는 상황에서 월급이 오르면 사람들은 잠시 소득이 늘어난 것으로 착각하는 화폐환상(money illusion)에 빠진다. 마찬가지로 디플레이션 상황에서는 물가가 떨어져 돈의 가치가 높아졌다고 일시적으로 오판할 수 있다. 그러나 그 뒤에는 기업은 도산하고 일자리는 없어지는 공포가 기다린다.

디플레이션은 채무자의 굴레를 더욱 조여 간다. 전반적 물가수준이 하락하는 디플레이션이 전개된다면, 부채의 가치가 불어나 채무자의 부채상환능력은 그만큼 더 악화되어 부채가 많은 가계나 기업은 점점 더 수렁으로 빠지기 쉽다.

디플레이션을 사전에 조율하지 못하고 사후약방문을 쓴다면, 엉망진창으로 돈을 뿌려야 할지 모른다. 줄다리기를 하다가 줄이 끊어지면 양쪽 다 나가떨어지는 이치와 같다. 더 큰 문제는 세상은 돌고 도는데, 언젠가 경기가 회복되고 돈이 돌기 시작하면, 많이 풀린 유동성이 물가를 자극하여 서민들은 또다시 이중삼중의 고통을 겪어야 한다. 예컨대, 디플레이션으로 자산 가격이 하락하리라 판단하고, 하나밖에 없는 소중한 보금자리를 팔다가는 디플레이션 소용돌이 뒤에 오는 (초)인플레이션으로 낭패당할 가능성도 크다.

디플레이션 소용돌이를 미리 대응하지 못하고 우물쭈물하다가는 으레 하이퍼인플레이션(hyperinflation)이 뒤따르는 것은 역사의 거듭된 경험이다. 디플레이션에 대한 선제적 대응이 필요한 까닭이다. 이 세상 모든 병리 현상이 그렇듯이 때를 놓치면 비용은 비용대로 들고도 처방은 별 효과를 내지 못하는 것과 마찬가지다.

신용경색 상태가 벌어져 돈의 흐름이 중단되다시피 하는 디플레이션이 다시 디플레이션을 불러오는 디플레이션 소용돌이가 경제 기반을 붕괴시킨 대표적 사례가 1929년 미국의 대공황(the Great Depression)이다.

9
부채
올가미

F O C U S

개인, 기업, 국가를 막론하고 한번 걸려들면 여간해서 헤어나기 어려운 것이 '부채 올가미'다. 1997 외환·금융위기도, 2008 세계금융위기도 결국 과다한 부채로 말미암아 야기된 혼란과 위기였다. 빚을 무섭게 생각하지 못하는 개인이나 사회가 나중에는 수렁에 빠지는 것은 이상한 일이 아니다.

부채는 솜옷을 입고 물에 빠지는 것과 같아 빚진 자의 행동을 무겁게 한다. 빚을 지기 시작하면, 빚이 빚을 부르기 때문에 그 짐이 가벼워지기보다 순간순간 더 무거워지기 쉽다. 우리나라 가계부채는 자영업자 대출을 포함하면 2018년 현재 GDP 총액을 넘어섰다. 그렇다면 향후 경제성장과실 모두를 빚 갚는데 쓴다 하더라도 최소 28년 정도가 걸린다.

빚이 세상일들을 어떻게 뒤엉키게 하는지 들여다보자.

일제는 조선경제를 파탄에 빠트리기 위한 계략의 하나로 일본으로부터의 차관도입을 종용하였다. 1900년 조선은 일제로부터 돈을 빌려 일본 거류민을 위한 편의시설, 일제가 조선을 억압하기 위한 경찰조직 확장 같은, 일제의 조선침략에 쓰도록 강요당했다. 영국이 인도에서 생산한 아편을 중국인들에게 비싼 값을 내고 피우게 하여 중국을 병들게 하는 동시에 부채의 함정에 빠트린 그 악마의 유혹과 같은 올가미를 병든 조선의 목덜미에 씌웠다.

대한제국이 뜻하지 않게 걸머지게 된 빚은 삽시간에 늘어나 1907년에는 도저히 감당할 수 없는 규모인 1,300만 원으로 늘어났다. 조선은 적으로부터 빚을 내서, 적의 조선침략을 위해 사용한 그 부채의 올가미에 걸려 옴짝달싹 못 하는 지경이 되었다. 경제적 주권은 송두리째 일제에 넘어갔다. 의식 있는 사람들 사이에 국채보상운동이 일어났지만, 일제는 일진회 같은 애국을 가장한 매국노 집단을 앞세워 집요한 방해공작을 펼쳤다. 조선은 빚의 덫에 걸려, 저항 한 번 하지 못하고 처절하게 나라의 주권을 빼앗겼다.[129]

세계경영을 표방하며 확장을 거듭하였던 거대재벌의 몰락도 빚을 무섭게 생각하지 않은 탓이었다. 과거 '성장의 이름' 아래 정경유착에 발 빠른 기업들은 사실상 제로금리로 구제금융 내지 정책금융을 대규모로 지원받았다. 고성장, 고물가, 고금리 상황에서 초저금리로 빌린 빚은 갚는 것이 아니고 시간이 지나면 그냥 없어지는 것이다. 과거 공금리와 사금융의 괴리가 큰 금융억압(financial repression) 상황에서 빚이란 두려운 것이 아니고 벼락부자로 가는 길이었다.

그러다가 금리자유화로 돈의 사용료를 제대로 지급해야 하는 환경이 된 데다 외환·금융위기가 벌어져 금리가 치솟으며 부채의존 기업의 비극은 표면화되었다. 신용경색이 심화하면서 시중자금이 몇몇 재벌기업으로 몰리자 재앙이 본격화되었다. 돈이 돌지 않는 상황이 장기화될 것이라 오판하고 자금을 미리 확보하기 위하여 20% 내외의 고금리로 회사채를 마구 발행한 결과 금융비용이 눈덩이처럼 커졌다. 깊고 넓은 부채의 수렁에 빠진 것이다. 초저금리로 돈을 빌려 손쉽게 기업을 확장하다가 돈의 값을 제대로 물어야 하는 환경이 되자 빚은 더 이상 축복이 아니라 저주로 변하였다.

당시 많은 사람들이 일부 기업집단의 급속한 부채증가에 따른 위험을 경고하였다. 당시 재벌 서열이 뒤바뀔 정도로 부채가 늘어나고 있는 데도 이를 방치한 까닭은 무엇인지 의문이 간다. 거대 유람선의 복원력이 상실되고 있는 데도 내버려둔 것과 다르지 않은 장면이었다.

군복무 후 대부업체에서 400만 원을 대출받은 한 대학생은 44%

---

129. 국채보상운동과 은 모으기

안중근은 자청하여 국채보상기성회 관서지부를 개설하고 지부장이 되었다. 그리고 1907년 2월 평양 명륜당에서 천여 명을 대상으로 국채보상운동의 당위성을 강조하는 연설을 하여 큰 성과를 거두었다. 이어 자신의 가족이 소지한 패물을 모두 국채보상금으로 의연하였다. 안중근이 국채보상운동에 매진하고 있을 때 모친 조마리아(趙姓女) 여사는 1907년 5월 '삼화항패물폐지부인회'의 제2차 의연활동에서 은장도, 은가락지, 은귀걸이 등 20원 상당의 은제품을 납부하였다.
　　　　　　　　　　　　　　　　　　　– 오영섭, "아들아 나라를 위해 떳떳하게 죽어라"에서 발췌

의 이자를 물어내다가 10개월 후에는 빚이 1,300만 원으로 불어나고 월 이자만 90여만 원을 물게 되었다. 이틀 공부하고, 사흘 일하는 이 학생은 빚의 함정에서 빠져나올 가망이 없어지자 우울증, 불면증으로 시달리다 결국 법원에 개인회생을 신청하였다. 2015년 현재 대학생 학자금 융자 6개월 이상 이자 연체자만 약 4만 명이 넘는다. 2019년 현재는 더 많이 늘었을 것이다. 사회에 나서기도 전에 인생초반에 자칫 신용불량자로 전락할지 모를 위험과 불확실성이 이 '젊은 사자들' 가까이에 도사리고 있는 셈이다.

우리 속담에 "외상이면 소도 잡아먹는다."고 하였다. 미래를 생각하지 못하고 당장 눈앞의 것만 생각하고 일을 벌이거나, 낭비하는 생활을 하다 보면 만사를 그르치기 쉽다는 경고다. 부채는 짐을 머리에 이거나 등에 지고 있는 것과 다름없이 행동을 부자유스럽게 한다. 일단 빚을 지면 시간이 흘러도 그 짐을 벗기보다, 되레 더 짐이 무거워지기 쉽다.

기업도 부채가 늘어나면 새로운 제품, 새로운 시장이 출현하여도 자금조달이 어려워 기회를 놓친다. 그래서 주식 투자에서도 다른 조건이 비슷하다면, 부채비율이 업종 평균치보다는 낮은 종목을 선택하여야 한다. 돈이 거짓말하지 사람이 거짓말하는 것이 아닌 데도 빚진 사람의 인격 즉, 신용등급이 타락한다. "엎친 데 덮친다"고 빚은 늘어나고 높은 이자를 물게 되는 이중의 고통을 당해야 한다.[130]

부채 중에서 가장 무서운 것은 말할 것도 없이 가계부채다. 기업

부채, 정부 부채는 고통스럽기는 하여도 기업해체, 공적자금 투입을 통하여 납세자 부담으로 해결하는 방법이 있다. 그러나 법인격이 아닌 개인은 목숨을 해체할 수도 없고, 그렇다고 개인의 부채를 그냥 탕감해 주기 시작한다면, 너도나도 빚쟁이가 되려는 도덕적 해이가 판을 치게 되어 경제질서가 순식간에 와해될 우려가 있다.

저성장, 저물가, 저금리 시대에는 금리 부담이 낮다고 하지만, 시간이 지나도 화폐가치가 떨어지지 않아 빚의 수렁에서 벗어나기가 더 어렵다. 가계든 기업이든 금리가 낮을수록 빚지는 일을 더 두려워해야 한다. 민간부문은 물론 공공부문의 부채 증가속도도 빨라지고 있다. 가계, 기업, 정부 모두 부채의 올가미가 조여 올 위험과 불확실성에 미리 대비하여야 재앙을 줄일 수 있다.

더욱 두려운 일은 부채를 상환하지 못하는 사태가 어느 한쪽에서 발생하기 시작하면, 연쇄반응이 일어나 경제사회 전반으로 신용경색 상황이 벌어지는 것이다. 위험과 불확실성이 사회 전체로 전염될 수 있다. 돈은 이리저리 돌아야 하는데, 어느 구석에서 막히기 시작하면 여기저기 다 막히기 때문이다.

---

130. 취약계층 신용불량자

다중채무자이면서 소득 하위 30%의 저소득, 신용등급 7~10등급의 저신용인 취약계층으로서 90일 이상 빚을 갚지 못한 '취약계층 신용불량자'는 2017년 현재 104만 명을 넘어섰다. 90일 이상 빚을 갚지 못한 신용불량자가 신용회복에 성공한 경우는 48.7%로, 절반 이상은 신용불능 상태가 된다.

– 한국은행, 금융안정 상황, 2017.9

10
가계부채 비상구
—차악의 선택

F O C U S

한국경제는 속도가 빨라지는 부채열차에 타고 있다. 위험과 불확실성을 해소하려면 무엇보다 가계부채 연착륙이 도모되어야 한다. 가계부채증가율이 경제성장률보다 높은 상황에서 부채 문제를 해결하려면 크게 보아 네 가지 방법이 있을 뿐이다.

먼저 부채상환능력을 키워야 한다. 이를 위해 ① 경제성장을 통해 가계소득을 증대시키거나 ② 부채 담보물의 유동성을 높이는 길이 있다. 다음 부채의 (상대적) 크기를 축소해야 한다. 이를 위해 ③ 8.3 기업부채 탕감조치처럼 가계 빚을 그냥 탕감해 주거나 ④ 통화가치를 시나브로 하락시켜 부채의 상대적 크기를 낮추는 방법이 있다.

사실상 가계부채인 전세보증금과 개인사업자 대출을 포함하면 가계부채 규모가 GDP 수준을 추월한 것으로 알려지고 있다. 2018년 말 가계부채 증가속도가 5% 정도로 줄어들었다고 하지만 아직도 경제성장률의 2배 가까이 된다. 경제성장률이 3%를 훨씬 밑돈다는 사실을 감안하면 경제성장에 따른 과실을 모두 가계부채 상환에 사용한다고 하더라도 최소 30년 가까이 소요된다. 특단의 대책이 없으면 가계부채 상환은 거의 불가능한 상황에 이르렀다고 해도 과언이 아니다.

먼저 가계의 부채상환 능력을 키우려면,

첫째, 가계소득을 늘려 소득대비 부채의 상대적 비중을 낮추는 일이다. 그러나 세계경제가 공급과잉 상황에 있어 가까운 시일 내에 경기회복을 기대하기 어렵고, 한국경제는 이미 저성장 기조에 접어들어서 가계소득의 획기적 증대를 기대하기는 사실상 불가능하다고 해야 바른 판단이다. 설사 지속적 경제성장이 이뤄진다 하더라도 지금과 같은 부익부 빈익빈 현상이 심화되는 시스템이 계속된다면 부채상환 능력이 개선되기는커녕 더 악화될 가능성이 크다. 그렇다면 먹을 것 먹지 않고, 입을 것 입지 않고 빚을 갚아야 하는데 우리나라 가계 중에서 허리띠 졸라 맬 여력이 있는 가계가 얼마나 되는지 의심스럽다.

둘째, 가계부채와 맞물려 있는 담보물의 유동성을 높이는 일이다. 가계부채의 50% 정도가 부동산 담보대출인데, 부동산시장 거래가 실종되면 마지막으로 부채열차(loan train)를 탄 사람들은 벌금을 물고 내리려 해도 내리기가 힘들다. 현재 부동산 세제들은 고성장, 고물가 시대에 정해졌고 더 높아진 것도 있다. 부동산 가격이 장기적으로 경제성장률 더하기 물가상승률만큼 상승한다고 가정하면, 지금 같은 저성장·저물가 시대에 취·등록세, 재산세, 양도세, 거래수수료 같은 것들을 감안하면 최소 5~6년이 지나야 거래비용을 상계할 수 있다. 빚을 지고 산 집을 팔려고 해도 팔리지 않으면 부채의 사슬에 묶인 것과 다름없게 된다. 만약, 부동산가격을 잡기 위해 금리를 올린다면, 가계부채 심각성을 넘어 자칫하다 부채디플레이션에 빠질 우려를 배제하지 못한다.

부채의 (상대적) 규모를 축소하려면,

셋째, 화폐발행을 통해 가계 빚을 직접 탕감해 주는 아주 손쉬운 (?) 방법이 있다. 그렇게 되면, 근검절약하며 살 필요 없이 적당히 빚을 지며 살려는 공짜심리가 넘실대고 도덕적 해이가 극성을 부리게 될 것이다. 경제적 무능력자가 아닌데도 불이익 없이 개인의 빚을 탕감해 줄 경우 빚을 아예 갚지 않으려고 하거나, 나아가 부채를 더 늘리려는 풍조가 나타날 것이다. 경제 질서는 뿌리째 흔들리고 긍정적 효과보다는 부작용이 더 크게 번질 가능성이 크다. 남미나 남유럽처럼 무기력한 국가가 될 것임은 뻔하다. 특히 저성장 시대에는 더욱 빚갚기가 어려워지기 때문에, 빚을 무서워하지 않으면 개인과 기업은 물론 국가도 모두 모두 오래 지탱하기 어려워진다.

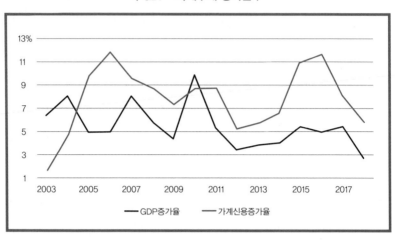

〈 GDP · 가계부채 증가율 〉

넷째, 점진적 인플레이션을 진행시켜 부채의 상대 가치를 차츰 떨어트린다. 경쟁국처럼 금리 인하를 통하여 통화가치를 하락시키고 명목소득을 높여, 사실상 빚의 크기를 줄이는 일이다. 일본의 경우 가능한 한 유동성을 팽창시켜, 엔화가치 하락을 통하여 재정적자의 상대적 규모를 줄이고, 경기부양을 노리는 일석이조 효과를 노리고 있다. 물론 물가상승에 따른 부작용을 각오하여야 한다. 그러나 완만한 물가상승은 현재로서는 최악의 상황을 피해 가는 차악의 선택(second worst choice)이다. 미세먼지가 하늘과 땅을 뒤덮었을 때 비바람이 몰아치기를 바라는 까닭은 무엇일까? 미세먼지보다는 비바람 치는 날씨가 그나마 나은 까닭이다.

위기감을 느끼지 못하거나 위기를 외면하고 멈칫거리다가 가계부채와 맞물린 부동산거래 실종으로 말미암은 가공할 부채디플레이션에 빠질 우려를 배제하지 못한다. 그런 지경에 빠지게 되면 도리 없이 유동성을 무한대로 팽창시켜야 한다. 그러다 보면 나중에는 (초)인플레이션 늪에 빠질 위험이 있다.

내외 경제 환경을 고려할 때, 가계소득 증대 또한 기대하기 어려운 상황이다. 그렇다고 해서 가계부채를 그냥 탕감해 주면 그 후폭풍이 어떻게 번질지 모른다. 가계부채의 함정으로부터 탈출할 수 있는 비상구(emergency exit)는 점진적 인플레이션을 유발하는 고육지책이 남아 있을 뿐이다.

"엎지른 물"을 주워 담으려 야단법석 떨지 말고, 물동이가 깨지지 않도록 예방하는 선제대응이 필요하다. 점점 늘어나고 있는 가계부채 문제를 아무런 사회적 비용을 지출하지 않고 안이한 방법으로 해결하려다가 더 큰 위기가 닥칠 수 있음을 가계, 기업, 정부 모두 경계하여야 한다.

11
신의 일,
악마의 유혹

F O C U S

2008년 세계금융위기는 정부실패와 시장실패가 어우러진 재앙이었다. 당시 FRB는 금리를 자꾸자꾸 내리고 유동성을 풀어 자산시장의 거품을 점점 키워갔다. 시장에서는 대출자산의 연속적 유동화 즉, 증권화의 증권화를 반복한 결과, 시장이 감당하지 못할 정도로 유동성을 팽창시켰다.

어느 순간 부동산시장 거품이 터지면서 연쇄적 지불불능 위험 사태가 벌어지고 세계금융위기로 비화하였다. 이 같은 정부실패와 시장실패는 앞으로도 반복될 것이다. 민간부문이나 공공부문이나 한꺼번에 큰 성과를 내려는 단기업적주의의 유혹을 뿌리치기가 어렵기 때문이다.

미국의 포천지는 2009년 중 산업계의 황당한 짓거리 21개를 선정하였는데, 그 맨 위가 유수금융기관 최고경영자의 "나는 '신의 일'을 하고 있다."는 발언이다. 미국 금융부실 파문이 세계금융위기로, 또 경제위기로 확대되어 전 세계가 고통을 받는 상황에서 그 파렴치한 태도에 대한 비웃음이자 분노일 것이다. 정부실패와 시장실패가 복합적으로 작용한 2008년 세계경제위기의 과정을 들여다보면서 어떠한 교훈과 학습효과가 있는지 생각해 보자.

먼저 정부가 잘못하여 일을 그르치는 정부실패를 들여다보자. 2000년대 들어 '전 FRB 의장의 서류가방에 무엇이 들어 있는가?'에 관심이 쏠려 있는 동안에 유동성은 넘쳐나게 되고 거품은 계속하여 자라났다. 경제대통령으로 불렸던 그는 신비스러운 모습으로 유동성을 팽창시키다가 자산시장 거품이 꺼지면서 세계금융위기로 번지자 실패한 경제대통령이라는 말까지 나오게 되었다.

당시 세계경제는 중국 특수로 값싼 상품이 넘쳐나고, 생산자와 소비자 간에 직거래가 늘어나는 유통혁명, 원자재 절약형 산업(IT)의 발전, 기술혁신으로 생산성 향상, 부의 편재로 인한 소비수요 위축, 정보화에 따른 재고수요 감소 같은 것으로 수요가 도저히 공급을 따라가지 못하는 공급과잉 상황에 직면하였다. 그리하여 유동성이 팽창되어도 물가가 동요하지 않자 각국 중앙은행은 통화금융정책이 성공한 것으로 오판하고 유동성 공급을 계속 확대했다.

공급과잉 상태에서는 돈이 풀려도 실물투자가 활성화되거나 물가가 오르지 않고 그저 풀린 유동성이 여기저기 떠돌게 마련이다. 범람하는 유동성이 생산 부문으로 이동하지 못하고 자산시장 특히 부동산 시장으로 몰리면서 거품이 커져 나갔다. 이에 2009년 노벨상 수상자인 폴 크루그먼과 오하이오 주립대 스티브 세체티 교수는 유동성 과잉이 가져오는 부작용을 우려하여 "중앙은행은 물가안정만이 아닌 자산시장의 거품형성에도 책임을 져야 한다."고 반복하여 경고하였다. 그러나 각국 중앙은행은 대부분 물가안정과 경기회복을 동시에 달성하려는 달콤한 유혹을 뿌리치지 못하였다.

다음으로 시장이 꼬여서 문제를 일으키는 시장실패를 들여다보자. 특히 미국 금융시장에서는 자산의 연속적 유동화 즉, 증권화의 증권화(securitization)를 반복한 결과, 시장이 감당하지 못할 크기의 유동성을 팽창시켰다. 월 스트리트 종사자들은 유동성 없는 자산을 연속적으로 유동화시키는 과정에서 남다른 자만심과 탐욕을 느꼈는지 모른다. 꼬리에 꼬리를 문 유동화가 지속되면서 꼬리가 몸통을 삽시간에 흔들어 쓰러트릴 위험을 외면한 까닭도 그 오만과 욕심 때문이 아니겠는가? 서브프라임 사태, 리먼 사태의 전개과정을 보면 금융혁신이라는 명분아래 위험관리가 애초부터 없었거나, 사실상 불가능했음을 짐작할 수 있다.[131]

또 각국의 감독기구에서도 이를 금융혁신으로 오판하고 방치하거나 오히려 새로운 금융기법 내지는 금융공학으로 바라보는 잘못을 저질렀는지도 모른다. 그 결과 금융시장에 대한 위험측정과 감독이 사실상 어렵게 되어 시장의 혼란이 초래된 것은 이상한 일이 아니었다.

신비한 경제대통령과 소위 시장 엘리트들이 벌인 그 '신의 일'이 결과적으로 수많은 기업을 도산시키고 사람들의 일자리를 잃게 하였다. '악마의 유혹' 때문이었다고 할 수밖에 없다. 세상에서 오만과 탐욕 그 자체가 바로 악마의 손짓이 아니겠는가?

돌이켜 보면 IMF 구제금융 사태도 정부실패와 시장실패가 어우러진 비극이었다. 정부는 OECD에 가입하고 국민소득 1만불 달성하여 일류국가를 만들었다는 자만심에 빠지고, 기업은 빚을 무서워하지 않으며 과잉투자를 일삼은 결과였다. 문제는 정부실패, 시장실패에서 오는 경제적 시련과 아픔은 그 원인을 제공한 고위인사들이 아니라, 죄 없는 기업과 가계가 치른다는 점이다.

민생을 도탄에 빠트린 그 장본인들 어느 누가 책임을 지는 일은 차치하고 도덕적 책임감이라도 느끼는 인사가 있는지 모르겠다. 수치심은커녕 멀쩡한 사람들을 도리어 훈계하려 드는 광경들이 계속하여 벌어지고 있다. 다시 말해, 시장이 무리하게 돌아가는데 그 부작용을 미리 예상하고 대처하지 못하면, 가계나 기업은 가만히 앉아서 낭패당하게 된다는 이야기다.

131. 증권화의 증권화(securitization)

2008년 국제금융위기는 실물부문과 동떨어진 금융부문 과부하로 말미암은 사태다. 소위 금융공학의 발달로 파생상품의 파생상품이 꼬리에 꼬리를 무는 증권화의 증권화(securitization)가 계속되었다. 나중에는 규모조차 파악하지 못하고 어디로 굴러가 어떻게 터질지 모르는 최루탄처럼 되었다. 저금리를 매개로 금융부문이 실물부문 활동과 관계없이 덩치 부풀리기 경쟁을 벌이다가 재앙이 초래된 셈이다. '신의 일'인지 '악마의 유혹'인지 모르는 장면이다.

12
한국인의
5대 불안

F O C U S

한국인들은 태생적으로 교육불안 · 주거불안 · 고용불안 · 노후불안과 함께 도덕불안까지 5대 불안으로 시달린다. 절대빈곤상황은 벗어났지만 국민소득 3만 달러를 돌파하고서도 자신의 삶이 향상되었다고 생각하기보다 불안감을 느끼는 경우가 허다하다.

사람들이 무엇인가 불안해 하는 환경에서는 경제 성장과 발전의 원동력이 되는 근로의욕과 기업가정신을 불태우려하기보다 이리저리 두리번거리기 쉽다. '한강의 기적'을 이뤘다는 환상 속에서 성장잠재력이 지리멸렬해 가는 커다란 원인은 한국인 대부분이 지닌 5대 불안 때문이다.

수많은 한국인들은 어린 시절부터 어쩔 수 없이 교육불안에 부딪치면서 자라났다. 부모가 가난하여 가난한 동네에 살면, 옆 동네에 있는 학교에 지원도 할 수 없는 학군제도가 과연 민주제도라고 할 수 있는가? 자라나는 청소년들 가슴속에 '평등을 가장한 불평등(不平等)'의 상처가 부지불식간에 자리 잡아 가는 셈이다. 그러다 보니 소위 청문회에 나올 정도의 유력인사들 거의 대부분이 위장전입이라는 굴레를 쓰고 살아가고 있다.

　어렵게 보금자리를 마련하고 나서도 자식을 둔 부모의 입장에서는 환경이 좋고 학군 좋은 곳에서 자식들을 키우고 싶어 하니 주거불안은 거의 일생 동안 꼬리에 꼬리를 물고 일어날 수밖에 없었다. 부모는 누구나 제 자식을 능력 있는 아이들과 같이 놀게 하고 싶어 하는 것이 인지상정이다. 2018년 정부가 부동산 시장을 통제하려는 움직임을 보이기 시작하자 부동산시장 양극화 현상이 심화되면서 소위 '똘똘한 집'의 가격상승폭이 확대되는 까닭을 생각해 보자.

　고용불안은 생산성향상에 따른 공급과잉 경제구조가 낳은 어쩔 수 없는 상황으로 시간이 흐르면 흐를수록 더욱 심해질 것이다. 머지않아 도래할 주 2~3일 근무제가 문제를 일시적으로 해결할 수 있을지 모른다. 우리나라에서는 성적이 문제가 아니라 '좋은 학교'를 나와야 좋은 직장에 취직할 수 있으니 고용불안도 부모가 가난하면 더 커진다. 안타까운 일은 유능한 인재들이 보다 생산적인 일자리를 찾기보다는 그저 노동조합의 그늘아래 안주하려는 노동시장 경직성도 한국경제 성장잠재력을 잠식하고 있는 것이 사실이다.

서로 밀접하게 연관된 교육불안, 주거불안, 고용불안은 결국 노후불안으로 직결된다. 한국경제 성장의 주역이었던 "노인 빈곤율은 무려 46%에 달한다"고 하니 대한민국이 어찌 미래가 있는 나라라고 장담할 수 있는가? 국민소득 3만 달러를 넘어선 나라에서 노인들이 폐휴지 줍기에 열중인 나라는 아마도 우리나라 밖에 없을 것이다. 노인의 과거는 젊은이고, 젊은이의 미래는 노인이다. 미래에 대한 안정감을 가지지 못한다면, 청년들이 미래지향적 삶을 꿈꾸기가 어렵다. 젊은이들이 미래에 대한 꿈과 희망을 가질 때 경제 활력이 움트는 것은 말할 필요도 없다.

불안감에 휩싸여 있는 상황에서는 사람들은 생존본능에 사로잡히다 보면 자칫 도덕성을 외면하기도 한다. 어쩌다 청문회를 시청하면 우리나라에서 도덕불감증에 빠지지 않은 고위인사가 과연 몇 명이나 될지 의문이 간다. 그런데다 최고위인사들일수록 '용서받지 못할 죄'를 막무가내 부인하면서 한국인들의 도덕불안은 더욱 깊어지고 있다. 인간으로서의 최소한의 수치심도 죄의식도 저버린 지도자(?)를 보면서 자식들에게 밥상머리 교육을 어떻게 해야 할지 당황스럽다. "입으로는 쉬지 않고 애국을 외치면서 실제 행동은 수단방법을 가리지 말고 돈과 권력을 추구해야 그 분들처럼 돈도 벌고 출세도 할 수 있다"고 가르친다면 나라의 앞날이 어떻게 될까? 여유로운 저녁은커녕 불안과 번민의 밤이 깊어져 갈 것이다.

서로 얽혀 있으면서도 깊이 뿌리내린 5대 불안은 단기간에 극복하기 어려우면서도 한국경제가 반드시 극복해야만 할 과제들이다.

서두르다가는 문제를 더욱 악화시킬 우려가 있다. '최저임금 사태' 처럼 시장의 흐름을 무시하고 억지로 끌어올리거나 끌어내리려고 하면 위험과 불확실성이 증폭되면서 사람들의 불안감은 오히려 더 커져만 갈 것이다.

서로 얽혀 있는 교육불안, 주거불안, 고용불안, 노후불안, 도덕불안 같은 5대 불안의 시초가 되는 학군제도 개선부터 거시적으로 검토되어야 한다. 그런데 학군제 개선은 소위 명문학군에 기득권, 지도층 인사들이 몰려 살고 있어서 발상의 전환이 없으면 사실상 개선되기 어렵다. 우리나라처럼 끼리끼리 사회에서 누구든지 제 자식들만은 좀 더 나은 환경에서, 좋은 아이들과 같이 공부하게 하고 싶은 생각을 가지고 있음을 부인하기 어렵다. 사실, 학군제가 개선되면 주거불안 문제도 상당히 개선될 것으로 판단된다.

생산 없는 일자리를 억지로 만들어 내면 성장잠재력이 잠식되어 가는 재앙이 뒤따른다. 가계와 기업이 스스로 일자리를 만들도록 공정한 '게임의 규칙'을 만들고 누구든 어기지 않도록 예방하는 것이 최선이다. 소위 남유럽 PIGS 국가들이 무기력해지는 까닭의 하나는 선심성으로 공무원을 필요 이상으로 증원시켰기 때문이라는 분석이 유력하다. 공직자는 능력과 관계없이 평생 동안 납세자들이 먹여 살려야 한다는 사실을 깨달아야 한다.

사회보장제도가 국민소득수준에 상응하여 발전해야 불안감을 완충시켜 사회 안정감을 찾아갈 수 있다. 생각건대, 사회안전망 개선을 통한 후생과 복지 개선은 강자에게도 약자에게도 똑같이 필요하다. 변화의 속도가 빨라지는 환경에서 어느 누구도 미래를 보장하지 못하기 때문이다. 다음 세대로 연결하여 생각해 봐야 한다.

도덕불안에서 벗어나려면 먼저 지도자들부터 모범을 보여야 한다. 힘 있는 인사들의 죄는 흐지부지하려 들면서 힘이 없으면 서릿발처럼 혼내 주려는 사회에서 도덕성을 말하기는 우스꽝스러운 일이 되었다. 우리나라에서 법은 고무줄이 되다가 언제인가부터는 거미줄처럼 되어 버렸다. 거미줄은 나비가 날아가면 걸려서 죽고, 사금파리가 날아가면 아무 저항 없이 뚫어진다. 사면권 거래, 재판거래 의혹까지 있는 나라에서 도덕성을 논하는 것은 어쩌면 부질없는 일인지도 모른다. 몽테스키외는 '법의 정신'에서 법은 억울한 사람들을 마지막까지 보호해야 하는 것이라고 했다.

이래저래 불확실성이 커가는 환경에서는 사람들이 미래지향적 삶을 영위하기 어렵고 근시안적으로 행동하기 마련이어서 성장잠재력은 점점 더 잠식되어 갈 수밖에 없다. 말할 것도 없이 우리나라 성장잠재력이 갈수록 떨어지는 가장 큰 까닭은 5대 불안 때문일 것이다. 다시 말하면 국민들의 불안을 그 원인부터 해소하려는 노력이 바로 경제 성장과 발전을 이루는 길이기도 하다. 자식들까지 생각하는 국민이라면 누구나 5대 불안에서 자유로울 수 없다. 모두 다같이 노력하여 극복해야 할 과제라는 이야기다.

PART 8
경제 패러다임 전환

1
바뀌어 가는
경제 패러다임

F O C U S

　생산과 소비에서 경제 패러다임 전환이 빠르게 진행되고 있다. 산업사회의 오랜 강령이었던 "더 싸고 더 좋게" 보다 "더 빠르게" 생산하는 것이 중요해졌다. 생산도 수확체감에서 수확체증으로 전환되고 생산자주권에서 소비자주권으로 변화하였다.

　부가가치 산출의 중심이 아날로그에서 디지털로 이동하면서 생산요소 중에서 기술과 정보가 차지하는 비중이 크게 확대되는 한편 자본의 비중은 점점 낮아지고 있다. 외국의 신흥 부자들은 부를 상속받기보다 대부분 스스로 부를 창출한 사람들이다. 경제양극화 심화 상황에서도 '새로운 승자'가 나타날 가능성은 점점 더 커지는 셈이다.

변화에 부응하지 못하면 경쟁에서 이기지 못하는 이 시대 경제순환의 틀은 어떻게 변화하고 있는지 몇 가지만 들여다보자.

현대사회에서는 '더 좋게, 더 싸게'보다 '더 빨리' 만드는 일이 보다 중요한 경쟁력이 되었다. 대량생산, 대량소비 사회에서는 모방생산(reverse engineering)을 하더라도 품질과 가격에서 경쟁력을 가지면 후발기업이라도 시장을 따라잡을 수 있었다. 그러나 상품 라이프 사이클이 짧아져 가는 세상에서는 어떤 상품이 잘 팔린다고 해서 그냥 따라가다가는 실패하기 마련이다. 원님 행차가 지나간 뒤에 나팔 불어봤자 원님(소비자)의 관심을 끌 수가 없다.

또한 일시적으로 성공하였더라도 잠시라도 한눈을 팔고 안주하다가는 순식간에 새로운 상품이 등장하여 시장으로부터 외면 받게 된다. 어떠한 제품도 어느새 성능과 디자인에서 앞선 신제품이 등장하면 시장가치가 없어지는 무용지물이 될 수 있다. 코스닥 시장에서 일부 기업이 혜성처럼 나타났다가 유성처럼 사라지는 까닭은 일시적 성공에 안주하다가 새로운 제품을 남보다 더 빨리 개발하는 데 등한히 한 까닭이다. 생산성 향상으로 공급이 소비수요보다 많아지고, 변화의 속도가 빠른 사회에서는 더 좋게, 더 싸게 만드는 일보다도 더 빨리 상품을 만드는 일이 더 큰 경쟁력의 원천이 된다.

기술혁신으로 생산함수가 과거의 수확체감(diminishing returns)에서 수확체증(increasing returns) 법칙으로 변해 가고 있다. 기술과 기술은 보탤수록 더 큰 기술이 되는데, 기술과 기술의 결합이나 융합으로 생산성이 향상되어 수확체증 현상이 곳곳에서 일어나게 되었다. 공산품을 중심으로 세계적 공급과잉 현상은 점점 더 심해질 것이다. 신기술산업의 천문학적 부가가치 창출이 이를 잘 설명하고 있다. 생산에서 기술의 비중은 점점 커지는 반면에 자본의 비중은 줄어들고 있다. 기술혁신은 국가 간에 나아가 지역 간의 생산성을 엇비슷한 수준으로 끌어올려 결과적으로 상품 교역량은 점차 줄어들게 할 것으로 보인다. 어쩌면 오늘날 해운업과 조선업 주가 하락은 미래의 모습을 미리 반영하고 있는 것인지도 모른다.

심지어 과거에는 수확체감법칙의 상징이었던 농업부문에서도 생산성이 획기적으로 증대될 뿐만 아니라, 태양과 비슷한 성질의 빛을 발하는 LED가 개발되면서 공장제 농업이 이미 시작되었다. 머지않아 거대 주농복합(住農複合) 빌딩에서 생산된 신선한 채소가 끼니마다 실시간 공급될 것으로 내다보인다. 토지도 제한적으로 확대재생산이 가능한 생산요소가 되었다.

이미 깊숙이 진행된 공급과잉 시대에는 총공급이 아니라 총수요(유효수요)가 경기를 좌우하게 된다. 과거 초기 산업사회의 패러다임인 '공급이 스스로 수요를 창조한다.'가 아니라 '수요가 공급을 창조하는 시대'가 이미 오래전에 다가왔다. 생산물 소비의 원천이며 종착역이 되는 가계안정이 경제안정을 위한 필요조건이 되었다.

소비자주권이 점점 더 강해지고 있다. 산업사회에서는 대량생산, 대량광고를 통하여 소비를 유도하거나 유명 인사를 따라 덩달아 쓰게 하는 모방소비를 조장하였다. 정보가 일방적으로 전파되어 소비자들의 기호에 영향을 미치고, 수요가 공급을 초과하여 생산량도 부족한 사회에서 소비자 선택의 폭은 좁았다. 공급이 넘치는 오늘날에는 양방향 정보교환을 통하여 표출되는 변화무쌍한 소비자의 감성과 욕구의 변화를 재빨리 감지하고 적절하게 대응하여야 변덕이 심한 소비자의 선택을 받을 수 있다.

경제구조가 바뀌면 문제 인식 출발점부터 달라져야 한다. 같은 불황대책이라도 공급부족 상황과 공급과잉 상황에서의 처방전은 처음부터 달라야 한다. 똑같이 탈진한 환자라 하더라도 영양실조 노인과 비만 어린이에 대한 약방문이 어찌 같을 수 있겠는가? 생각건대 20세기 말부터 많은 나라에서 경기부양정책이 실패한 까닭은 무엇인가? 경기부진의 원인이 수요능력 부족에 있는데도 번번이 생산능력 확충에만 초점을 맞추었기 때문이다.

미래사회 기업의 성패는 기술개발 못지않게 소비자 입장에 서서 소비자의 욕구를 최대한 충족시키려는 자세와 태도에 달려 있다. 생산자들이 경쟁을 하는 가운데 자연히 소비자의 권리가 신장되어 소비자주권(consumer sovereignty)이 강해질 수밖에 없다. 이런 환경에서는 생산능력도 중요하지만 소비자의 욕구 변화를 수집하고 분석하는 정보의 가치가 점점 더 커지고 있다.

소비자주권은 점점 강해지고 있는데 소비수요기반은 약해지고 있는 현상을 어떻게 조화시키고 해결할 것인가가 자본주의사회, 시장경제체제 흥망의 관건이 되고 있다.

2
부가가치 원천의
이동

F O C U S

인류문명은 수만 년에 걸친 수렵·채취 생활 이후에 약 3,000년에 걸친 농경사회, 그리고 약 300년의 산업사회를 거쳐 지금은 3~40년에 걸친 정보화사회가 지나가고 있다. 생산자와 소비자 간 쌍방향 정보교환이 활발하여 생산과 소비를 미리 조정할 수 있다.

부가가치 원천의 이동 과정에서 새로운 부가가치 창출에 앞장선 사람들(first mover)이나 그 대열에 빨리 합류한 사람들(first follower)은 커다란 부를 누릴 수 있었다. 그러나 그렇지 못한 사람들 상당수는 빈곤의 늪에 빠지는 것이 역사의 오랜 경험이다.

재화와 서비스를 새롭게 만들어 내거나 가치를 높이는 부가가치의 원천은 시대에 따라 토지에서 노동과 자본으로 이동하였다. 산업사회 후반부터는 기술과 정보가 부가가치 창출에 기여하는 비중이 기하급수적으로 높아졌다. 각 생산요소가 경제성장과 발전 과정에서 어떻게 기여하여 왔는지를 크게 5단계로 나누어 간략하게 들여다보자.

첫째, 토지는 농경사회에서 부의 척도였으며 '부' 그 자체였다. 봉건사회 내지 중세 시대까지 노동력은 토지에 딸려 있었던 부속물과 같았다. 단순재생산 사회인 봉건 시대의 권력이동(power shift)은 다름 아닌 토지 소유구조 변화를 의미하는 것이었다. 우리나라에서도 천석꾼이니 만석꾼이니 하며 소유한 논밭의 크기만으로 얼마나 큰 부자인가를 가늠하는 일이 불과 칠팔십 년 전이었다. 이제는 초고층빌딩 건축기술이 발달함에 따라 토지는 더 이상 한정된 자원이 아니다. 토지도 이제는 제한적이기는 하지만 확대재생산이 가능한 자원으로 변해 가고 있다.

둘째, 노동은 수공업의 발달과 더불어 부가가치 창출에 대한 기여도가 점차 커졌다. 부가가치 창출에 대한 비중이 커지면서 노동은 장인(master)과 도제(apprentice)의 관계를 형성하며 경제사회에 영향력을 행사하기 시작하였다. 특히 확대 재생산 사회에서 노동이 생산물 산출에서 차지하는 비중은 점점 높아졌다. 그러나 기계화, 나아가 로봇산업이 발달하면서 단순 노동이 생산에서 차지하는 비

466

중은 급속하게 줄어들고 있다. 여러 가지 사회문제를 잉태하고 있는 잉여공급, 잉여인간, 잉여 시대 도래는 불가피한 현상이 되어가고 있다.

그러나 기술혁신과 융합의 주체도 사람이고, 정보화사회에서 정보판단의 주체도 사람이다. 현대사회에서는 지적 노동력이 무엇보다 중요한 생산요소가 되어가고 있다.

셋째, 이윤을 창출한 생산자가 경영규모를 확대하면서 산업자본으로 변하고, 시장이 확대되어 대량생산을 통한 규모의 경제를 달성하였다. 생산에 기여하는 비중에서 자본의 위력은 더 커지게 되었다. 금융시장, 주식시장의 발달은 자본을 하나의 기업에 고정하지 않고 새로운 부가가치를 향해 자유롭게 움직이게 하였다. 특정 산업과 기업에 집중과 분산이 가능하게 되면서 자본의 영향력이 점점 확대되었다. 부가가치를 나누는 과정에서 자본의 몫이 지나치게 커지면서 경제력 집중과 소비수요 부족 같은 여러 가지 부작용이 발생하고 그 반작용으로 사회주의가 태동하게 되었다.

넷째, 기술혁신이 거듭되면서 기술은 새로운 생산요소로서 인류의 역사를 바꾸었다. 노동과 자본의 결합으로 기술혁신이 쉬지 않고 이루어지게 된 것이다. 기술과 기술이 결합하여 기하급수적 성장을 가능하게 한 산업혁명은 인류를 절대빈곤 상태에서 벗어나게 하는 원동력이 되었다. 먼저 동력혁명은 생산능력을 확대하여 대량생산을 가능하게 하였다. 또 교통혁명은 생산물의 신속한 이동을 통해 재화의 효용가치를 크게 증대시켰다. 통신혁명은 정보혁명을 유도하여 생산과 소비 동향을 실시간으로 파악할 수 있게 함으로써 생산물의 공급량과 공급시기를 조절할 수 있게 하여 자원절약에 이바지하고 있다. 기술이 부가가치에서 차지하는 비중이 커지면서 생산과정에서 자본의 영향력은 차츰 줄어들고 있다.

다섯째, 정보는 경제사회에서 상품의 수요와 공급 규모를 예측하는 필수 기능을 한다. 오늘날과 같이 쌍방향 정보교환이 가능한 사회에서는 생산자는 전 세계 소비자의 기호변화를, 그리고 소비자는 무엇이 생산될 것인가를 미리부터 파악할 수 있다. 그리하여 생산품목과 생산량을 조절할 수 있어 생산비도 절감하고 효용도 높이게 되었다. 기술과 마찬가지로 정보도 나누면 나눌수록 그 효용가치가 커지는 장점이 있다. 정보의 전파력이 기하급수적으로 커지면서 정보 그 자체의 가치보다는 정보를 해석하고 판단하는 능력이 새로운 부가가치의 원천이 되고 있다.

미래사회, 기술과 정보의 세계에서는 오로지 1등만이 살아남는 '승자독식' 의 가능성이 더욱더 커지고 있다. 이 과정에서 기술진보는 소수에게 부를 집중시키기 쉽고 결과적으로 사회 전체의 소비수요를 위축시키는 부작용과 동시에 빈부격차에 따른 사회적 갈등이 야기되고 있다. 생각건대, 자본주의의 미래는 부가가치 대부분을 소수가 독차지하는 부의 집중 심화에 따른 부작용과 갈등을 어떻게 해결하고 조화시키느냐에 달려 있다고 하겠다.

〈 부가가치 원천의 이동 〉

		생산 요소	시대 구분	사회구분	주도국	생산양식	활동반경		
재래식 생산 요소 (유한)	수확 체감	토지	중세 사회	농경사회	중국, 이집트	· 소량생산 · 공동화 · 철, 도구	지 역 경 제	국 가 경 제	세 계 경 제
		노동		수공업 (장인, 직인)		주문생산			
		자본	근대 사회	· 산업사회 (18C-) · 상업자본주의 · 산업자본주의 · 금융자본주의	영국	· 소품종 · 대량생산 · 표준화, 에너지 생산자주권 더 싸게, 좋게			
미래의 생산 요소 (무한)	수확 체증	기술	현대 사회	노동과 자본의 갈등 소멸 (공산주의 패망)	미국	소비자주권 더 빨리			
		정보	미래 사회	정보화사회 (20C후반-)	다극화 (미·일·독)	· 잉여인간, 잉여공급 · 로봇산업 · 생명공학			
				후기 정보화사회	미·중 ?	시스템 생산, AI, 정보의 가치증대			

3
변화의
물결

F O C U S

변화의 속도가 빠른 후기 산업사회 이후에는 무작정 일만
해서는 무엇인가를 이루어낼 수도 없고 경제적 안정을 기하
기도 쉽지 않다. 변화의 방향을 내다보고 그 변화에 능동적
으로 합류하는 것이 경제적 승자가 되는 필요조건이라고 할
수 있다.

부가가치 원천의 이동 방향을 살피는 데서, 다시 말해 기
술혁신 수용능력에 따라 개인, 기업, 국가의 흥망이 달려 있
다. 기술혁신이 가속화됨에 따라 부가가치 창출의 원천 그리
고 경제 운용의 틀도 끊임없이 바뀌어 가고 있음을 인식하여
야 한다. 그러나 변하지 말아야 할 것은 인간관계다.

알퐁스 도데의 단편 『꼬르니유 영감의 비밀』은 변화의 물결을 외면할 경우 경제적 패자로 전락한다는 이야기를 담고 있다. 흥청거리던 풍차 마을은 증기발전으로 돌아가는 제분기가 나타나면서 피폐해져 갔다. 그런데도 꼬르니유 영감은 풍차로 돌리는 재래식 방앗간을 고집하다가 결국 외톨이가 되고 몰락해 간다.

착한 방앗간과 나쁜 방앗간이 같이 있을 때 착한 방앗간을 사람들은 선호한다. 하지만 비록 나쁜 주인이라도 짚신가게보다는 기능성 운동화 상점으로 사람들이 몰리는 것을 말릴 수 없다. 아무리 인간관계를 중시하더라도 필요한 물건을 싸게 사고 싶은 경제적인간의 경제적 동기를 나무랄 수 없다.

농경사회에서는 물론 산업사회 초기까지도 그저 열심히 일하고 검약하면 큰 고생하지 않고, 나아가 경제적 부도 이룰 수 있었다. 기술의 발전은 사람들의 삶을 풍요롭게 하는 동시에 많은 사람들을 초조하고 불안하게 한다. 어떤 기술이고 개발초기에는 그 가치가 한없이 올라가다가도 어느 사이에 더 뛰어난 기술이 개발되고, 바로 그 순간 기존 기술은 무용지물이 되기 쉽다. 이와 같이 부가가치의 원천이 쉴 새 없이 바뀌는 환경에서는 영원한 승자도 영원한 패자도 없는, 위기와 기회가 어디서나 공존하고 엇갈리는 사회, 불안과 번민의 사회로 변하고 있다. 잘 나가던 신기술기업이 어느 날 갑자기 허덕이는 모습을 보라.

배불뚝이 브라운관 TV가 처음 나왔을 때, 땅 몇 백 평을 팔아도 사기 어려웠지만 지금은 웬만한 땅 한 평만 팔아도 갖가지 기능이 부가된 벽걸이 입체 TV를 살 수 있다. 한때 일확천금을 벌게 하였던 브라운관 기술은 이제는 골동품 이상의 의미가 없어졌다. 그래서 기업의 재무제표를 읽을 때 IT 부문 같은 기술 산업의 재고는 일정시점에서는 자산이 되지만 어느 시점에서는 자산이 아니라 오히려 짐으로 변할 수 있다는 점을 고려해야 한다. 개인이나 기업이나 자산관리에서 신기술산업의 변화의 방향을 읽지 못하고 재무제표만의 실적을 중시하다가 낭패를 당할 수 있는 까닭이 여기에 있다.

기술과 정보의 가치는 물론 자본의 가치도 생성하고 소멸해 가지만 이 땅위에는 예나 다름없는 지구의 주인인 "사람"들이 살고 있다. 무슨 일을 하든지 인간중심의 사고와 환경보호를 우선적으로 염두에 두어야 한다는 이야기가 아니겠는가? 노동집약에서 자본축적 산업으로 다시 기술융합 산업으로 부가가치 창출의 중심이 이동하고 있다. 그래서 기술과 정보를 융합하는 인적자원을 중시하여야 그 나라 그 사회의 경쟁력을 확보할 수 있음은 말할 필요도 없다.

『코르니유 영감의 비밀』은 마지막에 가서 마을 사람들이 공동체의식을 가지고 효율성이 떨어지는 풍차방앗간으로 몰리게 하는, 비현실적이며 비이성적으로 보이는 결말을 맺는다. 이는 기술이고 정보고 무엇이고 사람 사는 세상에서는 사람과 사람 사이에 관계만큼 중요한 그 무엇이 없다는 대역전 메시지를 주고 있다. 변화무쌍한 세상에서 우리가 정말로 지켜야 할 가치는 무엇인지 곰곰 생각해 보게 하는 장면이다.

4
경제심리와 동행하는 경제성장

F O C U S

"경제는 심리다"라는 말처럼 가계와 기업의 경제심리 변화 추이를 제대로 읽어야 경기상황과 변화방향을 가늠할 수 있다. 가계의 저축과 소비, 기업의 투자와 생산, 정부 정책 집행 과정에서 경제현실과 어긋나는 시행착오를 방지하려면 경제심리 흐름과 그 변화를 멀리 살펴야 한다.

경제심리지수(ESI: Economic Sentiment Index)는 경제상황에 대한 인식을 종합적으로 나타내는 지표로 경기판단에 유용한 정보를 제공한다. 실제로 경제심리지수 순환 변동치와 경제활동의 결과를 나타내는 GDP 증감률 추이가 거의 비슷한 모습을 보이며 변화하고 있다.

흔히 '경제는 심리'라고 한다. 파도처럼 밀려왔다 밀려가는 경기 순환은 경제주체들의 심리변화에 따라 그 진폭과 주기가 늘어나기도 하고 줄어들기도 하기 때문이다. 가계, 기업, 정부의 모든 경제적 선택은 무엇보다도 먼저 경기순환과 역행하지 않아야 효과는 크게 하고 부작용은 작게 할 수 있다.

예컨대, 경기 정점(peak)에서 즉, 경기가 하강하여 시장금리가 하락하려는 상황에서, 설비투자를 확장하려고 장기채를 발행하는 기업은 금융비용을 부담하기 어려워진다. 반대로 경기 저점(trough)에서 머지않아 시장금리가 오르려는 상황에서, 장기채를 매입하는 투자자는 특별한 경우가 아니면 손실을 피해가기 어렵다. 경기가 후퇴하는 길목에서 (기준)금리를 내리기는커녕 오히려 올려 특히 서민들의 경제심리를 더욱 쪼그라들게 하는 안타까운 모습은 2018년 세밑에 한국경제가 마주친 안타까움이었다.

소비자와 기업이 경제를 보는 시각을 종합하여 나라 전체의 경기 상황과 변화방향을 가늠할 수 있는 지표가 경제심리지수다. 그림과 같이 경제심리지수 순환 변동치는 GDP 성장률(전년대비)과 거의 같은 모습을 보이며 변화하고 있음을 감안할 때, 경제심리는 가계와 기업의 합리적 경제 선택을 위한 중요한 지표가 된다.

다시 말해 각 경제주체들의 모든 경제적 선택은 경제심리와 조화를 이뤄야만, 그 효과는 높이고 부작용과 후유증은 줄일 수 있다. 경제심리와 어긋나는 경제적 선택은 경제순환에 장애를 일으킬 수 있다. 경제심리가 지나치게 낙관으로 흐르거나 반대로 비정상으로 비

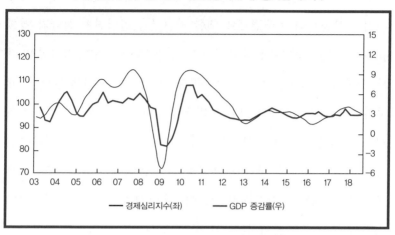

〈 경제심리지수 및 GDP (전년동기대비) 증가율 추이 〉

자료: 한국은행 보도자료(BSI 및 ESI 추이) 각 호

관에 빠져들면, 가계 소비생활과 기업 투자활동을 왜곡시키기 쉽다
는 이야기도 된다.

민간부문의 경제심리 변화를 도외시하거나 정책목표에 맞추려
들다가 돌이키기 어려운 시행착오를 겪는 경우가 종종 있다.[132]

132. 경제심리지수(ESI: Economic Sentiment Index)

경제심리지수는 민간부문의 경제상황에 대한 인식을 종합적으로 관찰하기 위
하여 기업경기실사지수(BSI)와 소비자동향지수(CSI)를 합성하여 산출한다. 경
제심리지수의 구성항목 및 가중치는 실물경제지표인 GDP에 대해 높은 설명
력과 대응성을 갖도록 선정하고 있다. 경제심리의 순환적 흐름을 파악할 수 있
도록 계절 및 불규칙 요인을 제거하여 경제심리지수 순환 변동치를 산출한다.
ESI는 장기평균 100을 중심으로 대칭적으로 분포하고 표준편차가 10이 되도
록 작성하므로 ESI가 100을 상회(하회)하면 기업과 소비자 모두를 포함한 민
간의 경제심리가 과거 평균보다 나은(못한) 수준인 것으로 해석한다.

2000년대 초반 IMF 구제금융 위기가 지나면서 정부는 줄기차게 경기를 북돋으려 미래경제에 대한 낙관론을 펼치면서 절약의 역설 (paradox of thrift)을 주장하며 소비를 부추겼다. 소비가 미덕인양 카드 사용을 이중삼중으로 권장하였다. 소비자들 사이에 일단 쓰고 보자는 과도소비, 과시소비, 모방소비 풍조가 퍼지며 단기에 있어서는 세계적 불경기에서도 우리나라만은 높은 성장률을 기록하였다. 그러나 뒤이어 청년 신용불량자가 늘어나기 시작하고 결국 2003년에 이르러 '카드대란' 사태를 촉발시켰다. 가계부채가 확대되면서 중장기에 있어서는 소비를 위축시키는 원인으로 작용하고 한국경제를 무기력하게 하는 결과를 초래하였다.

2018년 경기순환구조로 보아 경기후퇴기로 접어들고 있는 상황에서, 어떠한 통계수치나 논리적 근거 없이 '소득주도성장 정책' 효과가 낙엽이 지면 나타날 것이라고 확신에 찬 발언이 계속 보도되었다. 경제심리는 물론 경제현실과 배치되는 때문인지 마치 선지자의 예언처럼 신비스러운 분위기가 연출되었다. 기도하는 마음으로 그렇게 되기를 바라고 바랐다. 그러다 경기가 회복할 기미가 없어지자 말을 바꿔, '눈이 내리면 회복된다' 는 이야기에서는 '선무당이 사람 잡을지 모른다' 는 두려움 같은 것이 다가왔다. 경기가 불황으로 이어지는 분위기가 뚜렷해지면서 다시 말을 바꿔 '들판에 보리 싹이 자라면' 경기가 정상궤도를 회복할 것이라는 호언장담에서는 '취했는지 모른다' 는 안타까운 느낌까지 들었다. 그 그림자의 모습이 '선지자' 에서 '선무당' 으로 다시 '취객' 으로 바뀌는 과정에서 가계와 기업의 경제심리는 주름이 깊어가고 있었다. 폐업을 예고한 식당에서 사람들이 할 일 없이 "경제가 살아날 것이다"라는 뉴스를 보면서 무엇인가 불안해 하는 모습들이 어른거렸다.

위의 두 가지 사례에서 얻을 수 있는 교훈은 '경제에는 공짜가 없다'는 변함없는 사실이다. 적어도 경제만은 누구 마음대로 되는 것이 아니다. 생산량이 늘어나면서 일자리가 생겨야지 생산 없이 늘어나는 일자리는 성장잠재력을 잠식시키기 마련이다. 더구나 기술혁신으로 생산량이 웬만큼 늘어나도 일자리는 오히려 줄어들고 있다. 그런데도 책임 있는 관료가 아무런 근거 없이 막연하게 "일자리가 늘어날 것이다."라고 한다면, 조직과 사회에 불신을 싹트게 하고 경제심리를 그늘지게 할 뿐이다. 시장을 이기고 마음대로 이끌려다 가는 '정부실패'를 초래하고 나라경제는 그 대가를 크게 치러야 한다. 경제현실과 어긋나는 정책 엇박자는 파열음을 내고 경제심리를 위축시켜 경기를 후퇴시키기 마련이다.

가계와 기업이 앞에서는 정부를 두려워하고 뒤에서는 쑤군거리다 보면 어쩔 수 없이 정책에 대한 신뢰가 엷어지고 경제심리는 위축될 수밖에 없다. 경제심리를 살리려면 열심히 연구하고 노력하는 분위기가 되어야 한다. 엉뚱한 수사(rhetoric)를 쓰지 말고, 국민경제가 마주친 경제현실을 있는 그대로 인정하고, 같이 고민하는 것이다. 경제가 마음대로 될 수 있다고 생각한다면 그 자체가 하나의 불확실성이다.

논어에서도 나라를 경영하면서 양식과 병력과 신뢰 세 가지 중에서 부득이 버려야 할 것이 있다면, 병력을 먼저 버리고 마지막까지 지켜야 할 것은 백성들의 신뢰라고 하였다. 경제심리를 회복시키는 관건은 정부와 정책에 대한 신뢰 형성에 달려 있다. 어느 누구나 다 마찬가지로 경제정책이 성공하기를 바라는 마음 절실하다. 정부에 대한 신뢰(trust)가 두텁게 형성되고 모든 국민들의 나라에 대한 긍지가 세워지는 길이 경제심리 회복을 위한 첩경이다. 경제는 심리다.

5
거품열차와
인플레이션열차

F O C U S

물가가 오르거나 자산 가격이 상승할 때, 가계와 기업은 물론 정부도 대부분 인플레이션 현상인지 아니면 거품 현상인지를 구분하지 못하고 혼동하는 경우가 상당하다. 화폐가치 하락에 따른 인플레이션과 비이성적 과열에 따른 거품은 그 발생 원인부터 달라서 이에 대처하기 위한 수단도 각각 달라져야 한다.

거품열차에서는 거품이 터지기 전에 내려야 이익은 극대화하고 손실은 최소화할 수 있다. 인플레이션열차에서는 인내심을 가지고 기다려야 손실을 피할 수 있다. 정책대응도 각각의 상황에 따라 달라져야 국민경제 폐해를 예방하거나 줄일 수 있다.

인플레이션(inflation)은 대체로 유동성이 확대되면서 일반 물가수준이 높아지고 일단 상승한 물가는 웬만해서는 다시 제자리로 되돌리기 어려운 상황을 말한다. 막걸리에 맹물을 타면 타는 만큼 맛이 싱거워지듯이, 경제규모가 확대되지 않고 있는데도 유동성을 팽창시키다 보면 화폐의 구매력이 낮아지는 현상 다시 말해 돈의 가치가 떨어지는 현상이 인플레이션이다.

거품(bubbles)은 어떤 자산의 내재가치(intrinsic value)와 관계없이 일단 가격이 상승하기 시작하면, 계속 상승할 것이라는 비이성적 기대심리가 높아지며 투자자들이 너도나도 몰려들어 가격이 상승하면서 발생한다. 이러한 쏠림 현상으로 말미암아 가격이 비정상적으로 상승하면서 대상자산의 내재가치와 시장가격 사이에 괴리가 크게 확대되는 현상이 거품(bubbles)이다.

인플레이션은 일반 물가지수가 상승하는 현상으로 그 크기를 바로 측정할 수 있지만 거품은 그 크기를 제대로 가늠하기가 쉽지 않다. 거품을 측정하려면 먼저 대상 자산의 내재가치를 측정하여야 하는데 쉬운 일이 아니다. 금리·주가·환율 같은 금융가격지표는 현재 내재가치와 미래 예상되는 변화를 경제성장률, 물가상승률을 감안하여 측정할 수 있다. 그러나 부동산 같은 자산의 내재가치가 얼마인가를 평가할 객관적 기준을 마련하기가 쉽지 않다. 언젠가는 고위관료가 "우리나라 부동산가격이 서민들의 기준으로서는 높다."고 하였는데, 자산 가격에 서민들의 기준이 따로 있고 부자들의 기준이 따로 있는지 알 수 없는 장면이었다.

부동산 가격이 높다고 가정하더라도 유동성 확대에 의한 인플레이션 현상인지, 쏠림 현상에 따르는 거품 현상인지, 아니면 인플레이션과 거품이 혼재하는 결과인지 판단하기가 쉽지 않다. 이를 혼동하게 되면 섣부른 대책을 남발하여 시장의 내성을 키우는 경우가 종종 있다. 만약 특정지역 부동산에 쏠림 현상이 나타나 투기적 거품이 크게 형성되어 있다면 학군조정, 대출제한, 과세강화 같은 가수요 억제대책이 필요할 것이다.

하지만 화폐적 현상인 인플레이션 현상이라면 미시적 대책으로는 오름세를 잡지 못하고 잠시 주춤거리게만 할 뿐이다. 유동성 공급 안정이 선행되어야 한다. 2004~6년대 부동산 가격 급상승이 그렇다. 그 당시 유동성을 이리저리 확대시키면서 여러 가지 미시대책을 남발하다가 시장심리를 더 자극하였다. 마치 불어나는 헐크의 몸을 이리저리 새끼줄로 묶으려는 것과 다름없는 어리석은 짓이었다.[133]

가계나 기업 입장에서는 주식이든 부동산이든 거품이 형성되었

---

133. 유동성발작과 부동산투기

그 당시 유동성을 퍼부으면서 부동산가격 억제 대책을 남발하니 아무런 효과를 내지 못하고 그저 투기심리만 부추기는 꼴이 되었다. 그런 상황에서 집이 없는 가계는 이럴 수도 저럴 수도 없이 절망에 빠질 수밖에 없었다. 자산 인플레이션 현상이 크게 벌어지는 상황에서 미시대책 남발은 달리는 버스가 급브레이크를 자주 밟는 것과 마찬가지다. 허약한 승객들은 멀미를 느끼고 구토까지 할 수밖에 없다. 그러나 브레이크를 밟는 운전자는 멀미를 직접 느끼지 못하니 수시로 브레이크를 밟아대는 우를 범하면서 시민들을 피곤하게 만들었다.

다고 판단하면 거품이 붕괴되기 전에 매각하여야 피해를 줄일 수 있다. 거품이란 언제 붕괴될지는 몰라도 언젠가는 반드시 터지기 마련이다. 그러나 인플레이션 현상이라면 현금보다는 실물자산을 보유하여야 화폐가치 하락에서 오는 손실을 피해 갈 수 있다. 이익을 극대화하고 손실을 최소화하려는 가계와 기업의 경제적 선택 또한 정반대로 달라져야 한다. 인플레이션열차를 탔을 때는 시베리아 대륙을 횡단하는 것처럼 물가가 진정될 때까지 끈기 있게 대상자산을 보유하여야 손실을 피해 갈 수 있다. 그러나 거품열차를 탔을 때는 거품이 터지기 전에 서둘러 내려야 이익을 극대화하거나 적어도 손실을 최소화할 수 있다.

정책대응도 마찬가지다. 거품인지 인플레이션인지 구분하지 못한 채 막무가내 가격을 잡겠다고 실물시장, 금융시장에서 가격을 끌어당기거나 억누르다가는 매매거래를 실종시켜 자칫 시장기능을 파괴하기 쉽다. 물이 고이지 않게 하려면 무엇보다도 물길을 터 줘 흐르게 하여야 한다. 억지로 물을 끌어올리거나 물길을 막으려다 보면 더 큰 비용과 부작용이 기다리는 것이 변함없는 시장의 법칙이다.

한 가지 분명한 것은 사람들이 덮어놓고 비싸게 사려거나 생각 없이 싸게 팔려는 것은 절대 아니다. 모든 경제적 인간들의 한결같은 바람인 "더 싸게 사서, 더 비싸게 팔고 싶어 하면서" 시장이 형성된다. 이 같은 시장청산(market clearing) 기능이 반복되며 제 가격을 찾아가게 된다. 경제성장과 경제발전은, 언제 어디서고 다수가 참여하는 시장 스스로 공급과 수요를 조절하고 그에 따른 가격기능에 따라 적정가격을 발견하게 하는, 시장기능을 보호하는 데서 비롯되었다.

2008년 세계금융위기 이후 유동성이 많이 풀렸음에도 불구하고 일반물가수준은 오르지 못하고 안정되고 있다. 지속적 기술혁신에 따른 공급과잉 현상이 계속될 것으로 보아 생산 원가상승(cost-push) 인플레이션 가능성도 가까운 미래에는 그리 크지 않다. 심화되어 가는 빈부격차로 말미암은 소비수요기반 취약으로 수요견인(demand-pull) 인플레이션 압력도 크지 않을 것으로 내다보인다.

그러나 2008년 세계금융위기 이후의 지속적 금융완화로 말미암은 전 세계적 과잉유동성은 세계경제 전반에 복병으로 남아 있다. 미국 다음으로 빈부격차가 심하다(?)는 우리나라에서도 가계부채와 거꾸로 거대한 대기성자금이 부유하고 있어 투자할 데가 어디 없는가? 하고 노리고 있다. 경기가 호황으로 반전되어 돈이 돌기 시작할 경우 일반 물가는 모르지만 자산 인플레이션을 유발할 수도 있다. 동시에 특정 자산시장으로 몰려들어 거품이 생성될 가능성 또한 무시하지 못한다. 가계와 기업은 물론 정부 또한 먼 시각으로 인플레이션인지, 거품인지 구분하는 시각과 선택이 필요하다.

6
물가안정
– 축복인가? 재앙인가?

F O C U S

대부분 선진국은 유동성을 팽창시켜도 물가상승률이 물가안정목표에 미달하여 고민하고 있다. 공급과 수요 양면에서 물가가 오르기 어려운 환경이 전개되기 때문이다. 물가안정은 한편으로 자본주의 사회의 축복이면서 다른 한편으로는 재앙이다.

과거와 달리 현대의 물가안정 요인은 공급측면에서 ① 기술혁신에 따른 생산성 향상 ② 유통혁명으로 중간 마진 감소 ③ 세계화로 저임금 국가로부터 상품이동을 꼽을 수 있다. 수요측면에서 ① 경제력 집중으로 말미암은 소비수요기반 취약 ② 장수 시대 미래소비를 위한 현재소비 억제를 들 수 있다.

유동성을 크게 완화하지 않은 우리나라 역시 실제물가상승률이 2019년 1분기 현재 0.4%로 중앙은행의 물가안정목표(2.0%)에 크게 미달하고 있다. 여러 나라에서 유동성을 급격하게 팽창시키고 석유값이 올라도 일반물가수준이 오르지 않는 까닭을 공급과 수요 양쪽 측면에서 들여다보자.

먼저 공급측면에서는,

첫째, 기술혁신 가속에 따라 생산성향상으로 공산품 생산원가가 계속 하락하고 있다. 거의 모든 나라에서 생산품 단위당 노동비용이 떨어지는 상황을 보면 쉽게 알 수 있다. 계절적 요인이 작용하는 농산품도 농업기술 발달로 작황이 향상되어 물가상승 압력은 과거와는 다르다. 기상이변이 있어도 해외수입으로 문제를 해결한다. 물론 일부 서비스업종의 경우 생산성향상에 한계가 있어 가격이 하락하지 않고 오르는 경우는 있다. 독과점 생산품의 경우 담합비용과 독점이윤을 많이 붙일수록 물가는 비싸진다.

둘째, 유통혁명으로 중간 마진이 점차 줄어들고 있다. 예컨대 과거에는 남해안에서 생산된 멸치가 식탁에 오르려면 생산지 경매장, 도매상, 중간도매상과 소매상까지 복잡한 유통단계를 거쳐야 했다. 오늘날에는 생산자와 소비자 직거래가 갈수록 늘어나고 있다. 온라인 유통혁명 소위 '아마존효과(Amazon Effect)'가 크게 확대되면서 소비자들은 과거의 배보다 배꼽이 몇 배나 컸었던 유통마진을 조금만 지불해도 되게 되었다. 가격은 싸게, 배송은 빠르게 경쟁하는 온

라인 거래는 물가안정의 효자효녀다. 물론 상가가 비어가고 중간상인들의 일자리가 없어지는 부작용이 있다.

셋째, 세계화 진전으로 저임금 국가의 생산품이 고임금 국가로 몰려들어 공산품 물가가 세계적으로 하향 평준화되는 경향이 있다. 사실 우리나라 소비자들은 과거 중국을 비롯한 동남아시아 국가들이 생산한 값싼 제품으로 정부의 고환율 정책에서 오는 고물가를 상당부분 상쇄할 수 있었다. 저임금국가의 인력 유입은 생산자물가 안정에도 기여하였다. 그렇지만, 저임금 근로자 유입은 국민소득 3만 달러 시대에 2천 달러, 3천 달러에 맞는 기업이 공존하게 하는 역효과가 있었다. 생산요소들이 고부가가치 산업으로 이동하지 못하고 저부가가치 산업에 머물게 하는 부작용이 발생하였다.

다음 수요측면에서는,

첫째, 빈부격차가 심해지면서 돈이 돌지 않는다. 통화량은 늘어나도 화폐유통속도가 점점 떨어지는 모습을 보면 돈이 돌지 않는 현상을 쉽게 인식할 수 있다. 한쪽에서는 돈이 너무 많아도 돈 쓸 데가 없고, 다른 쪽에서는 돈을 써야 할 곳은 많은데 쓸 돈이 없다. 돈이 한쪽에 몰려 있으니 구매력 부족으로 소비수요기반이 점점 취약해지고 있어 물가가 오르기 힘든 상황이다. 한국경제 위험과 불확실성의 진원지가 되어가고 있는 가계부채에 버금가게 추정되는 대규모 대기성자금이 떠돌고 있다. 이는 돌아야 할 돈이 돌지 않고 한쪽에 몰려 있음을 의미한다. 통계청 가구동향조사에 따르면 2017년 현재, 하위 20% 가계의 월평균 소득이 128만 원이라고 하는데 최저 생계비와 이자, 건강보험료 같은 비소비지출을 하고 나면 무슨 소비여력이 있을 수 있겠는가? 소비수요가 살아나기 사실상 정말 어려운 지경이다.

둘째, 고령사회, 장수 시대가 전개되면서 미래 삶에 대한 위험과 불확실성이 커짐에 따라 미래소비를 위하여 어쩔 수 없이 현재소비를 억제할 수밖에 없어지고 있다. 사람은 언제까지 살지 예측하지 못하는 데다 건강수명 또한 언제까지 이어질지 알 수 없어 소시민들이 장수사회에서 미래불안을 지우기 어렵다. 오늘날처럼 변화의 속도가 빨라지는 환경에서는 어느 누구도 앞날을 장담하지 못한다. 더욱이 사회보장제도가 취약한 환경에서 경제적 미래를 걱정하지 않아도 되는 사람은 그리 많지 않다. 미래소비를 위해 현재소비 억제를 강요당할 수밖에 없으니 불가피하게 소비수요가 약해지기 마련이다.[134]

---

134. 가계저축과 사회안정

가계가 소비를 억제하여도 중산층 이하의 가계저축률이 늘어나기는커녕 오히려 줄어들고 있으니 안타까운 일이다. 장수 시대에 미래소비를 위한 저축이 없다면 미래를 내다볼 수 없어 사회는 불안해진다. 노소를 막론하고 미래를 꿈꿀 수 없다면 각 경제주체들은 자신감이 떨어져 일의 능률이 오르지 않아 경제적 효율성이 떨어지고 결국 성장잠재력은 떨어지기 마련이다. 미래가 보장되지 못하는 사회에서는 어떤 누군가는 살기 위하여 또 어떤 누군가는 신분상승을 위해 정상적이 아닌 비정상적 수단과 방법을 찾게 되어 사회 안정성을 해치게 된다.

우리나라 가계는 과거 상당기간 성장통화 공급과 함께 고환율에 따른 고물가에 시달려 왔다. IMF 사태 이후 2018년 현재까지 8,000억 달러가 넘는 대규모 경상수지 흑자를 기록하였다. 그런데도 불구하고 환율은 옛날보다 오히려 높거나 엇비슷한 수준에 있는 원화가치 저평가 현상이 오랫동안 지속되어 왔다. 자연히 대외의존도가 높은 우리나라 물가를 불안하게 하였다. 쉬운 예를 들면, 소득수준이 높은 일본보다도 우리나라 생활물가가 현재까지도 훨씬 비싼 까닭은 무엇보다도 환율 왜곡에서 찾을 수 있다.

일반적으로 물가안정은 경제적 불확실성을 줄여 미래예측 능력을 높이고 대외 경쟁력을 높이기 마련이다. 가계나 기업이나 물가가 안정되어야 미래를 내다보고 합리적 경제활동을 세울 수 있다. 1980년대는 세계적 물가불안에서 초래되는 부작용을 극소화하기 위해 몇몇 중앙은행들이 0% 인플레이션(zero inflation) 목표에 통화관리의 초점을 두었었다.[135]

---

135. 물가안정목표제와 성장

"1990년대 초 이래 세계경제가 저물가 아래서 고성장(Great Moderation)을 지속한 것은 생산성 향상, 세계화의 진전에 따른 경쟁심화뿐 아니라 물가안정목표제(Inflation Targeting)에도 크게 기인하는 것으로 평가되고 있다. 물가안정목표제의 성공적 운영으로 경제주체의 기대인플레이션이 낮은 수준으로 안착되면서 외생적 충격이 인플레이션에 미치는 영향이 줄어들고 그 결과 경기 변동성이 뚜렷이 축소되었다고 평가되고 있다."

– 한국은행 자료 발췌

오늘날의 물가안정(?)은 공급측면에서는 과학기술 발달에 따른 긍정적 효과로 인류의 축복이다. 그러나 수요측면에서는 승자독식 경제구조로 말미암아 파생된 재앙이기도 하다. 국민경제의 지속적 성장과 발전을 위해서는 중장기적으로 축복은 최대화하고 재앙은 최소화시키는 방안을 찾아가야 한다. 물가상승률에 집착하거나 안도하기보다 시장을 냉정하게 바라보고 물가 변동의 원인과 파급효과를 깊이 분석하고 대응하여야 한다.

7
성장잠재력 추락
– 한국경제의 위기

F O C U S

한국경제 문제는 경기부진이 아니라 오래전부터 성장잠재력 점진 하락에서 위기의 경고음이 울려 왔다. 2018년 한국경제 성장률은 세계평균보다 무려 1%p 가량 뒤지는 데다, 인구와 소득수준에서 비교할 수 없이 큰 미국보다도 오히려 낮아졌다.

경기 변동에 따른 성장률 하락이 감기나 몸살이라면, 근본 체질이 약해지는 성장잠재력 하락은 고치기 어려운 고질병과 같다. 정말 문제는 민간이나 정부나 성장잠재력 추락에 따른 위기의식도 없고, 성장잠재력 확충 방안도 보이지 않는다는 점이다.

세계경제는 부가가치 창출 원천이 아날로그에서 디지털 중심으로 급속하게 변화하는 전환기를 이미 맞이하였다. 우리나라는 아날로그 생산 시대에 분해공학(reverse engineering)에서 큰 성과를 거두며 여러 부분에서 비교우위를 유지하였다. 시간이 흐를수록 그 한계가 보이고 있다. 예컨대, 아날로그 상품 생산성이 나라들 간에 엇비슷해지며 교역량이 줄어들고 해운업은 타격을 받게 되었다. 조선업도 주력상품을 화물선에서 유람선으로 바꿔야 될지 모른다.

디지털 생산에서는 미국에 차츰 종속되어 가는 느낌이 든다. 쉬운 예를 들어보자. 전 국민이 들고 다니는 전화기에는 어김없이 구글제품이 들어 있어 우리의 일거수일투족을 들여다볼 수도 있다. 떠들썩했던 '혜경궁홍씨' 트위터의 주인이 누군지 그들은 미리부터 알고 있었다. 영업비밀이라 하여 입을 다물면 우리는 진실이 무엇인지 알 수 없는 한계상황에 있다. 앞으로도 거기에 계속 담겨질 갖가지 내용들을 들여다보고 우리 의식구조를 분해할지도 모른다. 무서운 일이다.

하루가 다르게 변화하는 디지털 경쟁에서 한국은 어디까지 가고 있는지 잘 모르고 있다. 변화의 속도가 빨라 우리의 위치가 어느 정도인지 느끼지도 못하는 상황이다. 우리가 아날로그 성장에 취하여 부가가치 창출의 원천이 뿌리째 변해 가는 시대의 흐름을 느끼지 못하고 '어어' 하는 사이에 한국경제의 성장잠재력은 시나브로 침식되고 있었다.

경제개발협력기구(OECD)는 최근 2018년 세계경제성장률을

3.66%로 한국은 2.66%로 잠정 추계하였다. 다시 말해 우리나라 성장률이 세계평균치의 1.0%p(27.3%)나 떨어지는 절박한 상황에 이르렀다. 신분상승욕구로 너나없이 열심히 일하며 유례없는 성장률을 자랑하던 나라가 이제는 저성장국가로 분류되는 셈이다. 물론 과거 아날로그 시대에는 경제성장을 이루면 선진국과의 기술격차가 점점 줄어들어 성장률이 점차 낮아지는 것이 보통이었다.

식자 중에서 혹자는 우리나라 실제성장률이 잠재성장률 수준에 근접하기 때문에 별 문제가 없다는 황당한 말을 하는데, 경기순환보다는 잠재성장률 하락이 치명적이라는 사실을 외면하는 어리석음이다. 실제성장률은 일시적으로 하락하여도 경기순환 과정에서 시차를 두고 회복하기 마련이다. 세계금융위기 같은 해외충격을 받더라도 시간이 지나면서 경기자동조절기능에 따라 자연스럽게 회복할 수 있다. 그러나 잠재성장률은 추세가 무너지기 시작하면 다시 회복하기 어렵다. 쉽게 말하면 경기침체를 감기몸살이라 한다면 성장잠재력 추락은 뿌리 깊은 속병이라고 할 수 있다.

한국은행에 따르면 우리나라 잠재성장률은 2000년 대 초반 5% 내외였다가 2010년대 들어 3% 초중반으로 하락하였으며 2016~2020년 중에는 2.8~2.9% 정도로 추정됐다. 2020년대에는 1% 내외로 하락할 것이라는 견해가 유력하다. 그렇게 되면 한국경제의 활력은 기대하기 어렵다.

성장잠재력 배양을 위한 기술흡수 또는 기술혁신은 동기부여를 통한 인적자원 확충이 선행되어야 한다. 창의적 교육훈련을 지속하여 인력을 보충하고 노동시장 유연성을 확보하여 근로자들이 능력을 발휘하도록 하는 것이 중요하다. 가계와 기업 그리고 정부는 먼 시각으로 경제적 선택을 하여야 한다. 이 세 가지는 하루아침에 이뤄지지 못한다.

유대인 교육은 끊임없는 질문을 유도하고 성적에 반영한다. 누구든지 저마다의 특별한 재능이 있다고 보고 그 능력을 발굴해 주려는 노력이다. 우리는 학교에서 세상 돌아가는 이치와 사람 사는 도리를 가르치기보다 '찍기' 요령부터 가르쳐 청소년들의 잠재능력은 시작부터 퇴장되기 쉽다. 어릴 때부터 경쟁심리를 부추기는 교육제도가 갈등을 일으켜 결국 성장잠재력을 저하시키는 교육이 되었다. 게다가 사는 동네가 다르면 실력과 관계없이 가고 싶은 학교에 갈 수 없게 만드는 학군제는 평준화라는 미명아래 학생들에게 불평등 심리를 일찍부터 심어 줬다. "교육은 국가 100년 대계"라는 금언이 맞는 말이 되어야 비로소 성장잠재력이 확충된다.

근로자들이 생산성이 더 높은 일감을 찾아서 저마다의 능력을 발휘하도록 하여야 개인도 성장하고 사회도 발전하는 원동력이 된다. 막강 노동조합의 보호막 아래 유능한 인재들이 안주하게 되면 저마다의 잠재력을 발휘할 기회를 상실한다. 결과적으로는 개인도 사회도 계산할 수 없는 정도의 막대한 손실을 입게 된다. 고급 인력이 머리띠를 두르고 구호를 외치는 그 시간에 더 연구하고 노력하도록 유도하는 노동시장 유연성 확보는 한국경제의 성장잠재력 확충을 위한 필요조건이다.

숫자에 얽매여 억지로 임시 일자리를 만든다면 단기에 있어 허드레 일자리는 늘어날지 모르지만 중장기에 있어 성장잠재력이 쇠퇴하여 고급 일자리는 줄어들 수밖에 없다. 이윤을 위해 상품을 생산하여야 보다 좋게, 보다 싸게, 보다 빨리 생산하려는 동기부여로 기술개발이 진행되고 성장잠재력은 향상된다. 생산 없는 빈 일자리를 억지로 만들다가는 낭비와 비효율만 초래하는 것이 아니라 중장기 생산성까지 곤두박질치게 하는 재앙이 된다. 고기 잡는 그물을 만드는 분위기를 조성해야지 잡은 고기를 나눠 주려다가 더 좋은 그물을 짜지 못한다.

공정 경쟁 질서를 유도하여 가계와 기업이 적극적 생산활동을 할 수 있어야 성장잠재력이 높아진다. 대내외 불확실성을 최소화하거나 중립화시켜야 성장잠재력의 원천인 사회적 수용능력이 커진다. 무엇보다도 예측 가능한 환경을 조성하는 것이 중요하다. 앞에서 논의한 바와 같이 '정부로부터의 불확실성'은 대부분 단기업적주의에 매몰되어 눈앞의 가시적 성과를 위한 미봉책을 남발하는 부작용에서 비롯된다.

재래식 산업의 일자리를 억지로 늘리려는 노력보다 새로운 산업 즉, 미래의 부가가치 창출 과정에서 가능성을 찾아야 한다. 적어도 기존의 의식주 산업보다 중장기에 있어 고부가가치 일자리를 더 찾아내야 한다. 예컨대, 청소년들의 재능을 조기에 발굴하고 그 능력을 키워내는 산업, 또 노령사회에 절대 필요한 예방의학 같은 것들이다.

494

세계경제의 부가가치의 원천이 급격하게 변화하는 대전환기에 단기업적주의에 매몰되다 보면 산업경쟁력을 삽시간에 훼손시킬 수 있다. 논어에도 "사람이 멀리 생각하지 못하면, 반드시 가까이에 근심이 있게 된다(人無遠慮, 必有近憂, 衛靈公 第15-11)."고 하였다. 그 옛날부터 가계운용과 기업경영은 물론 국가경영의 기본지침을 제시하고 있다.

위기의식을 가지고 미리 대응하여야 하지만 위기를 느끼더라도 대응능력이 없으면 속수무책이다. 정부와 민간의 극단적 시각차이도 성장잠재력을 침식시키는 위험과 불확실성이다.

〈 한국 · 미국 · 세계 경제성장률 비교 〉

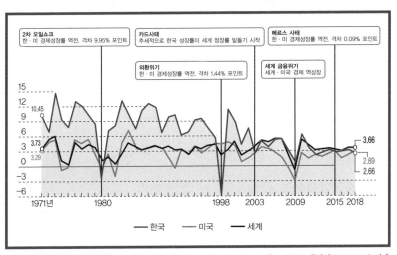

자료, OECD, 중앙일보 2019.1.16. 전재

8
성장잠재력
원천의 변화

FOCUS

경제성장 장기추세를 중심으로 성장이 가속되거나 둔화되면서 경기순환 변동이 일어난다. 경기는 과열되었다가도 냉각되고, 후퇴하였다가도 다시 회복되며 순환한다. 중장기에 있어 나라경제의 지속적 성장과 발전은 경기순환보다는 장기성장추세 즉, 성장잠재력 확충에 달려 있다.

성장잠재력은 총공급 즉, 총생산 능력으로 전통적으로 자본축적과 기술진보의 함수였다. 앞으로는 '부가가치 창출 중심'이 아날로그에서 디지털로 바뀌어 가면서 지식과 기술이 부가가치 창출의 대다수 비중을 차지하는 시대로 변화하고 있다.

미래사회에서 성장잠재력 원천은 자본보다는 '지식·기술·창의력'으로 근로의욕과 기업가정신에 따라 확충된다. 오늘날 세계경제는 독점적 특허, 독창적 디자인 같은 "무형자산이 글로벌 기업가치의 80%를 차지하는 것으로 추정되고 있다." 당장에는 기술적으로 뒤떨어져 있더라도 사회가 안정되고 교육, 기술보호, 금융중개 기능이 선진화되어 있다면 미래지향 사회적 수용능력이 빠르게 향상되어 성장잠재력은 커진다.

우리나라에서 창의력보다는 '찍기' 잘하는 학생들이 우수한 인재로 선발되는 교육제도가 한국경제의 성장잠재력을 잠식하는 가장 큰 원인으로 판단된다. 우수했던 학생들이 나중에 중요한 자리를 맡으면 무엇인가 부족하고 엉뚱한 생각을 하는 까닭을 그 근거의 하나로 들 수 있다. 학군제도는 사실상 평등을 가장한 불평등 시스템으로 어릴 적부터 불평등 심리를 키우는 계기가 되고 있다. 그런 환경에서 신분상승 의지가 크다 보니 비생산적 경쟁심리만 커지고 미래사회 성장잠재력의 바탕인 협업과 융합이 어려운 환경이 되었다.

허술한 지적재산권 보호로 연구·노력하는 동기가 저하되고 안정적 일자리로 우수한 인재들이 몰린다. 예컨대, 하청업체들이 만들어 낸 노력의 결실이 헛되이 원청업체에 빼앗기는 일들이 비일비재하다. 동기부여 또는 사회보상제도가 미비한 나라에서 사회적 수용능력 향상을 기대하기는 사실상 어렵다.

르네상스 시대 베네치아의 번영, 1차 산업혁명기 영국의 눈부신

성장, 21세기 디지털 시대 미국경제가 다시 부흥하는 까닭은 지적 재산권 보호가 큰 원동력이라는 지적을 깊이 새길 필요가 있다. 전 세계에서 새로운 아이디어를 가진 사람들은 "꿈을 실현하려고 미국으로 가기 때문"이라고 한다.[136]

신기술산업은 자금을 유동성이 제약되면서 가치 변동이 큰 분야에 장기간 사용하여야 한다. 반면에 자금 공급자는 돈을 빌려주는 대신 보유하는 금융자산의 유동성이 크면서 가치는 안정되기를 바란다. 이처럼 상반되는 자금 수요와 공급을 연결하려면 금융중개기능이 효율적으로 발달하여야 한다. 우리나라에서는 담보대출 관행으로 유형자산이 있어야 대출이 가능하기 때문에 신용등급이 낮은 신생기업이 무형자산을 담보로 대출받기가 어려운 실정이다. 더구나 2000년대 초반 코스닥 시장 주가거품을 지나치게 팽창시켜 많은 투자자들에게 손실을 입게 만들었다. 투자자들이 상당기간 신기술

---

136. 지식재산권 보호와 국가번영

르네상스 시대 1474년 이태리 베네치아에서 특허제도가 시행되자 새 아이디어를 가진 사람들이 몰려들어 15세기 가장 번창한 도시가 되었다고 한다. 영국에서는 1624년부터 발명가에게 독점권을 주면서 증기기관을 발명한 제임스 와트가 부와 명예를 얻으면서 유럽의 발명가들이 몰려들어 산업혁명이 활짝 피었다. 미국이 다시 디지털 시대에 경제 강국이 된 것도 1980년 들어 지식재산보호를 국가의 중요 시책으로 정하면서 전 세계 새 아이디어를 가진 인재들이 미국으로 몰려든 까닭이다. 중국도 2018년 말 특허 침해에 대한 배상을 5배까지 늘려 지식국가로서 행보를 다짐하고 있다.

– 이광형 '지식재산 강국의 길'에서 발췌 요약

산업 투자를 외면하게 만든 원인이 되었다.

열심히 연구하고 노력한 만큼 대우 받는 사회보상체계가 확립되어야 새로운 부가가치를 많이 만들려고 애를 쓰고, 국가의 성장잠재력은 뻗어난다. 똑같은 일을 하고서도 누구는 큰돈을 받고 다른 누구는 푼돈을 받는 사회에서는 열심히 연구하고 노력하기보다는 여기저기 눈치나 보며 낙하산을 타고 신분 급상승을 꾀하는 것이 이상한 일이 아니다. 생각건대, 사회적 수용능력이 향상되기는커녕 퇴보하기 쉬운 이와 같은 환경이 오랫동안 지속되고 있다. 이래저래 근로의욕이나 기업가정신을 마음껏 발휘하기 어려운 환경에서 성장잠재력은 점차 훼손되어 가기 마련이다.

5년 단임제로 말미암아, 새로운 정부들은 언제나 전시행정, 단기 업적주의에 급급하기 일쑤였다. 예컨대, 임시직 일자리를 억지로 만들어 단기 경기부양에 집착하다 보니 중장기 성장잠재력을 향상시키기보다는 오히려 해치기 마련이었다. 눈앞의 경기 동향에만 관심을 쏟았지 국가백년대계라 할 수 있는 성장잠재력이 계속 침식되어 가는 예고된 '재난'에 대해서는 너 나 할 것 없이 우리 모두가 무관심한 행태를 보이고 있다. 성장잠재력 회복을 위한 노력이 절실하게 요청되는 장면이다.

9
성장 피로감이
성장잠재력 잠식

F O C U S

한국경제는 오랫동안 성장지상주의 블랙홀에 빠져들었었다. 도덕성이 무너지고 법질서가 파괴되어도 '성장의 이름'으로 합목적화되어 왔다. 경제성장을 거듭하였다고 하지만, 그 부작용으로 조직과 사회가 발전하면 개인도 잘 살게 되는 동기양립(動機兩立) 시스템은 오히려 훼손되어 온 것이 사실이다.

국민경제 전체 차원에서 볼 때 빈부격차 심화 같은 고도성장의 부작용이 성장과실보다도 더 커가며 성장피로감이 사회 곳곳에 스며들었다. 미래가 보일 때, 사람들은 열심히 일하려는 동기가 부여되어 생산성도 높아지고 결과적으로 성장잠재력도 커지기 마련이다.

우리나라에서 2018년 말 현재 소득 하위 20% 가구(약 천만 명)의 월 평균소득은 128만 원에 불과하다. 이를 1인당 국민소득으로 환산해 보면 6천 달러에 훨씬 못 미친다. 국민소득이 3만 달러에 육박하는 나라에서 인구의 약 1/5은 평균소득의 1/5 정도인 6천 달러 미만의 삶을 살고 있다는 의미다. 가구당 평균 2.38명이 이 돈으로 교육비, 의료비, 이자 같은 비소비지출을 부담하고 나면 남는 것이 무엇이겠는가? 사람 살기가 너무 고달프고 절대빈곤감에 빠지다 보면 상대빈곤감조차 느끼지 못하는 지경에 이르게 된다.[137]

정말 문제는 그 다음이다. IMF 사태 이후 2018년까지 경상수지 누적 흑자 규모가 국내총생산(GDP)의 절반을 크게 넘는 8천억 달러를 넘는데도 대외지급능력 부족을 걱정하는 나라다. 천문학적 흑자를 달성하고도 그 많은 외화가 어디로 갔는지조차 모르고 핫머니가 유출될까 두려워하고 있다. 그러면서 "수출이 살길이다"라는 구호를 계속 외치고 있었다. 국민경제의 근간을 이루는 가계로서는 수출과 성장의 피로감이 누적되어 가는 장면이다.

137. 고환율이 가계수지 압박

일본의 '아베노믹스' 전문가 아오시마 야이치 교수는 한국의 생활물가수준이 일본보다 평균 10%~30%가량 높은데, 그 까닭은 무엇보다 고환율정책 때문이라고 지적한다. 다시 말해 오랫동안의 고환율은 중산층 이하의 가계수지를 압박해 왔다는 이야기다. 성장지상주의 아래 고환율 혜택을 받은 수출 대기업은 내부유보금이 쌓여가는 반면에 고물가를 부담해 온 가계와 소상공인들의 빚은 점점 늘어가고 있음을 설명하고 있다.

수출과 성장이라는 허울 아래 경제정책의 최종 목표인 국민들의 후생과 복지는 제자리서 주춤거리거나 오히려 퇴보하는 느낌이다. 냉정하게 말하면 경상수지 흑자, 경제성장률 상승은 정치인들이 생색내기에 좋지만 일반 시민들은 피부로 느끼지 못하고, 그저 물가가 싸고 일자리가 안정되어야 살맛난다.

2018년 6월 금융안정 보고서에 따르면 2016년 '가계부실 위험지수'가 위험 수준으로 평가된 가구가 127만 가구를 넘어섰다. 전체 가구의 1/10 수준이다. 그런데 그 당시 시중은행의 가중평균 수신금리는 1.26%, 대출금리는 3.61%로 이윤이 원가의 2배나 되는 '마진'을 취하고 있었다. 코픽스금리를 산출할 때 사실상 이자를 지급하지 않는 수시입출식 예금 등을 제외해서 원가가 크게 부풀려졌기 때문이다. 시중은행은 사실상 이중으로 가산금리를 챙기는 동안에 예금자는 양이 차지 않는 반면에 자금 차입자는 무엇인가 빼앗기는 느낌이 드는 장면이 있었다. 금융중개기능이 제대로 발휘되어야 자원배분의 효율성을 높이고 결과적으로 성장잠재력 향상에 이바지할 수 있다.

수출과 성장만 하면 잘 산다고 하여 박수치며 따라 왔는데 막상 경상수지가 대규모로 누적되고 국민소득은 선진국 수준에 육박하는데도 국민들의 살림살이는 풍족하기는커녕 더 쪼들리고 있다. 저소득, 고물가 상황에서 성장피로감이 누적되면서 시민들은 웬만큼 근검절약하여도 삶의 안정을 찾지 못하고 무엇인가 미래에 대한 불안감을 씻지 못한다.

한국경제의 위험과 불확실성의 근원이 되어 가고 있는 빈부격차는 승자독식 산업구조, 지네발 경영이 커다란 원인이지만 금리와 환율 같은 금융시장 왜곡도 하나의 원인이다. 주가도 정부의 인기도를 나타낸다고 착각하고 틈만 나면 부추기려 들었다.

사회적 보상체계 왜곡이 장기간에 걸쳐 진행된 환경에서 성장잠재력이 위축되어 가는 것은 어쩌면 당연한 일이기도 하다. 근로의욕과 기업가정신의 원천이 되는 동기부여가 경제성장과 발전의 밑바탕이 된다는 사실을 외면하지 말아야 한다. 가계와 기업에게 동기부여를 하려면 사회적 보상체계가 제대로 정비되도록 꾸준한 노력을 기울여야 한다. 오랫동안 쌓여 온 성장피로감이 한순간에 해소될 것으로 생각하면 커다란 착각이다.

10
생산극대화와
효용극대화 과제

FOCUS

"생물의 세계에는 약육강식 즉, 적자생존과 상호수혜 즉, 공생관계의 두 가지 삶의 모습이 있다." 만물의 영장이라고 하는 인간사회에서 강자만이 살아남는 적자생존과 서로 돕고 돕는 공생관계 중 어느 쪽이 문명의 진화와 발전에 더 크게 기여하였을까?

능률을 의미하는 적자생존과 형평을 뜻하는 공생관계는 언뜻 대립되는 개념 같지만, 생각해 보면 서로 떼려야 뗄 수 없는 보완관계다. 형평은 능률을 높이면서 능률은 형평을 보완할 수 있는 사회구조가 생산극대화를 추구하면서 동시에 효용극대화를 이루는 최고선을 추구할 수 있다.

농경사회 같은 단순재생산 사회에서는 서로서로 도와가는 상호 수혜가 인류의 삶을 조금이라도 더 여유 있게 만들었을 것이다. 해마다 생산량이 거의 일정하였던 시기에는 되도록이면 더 나누어야 한정되어 있던 재화의 효용가치를 보다 크게 할 수 있었기 때문이다.

확대재생산 사회에서는 적자생존 원칙에 따른 인센티브효과가 생산성을 더 높이고, 더 뛰어난 사람들이 더 많이 돈을 버는 과정에서 경제 성장과 발전이 추구된다. 기업가정신과 근로의욕을 발휘하여 생산성 향상이 지속되어야 결과적으로 늘어나는 인구도 먹여 살리고 삶도 더 윤택하게 할 수 있다.

경제사회에서 적자생존과 공생관계의 틀을 생각해 보자.

적자생존 세계에서는 경제활동의 목표가 생산극대화를 통한 이익극대화에 있다. 개별 기업의 입장에서는 이윤이, 사회 전체의 입장에서는 생산이 중요하다. 이윤극대화 세계의 강령(code)은 가격기구에 의한 '정글 법칙'이다. 누가 만들든 관계없이 값싸고 품질 좋은 상품만이 팔리는 냉정한 시장에서 개인의 이윤추구동기에 의하여 창출된 부가가치는 성장의 동력으로 작용하여 결국 사회전체의 이익으로 귀착된다. 토지, 노동, 자본, 기술, 정보 같은 생산요소들이 부가가치 창출 형성에 기여한 대가로 시장에서 지불되는 몫이 바로 제1차 분배다.

1차 분배가 외부개입이 없는 경쟁시장에서 합리적으로 이행될 때 효율적 자원배분을 가져오고 생산성이 향상되는 과정이 바로 시장경제의 축복이다. 생산성 즉, 능력에 따라 1차 분배가 이루어지므로 소득불균등은 불가피하게 발생하는데, 같은 일을 하는 사람에게 같은 임금을 지급하는 합리적 평등이 경제적 동기를 유발하여 중장기로는 생산능력도 확충된다. 생산능력 증대는 경제적 약자를 도울 수 있는 사회적 수용능력을 증대시키는 지름길이다. 같은 일을 하면서 누구는 큰돈을 받고 다른 누구는 푼돈을 받는 나라가 과연 자유주의 민주주의국가라고 할 수 있는지 의문이 간다.

제1차 분배 왜곡은 누군가의 초과손실과 동시에 누군가의 초과이익을 발생시켜 생산성을 저하시킬 수 있다. 가격기능 즉, '보이지 않는 손'에 의하여 움직여야 할 시장이 가이드라인, 담합, 노조 압력 같은 '보이는 손'에 의하여 일그러질 경우 시장가격기능이 훼손되며 그 사회의 총생산은 쪼그라들고 결과적으로 총효용도 감소하기 마련이다.

공생관계는 경제활동의 최종 목표를 효용극대화에 둔다. 경제의 대원칙은 '한계효용체감 법칙'이다. 나누어 가질수록 재화의 가치를 크게 할 수 있기 때문이다. 예컨대 배부른 사람들이 먹는 고급호텔의 상어지느러미 요리보다, 배고픈 사람들이 먹는 장터 순댓국 한 그릇의 효용이 때로는 더 클 수 있기 때문이다. 여기서 제1차 분배의 결과 초래되는 불균형을 보완해야 효용극대화를 기대할 수 있다는 명제가 성립한다. 조세, 사회보장기구에 의한 보정(補正) 분배는 사회의 총효용을 크게 하는 중요한 경제적 기능을 하고 있다. 사실, 모든 생산 활동의 최종가치는 효용에 있다.

제2차 분배는 조세, 사회보장기구, 자선단체에 의한 보정적 분배다. 경쟁에서 패배한 사람에게는 '패자부활의 기회'를, 그리고 경쟁력이 아주 없는 사람에게는 인간다운 삶을 위한 사회안전망이 된다. 2차 분배의 경제적 순기능은 ① 빈곤선(poverty line)을 완화하여 사회적 갈등을 해소하고, ② 소비수요 안정을 통하여 재생산이 촉진될 수 있고, ③ 불확실성이 커지는 사회에서 '누구나 자칫하면 경제적으로 추락할 수 있는 위험'에 대한 보험기능을 하며, ④ 경쟁에서 탈락하거나 경쟁력을 상실할 경우의 불안감을 줄여 부당한 과당경쟁을 예방하는 효과가 있다.

적정한 2차 분배야말로 사회를 안정시켜 간접적으로는 생산성도 향상시키는 기능을 한다. 결과적으로 더 많은 사람들을 생산 활동에 참여하도록 유도하여 생산극대화를 위한 조건이 될 수도 있다. 다시 말해, 복지는 자선으로 끝나는 것이 아니라 성장의 동력이 될 수 있다는 것이다. 변화의 속도가 빨라 누구도 앞을 내다보기 어려운 불확실성 시대에는 누구든 빈곤층으로 추락할 가능성이 있음을 생각할 때 제2차 분배는 사회를 안정시키는 핵심기능을 한다.

제2차 분배 즉, 보정적 재분배가 과다하면 근검절약 같은 각 경제주체들의 경제적 동기부여를 약하게 하여 삶의 기반을 근원적으로 흔들리게 할 수도 있다. 열심히 일하지 않아도 되는 사회에서는 총생산도 총효용도 자연히 줄어들 수밖에 없다. 그러나 과도한 사회안전망은 공짜 심리를 유발하여 가난에서 벗어날 의지를 상실하게 하고 삶의 근거를 뿌리째 흔들리게 할 수도 있다. 미국의 일부 빈

곤충에서 그런 모습이 나타났다는 연구결과가 있다.[138]

열심히 일하고 저축한 사람들은 사회에 대한 애정과 배려를 가지기 마련이다. 사회 환경이 뒷받침되지 않으면 아무리 열심히 일해도 혼자서는 돈을 벌 수 없기 때문임을 인식하기 때문일 것으로 판단된다. 반대로 정당치 못한 방법으로 악착같이 큰돈을 번 사람들일수록 더 인색해지는 모습이 보이고 있다. 부정부패 또는 정경유착으로 수단 방법 가리지 않고 돈을 번 자들일수록 부끄럽게 생각하기는커녕 오히려 남을 더 무시하고 깔보는 행태를 보인다. 아마도 아슬아슬했던 순간들에 대한 보상심리 때문인 것으로 짐작된다. 전형적 천민자본주의 모습이다.

시장기능이 발달하여 1차 분배가 합리적으로 잘되는 나라일수록 제2차 분배도 활발한 현상이 뚜렷이 나타난다. 부자이면서도 상속세 폐지를 반대하고 자기 재산의 90%를 기부하였다는 워렌 버핏의 경우가 그렇다. 반대로 남미, 남유럽 일부 국가처럼 빈부격차가 극심할수록 기부문화가 제대로 형성되지 못하고 있다.

138. 삶의 근거 상실(losing ground)

머래이(Charles Murray)는 미국에서 "사회복지제도가 빈곤을 줄어들게 하지 못하고 오히려 늘어나게 한 경향을 보였다."고 한다. 과도한 복지프로그램들이 장기적으로 빈곤으로부터 탈출에 도움이 되지 못하고 '일하지 않아도 된다.'는 근시안적 행위를 유발하기도 하여 결과적으로 빈곤계층으로 하여금 삶의 근거를 상실(losing ground)하게 할 수도 있다는 견해를 보였다.

성장과 분배 논쟁의 밑바닥을 들여다보면 대부분 1차 분배와 2차 분배를 혼동하기 때문에 사람들의 판단을 그르치고 있다. 공생관계는 효용극대화, 적자생존은 생산극대화의 명제를 가진다. 생산 없는 효용은 불능이며, 효용 없는 생산은 무의미하다. 적자생존과 공생관계는 서로 대립되는 것이 아니라 불가분의 보완 관계에 있음을 쉽게 알 수 있다. 따라서 형평은 능률을 해치지 않으면서, 능률은 형평을 보완하는 사회가 생산극대화를 추구하면서 동시에 효용극대화를 이루는 최고선(the supreme good)을 추구할 수 있다.

11
경제에
묘수는 없다

F O C U S

모든 경제 지표들이 서로 유기적 상관관계를 가지며 공동 변화하는 평범한 이치를 무시하면 경제흐름을 왜곡시켜 불확실성을 배태시키고 피로감을 쌓이게 만든다. 단기업적주의에 빠져 묘수를 내려다 보면 거시경제 전반을 조망하지 못하고, 미시적 상황에 얽매이다 결국 구성의 오류를 범하기 마련이다,

가계와 기업의 경제적 선택도 마찬가지지만 정책 수립에서 최우선으로 고려해야 할 사항은 시장동향을 먼저 살핀 다음, 정책을 시장과 조화시키는 것이다. 정책목표를 먼저 정해 놓고 거기에 시장을 꿰어 맞추려다가는 결국에는 시장의 역습을 받기 마련이다. 경제에는 결코 공짜 점심이 없다.

인과관계와 상관관계를 가지며 공동변화해야 할 경제지표들 가운데 특정 부분을 끌어당기거나 억누르면 어쩔 수 없이 경제순환에 장애를 일으키기 쉽다. 모든 경제변수들은 더불어 수축하고, 더불어 팽창하는 공동변화(co-movement) 현상을 나타내기 때문이다. 시장을 무시하고 묘수를 선호하다 보면 거시경제 전반을 조망하지 못하고, 부분적으로 맞을지 모르나 전체적으로는 틀리는 구성의 오류를 범하게 된다. 한국경제가 이제는 편법이나 변칙이 통할 수 없을 만큼 규모가 커졌다는 사실을 외면하지 말아야 한다.

무엇이든 마음대로 할 수 있다는 자만심 또는 확증편향에 빠져 조급하게 쓰는 묘수는 꼼수나 자충수로 변질되어 장단기 시행착오의 대가를 더 크게 지불해야만 한다. 돌이켜 보면, 나라를 휘청거리게 만들었던 대형 사태는 경제변수들의 공동변화 현상을 외면하고 무리하게 시장에 개입하다가 초래된 정부로부터의 불확실성이자 재앙이었다.

두서너 가지 예를 간단히 들어보자.

1997년 IMF 구제금융 사태는 '국민소득 1만 달러' 시대를 열겠다는 슬로건에 얽매여 솟아오르는 환율을 무리하게 억누르려는 묘수를 쓰다가 얼마 남지 않는 외화를 허공에 날리고 국민경제를 파탄나게 만들었다. 2000년 코스닥 러시와 붕괴는 벤처산업육성이라는 허울 뒤에서 거품을 일으키고 꼼수로 주가를 억지로 끌어올리다 수많은 중산층을 빈곤층으로 전락시킨 만행이었다. 2004~5년 한국경제를 주름지게 한 부동산투기 소용돌이도 경기부양에 집착하여 (정책)금리를 5회 연속 내리는 악수를 두다가 유동성발작으로 비롯된 관재였다. 당시 시장에서 유동성팽창의 부작용을 지적하자, 중앙은행 최고책임자는 "부작용은 미시적 대책으로 막으면 된다." 고 했다. 불어나는 '헐크'의 몸을 새끼줄로 묶겠다는 발상이었다.

최저임금 현실화는 각국의 생산성이 엇비슷해지는 환경에서 한국경제는 수출주도에서 내수기반 경제로 전환을 모색해야 하기 때문에 경제적 당위성이 크다. 또 일하는 기쁨과 보람을 생각할 때 좋아하는 일보다 싫어하는 일의 임금이 더 높아져야 마땅하다. 너도 나도 하기 싫은 일을 억지로 하면서 임금도 형편없이 낮다면 인간의 존엄성이 보장되는 사회라고 보기 어렵다. 또 임금이 올라 소비수요기반이 확충되면 생산자를 위해서도 바람직한 일이다.

그런데 현실은 어떠한가? 공급과잉 경제구조 아래 각 분야 일자리가 점점 줄어들면서 각국에서 허드렛일의 시장임금은 오히려 낮아지고 있다는 현실이다. 미국의 경우에도 승자독식 경제구조로 변화되면서 잉여인력이 늘어나면서 3D 업종 임금이 크게 낮아졌다. 사회보장제도가 건실한 북유럽 몇 나라만이 허드렛일의 임금이 높다는 사실은 현재보다도 미래사회에 시사하는 바가 크다.

노동시장 공급과 수요의 불균형으로 말미암은 한국경제의 어지럼증을 치유하겠다고 이런저런 단기처방이 나오지만, 비용은 비용대로 들어가고 효과는 없는 자충수로 변해 갔다. 무엇인가 피곤하다는 사람들이 점차 늘어나는 까닭을 되새겨 보자. 각 경제주체들 사이에 서로서로 믿지 못하는 불신풍조가 조성되는 꼼수로 변하고 있다.

총수요 확대를 위해서라도 최저임금을 올려야 하는 당위성이 있지만, 급진적 인상은 경기확장기라 하더라도 마찰과 충격이 따르기 마련이다. 2018년 현재, 잠재성장률 3% 아래 상황에서 2년 동안 임금을 30% 가까이 올린다면 이상과 현실의 괴리를 어떻게 조화시키려는 것일까? 그 긍정적 효과보다도 시행착오의 대가가 훨씬 더 클 것임은 누구나 예상할 수 있다. 정말이지 경제에는 묘수가 없다.

게다가 2017년 하반기 이후 경기위축 움직임이 뚜렷하다. 경기지표를 안 봐도 중소기업과 소상공업자 매출 급감, 채권시장 리스크 스프레드 확대 같은 경기위축 경고음이 나타나고 있다. 게다가 세계경제의 커가는 불확실성과 함께 부동산거래 실종상태까지 벌어지면 돌아야 할 돈을 더욱 돌지 못하게 만들어 경기를 삽시간에 얼어붙게 만들 가능성도 배제하지 못한다.[139]

139. 부동산 시장 양극화

부동산 시장 양극화 현상은 가진 자도 안 가진 자도 다 같이 불안하게 하고 있다. 집이 없는 사람들은 집 없는 설움이 절망으로 이어지고 살림살이가 팍팍한 중산층 또한 상류사회로 가는 사다리가 없어지는 불안감에서 헤어나기 힘든 지경이다. 지방은 한산하고 서울 일부 지역은 활활 타오르는 까닭을 정확하게 진단하지 못하고 막연하게 금리가 낮기 때문이라고 판단하는 정책에 대한 믿음이 얇아지고 있는 것도 사실이다. 어쩌면 시장을 마음대로 할 수 있다는 발상이 오히려 부동산 시장 양극화를 불러오고 있는지 모른다.

"공짜 점심은 없다."는 격언은 경제활동이 자연스럽게 순환되어야 경제적 성취를 기대할 수 있다는 의미를 가진다. 경제는 흐르는 물처럼 순환되어야 근로의욕과 기업가정신이 북돋아지고 경영혁신을 통하여 임금도 올라가고 일자리도 늘어난다. 생산 없는 일자리는 국가 재정을 축나게 함은 물론 중장기에 있어서 성장잠재력을 침식시킨다. 일자리는 기업이 만들어야지, 대공황 같은 극한 상황에서도 정부가 직접 만들면 그 후유증에서 벗어나기 어렵다. 일단 공직자를 채용하면 평생동안 납세자 부담으로 먹여 살려야 한다는 사실을 외면하지 말아야 한다.

모든 경제적 선택은 이상과 현실 사이에 조화를 이루어야 부작용은 극소화하면서 효과는 극대화할 수 있다. 상품시장과 마찬가지로 노동시장 또한 '수요가 있어야 비로소 공급의 의미가 있다.'는 평범한 이치를 외면하면 아무리 의미 있는 개혁도 허사가 되기 쉽다. 조선왕조 중종 때 조광조의 확증편향성 개혁이 오히려 나라를 곤궁에 빠트리는 계기로 작용하였음을 생각해 보자.

정말이지 경제에는 묘수가 없다. 오랫동안 성장피로감으로 지쳐 있던 한국경제에 어느 사이에 개혁(?) 피로감까지 어른거리고 있다는 느낌이다. 바람직하고 오래갈 개혁은 공정한 게임의 규칙(rule of game)을 만들고 너 나 할 것 없이 모두가 지키도록 하는 것이다. 느린 것 같지만 경제 성장과 발전의 지름길이다.

12
자본주의는
위기인가?

소년시절 소설『장발장』즉,『레미제라블』을 처음 읽었을 때, '죄를 지어도 뉘우치고 다시 노력하면 악의 구렁텅이에서 벗어날 수 있다.'는 메시지를 받았다. 그러나 세월이 지나면서 이 소설은 디킨스의『올리버 트위스트』처럼 극심한 빈부격차로 이러지도 저러지도 못하는 빈민들의 고달픈 삶을 그린 사회고발 소설이라는 생각을 하게 되었다.

제1차 산업혁명이 진행되면서 동력·기계 혁명에다가 해방된 농노들이 도시로 밀려들면서 유휴 노동력이 넘쳐났다. 남보다 먼저 시대변화에 합류한 이들은 막대한 부를 향유했지만, 뒤쳐진 이들은 밤낮으로 쉬지 않고 일해도 굶주림에서 벗어나기 어려운 지경이었다. 오죽하면 당시 절망에 빠진 도시빈민들은 그나마 배는 덜 고픈 농노나 노예 상태를 그리워하기까지 했다는 기록들이 보이는가?

『자유주의(Liberalism)』를 쓴 미제스(L. von Mises)는 "18세기 이전의 철학자·종교인·정치가들은 노예제도를 죄악시하지 않았다."고 개탄하였다. 중상주의 내지 막무가내 약육강식 경쟁은 일부 계층에게 물질적 풍요를 가져왔지만, 많은 사람에게 희망과 성공의 기회가 아니라 절망감에 사로잡히게 만들었다. 경제력 집중의 결과는 나치와 파시즘 그리고 공산주의를 태동시켜 1, 2차 세계대전 발발의 직간접 원인으로 작용하였다.

빈부격차는 자본주의 사회의 필요악이다. 부가가치 창출에 크게 기여한 사람이나 빈둥거리며 노는 사람이나 똑같이 대우를 받는 사회는 지속적 성장과 발전을 기약할 수 없다. 그러나 아무리 좋은 상품을 만들어 내도 돈이 없어 소비할 사람이 없으면 좋은 상품을 만들어 낼 유인이 없어진다. 지나친 빈부격차는 20세기 초 대공황처럼 사회를 절벽으로 몰아가는 자본주의의 위기로 작용하고 있다. 계층 간 신분이동이 점점 불가능해지는 상황은 세계경제를 수렁으로 몰아갈 가능성이 있다. 제1차 산업혁명 직후, 경제성장의 과실을 일부가 독차지해 빚어진 양극화 문제는 다시 전 세계적으로 재연되고 있다.

말할 것도 없이 시장경제는 경쟁과 자유계약이라는 자양분이 스며들어 성장과 풍요라는 꽃을 피우는 토양이다. 시장이 건전하게 커야 기업이 마음껏 생산 활동을 하고 소비자들은 좋은 제품과 서비스를 구할 수 있다. 시장이 튼실해지는 필요조건은 말할 것도 없이 튼튼한 가계다. 소비수요기반이 단단해야 생산과 소비의 선순환을 이루어 기업의 지속적 성장을 뒷받침할 수 있다. 생산극대화도 가능하고 그에 따른 효용극대화도 비로소 가능해져 세상을 풍요롭게 만든다.

시장이 건전하게 성장하고 발전하려면 승자와 패자가 종종 엇갈려야 한다. 한번 승자가 영원한 승자로 남게 된다면 타성에 젖어 창의적 생산 활동이 어려운 것은 뻔한 이치다. 변화무쌍한 미래는 누구나 이길 수도 있고 질 수도 있어서 도전이 가능한 무대여야 성장과 발전이 지속된다.

경쟁과 자유계약은 공정한 규칙 위에서 이루어져야 빛을 발한다. 미니멈급 선수가 헤비급 선수와 링 위에서 맞붙는 것이 공정한 경쟁은 아니다. 아무리 밤낮으로 일해도 딸 코제트의 우유 값을 벌지 못하는 엄마 팡틴이 어떻게 고약하고 힘센 지배인과 맞설 수 있겠는가? 제품의 설계도를 대기업에 미리 보여줘야만 공급계약을 따낼 수 있는 중소업체가 경쟁과 자유계약 원리에 따라 납품단가를 결정할 수 없다. 칫솔, 치약, 빵, 콩나물, 두부, 떡볶이까지 만들어 파는 통 큰(?) 대기업과 골목상인들이 맞붙어 경쟁할 때, 게임의 결과는 안 보아도 뻔하다.[140]

　돈이 돈을 벌기 쉬운 자본의 사회에서 부의 편재 현상과 그 부작용은 어쩔 수 없이 자본주의 역사와 함께 반복되어 왔다. 그러나 극심한 빈부격차로 비상구가 없는 막장사회가 되면 위험과 불확실성이 사회전체로 커가는 것은 피할 수 없다. 패자부활의 사다리가 없어질수록 억지 떼쓰기나 과당 경쟁, 마구잡이 주먹질이 심해지며 사회는 불안해진다. 지금 우리 사회가 담합과 음해, 불공정거래 같은 비리로 몸살을 앓는 까닭은 패하면 곧바로 절벽으로 밀려야 한다는 절박감이 큰 원인이다.

　공정경쟁을 보장하면서 게임에서 진 사람에게도 부활의 기회를 제공해야 진정한 경쟁사회가 된다. 연구하고 노력하는 누구에게나 더 나은 삶을 누릴 수 있는 사다리가 만들어져야 민주주의와 자본주의 위험과 불확실성을 줄일 수 있다. 물론 그 사다리는 사람들마다 자신의 의지와 노력으로 올라가야 자본주의 위기는 극복될 수 있다. 동시에 민주주의도 지킬 수 있다.

---

140. 자본주의와 민주주의 위기

자본주의 혜택을 가장 많이 누리고, 10조 원 이상을 아무 조건 없이 기부하였다는 소로스(G. Soros)는 자본주의 위기가 벌어지면 민주주의 위기로 내달을 수 있다고 경계하였다. 세계적으로 진행되고 있는 소득과 소유의 "지나친 불균형이 결국 사회갈등을 초래하여 선진국에서도 폭동이 일어날 가능성이 있고 이를 강경 진압하는 과정에서 억압적 정치경제체제가 재등장할 우려가 있다."는 판단이다.

13
경제적
정말 경제적

FOCUS

다른 동물과 달리 '경제적 동물'이며 '사회적 동물'이자 '생각하는 갈대'인 인간에게 ① 신체 건강 못지않게 ② 경제적 건강 ③ 사회적 건강 ④ 정신 건강 또한 소중하다. 혼자서는 살아가지 못하는 공동체에서 네 가지 건강이 서로 조화를 이뤄야 비로소 인간다운 삶, 행복한 삶을 누릴 수 있다.

사람이 '생각하는 갈대'라면 지향해야 할 으뜸가는 가치는 마음의 평화 또는 마음의 충만감이다. 사회적 동물로서 인간은 자신에 대한 긍지, 사회와의 '신뢰'가 두터울수록 마음의 부자가 되어 긍정적 자세로 세상을 바라볼 수 있다. 결과적으로 신체도 건강해지고 경제적 여유도 자연스럽게 다가온다. '경제적 정말 경제적' 삶이다.

근검절약하는 평범한 사람들이 어디선가 갑자기 큰돈을 벌거나 벼락출세한 사람들보다 더 알차게 인생을 설계하고 행복하게 살아가는 모습을 볼 수 있다. 생각건대, 절대빈곤을 벗어난 사회에서는 소유하는 재물이나 누리는 권력의 크기가 사람들의 성취감 또는 행복감에 결정적 영향을 미치는 것은 아니라는 뜻일지 모른다. 서로 조화를 이뤄야 하지만 현실세계에서는 그리 간단치 않는 사람의 네 가지 수명에 대하여 생각해 보자.

인간을 보다 인간답게 하는 경제적, 사회적, 정신적 수명도 결국에는 신체적 수명이 뒷받침되어야 더 오래 활발해진다. 건강한 삶을 누리려면 건강한 신체가 필요조건인데 그 어느 누구도 자신이 얼마나 건강하게 얼마나 오래 살지 예측하지 못하는 것이 문제다.

"건강한 신체에 건강한 정신이 깃든다."라고 하지만 "건강한 정신이 건강한 신체를 만든다."고 바꿔 말해도 되지 않을까? 평균수명이 불과 30세 정도로 알려진 중세사회 끝자락에서 미켈란젤로(1475~1564)가 그리 오래 산 것은 아마도 '천지창조' 같은 불후의 명작을 그리느라 정신을 집중하다 보니 신체건강까지 동시에 누릴 수 있었을 것이라고 짐작할 수 있다.

생로병사 과정을 거쳐야 하는 경제적 동물로서 경제적 기초가 없으면 삶이 고달파진다. "인간다운 삶을 보장하지 못하는 열악한 환경에서 자라나는 어린이들은 생활 속에서 마주치는 스트레스를 감당하지 못하여 잠재역량을 키워갈 기회를 가지기 힘들다."고 한다.

아무리 초연한 삶을 살려고 하더라도 절대빈곤 상태를 벗어나야 인간의 도리와 체면을 차릴 수 있다. 하물며 디오게네스도 햇볕을 쬘 수 있도록 자리를 비켜달라고 알렉산더 대왕에게 특별히 부탁하지 않았는가? 안중근 의사 같은 위인도 가족생계 걱정은 없었기에 큰 뜻을 펼칠 수 있었다.

"사람은 사회적 동물"이라고 아리스토텔레스가 말했듯이 그 어떤 누구라도 사회와 고립되어서는 살아가지 못한다. 사회적 수명은 사람과 사람과의 관계가 의로울 때 비로소 가치를 발한다. 어떠한 힘을 거머쥐었다 하더라도 사람의 도리를 저버리면 그의 사회적 수명은 머지않아 바닥나기 마련이다.

논어에서도 "예로부터 사람은 누구나 모두 다 죽는다. 신의가 없으면 사람들 사이에 설자리가 없다(自古皆有死 民無不信立)."라고 하였다. 유한한 인간세상에서 사람들 사이의 신의는 무한한 가치를 가진다는 사실을 강조하였다. 그래서 "호랑이는 죽어서 가죽을 남기고, 사람은 이름을 남긴다."고 하였다.

"생각하는 갈대"라는 파스칼의 말과 같이 인간에게 정신적 수명은 그 무엇보다 우선하는 절대 가치다. 사유하는 인간에게 행불행은 마음으로 느끼는 것이어서 정신적 충만감에 달려 있다. 마음이 산란하고 뒤숭숭하다면 산더미 같은 재물과 저 높은 의자가 그 무슨 의미가 있겠는가?[141]

평범하게 살더라도 마음의 평화를 누리며 마음의 부자로 여유 있게 사는 인생이 보람찰까, 부와 권력을 쌓아놓고 전전긍긍하며 두리번거리는 인생이 더 대단할까? 무엇으로도 바꿀 수 없는 것들의 가치를 재물이나 권력보다 더 귀하게 여기는 자세를 가지는 순간부터 마음의 주인이 될 것이다.

명심보감에도 "만족할 줄 아는 사람은 가난하고 미천해도 즐겁고, 만족할 줄 모르는 사람은 부자가 되고 귀하게 되어도 근심한다고 하였다(知足者 貧賤亦樂, 不知足者 富貴亦憂)." 생각하는 갈대인 인간에게 행불행은 마음먹기 달렸다는 이야기가 아닌가? 무슨 일을 하든지 자신이 느낄 수 있는 성취감의 크기에 따라 행복과 불행의 가르마가 갈라진다. 배만 부르면 그만인 동물과 달리 행복의 원천인 성취감은 사단칠정(四端七情) 즉, 인의예지의 바탕을 이루는 도덕적 능력과 희노애구애오욕(喜怒哀懼愛惡慾)같은 자연적 감정의 지배를 받는다.

사람은 사회적동물이어서 공동체를 떠나서는 생존이 불가능하다. 그런데도 허둥지둥하다가 공동체 구성원이라는 사실을 망각하기 쉽다. 심하면 공익을 해치면서 사리사익을 취하려는 천민자본주

141. 자만심과 시기심

일류 호텔에서 샥스핀에 명품 와인을 마시며 상대방의 의중을 겨누려고 하는 것보다, 장터에서 마음 맞는 친구와 마주 앉아 뜨끈한 순댓국에 막걸리 한 잔 마시는 기쁨이 훨씬 클 수도 있다. 문제는 상어지느러미를 먹는 사람들을 시샘하는 시기심이나 반대로 장바닥에 앉아 순댓국 먹는 이들을 깔보는 자만심이 스스로를 괴롭히고 불행하게 만든다.

의에 물들어 오랫동안 쌓아온 인간적, 사회적 신뢰관계까지 한순간에 무너트리고 불안과 번민에 빠져 사회적 정신적 명줄이 가늘어지고 생물적 건강도 잃기 쉽다.

물질적 풍요 속에서 벌어지는 정신적 빈곤은 언제 어디서나 탐욕에서 비롯된다. 오랫동안 쌓여 온 인간적 관계, 사회적 신뢰가 한순간에 부서지는 것도 하찮은 것에 대한 쓸데없이 지나친 욕심 때문이다. 불완전한 인간이 탐욕에서 벗어나는 일이 어디 쉬운 일인가? "사람들이 자꾸 더 많은 돈을 거머쥐려고 하는 까닭은 다른 사람들도 더 많이 돈을 가지려 한다."고 짐작하는 심리 압박이 큰 원인이다.

소득수준, 소유수준과 관계없이 저마다의 가치관에 따라 행복의 크기가 사뭇 달라지는 까닭은 돈은 목적이 아니라 수단이기 때문이다. 경제적 인간(homo economicus)으로서 욕심이 지나쳐 소유욕에 매몰되면 정말 소중한 정신적 자산을 지켜내기 어렵다. 사람은 누구나 무병장수와 부귀공명을 추구하기 마련이지만 지나치게 집착하지 말아야 사회적, 정신적 수명을 누릴 수 있다. 상대와 비교하면서 막무가내 물질만을 좇다 보면 마음이 메마를 수밖에 없다. '동물의 세계'를 보면 맹수들도 제 배가 부르기만 하면 먹잇감이 지나가도 괴롭히지 않는다. 생각하는 인간이 때로는 생각하지 못하는 짐승을 배워야 할 장면이다.

돈과 권력에 유달리 집착하는 인사들일수록 허위의식에 사로잡혀 겉으로는 미사여구와 호언장담을 하며 애써 우월감을 과시하려

들지만, 그 뒤안길에는 삭풍에 흩어지는 낙엽처럼 쓸쓸한 장면들이 언뜻언뜻 보인다. 물질적 욕망만을 추구하다가 사람과 사람 사이의 의로움을 저버린 까닭이 아니겠는가? 생각건대, 인생을 항해하는 수단과 목적이 뒤바뀌었기에 겉모습과 달리 정작 속으로는 불안하고 번민하는 것이 오히려 당연하다.

인간으로서 죄의식이나 수치심을 느끼지 못하게 되면 인간적 삶이 아니라 동물적 삶이라고 할 수 있다. 사람으로서 도리를 다하지 못하면 수치심과 죄의식을 가지려는 자세를 가질 때, 진정한 행복감을 느낄 수 있다. 사람이 사람다울 수 있는 인간의 도리를 다할 때에 밀려오는 정신적 충만감이 스스로를 행복하게 해줄 수 있기 때문이다.

"시간은 그 사용 여하에 따라 금도 되고 납도 된다."고 했는데 여러 가지 의미를 내포하고 있다. 어떤 마음 자세로 살아가느냐에 따라 운명이 달라질 것이라는 뜻도 있을 것이다. 권력이나 재물과는 비교할 수 없는 저마다 가슴속 절대가치를 소중히 할수록 마음의 평화가 다가와 마음의 부자가 될 수 있다. "세상이 바람 불고 춥고 어둡다 하여도" 긍정적 시각과 훈훈한 에너지가 가득해지면 경제심리도 호전되고 경제적 여유도 자연스레 다가오기 마련이다. 가슴속에 마음의 평화를 누리는 진정한 마음의 부자가 되자. 그것이야말로 경제적 정말로 경제적 삶의 모습이다.

키워드 각주 찾아보기

금융을 알면 미래가 두렵지 않다
불확실성 극복을 위한 **금융투자**

초판 인쇄 2019년 4월 20일
초판 발행 2019년 5월 5일

지은이   신세철
발행인   권윤삼
발행처   연암사

등록번호   제10-2339호
주소   서울시 마포구 양화로 156, 1609호
전화   02-3142-7594
팩스   02-3142-9784

ISBN 979-11-5558-046-2   03320

값은 뒤표지에 있습니다. 잘못된 책은 바꿔드립니다.

연암사의 책은 독자가 만듭니다.
독자 여러분들의 소중한 의견을 기다립니다.
페이스북 facebook.com/yeonamsa
이메일 yeonamsa@gmail.com

이 도서의 국립중앙도서관 출판시도서목록(CIP)은
서지정보유통지원시스템 홈페이지(http://seoji.nl.go.kr)와
국가자료공동목록시스템(http://www.nl.go.kr/kolisnet)에서 이용하실 수 있습니다.
(CIP제어번호: CIP2019010429)